LAROUSSE des 1000 Questions Réponses

LAROUSSE
JEUNESSE

Edition originale 1000 *Questions and Answers* parue chez

Edition française
Réalisation : Italiques
Coordination éditoriale : Véronique Herbold et Philippe Brunet
Couverture : Décimale

N°d'éditeur : 11008408
ISBN : 978-2-03586863-3
307801-01/11016131-juillet 2011

Imprimé en Chine

Auteurs : Robin Kerrod,Wendy Madgwick
Sarah Reed, Fergus Collins, Philip Brooks

Archives iconographiques :Wendy Allison et Steve Robinson

Illustrations : G.D. Achille, Jonathan Adams, Susanna Addario, Graham Allen, Marion Appleton, Norman Arlott, Julian Baker, Sue Barclay, Andrew Beckett,Owain Bell, Gary Bines, Simone Boni, Richard Bonson, Peter Bull, J. Burgess, John Butler,Vanessa Cardn Robin Carter, Jim Channel, Kuo Kang Chen, Dan Cole, Stephen Conlin, David Cook,Peter Dennis, Francis D'Ohani, Francesca D'Ottavi, Sandra Doyle, R. Draper, Lee Edwards, Angelika Elsebach, James Field,Wayne Ford, Chris Forsey,Terry Gaby, Luigi Galante, Lee Gibbons, Peter Goodfellow, Jeremy Gower, Ruby Green, Peter Gregory, Ray Grinaway, Alan Hardcastle,Martin Hargreaves,David Harley, Alan Harris, Nick Harris, Nicholas Hewitson, Steve Homes,Tim Hayward, Adam Hook, Christian Hook, Biz Hull,David Hurrel, Mark Iley, Ian Jackson, John James, Roger Kent,Martin Knowlden, Eddy Krähenbühl, Stuart Lafford,Terence Lambert, Ruth Lindsay, Bernard Long, Mike Loates, Steiner Lund, Chris Lyons,David McAllister, Angus McBride, Doreen McGuinness, Brian McIntyre, Kevin Maddison, Shirley Mallinson, Janos Marffy, John Marshall, Josephine Martin, Robert Morton,William Oliver, Nicki Palin, Alex Pang, Roger Payne, Bruce Pearson, Mark Pepe, Melvyn Pickering, Sebastian Quigley, John Rignall, Andrew Robinson, Bernard Robinson, Eric Robson, Michael Roffe, Mike Saunders, Chris Shields, Nick Shrewring, Tim Slade,Guy Smith,Tom Smith, Mark Stacey, Roger Stewart, Mike Taylor, George Thompson, Ian Thompson, Shirley Tourret, Kevin Toy, Rose Walton,Wendy Webb, Andrea Wheatcroft, Sohraya Willis, Ann Winterbotham, Dan Wright,David Wright

Crédits photographiques : (h : en haut, b : en bas, c : au centre, g : à gauche, d : à droite) p. 92 hg aimable autorisation des Department Library Services,American Museum of Natural History, Neg. n° 410764, Shackelford 1925 ; p. 242 hd Nokia ; p. 245 bd Science Photo Library ; p. 247 c Science Photo Library/Mehau Kulyk ; p. 265 cg Nokia ; p. 267 bg Mary Evans Picture Library ; p. 287 bd Science Picture Library ; p. 301 b Princess Cruises

Sommaire

LES CIVILISATIONS ANCIENNES

CHÂTEAUX ET CHEVALIERS

LES INVENTIONS

LES TRANSPORTS

Étoiles et planètes

Étoiles et planètes

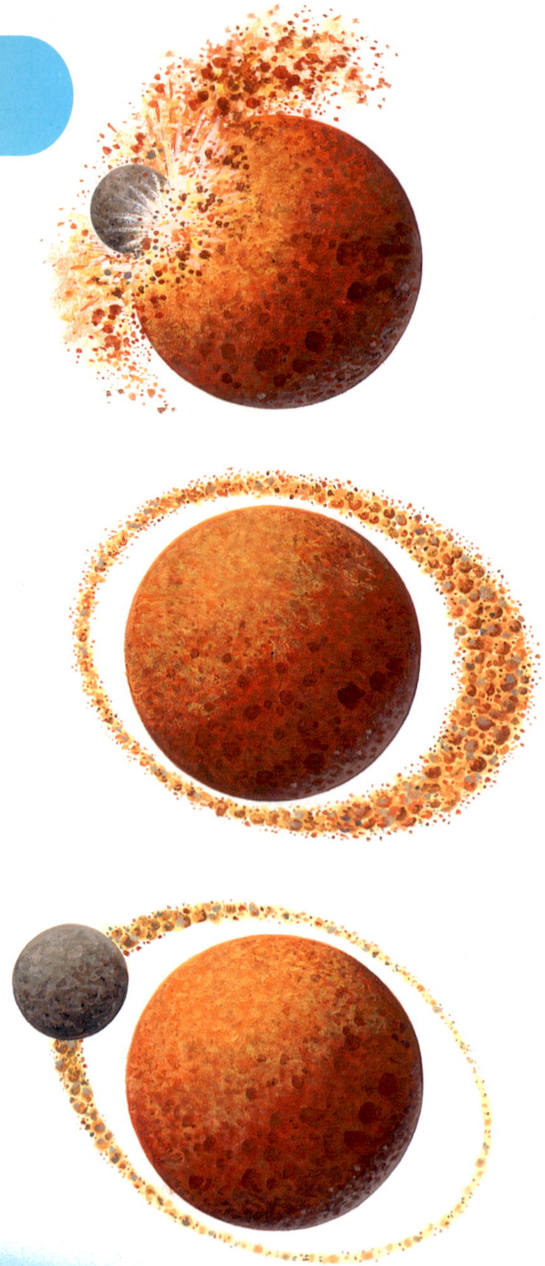

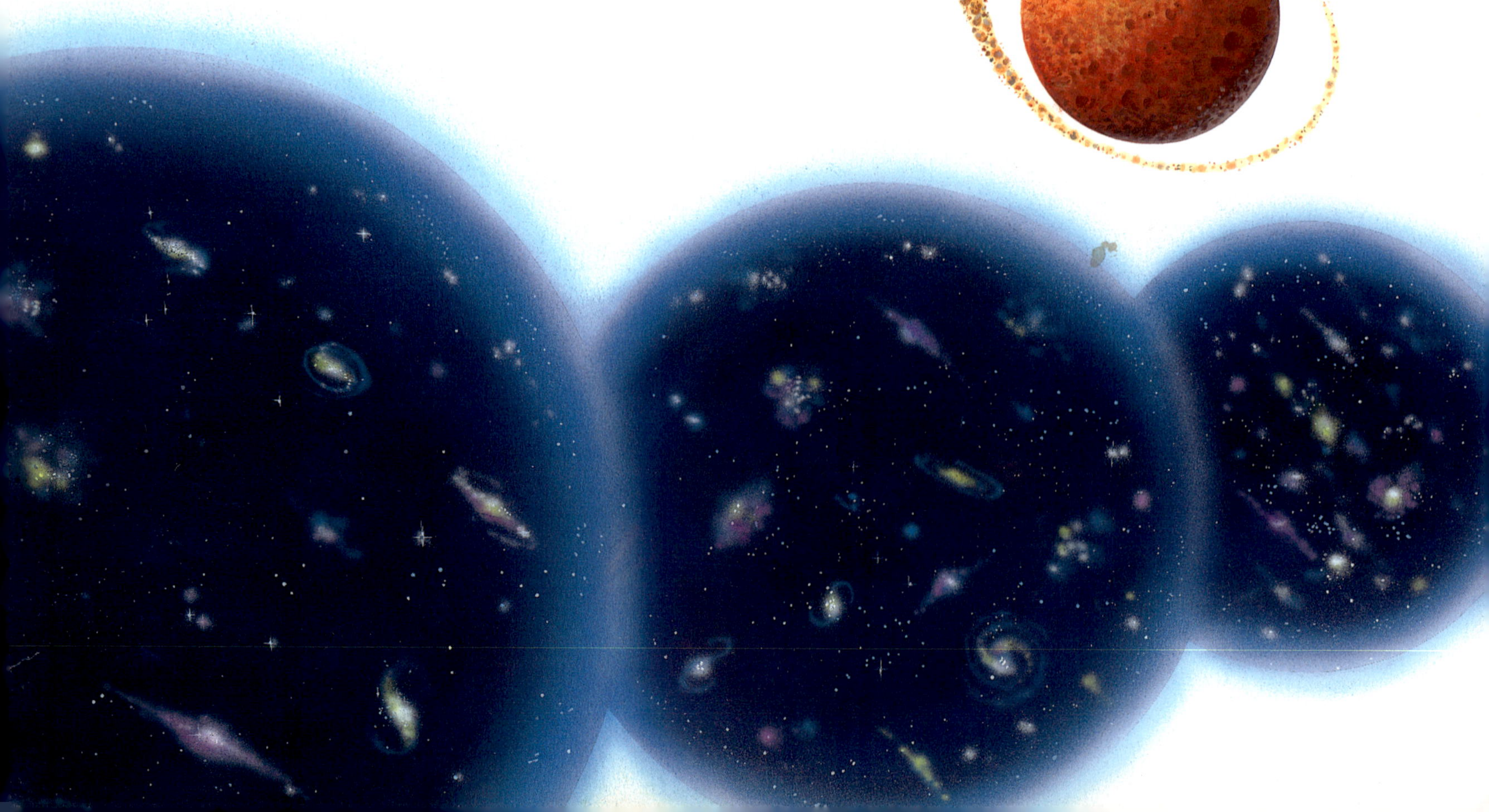

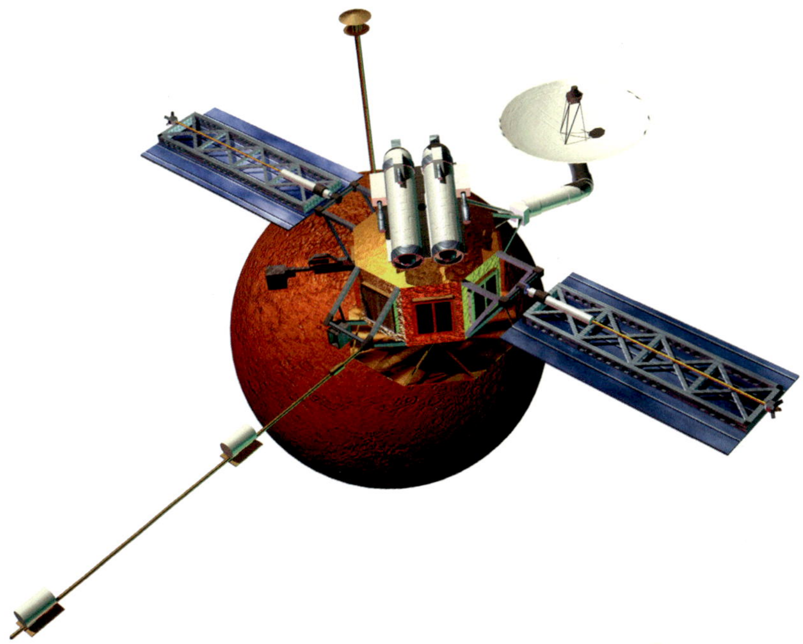

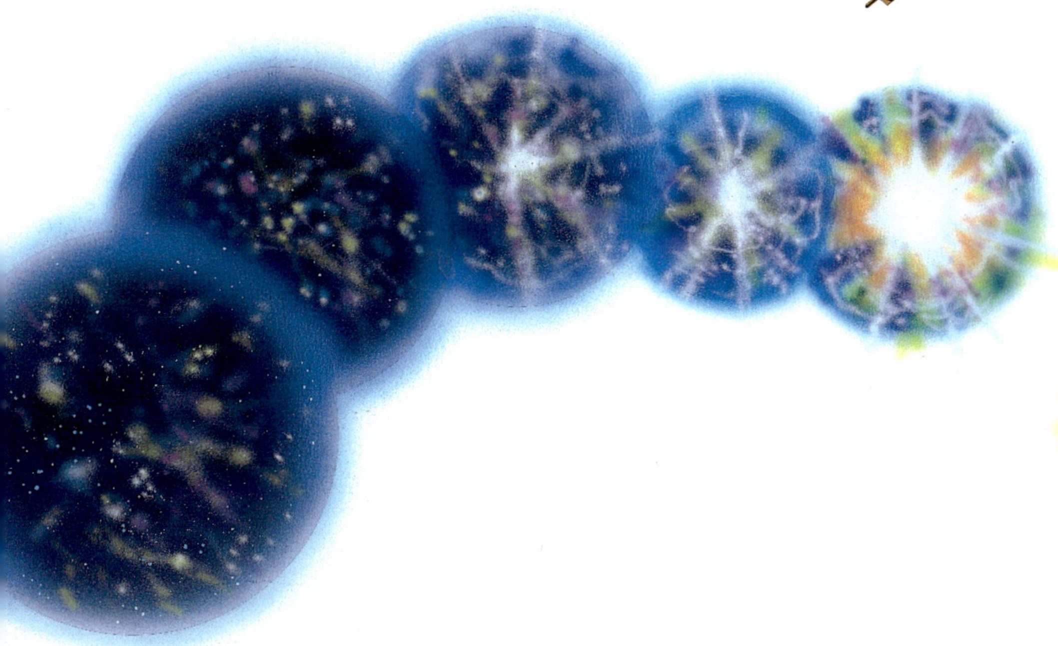

En regardant le ciel

Par une nuit claire, le spectacle du ciel étoilé est l'un des plus magnifiques qui soient... De tout temps, les hommes ont cherché à déchiffrer le mouvement des étoiles et des planètes, à l'interpréter et à y associer leur destinée.

QUE POUVONS-NOUS VOIR DANS LE CIEL ?

Quand le ciel nocturne est bien clair, nous pouvons déjà voir de nombreuses étoiles à l'œil nu, mais rien de comparable avec ce que nous découvrons avec une simple paire de jumelles ou, mieux encore, avec une lunette astronomique.

Quelle est la différence entre lunette et télescope ?

Une lunette est constituée d'un tube, muni de deux lentilles (une à l'oculaire, une à l'autre extrémité) qui grossissent par réfraction. Le télescope simple est équipé, en plus de la lentille de l'oculaire, de 2 miroirs : un miroir primaire, placé face à la plus large ouverture possible ; un miroir secondaire, où se forment les images plus petites et plus nettes qui sont renvoyées vers la lentille de l'oculaire qui les grossit.

Depuis quand les hommes basent-ils leurs calendriers sur le mouvement des étoiles ?

Depuis toujours, sans doute, mais nous n'en possédons des témoignages, gravés dans la pierre ou l'argile, que depuis quelques millénaires... Les Babyloniens ont fait des observations extrêmement précises, de même que les Égyptiens, qui ont axé leurs pyramides sur certaines constellations célestes. Érigé voici près de 5 000 ans en Grande-Bretagne, le site de Stonehenge avait peut-être une fonction d'observatoire, car ses pierres, comme l'a fait remarquer l'astronome Fred Hoyle, étaient très exactement alignées sur les positions du Soleil aux solstices.

Stonehenge

Astronome maya

Prêtres astronomes de l'ancienne Égypte

Constellations

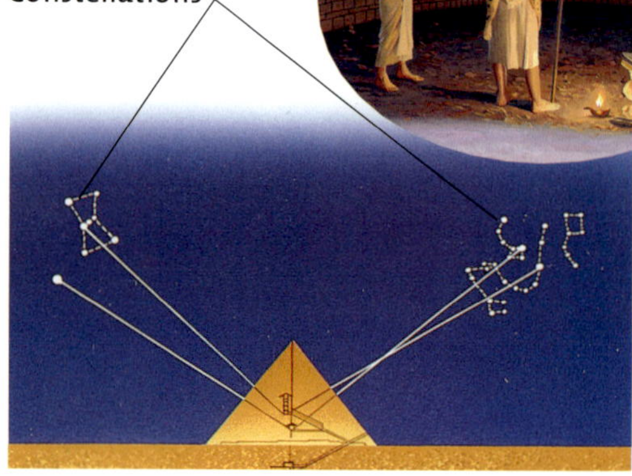

Ancienne carte du ciel chinoise

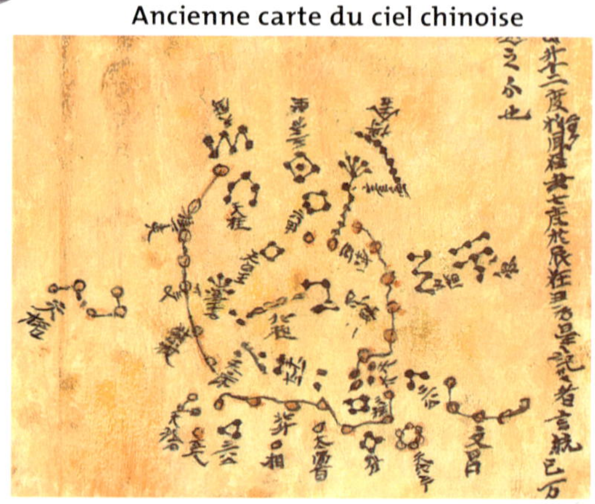

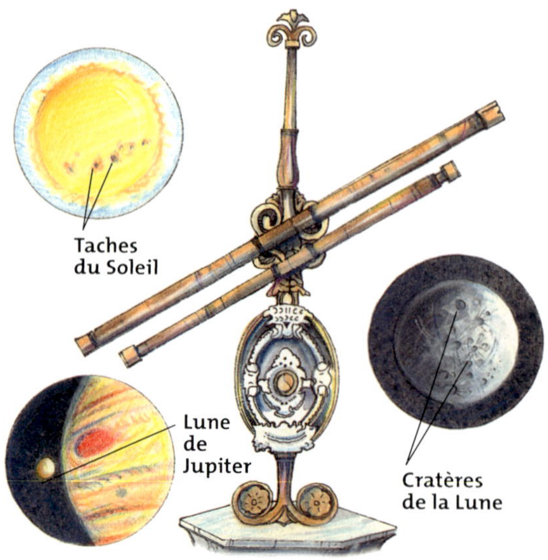

Ce que Galilée a vu dans sa lunette (1610)

La « longue lunette », construite par Hevelius en 1673, avait un tube de près de 50 m et était accrochée à un mât de 27 m de haut. Mais elle n'a jamais fonctionné.

QUIZ

1. L'étude des étoiles s'appelle :
a) l'astronautique
b) l'astronomie
c) l'aérobic

2. Contrairement à la lunette, le télescope possède :
a) des miroirs
b) un trépied
c) un obturateur

3. Le télescope spatial Hubble est distant de la Terre de :
a) 58 km
b) 580 km
c) 5800 km

4. Les observatoires actuels sont construits :
a) sur la Lune
b) au sommet des montagnes
c) dans les vallées

Comment fonctionne un radiotélescope ?

En même temps que des rayons lumineux, les étoiles envoient des ondes radio qui ne sont pas arrêtées par l'atmosphère. Les radiotélescopes sont conçus pour capter ces très longues ondes radio grâce à leur gigantesque antenne orientable.

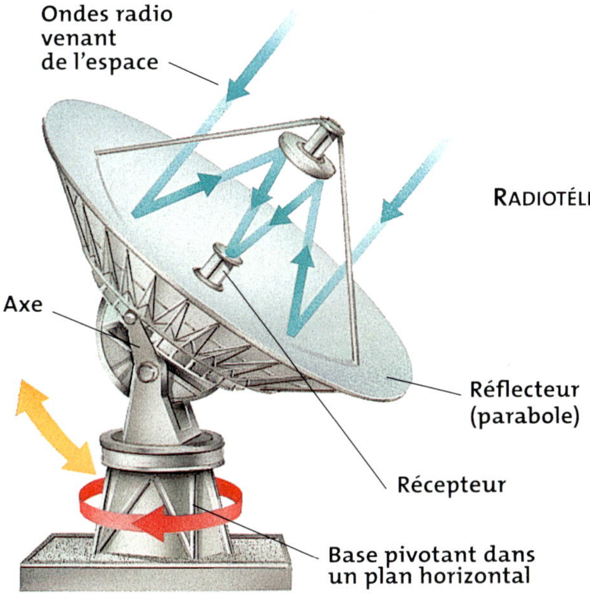

Où travaillent les astronomes ?

Les astronomes observent les étoiles dans des observatoires bâtis en général sur des sommets, là où le ciel est moins brumeux et plus lumineux. Leurs dômes abritent des télescopes aux gigantesques miroirs convexes, qui captent le moindre rayon lumineux émis par les étoiles (les plus grands de ces miroirs ont plus de 10 m de diamètre). De nos jours, les astronomes effectuent assez rarement des observations directes, mais ils examinent les vues prises par les caméras actives 24 h/24.

Pourquoi utilise-t-on des télescopes spatiaux ?

Quelques-unes des plus étonnantes découvertes ont été faites par des télescopes spatiaux. Stationnant hors de l'atmosphère, ils ne sont pas gênés par les brumes ou la pollution comme à la surface de la Terre. De plus, ils peuvent capter des rayons (rayons X ou rayons gamma, par exemple) qui ne peuvent pénétrer dans l'atmosphère.

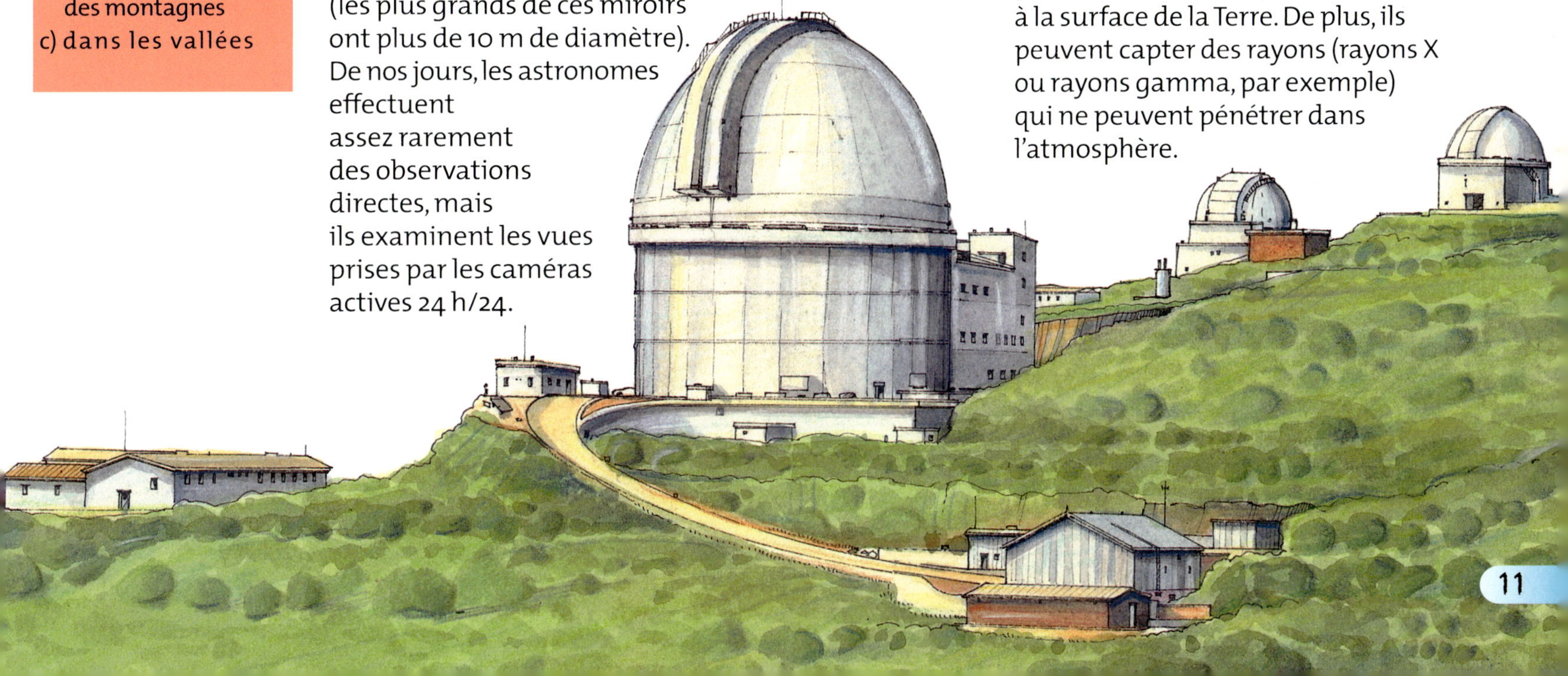

Observons les étoiles

Même à l'œil nu, nous distinguons par une nuit claire des milliers d'étoiles. Si nous les regardons attentivement, nous constatons que les plus brillantes d'entre elles forment des dessins qui peuvent servir à les identifier : ce sont les constellations.

Le ciel nocturne de l'hémisphère Nord

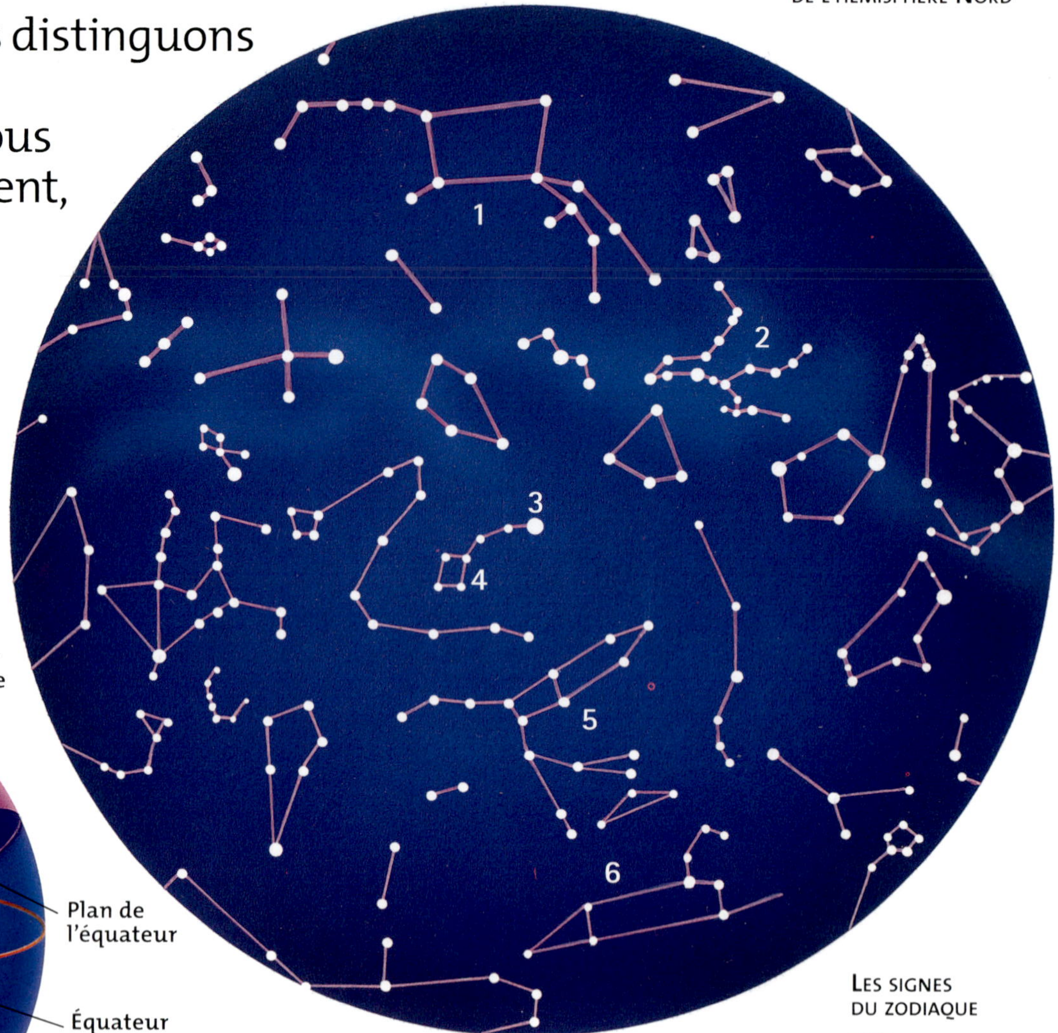

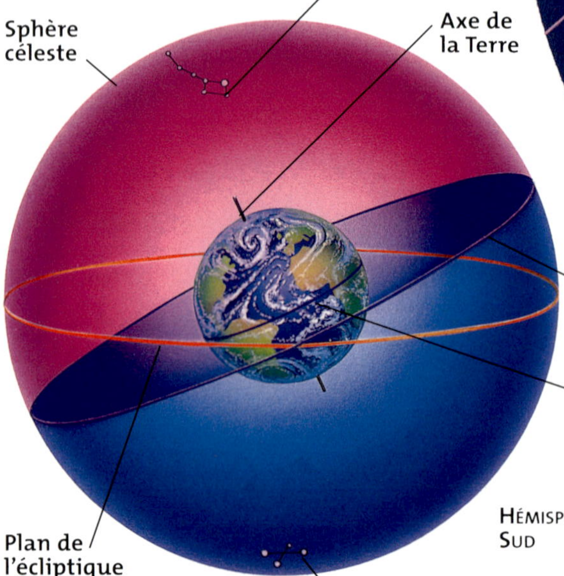

Voyons-nous partout les mêmes étoiles ?

Tandis que la Terre parcourt son orbite, son axe garde toujours la même inclinaison. Les régions situées dans l'hémisphère Nord ne voient donc pas les mêmes étoiles que celles qui sont situées dans l'hémisphère Sud. En Europe et en Amérique du Nord, nous nous repérons ainsi sur l'étoile polaire, alors qu'en Argentine ou à Madagascar, nous nous guidons sur la Croix du Sud.

Que sont les signes du zodiaque ?

Lorsque la Terre parcourt son orbite, le Soleil, à nos yeux, ne se détache donc pas toujours sur la même partie du ciel. Les Anciens croyaient qu'il changeait de maison. Ils avaient divisé le ciel en 12 maisons identifiées par les 12 constellations, ou signes, du zodiaque.

Les signes du zodiaque

Le Lion — Le Scorpion

Le ciel nocturne de l'hémisphère Sud

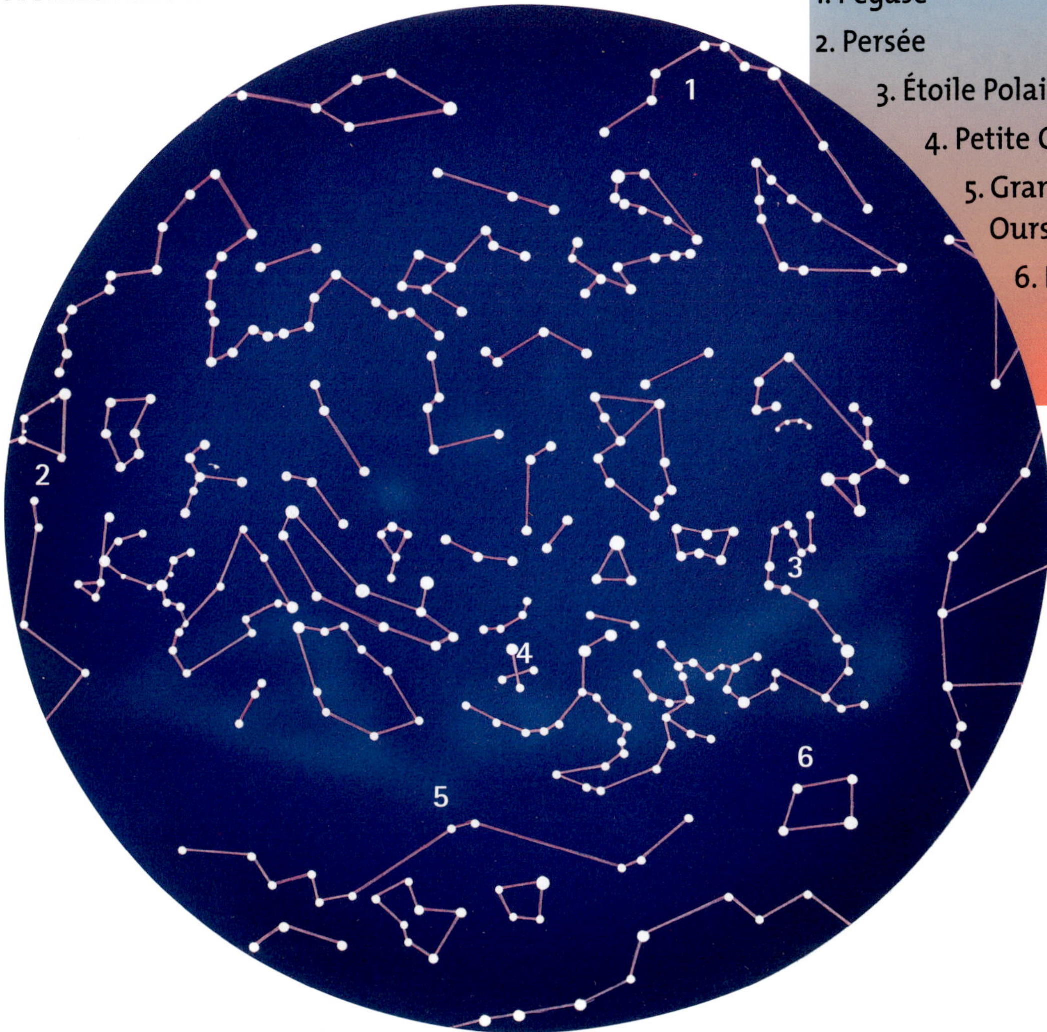

Constellations et étoiles célèbres

Hémisphère Nord

1. Pégase
2. Persée
3. Étoile Polaire
4. Petite Ourse
5. Grande Ourse
6. Lion

Hémisphère Sud

1. Verseau
2. Orion
3. Scorpion
4. Croix du Sud
5. Hydre
6. Balance

Pourquoi les étoiles semblent-elles se déplacer dans le ciel ?

Si on observe le ciel nocturne suffisamment longtemps, on constate que les constellations semblent se déplacer d'est en ouest, de même que le Soleil, au cours de la journée. On pensait autrefois que les étoiles étaient fixées sur une voûte arrondie (un peu comme celle d'un planétarium) qui tournait autour de la Terre. Nous savons désormais que c'est le contraire qui est vrai : c'est la Terre qui se déplace tandis que les étoiles sont fixes. Comme la Terre tourne en même temps sur elle-même d'ouest en est, les étoiles semblent se déplacer dans la direction inverse.

La sphère céleste

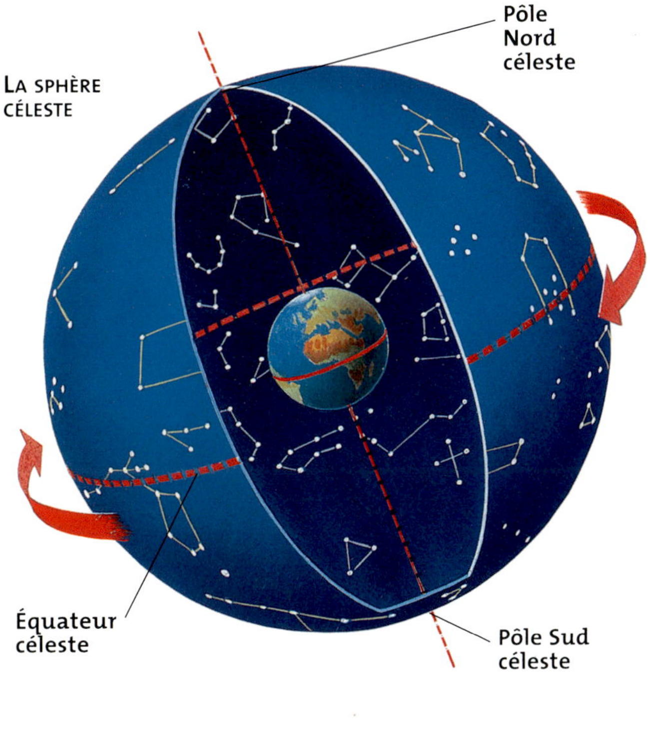

Quiz

1. Un groupe d'étoiles formant un dessin s'appelle :
a) un amas
b) une constellation
c) une nébuleuse

2. La Petite Ourse peut se voir :
a) de partout
b) de l'hémisphère Nord
c) de l'hémisphère Sud

3. Les signes du zodiaque sont au nombre de :
a) 10
b) 12
c) 20

4. La constellation du Lion se trouve dans :
a) l'hémisphère Nord
b) l'hémisphère Sud
c) le plan de l'équateur, juste entre les deux

D'énormes boules de gaz

Les étoiles ont l'air de petites lumières clignotantes, mais ce sont en réalité d'énormes boules de gaz incandescents. Elles nous semblent petites, car elles se trouvent à des milliards de kilomètres, mais si nous nous en approchions, nous verrions qu'elles ressemblent à notre Soleil. Rien d'étonnant à cela : le Soleil est une étoile.

Les étoiles peuvent-elles mourir ?

Une étoile peut mourir de deux façons. Après avoir brillé un certain temps, l'étoile enfle pour devenir une géante rouge. Elle peut alors se contracter pour devenir une naine blanche, puis une naine noire morte (c'est ce qui arrivera à notre Soleil), ou bien enfler pour devenir une supergéante et exploser en une supernova.

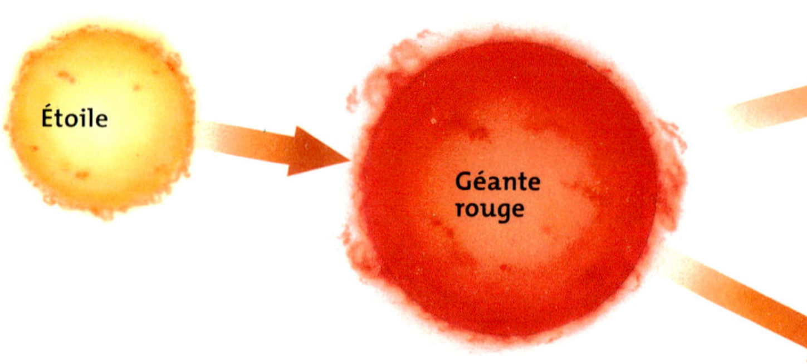

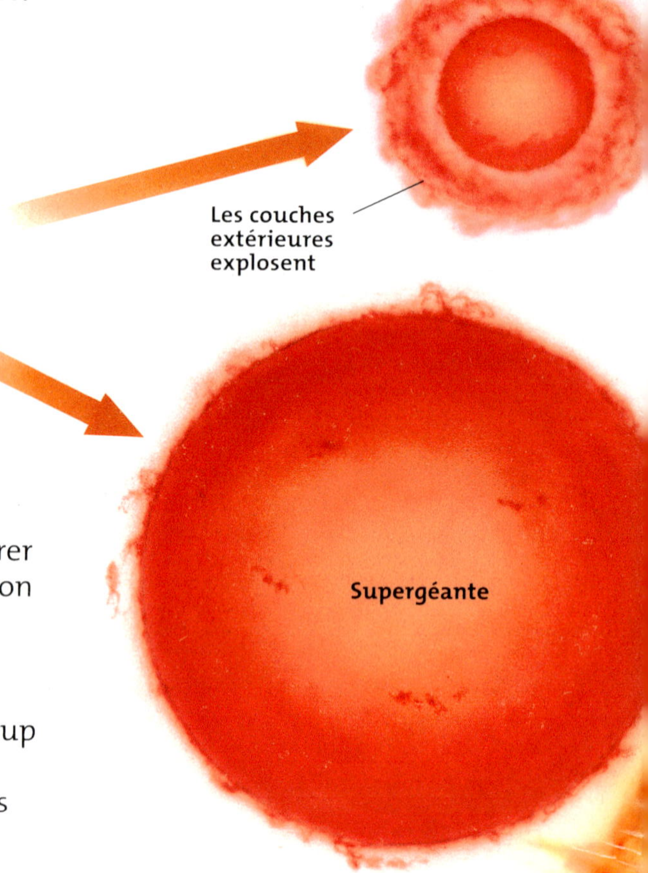

QUIZ

1. Une étoile qui explose est appelée :
a) supergéante
b) supernova
c) superstar

2. Notre Soleil va devenir un jour :
a) une naine noire
b) une supernova
c) un trou noir

3. Le plus chaud des trois est :
a) le Soleil
b) une géante rouge
c) une naine bleue

4. Le plus petit des trois est :
a) le Soleil
b) une supergéante
c) un pulsar

Quelle taille ont les étoiles ?

La seule étoile proche, dont nous pouvons mesurer directement la taille, est notre Soleil : il a 1,4 million de km de diamètre. Les astronomes disposent de plusieurs méthodes pour mesurer les autres étoiles. Ils ont constaté que quelques-unes sont plus petites que le Soleil, et d'autres beaucoup plus grosses. À l'échelle des étoiles, le Soleil est une naine ! Les géantes sont au moins dix fois plus grosses et les supergéantes encore dix fois plus grosses que les géantes. Certaines ont un diamètre de 400 millions de km.

POURQUOI LES ÉTOILES SEMBLENT-ELLES « CLIGNOTER » ?

Quand nous regardons le ciel étoilé, les étoiles ne brillent pas comme des feux fixes mais scintillent et donnent même l'impression que leur lumière varie sans cesse d'intensité. En fait, leur éclat est bien fixe, mais ce sont les turbulences atmosphériques qui masquent par intermittence une partie des rayons lumineux qu'elles émettent. C'est pourquoi elles semblent clignoter.

Les étoiles sont-elles chaudes ?

Les étoiles sont des boules de gaz enflammés, mais leur température est très variable. Les astronomes connaissent cette température d'après la couleur de l'étoile et d'après son éclat. Les étoiles d'un jaune brillant comme notre Soleil ont une température d'environ 5 500 °C. Une étoile d'un rouge mat est « froide » (3 000 °C), alors qu'une étoile bleue très brillante atteint 30 000 °C.

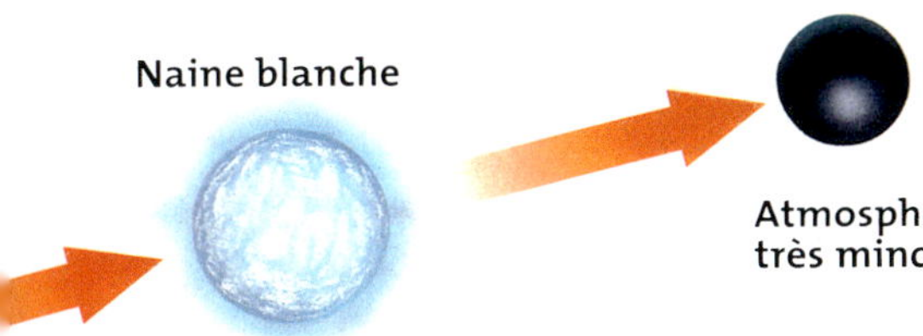

Pourquoi certaines étoiles explosent-elles ?

Les grosses étoiles explosent lorsqu'elles arrivent en fin de vie et qu'elles enflent pour devenir d'énormes supergéantes. Ces supergéantes sont instables et volent en éclats lors d'une explosion appelée supernova. Les supernovas dégagent une fabuleuse quantité d'énergie et sont les éléments les plus brillants de l'Univers (comme des milliards de Soleils réunis).

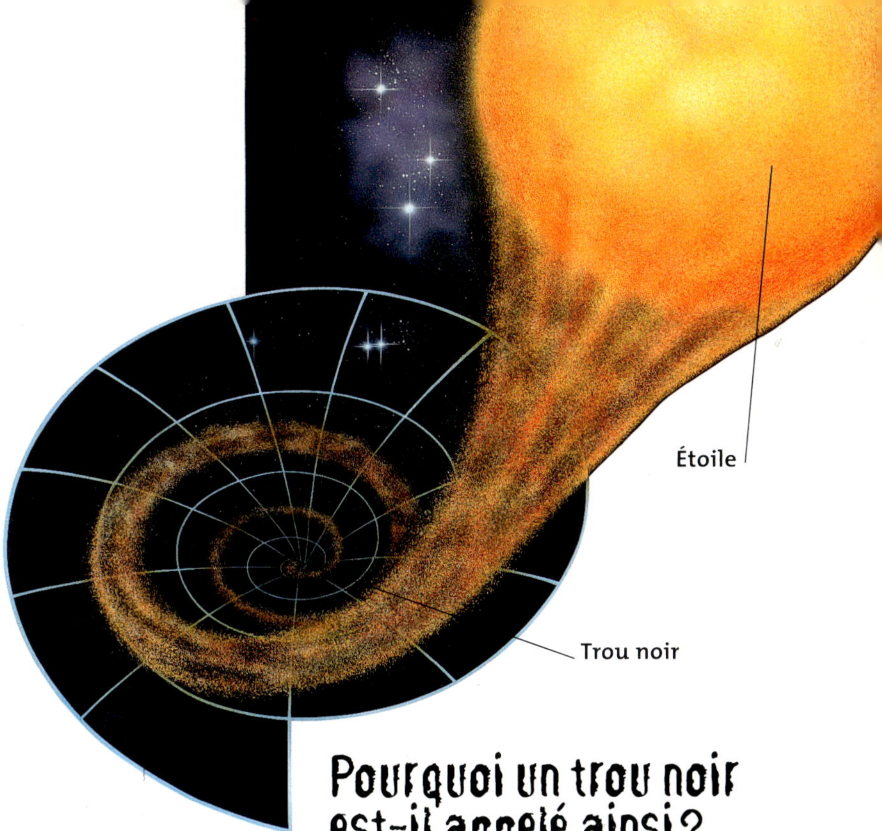

Pourquoi un trou noir est-il appelé ainsi ?

Quand une supergéante explose en supernova, le plus gros de sa masse se disperse, mais son centre peut se contracter jusqu'à ce que sa densité, sa pression et sa température atteignent des chiffres incroyables. Au-delà d'une certaine limite, sa matière est en fait aspirée par elle-même, se réduisant à un trou noir dont aucun rayon lumineux ne peut s'échapper tant la gravitation est forte. Le trou aspire tous les corps voisins dont la matière tourbillonne à une vitesse folle en formant un disque : c'est ce disque qui signale la présence d'un trou noir.

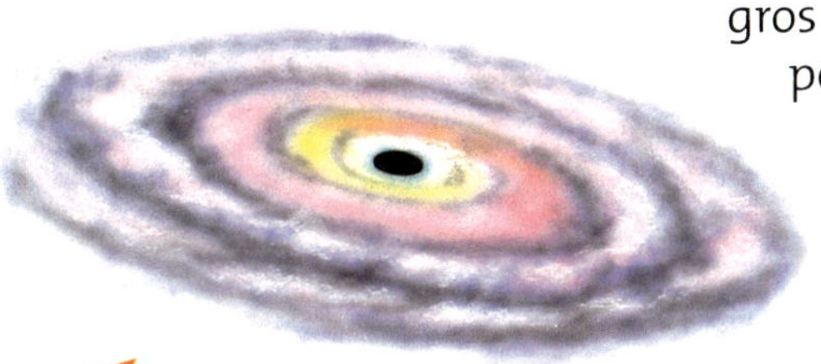

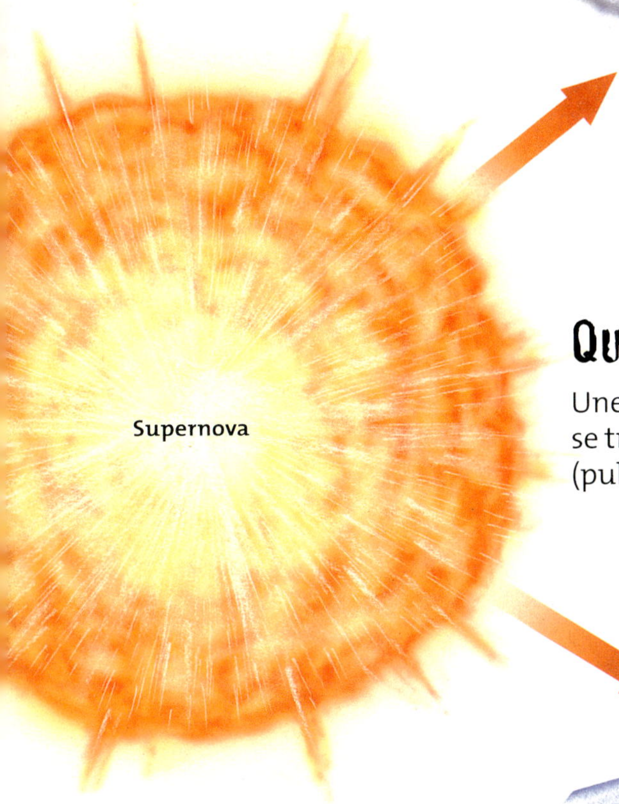

Qu'est-ce qu'une étoile à neutrons ?

Une petite étoile qui explose en supernova et dont le cœur subsiste peut se transformer en étoile à neutrons, ou en pulsar, nom dû au fait qu'elle envoie (pulse) des flots d'énergie à travers l'espace.

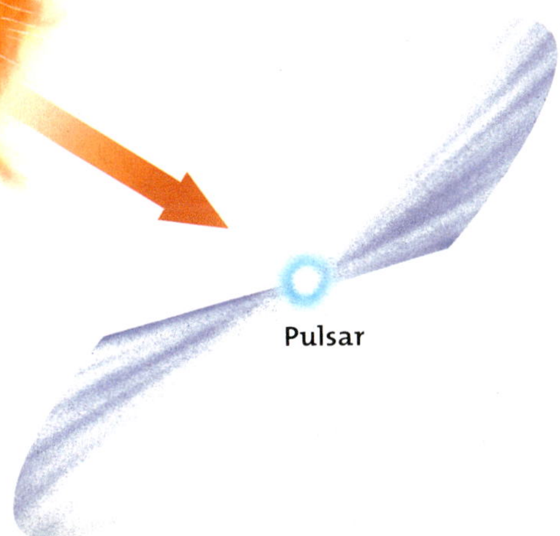

Flux d'énergie d'un pulsar

Les galaxies

Vu de la Terre, l'espace semble plein d'étoiles… Mais imaginons que nous fassions un très très long voyage interstellaire. Au bout d'un certain temps, si nous nous retournions, nous verrions derrière nous un vaste amas d'étoiles, comme une immense île dans l'espace. Plus loin, nous apercevrions plusieurs autres de ces îles pleines d'étoiles : ce sont des galaxies.

Toutes les galaxies se ressemblent-elles ?

Dans leurs supertélescopes, les astronomes peuvent voir des galaxies de toutes les tailles et de toutes les formes. Celles qui sont appelées galaxies spirales barrées (1) ont des bras recourbés partant d'une barre centrale (les galaxies spirales n'ont pas de barre centrale). Les galaxies dites elliptiques (2) ont une forme ovale, tandis que les galaxies irrégulières (3), comme leur nom l'indique, n'ont pas de forme particulière.

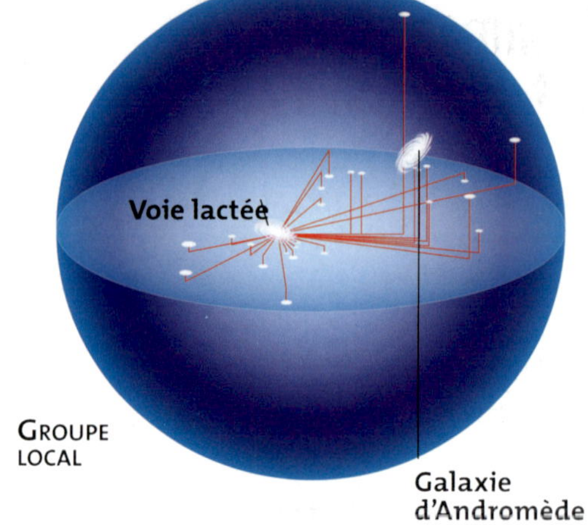

Qu'est-ce que le Groupe local ?

Notre galaxie, la Voie lactée, fait partie d'un petit amas appelé Groupe local. Elle y est la deuxième par ordre d'importance. La plus grande galaxie du Groupe Local est celle d'Andromède, qui se trouve à 2,5 millions d'années-lumière de la Terre.

Comment naissent les galaxies ?

Les galaxies se forment dans d'épais nuages de gaz, si gigantesques que la lumière met des milliers d'années à les traverser. Peu à peu, la gravitation amalgame les particules. Ici et là, le gaz devient assez dense pour que des étoiles se forment, tandis que le nuage tout entier se met à tourner et s'aplatit.

1 Un énorme nuage de gaz se contracte et devient plus dense. Des étoiles se forment en son centre.

2 Le nuage étoilé tourbillonne et s'aplatit en une sorte de disque. Des bras commencent à se former.

3 Les étoiles neuves se forment surtout dans les bras, tandis que les plus vieilles se rassemblent dans le bulbe central.

Comment tout a-t-il commencé ?

L'Univers en expansion après le Big Bang

Les astronomes pensent que l'Univers est issu d'une gigantesque explosion qu'ils appellent Big Bang et qui aurait pu se produire voici 17 milliards d'années. Le Big Bang aurait fait jaillir une sorte de bulle, infiniment dense, et qui n'aurait cessé depuis de s'agrandir. Certains astronomes pensent d'ailleurs que l'Univers est en constante expansion.

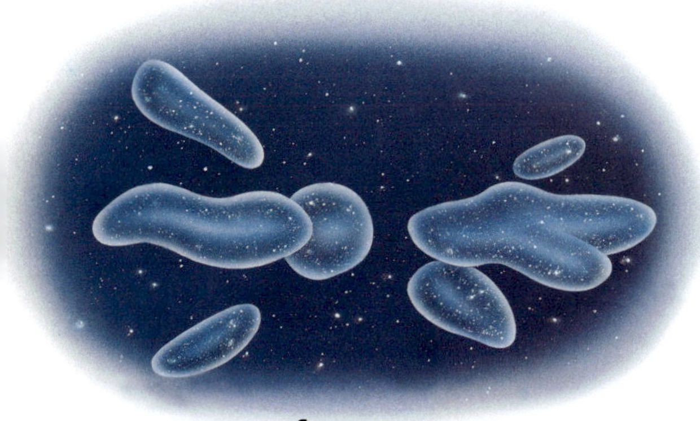

Superamas

De quoi est fait l'Univers ?

Il est fait de matière et d'espace. La matière forme les planètes, les lunes et les étoiles, qui se rassemblent en galaxies. Les galaxies se rassemblent elles-mêmes en amas et les amas se regroupent en superamas géants. L'Univers est composé de millions de ces superamas.

Notre Voie lactée est une galaxie spirale.

QUE SONT LES QUASARS ?

Les quasars ressemblent à des étoiles. Mais ces formations sont si lointaines que, pour que nous soyons capables de les distinguer, elles doivent être au moins aussi brillantes que des milliers de galaxies réunies. Des astronomes pensent que les quasars doivent leur intense luminosité aux trous noirs : quand la matière est aspirée dans un trou noir, une énorme quantité d'énergie est libérée.

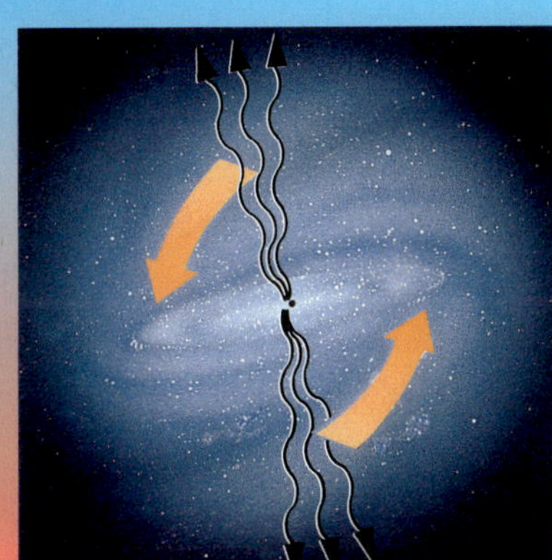

1. La galaxie qui contient notre système solaire s'appelle :
a) le paradis
b) la grande nébuleuse
c) la Voie lactée

2. Lequel des trois est le plus brillant :
a) une étoile
b) un quasar
c) une galaxie

3. Qu'y a-t-il eu au début, avant que tout commence ?
a) la gravitation
b) les trous noirs
c) le Big Bang

4. Notre galaxie fait partie d'un amas galactique appelé :
a) le Groupe local
b) le groupement galactique
c) le Big Bang

Le système solaire

Chaque matin, le Soleil se lève dans notre ciel à l'est et chaque soir il se couche à l'ouest, comme s'il faisait le tour de la Terre. Mais c'est exactement l'inverse qui se produit : c'est la Terre qui se déplace autour du Soleil, comme chacune des neuf planètes composant le système solaire.

Quelle taille a le système solaire ?

La Terre est à environ 150 millions de km du Soleil. Ce qui peut paraître une énorme distance mais ne représente qu'un minuscule pas dans l'espace... D'autres planètes sont d'ailleurs beaucoup plus lointaines, comme le montre le diagramme de droite. Pour donner une idée des dimensions de l'ensemble, la distance entre les deux points les plus éloignés l'un de l'autre sur l'orbite de Pluton est de 15 milliards de km.

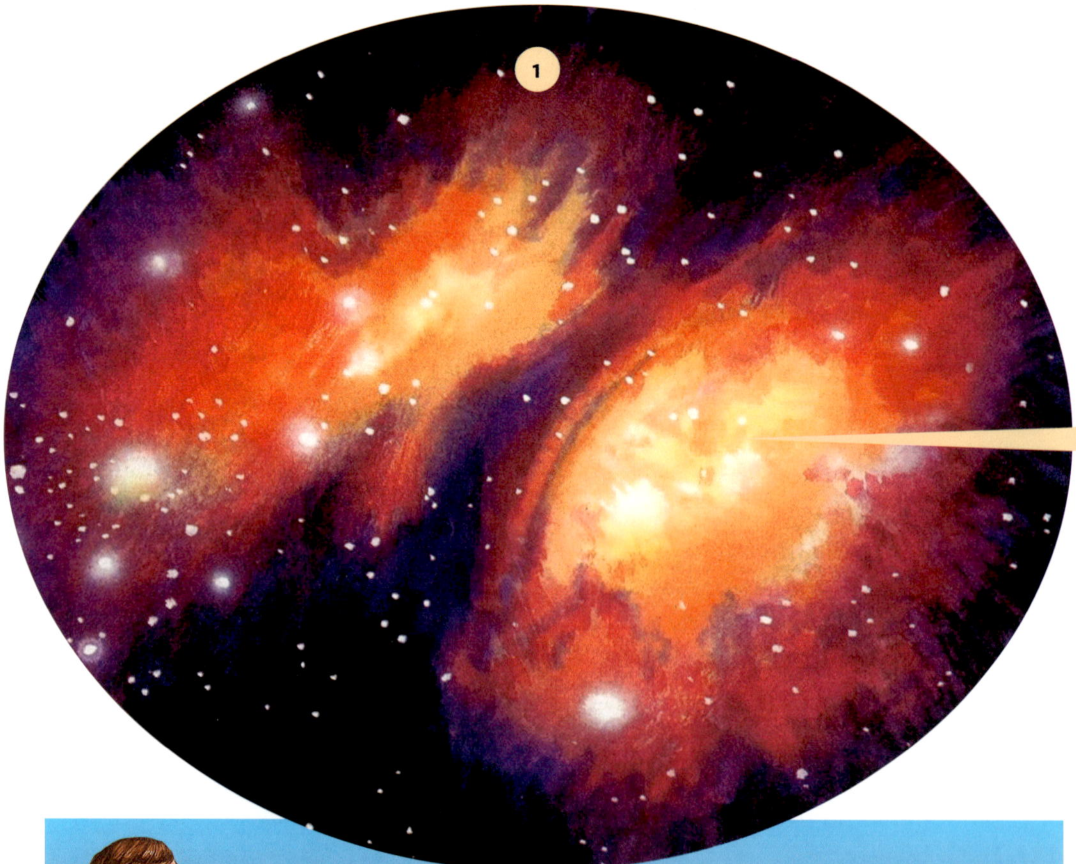

QUI A DÉCOUVERT LE PREMIER QUE LA TERRE TOURNE AUTOUR DU SOLEIL ?

Sous l'Antiquité, le philosophe et mathématicien grec Aristote (384-322 av. J.-C.) avait imposé sa théorie de la Terre centre de l'Univers, interdisant à quiconque d'exprimer une opinion différente. La thèse aristotélicienne sera longtemps la seule admise. Mais, au tout début du XVe siècle, le Polonais Nicolas Copernic (1473-1543) réalise peu à peu que toutes les observations qu'il a faites n'ont de sens et ne deviennent cohérentes que si on suppose un système dont le Soleil est le centre. Ses ouvrages n'auront guère de retentissement et il aura très peu de disciples, mais Galilée et Kepler en feront partie.

Comment s'est formé le système solaire ?

1 Voici environ 5 milliards d'années, soit 12 milliards d'années après le Big Bang, un gigantesque nuage de gaz et de poussières semblable à celui-ci occupait un bras de notre galaxie. On appelle ces nuages des nébuleuses et on pourrait dire que ce sont les pépinières des étoiles.

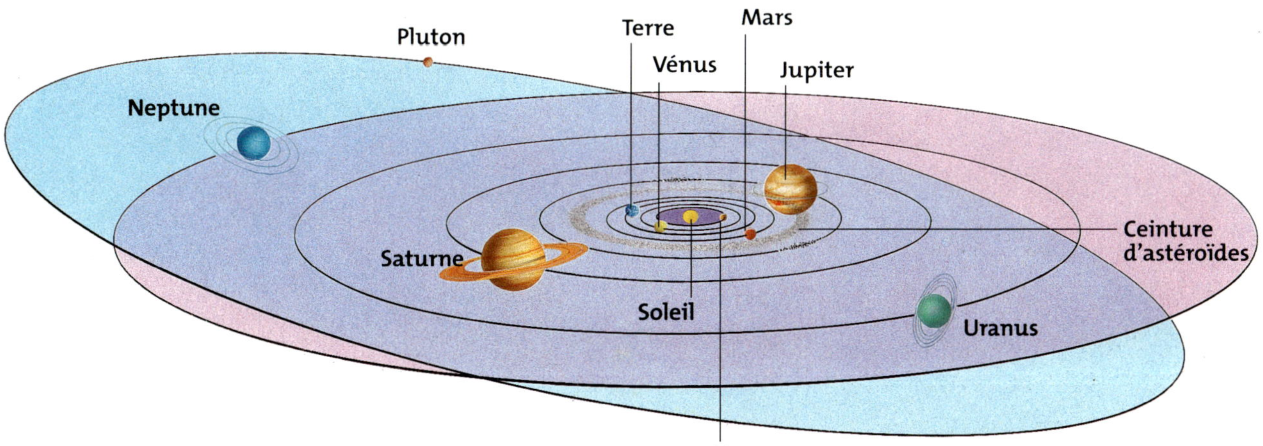

QUIZ

1. Le système solaire s'est formé il y a environ :

a) 50 millions d'années
b) 5 milliards d'années
c) 50 milliards d'années

2. Une nébuleuse est :

a) une variété d'étoile
b) une galaxie géante
c) un nuage donnant naissance à une nouvelle étoile

3. La distance entre la Terre et le Soleil est de :

a) 1,5 million de km
b) 15 millions de km
c) 150 millions de km

4. Les planètes connues qui tournent autour du Soleil sont au nombre de :

a) 7
b) 9
c) 10

2 Plusieurs parties de la nébuleuse deviennent plus denses : les gaz et les poussières s'y agglutinent sous l'effet de la gravitation. Une masse sphérique se discerne déjà.

3 Cette gigantesque sphère continue à se contracter. Elle se réchauffe extrêmement lentement et commence à briller d'un faible éclat. Notre « bébé étoile » a alors 100 000 ans !

4 Le Soleil nouveau-né tourbillonne à très grande vitesse, entraînant dans son sillage les matières et les particules en suspension dans l'espace environnant.

5 Le bébé Soleil atteint bientôt les températures extrêmes qui déclenchent des réactions nucléaires : ainsi est libérée la fantastique quantité d'énergie nécessaire pour qu'il devienne une véritable étoile.

6 Les particules de matière qui entrent ainsi en collision commencent à s'amalgamer, constituant des masses secondaires plus ou moins éloignées du Soleil.

7 Peu à peu les matières résiduelles (poussières, gaz, débris) vont grossir les planètes et leurs satellites (les lunes). Les collisions se font plus rares et les orbites cessent de se recouper pour devenir concentriques.

Le Soleil, notre étoile

Le Soleil, situé à environ 150 millions de km de la Terre, est notre étoile locale, mais cette énorme boule de gaz en feu a un diamètre plutôt modeste pour une étoile : 1,4 million de km ! C'est grâce à l'énergie solaire, qui fournit chaleur et lumière, que la vie a pu se développer sur Terre.

D'où le Soleil tire-t-il son énergie ?

L'énergie solaire a sa source dans le noyau, ou cœur, dans lequel la température atteint 15 millions de °C. Le processus de fusion nucléaire transforme les noyaux des atomes d'hydrogène en noyaux d'hélium. La fantastique énergie ainsi produite est libérée sous forme de rayons gamma, qui vont mettre plus d'un million d'années pour atteindre la photosphère (surface du Soleil) et se diffuser dans l'espace.

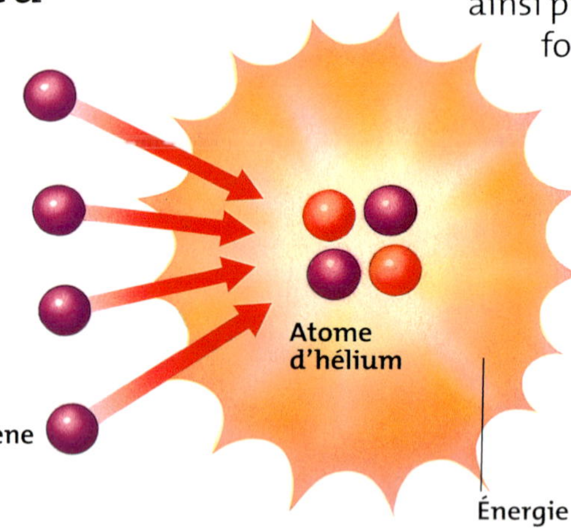

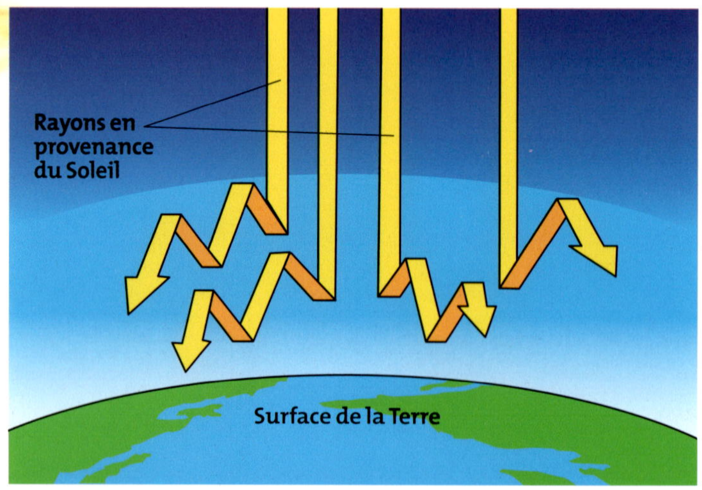

À quoi ressemble la surface du Soleil ?

La surface du Soleil est une nappe bouillonnante et perpétuellement agitée dont la matière incandescente a un éclat insoutenable. Ici et là, des jets de feu jaillissent comme des fontaines géantes, s'élevant à près de 1000 km et tournant parfois en boucles : ce sont des protubérances. Les taches solaires sont des zones plus froides, où se produisent à intervalles réguliers des sortes d'explosions d'énergie, ou éruptions solaires, qui perturbent les courants magnétiques terrestres.

Qu'est-ce que l'effet de serre ?

La moitié à peine de l'énergie solaire parvient jusqu'à la surface de la Terre, réchauffant le sol et les eaux. Le reste est réfléchi (renvoyé) vers l'espace. Certains gaz de l'atmosphère (vapeur d'eau, gaz carbonique) empêchent cette déperdition en absorbant la chaleur, qu'ils rediffusent ensuite vers la Terre. Si certains gaz sont trop abondants, cet effet de serre bénéfique devient trop efficace et le réchauffement s'accentue.

COMMENT OBSERVER LE SOLEIL SANS DANGER ?

Il est extrêmement dangereux de regarder le Soleil en face, car ses rayons peuvent brûler la rétine et rendre aveugle. Des lunettes de soleil ne suffisent pas à protéger des rayons nocifs. Le mieux est d'observer une image réfléchie par le miroir d'un télescope : elle sera sans danger.

1. Les taches solaires sont :
a) des zones plus chaudes
b) des zones plus froides
c) des lacs

2. Au cœur du Soleil, la température est de :
a) 15 millions de degrés
b) 1,5 million de degrés
c) 500 000 degrés

3. Le Soleil a un diamètre de :
a) 1,4 million de km
b) 14 millions de km
c) 140 000 km

4. On sait que notre Soleil continuera à briller pendant :
a) 50 milliards d'années
b) 5 milliards d'années
c) 50 millions d'années

Comment l'énergie arrive-t-elle à la surface ?

L'énergie produite par le cœur se diffuse d'abord extrêmement lentement à travers une couche très dense appelée zone radiative. La couche appelée zone convective est semi-solide : les jets de gaz brûlants s'y fraient en permanence un chemin vers la périphérie, tandis que les matières refroidies retournent vers le centre. À la surface, les taches solaires ont une température inférieure de 1 000 °C à celle du reste de la photosphère : c'est pourquoi elles apparaissent plus sombres.

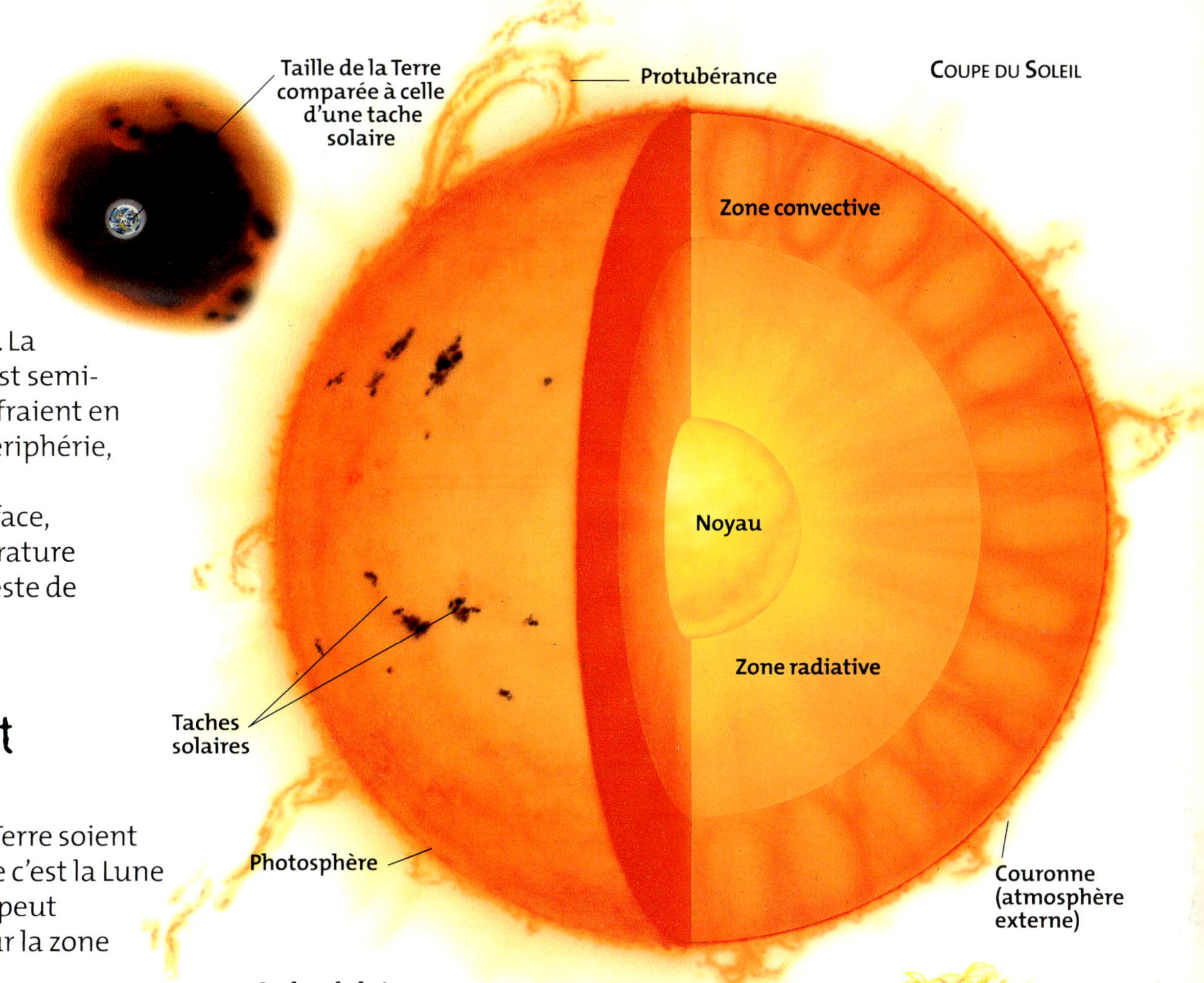

Coupe du Soleil

Comment se produisent les éclipses de Soleil ?

Il arrive que le Soleil, la Lune et la Terre soient alignés sur un même axe. Lorsque c'est la Lune qui se trouve au milieu, sa masse peut intercepter les rayons du Soleil. Sur la zone de la Terre où il devrait faire plein jour, ce sera la nuit et le jour sera crépusculaire dans les régions avoisinantes. C'est ce que l'on appelle une éclipse (totale ou partielle) de Soleil. Cette nuit sera de très courte durée : le temps que la Terre se déplace un peu plus loin sur son orbite, et l'alignement sera rompu.

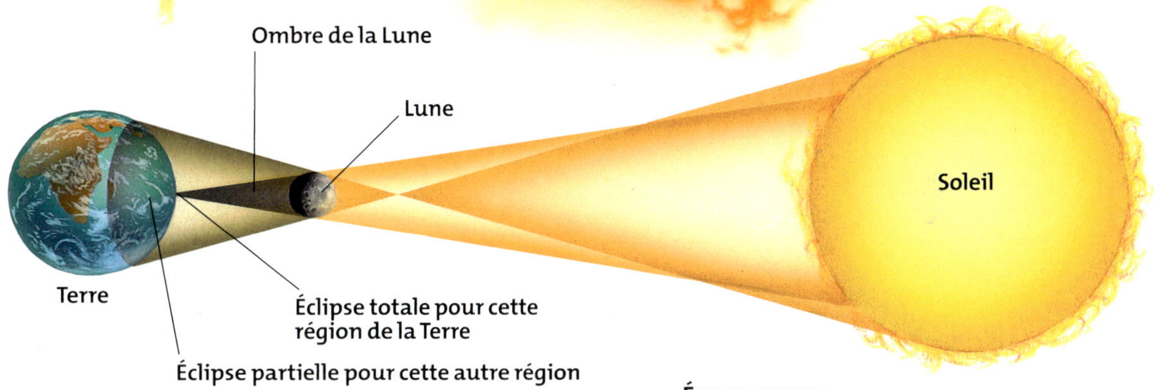

Éclipse solaire

Le Soleil brillera-t-il toujours ?

1 Le Soleil est né voici environ 5 milliards d'années et depuis lors sa chaleur bienfaisante et sa lumière ne nous ont jamais fait défaut.

2 Dans 5 milliards d'années, le Soleil grossira et deviendra de plus en plus chaud : sur Terre, les océans se mettront à bouillir et la vie s'éteindra.

3 Le Soleil devenant toujours plus gros et plus chaud, la Terre ne sera plus que cendres, elle finira peut-être par être absorbée par la surface du Soleil.

4 Devenu une géante rouge, le Soleil se rétrécira peu à peu, se transformant enfin en une naine blanche de la taille de la Terre actuelle.

Les planètes

On les appelle parfois les 8 planètes alignées principales, car il s'agit des corps célestes les plus importants du système solaire. De la plus proche du Soleil à la plus lointaine, ce sont : Mercure, Vénus, la Terre, Mars, Jupiter, Saturne, Uranus, Neptune.

Quelle est la plus grosse planète de notre système solaire ?

Jupiter est hors compétition : non seulement c'est la plus grosse planète, mais encore son volume est bien supérieur à celui de toutes les autres additionnées. Et cependant, un « jour » de Jupiter (le temps mis pour accomplir une rotation complète) ne dure que dix heures terrestres, car la planète tourne sur elle-même à 45 000 km/h, soit 30 fois plus vite que la Terre.

Quelle est la taille des planètes les unes par rapport aux autres ?

Les illustrations de cette double page montrent les différences de taille entre les planètes du système solaire et entre celles-ci et le Soleil, dont on aperçoit une petite partie sur la gauche. Le Soleil est environ dix fois plus gros que Jupiter, et il pourrait contenir plus d'un million de planètes Terre. Néanmoins, notre planète garde un rang honorable : Vénus, Mars, Mercure sont plus petites.

QUELLES PLANÈTES POSSÈDENT DES ANNEAUX ?

On a longtemps pensé que Saturne était la seule planète ayant des anneaux, car c'étaient les seuls visibles au moyen d'un télescope. Mais les photographies prises par la sonde Voyager 2 ont révélé que les autres géantes gazeuses, Jupiter, Uranus et Neptune, possédaient également des anneaux. Toutefois, ceux-ci sont beaucoup plus minces que ceux de Saturne et, surtout, ils sont loin d'avoir des couleurs aussi chatoyantes.

Pourquoi Uranus est-elle parfois appelée la nouvelle planète ?

Les astronomes qui étudiaient le ciel nocturne n'y ont pendant longtemps distingué que six planètes. Ce n'est qu'à la fin du XVIIIe siècle que les progrès faits par les instruments d'optique permirent la découverte d'Uranus. Ce fut la première des « nouvelles planètes » : Neptune sera découverte en 1846, et Pluton en 1930.

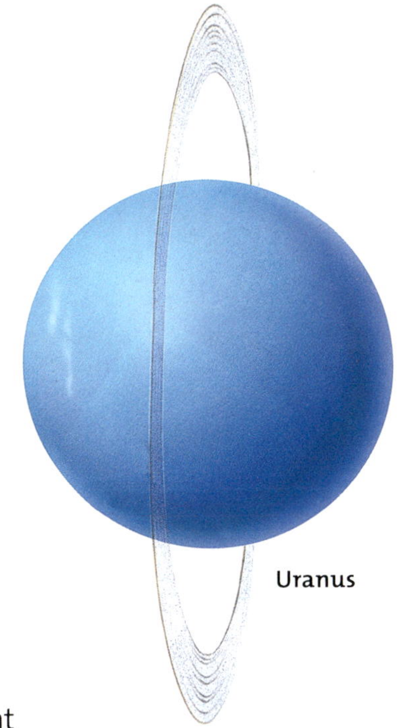

Quelle est la particularité de Saturne ?

Saturne a deux caractéristiques. La première est évidente dès que l'on observe le ciel au moyen d'un télescope ou même d'une simple lunette : ce sont les anneaux aux couleurs vibrantes qui en font la merveille du système solaire – et un spectacle inoubliable ! La seconde caractéristique concerne sa densité : Saturne est la plus légère de toutes les planètes, et elle est même plus légère que l'eau. Elle flotterait donc sur la mer… s'il existait une mer assez vaste pour l'accueillir.

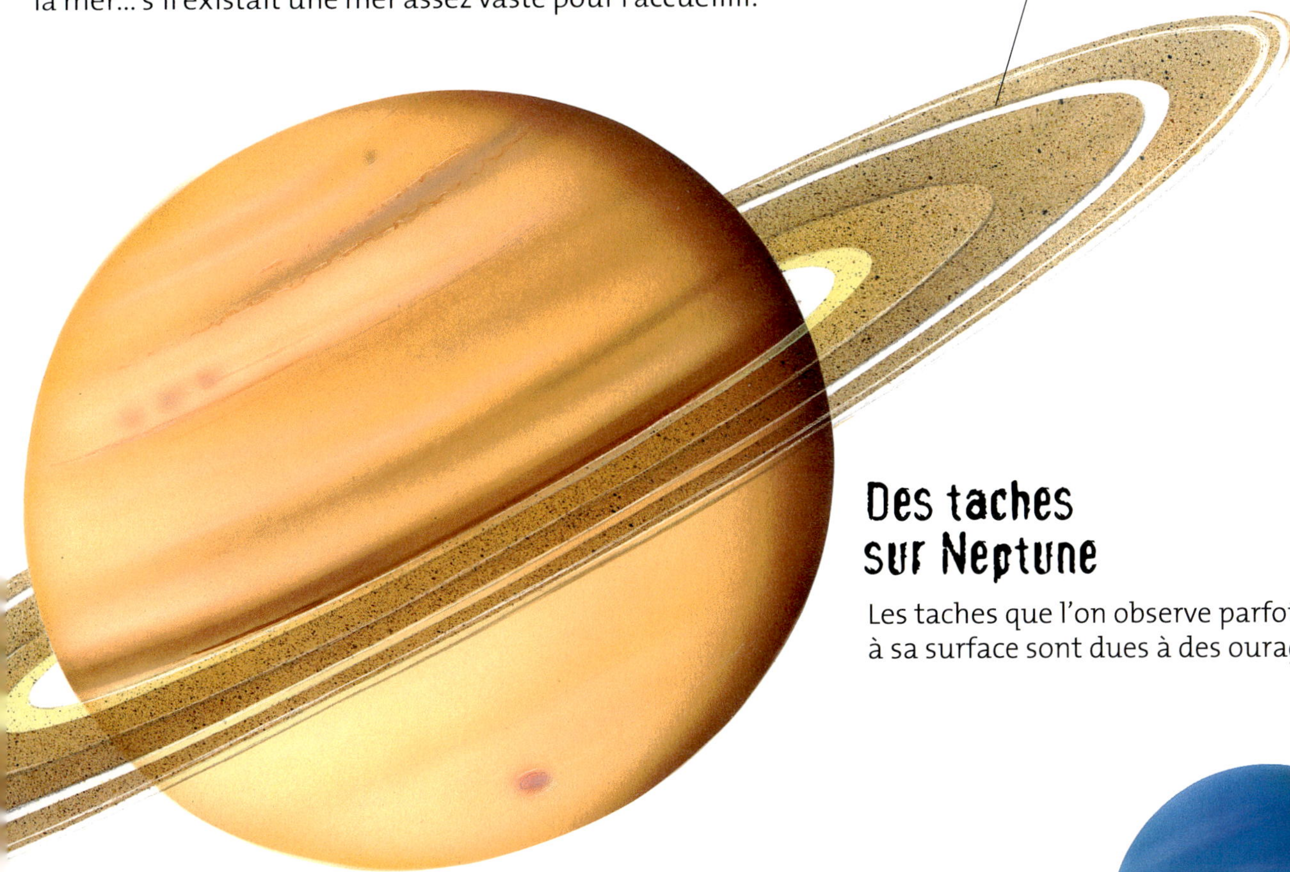

QUIZ

1. De ces trois planètes, celle qui a des anneaux est :
a) Mercure
b) Saturne
c) Vénus

2. Les planètes plus grandes que la Terre sont au nombre de :
a) deux
b) trois
c) quatre

3. Jupiter tourne sur elle-même à la vitesse de :
a) 4 500 km/h
b) 45 000 km/h
c) 450 000 km/h

4. La dernière planète a été découverte en :
a) 1781
b) 1930
c) 1979

Des taches sur Neptune

Les taches que l'on observe parfois à sa surface sont dues à des ouragans.

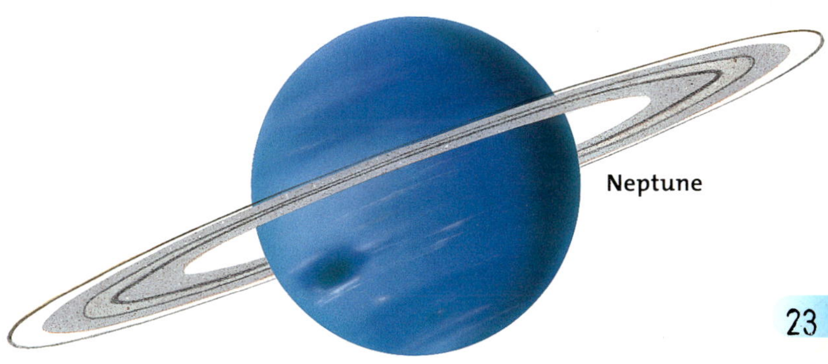

Mercure

Mercure est la planète la plus proche du Soleil. C'est aussi celle qui se déplace le plus rapidement : elle parcourt, en 88 de nos jours terrestres, son orbite qui est particulièrement allongée, ce qui entraîne d'importants écarts de température.

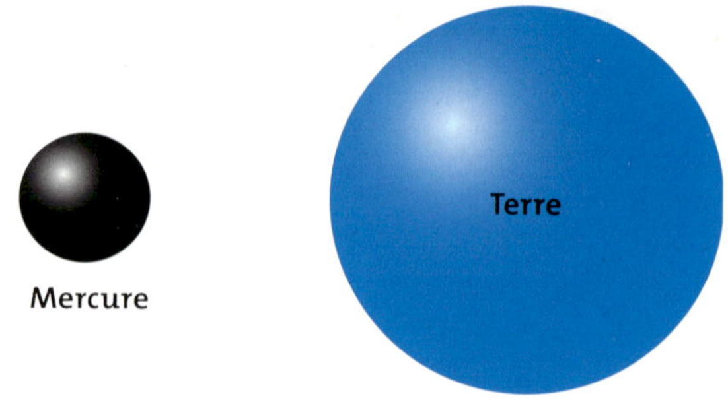

Quelle taille a Mercure ?

Mercure est la plus petite des planètes dites intérieures (proches du Soleil). Nous pouvons voir ci-dessus sa taille comparée à celle de la Terre.

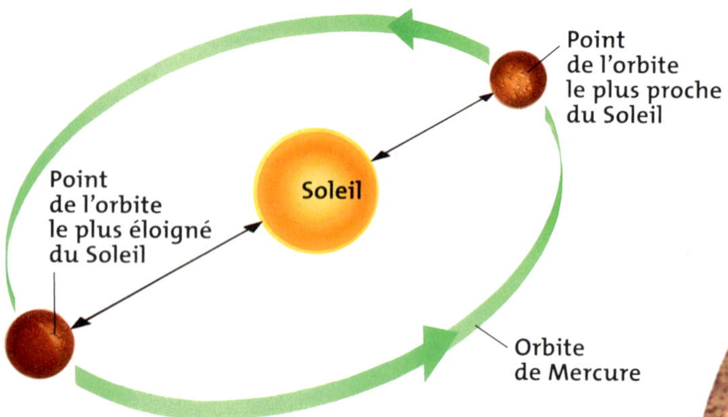

Quelle forme a son orbite ?

Alors que les orbites des autres planètes intérieures (Vénus, Terre et Mars) sont presque circulaires, celle de Mercure est une ellipse très allongée, si bien que la distance de la planète au Soleil varie du simple au double.

Pourquoi fait-il parfois si chaud sur Mercure ?

Si Mercure se déplace très vite sur son orbite, la planète tourne sur elle-même extrêmement lentement (elle accomplit trois rotations pendant qu'elle parcourt deux fois son orbite). De ce fait, une même région reste très longtemps exposée au Soleil, ce qui explique que les températures puissent dépasser les 400 °C.

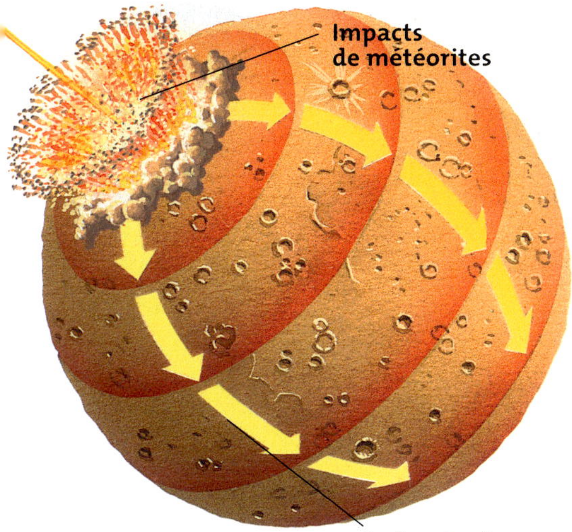

Qu'est-ce qui a modelé la surface de Mercure ?

Voici des milliards d'années, toutes les planètes ont été bombardées par des météorites qui ont creusé des cratères à leur surface. Sur la Terre, ces cratères ont été nivelés par l'érosion. Mais sur Mercure, l'érosion est quasi inexistante puisqu'il n'y a pratiquement pas d'atmosphère, et la planète est couverte d'impacts. Le plus vaste de ces cratères est le bassin Caloris, dû à une météorite géante. Sous cette croûte constellée de cratères se trouve un manteau rocheux, qui entoure un énorme noyau ferreux. Ce noyau, qui représente 80 % du volume de la planète, est l'élément le plus caractéristique de la structure de Mercure. Ses rétrécissements, liés aux refroidissements, ont fait apparaître des failles à la surface.

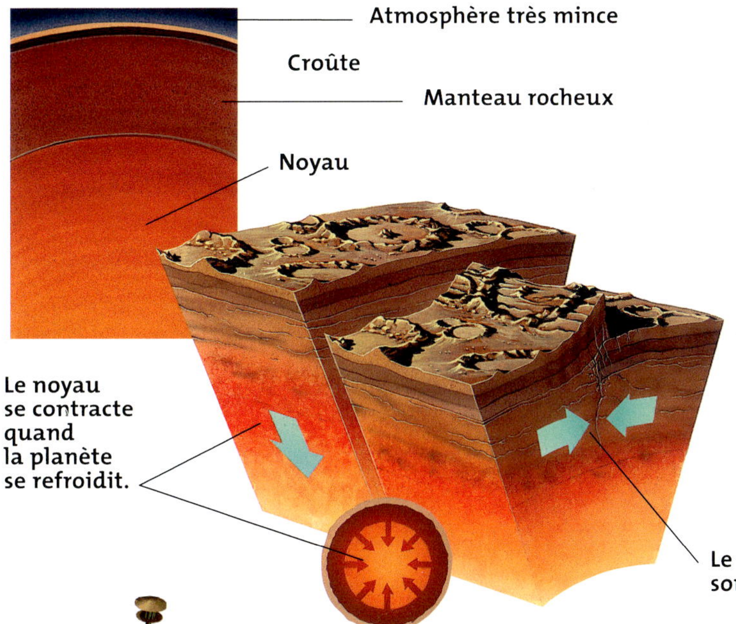

1. Sur Mercure, les températures montent jusqu'à :
a) 330 °C
b) 430 °C
c) 530 °C

2. Les cratères de Mercure sont dus à :
a) des éruptions volcaniques
b) des météorites
c) des rivières

3. Mercure ressemble surtout :
a) à la Lune
b) au Soleil
c) à Jupiter

4. La seule sonde qui ait visité Mercure est :
a) *Mariner 10*
b) *Viking 1*
c) *Voyager 2*

Quelles sondes spatiales ont exploré Mercure ?

Jusqu'à aujourd'hui, une seule sonde spatiale a visité Mercure : *Mariner 10*, qui a photographié la planète en 1974. Les images qui nous sont alors parvenues ont montré que le sol de Mercure ressemblait beaucoup à celui de la Lune. La sonde a survolé encore Mercure à deux reprises. Lors de son dernier passage, en mars 1975, elle se trouvait seulement à 300 km de la surface.

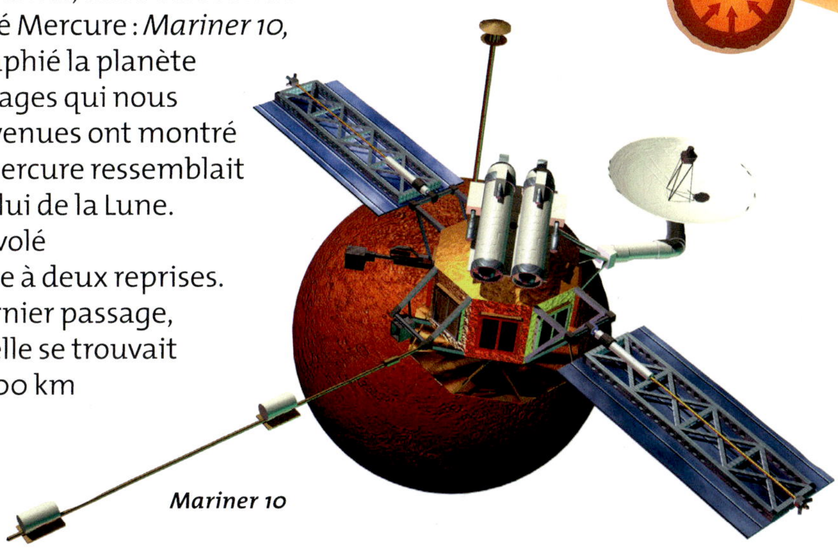

Mariner 10

LES CHIFFRES DE MERCURE

Diamètre à l'équateur : 4 880 km
Distance moyenne du Soleil : 58 millions de km
Distance minimale de la Terre : 91 millions de km
Rotation sur son axe en : 59 jours terrestres
Tourne autour du Soleil en : 88 jours terrestres
Température : de -185 à + 430 °C
Satellites : aucun

Vénus

Vénus a presque la même taille que la Terre, et on y trouve aussi une atmosphère dense. Mais là s'arrête la comparaison, car nul ne pourrait survivre dans les températures infernales de cette planète et dans ses vapeurs d'acide sulfurique.

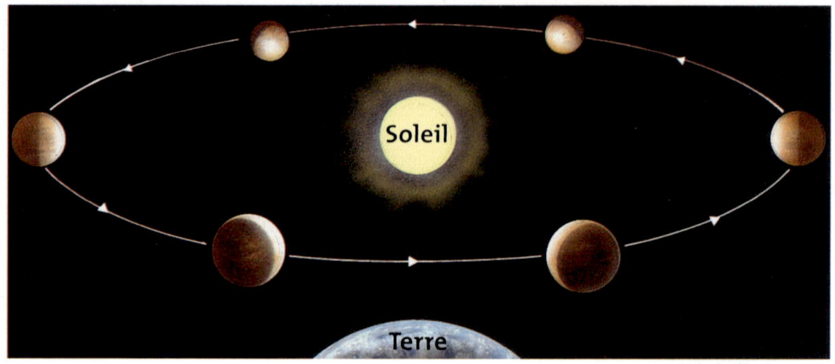

Les parties éclairées de Vénus aux divers points de son orbite

Pourquoi Vénus est-elle surnommée «étoile du Berger» ?

Lorsque le Soleil se couche sur la Terre, les étoiles sont à peine visibles tant qu'il ne fait pas nuit noire. Vénus est alors le premier astre qui brille dans le ciel. Jadis, son apparition signalait aux bergers qu'il était l'heure de rentrer leur troupeau. C'est donc pourquoi Vénus, qui est une planète, a été appelée « étoile du Berger ».

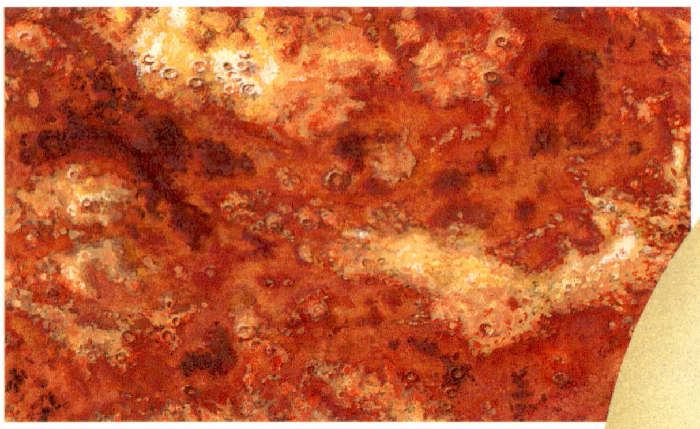

À quoi ressemble la surface de Vénus ?

D'après les relevés qui ont été effectués par les sondes spatiales, Vénus posséderait deux vastes régions montagneuses, que nous pourrions appeler continents : l'une est au nord et a été appelée Terre d'Ishtar ; l'autre est au sud et a été appelée Terre de Vénus.

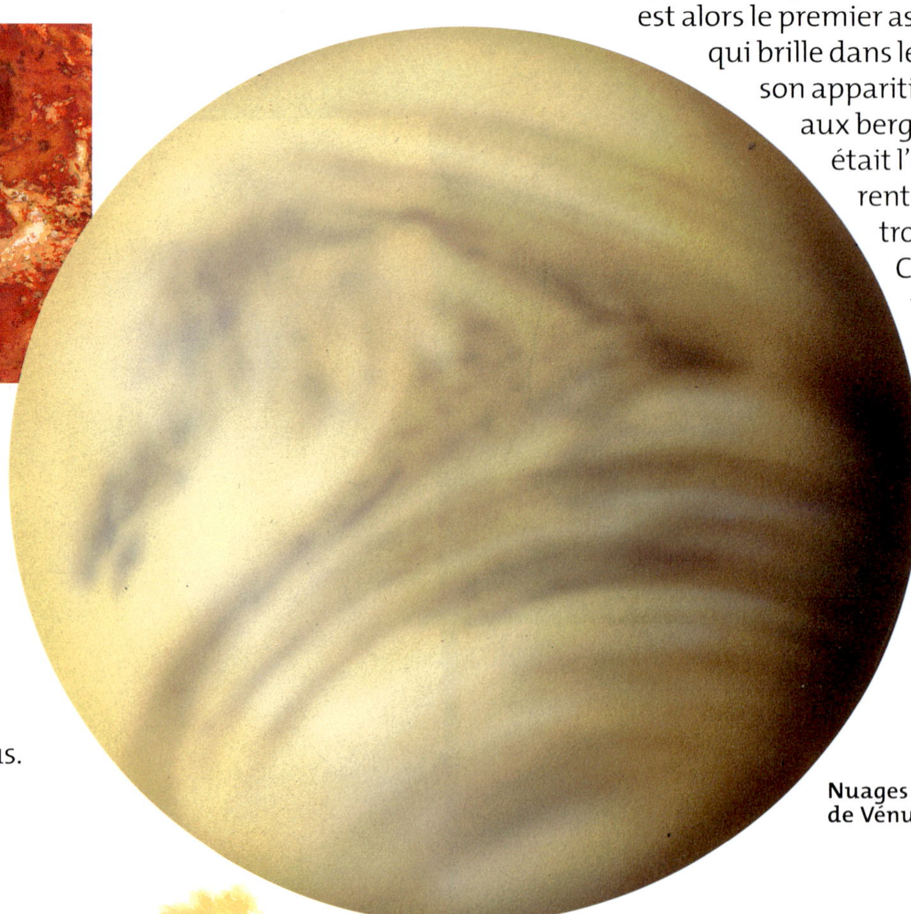
Nuages à la surface de Vénus

Paysage de Vénus

De quoi sont faits les nuages de Vénus ?

Depuis la Terre, même avec le meilleur des télescopes, il nous est impossible de voir la surface de Vénus, masquée en permanence par d'épais nuages. Ces nuages ne sont pas chargés de vapeur d'eau, comme sur la Terre, mais de gouttelettes d'acide sulfurique, l'une des substances les plus corrosives qui soient.

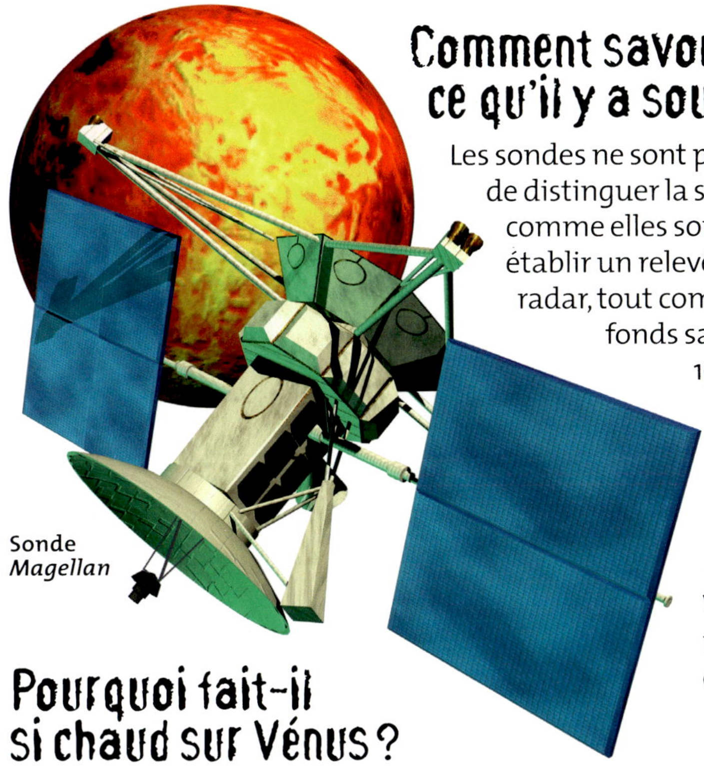

Comment savons-nous ce qu'il y a sous les nuages de Vénus ?

Les sondes ne sont pas plus capables que les télescopes terriens de distinguer la surface de Vénus à travers les nuages, mais comme elles sont proches de sa surface, elles peuvent établir un relevé topographique précis grâce à des ondes radar, tout comme un sous-marin dresse une carte des fonds sans les voir. La sonde *Magellan,* lancée en 1989 depuis la navette *Atlantis,* a ainsi fait un relevé complet de la planète.

De quoi est fait le sol de Vénus ?

Vénus est, comme la Terre, une planète rocheuse. Les éruptions volcaniques ont modelé son relief.

Pourquoi fait-il si chaud sur Vénus ?

La température moyenne sur Vénus est deux fois plus élevée que celle du four dans lequel nous faisons rôtir un poulet. Cela vient du fait que son atmosphère est surtout composée de gaz carbonique, gaz lourd qui absorbe la chaleur. De plus, l'épais plafond de nuages retient captifs une grande partie des rayons solaires qui sont réfléchis par le sol.

ATMOSPHÈRE DE VÉNUS

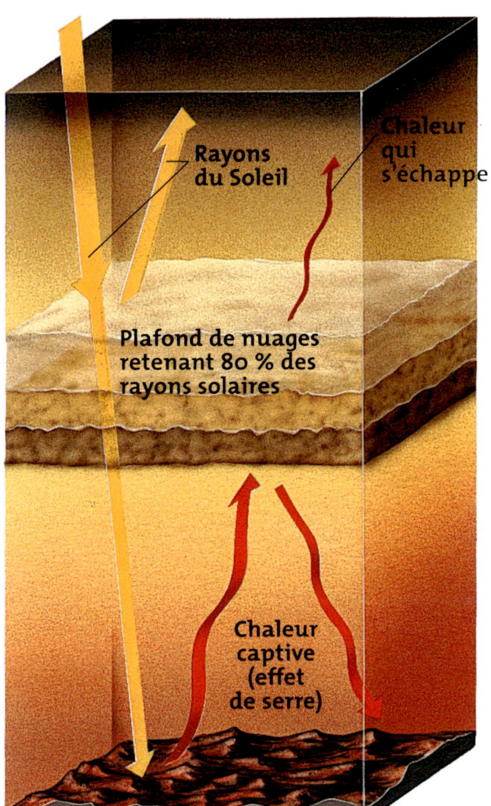

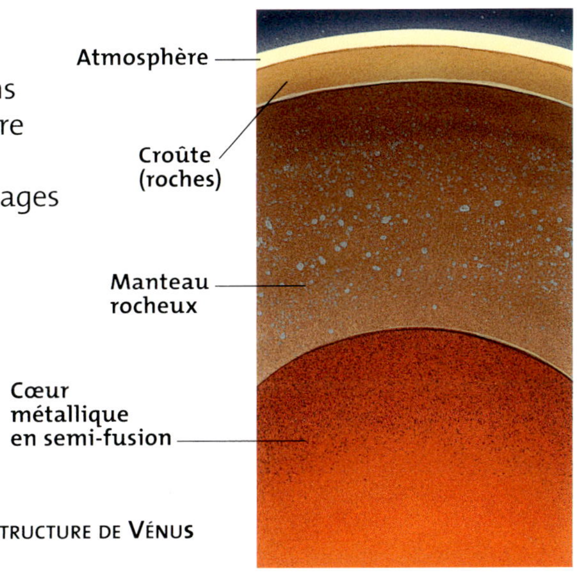

STRUCTURE DE VÉNUS

QUIZ

1. Vénus a reçu un autre surnom, qui est :
a) l'étoile de l'Ouest
b) l'étoile du Matin
c) l'étoile du Berger

2. Les nuages qui cachent la surface de Vénus sont faits de :
a) vapeur d'eau
b) acide sulfurique
c) ammoniac

3. Les continents de Vénus sont au nombre de :
a) sept
b) trois
c) deux

4. le noyau de Vénus est fait de :
a) métal
b) roches
c) hydrogène liquide

LES CHIFFRES DE VÉNUS

Diamètre à l'équateur :
12 100 km
Distance moyenne du Soleil :
108 millions de km
Distance minimale de la Terre : 42 millions de km
Rotation sur son axe en :
243 jours terrestres
Tourne autour du Soleil en :
225 jours terrestres
Température : 480 °C
Satellites : aucun

La planète Terre

Vue de l'espace, notre planète, la Terre, apparaît essentiellement bleue. Cette belle coloration est due aux océans qui couvrent les deux tiers de sa surface. Une telle quantité d'eau a très certainement favorisé l'apparition de la vie.

La Terre vue de l'espace

Pourquoi fait-il tantôt jour tantôt nuit ?

Tout en décrivant une ellipse autour du Soleil, la Terre tourne sur elle-même en près de 24 heures. Selon l'heure, une même région du globe est donc tantôt orientée face au Soleil (il fait alors jour), tantôt située dans la face opposée au Soleil, que les rayons n'atteignent pas (il fait alors nuit).

En quoi la Terre est-elle différente ?

La Terre présente des caractéristiques qui la différencient des huit autres planètes tournant autour du Soleil : elle est en grande partie couverte par les océans ; son atmosphère contient une grande quantité d'oxygène et agit comme une couverture isolante, retenant une partie de la chaleur des rayons solaires. Eau, oxygène et températures douces ont fait de la Terre un lieu favorable à la vie : la planète abrite plus d'un million et demi d'espèces vivantes (plantes, animaux, champignons, algues, bactéries...).

Terre et océan

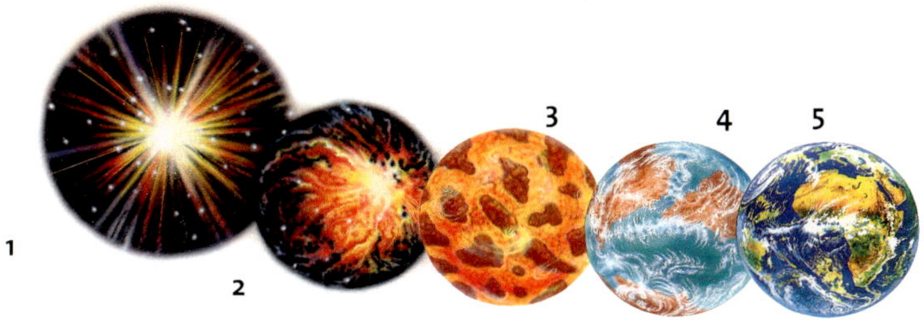

Comment la Terre s'est-elle formée ?

La Terre est née voici 4,6 milliards d'années, lorsque des traînées de poussières et de gaz brûlants sont entrées en collision (1). L'énorme boule de feu (2) s'est refroidie suffisamment pour que sa surface forme une croûte (3). Des pluies diluviennes ont fait apparaître les océans, et le bloc des terres émergées s'est disloqué en continents (4). Ainsi s'est constituée peu à peu la planète que nous connaissons (5) et qui est en perpétuelle transformation (voir ci-dessous le mouvement des continents).

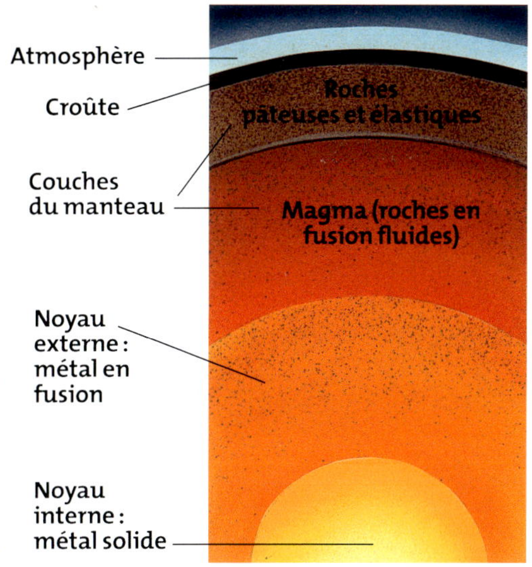

Coupe de la Terre

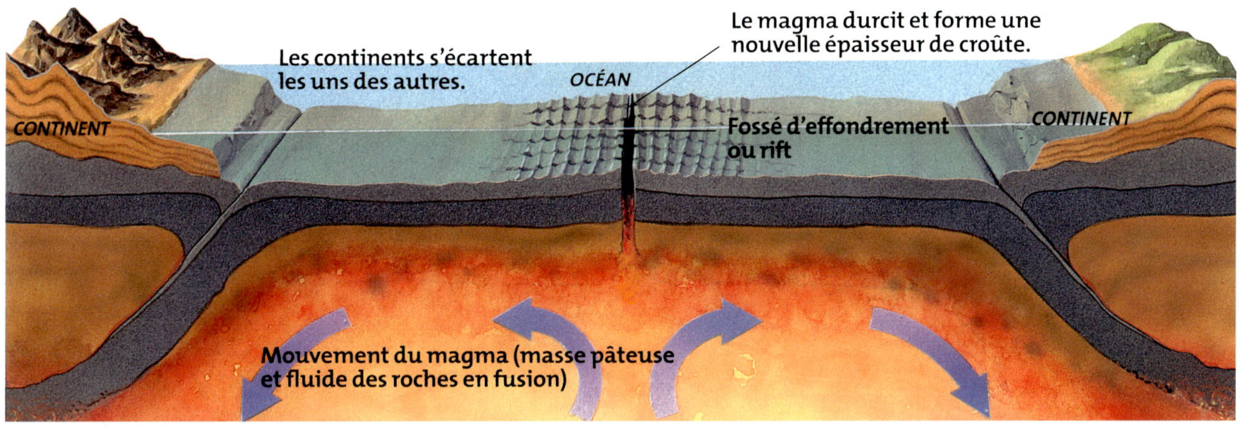

1. La Terre est âgée de :
a) 4 millions d'années
b) 4, 6 millions d'années
c) 6 milliards d'années

2. La Terre tourne autour du Soleil en :
a) 265 jours et 6 heures
b) 365 jours et 6 heures
c) 465 jours et 6 heures

3. La Terre est :
a) une étoile
b) une météorite
c) une planète

4. Les saisons s'expliquent par :
a) l'inclinaison de l'axe de la Terre
b) l'inclinaison de l'axe du Soleil
c) l'inclinaison de l'axe de la Lune

Circulaire à l'origine, l'orbite de la Terre est devenue légèrement ovale des millions d'années plus tard.

LES CHIFFRES DE LA TERRE

Diamètre à l'équateur : 12 756 km
Distance moyenne du Soleil : 149,6 millions de km
Tourne sur son axe en : 23 heures 56 minutes
Tourne autour du Soleil en : 365 jours et 6 heures
Température : de - 89 °C à +58 °C

Comment s'expliquent les saisons ?

Du fait de la rotondité de la Terre, certaines régions sont plus proches du Soleil que d'autres : il y fait en général plus chaud. Mais ces régions ne sont pas toujours les mêmes du fait de l'inclinaison de l'axe de la Terre (ligne passant par les deux pôles). Une même région connaît donc au cours d'une année des variations de climat, que nous appelons saisons.

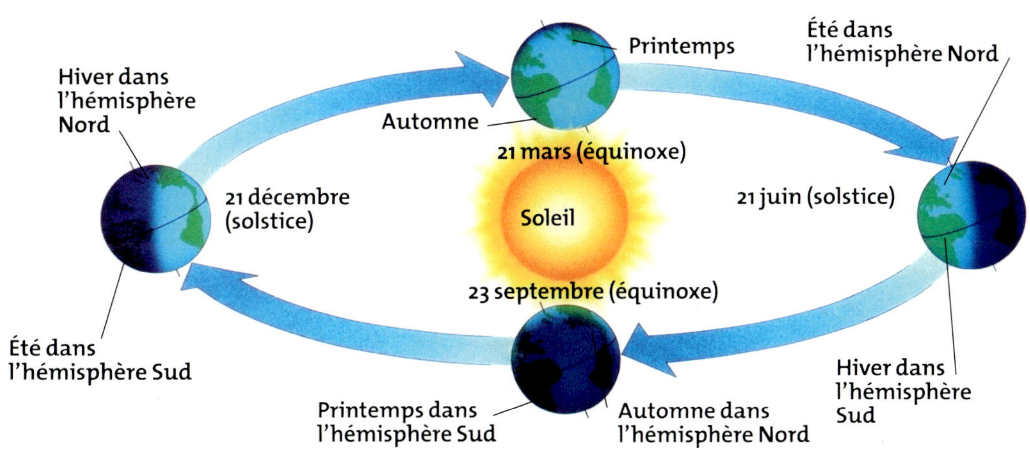

La Lune

Tout corps céleste qui parcourt une orbite autour d'un autre peut-être désigné sous le nom de lune. Mais lorsque nous disons la Lune, avec une majuscule, nous parlons toujours de l'unique satellite de notre planète Terre, celui qui éclaire nos nuits et provoque les marées sur nos océans.

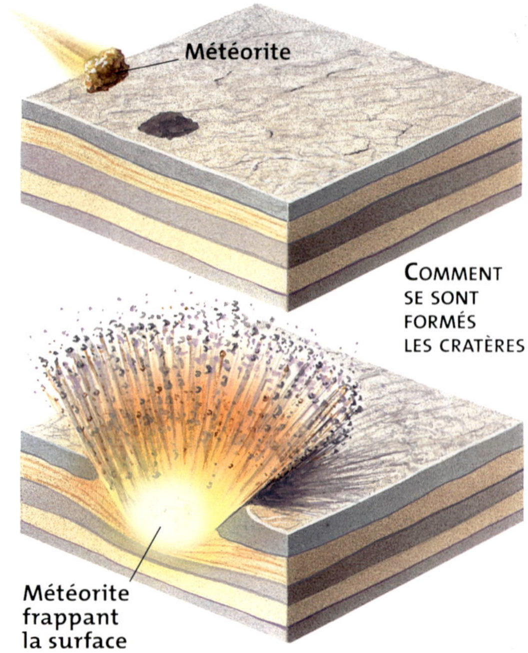

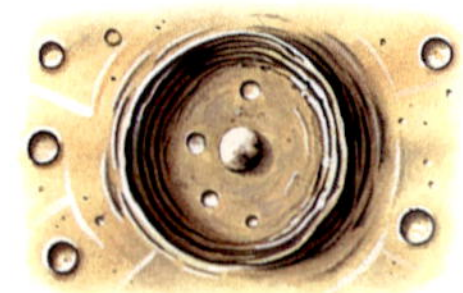
Cratère principal et cratères secondaires

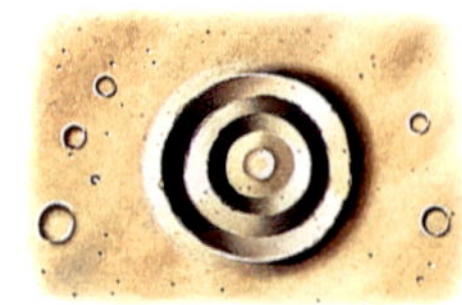
Anneaux concentriques créés par l'onde de choc

Balafres radiales faites par les matières éjectées

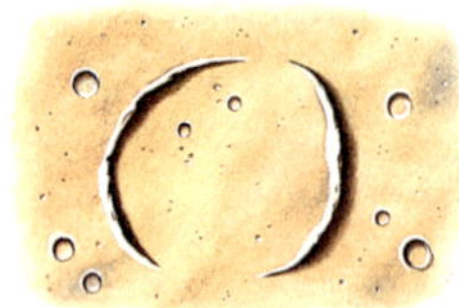
Cratère « fantôme » dont la cuvette est comblée

Quelle est l'origine de la Lune ?

Aujourd'hui, la majorité des astronomes pense que la Lune a pour origine une collision, voici des milliards d'années (1), entre la Terre et un corps céleste inconnu. Les matériaux éjectés dans l'espace, et appartenant à la fois à la Terre et à l'astre inconnu, se seraient plus tard amalgamés pour former la Lune (2). Cette théorie explique en tout cas la nature différente des roches terrestres et lunaires.

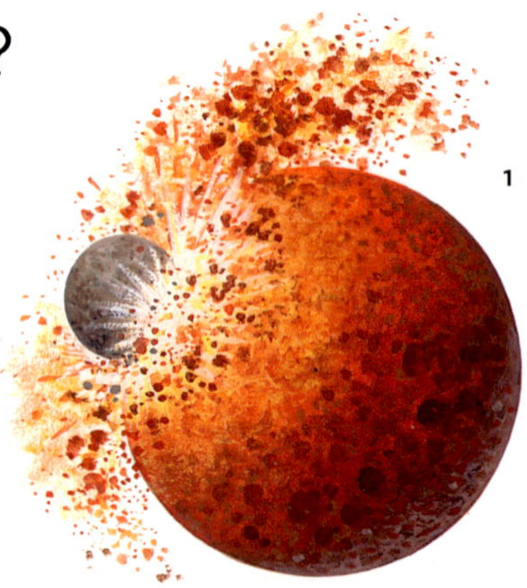
1

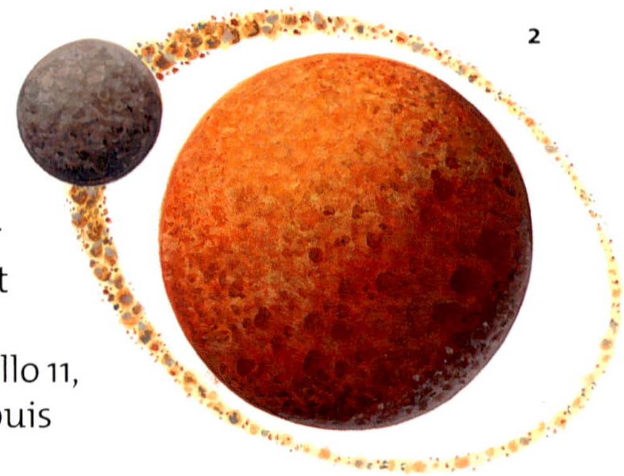
2

Quand l'homme a-t-il posé le pied sur la Lune ?

Roche lunaire

Les premiers hommes à poser le pied sur la Lune, le 20 juillet 1969, furent deux des trois membres de l'équipage d'Apollo 11, le capitaine Neil Armstrong, puis Edwin Aldrin. Cinq autres alunissages ont suivi : un second en 1969, deux en 1971 et deux en 1972.

Quelle est l'origine des cratères lunaires ?

Le sol lunaire est criblé de cuvettes ressemblant à des cratères de volcans. Elles ont été creusées par les météorites qui ont bombardé la surface. Les plus vastes ont des parois en gradins, ou bien abruptes comme des falaises, et parfois des montagnes s'élèvent en leur centre. Certains cratères sont dits « à rayons » parce que les matières éjectées par la violence de l'impact ont tracé tout autour des balafres radiales (ou bien des « coutures » saillantes).

Y a-t-il des mers sur la Lune ?

Il n'y a aucune mer – pas même d'eau – sur la Lune, mais les anciens astronomes, observant ces étendues plus sombres, ont cru qu'il s'agissait de mers et les ont ainsi baptisées. Nous savons aujourd'hui que ce sont des plaines couvertes de roches pulvérisées, mais nous avons conservé ces noms. Les « mers » lunaires se trouvent presque toutes sur la face visible de la Lune.

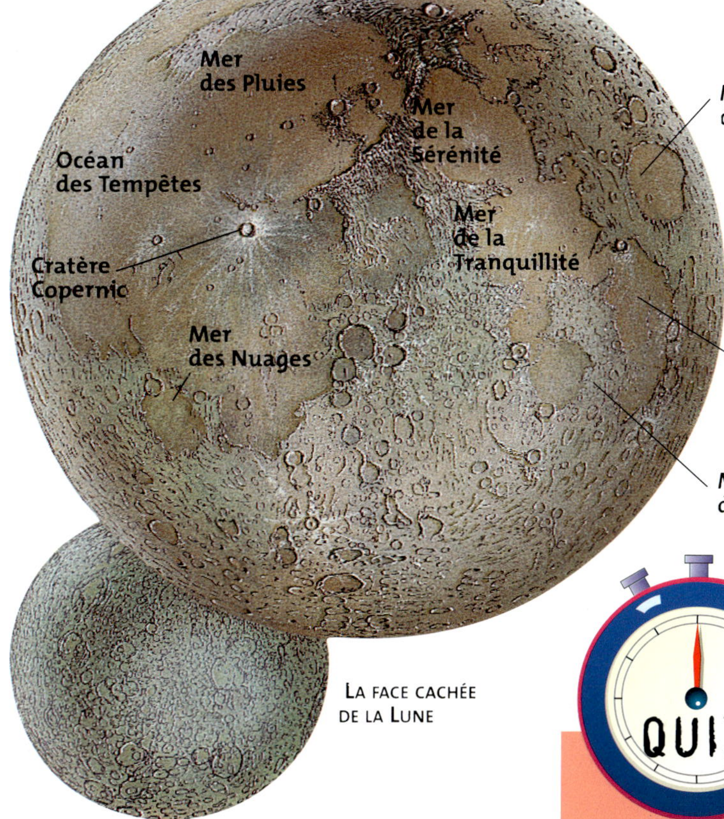

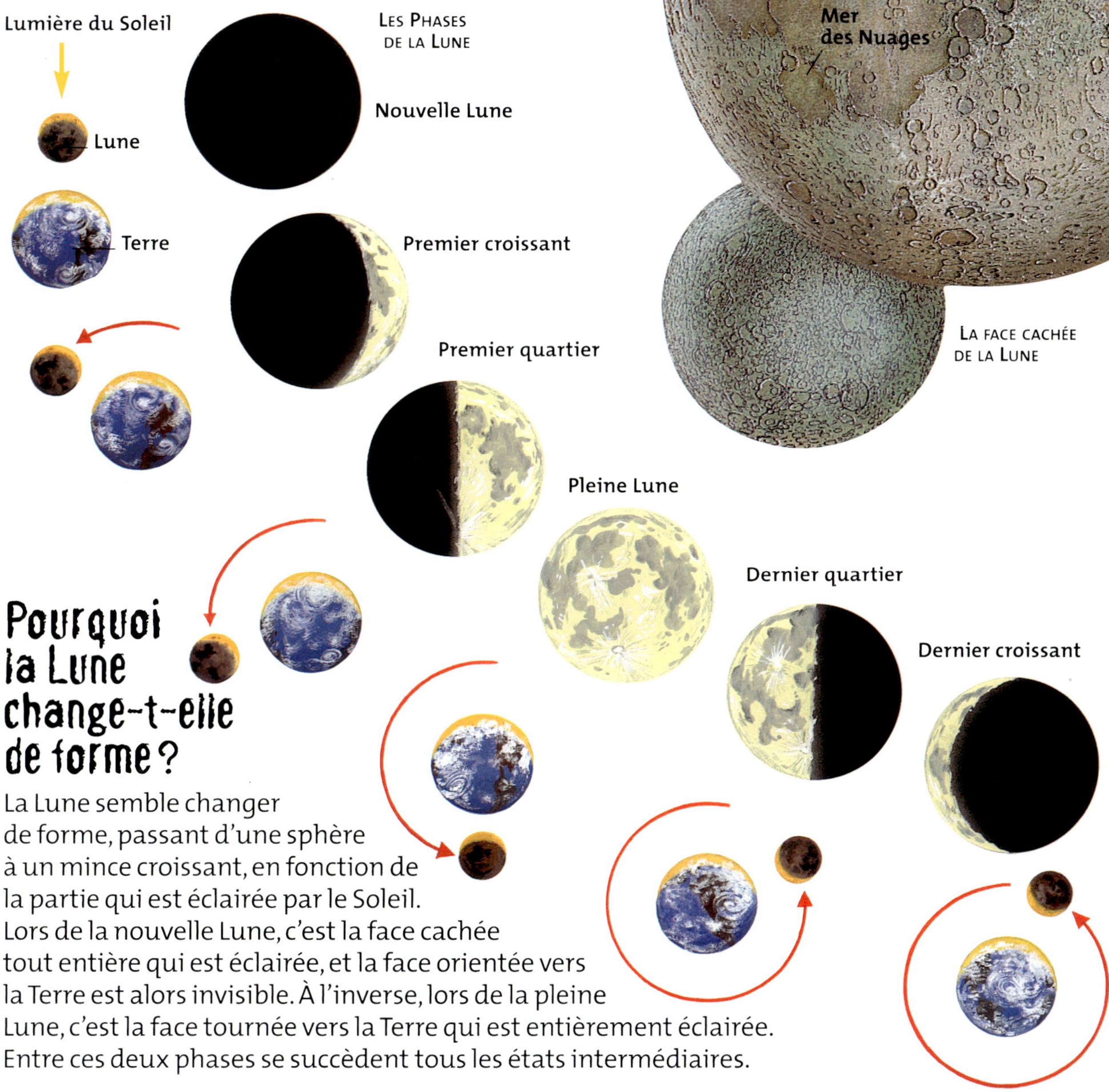

Pourquoi la Lune change-t-elle de forme ?

La Lune semble changer de forme, passant d'une sphère à un mince croissant, en fonction de la partie qui est éclairée par le Soleil. Lors de la nouvelle Lune, c'est la face cachée tout entière qui est éclairée, et la face orientée vers la Terre est alors invisible. À l'inverse, lors de la pleine Lune, c'est la face tournée vers la Terre qui est entièrement éclairée. Entre ces deux phases se succèdent tous les états intermédiaires.

LES CHIFFRES DE LA LUNE

Diamètre à l'équateur : 3 476 km
Distance moyenne du Soleil : 356 000 km
Tourne autour de la Terre en : 27,3 jours
Température à la surface de -170 °C à 110 °C

La station lunaire du futur pourrait ressembler à cela.

QUIZ

1. La Lune tourne autour de la Terre en :
a) 7 jours
b) un jour
c) 27,3 jours

2. Dans les mers lunaires, il y a :
a) du sel
b) des roches pulvérisées
c) des poissons

3. La Lune est la plus grosse lors de la phase appelée :
a) Nouvelle Lune
b) Premier quartier
c) Pleine Lune

4. L'homme a marché sur la Lune pour la première fois en :
a) 1965
b) 1969
c) 1972

Mars

De toutes les planètes du système solaire, Mars est celle qui ressemble le plus à la Terre, c'est pourquoi elle a tant excité l'imagination des hommes, qui rêvaient depuis toujours d'autres mondes habités. Mais les récentes explorations n'ont révélé qu'un monde stérile et froid.

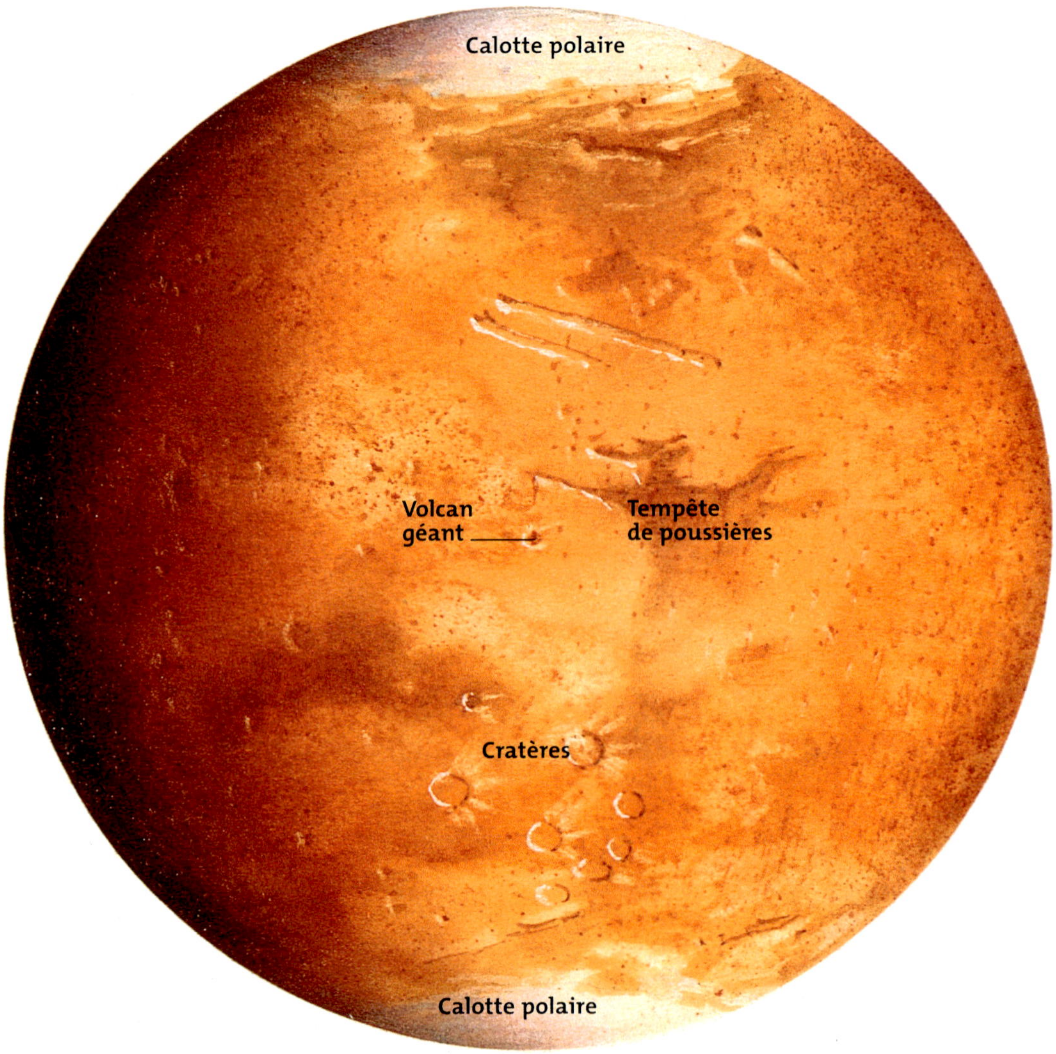

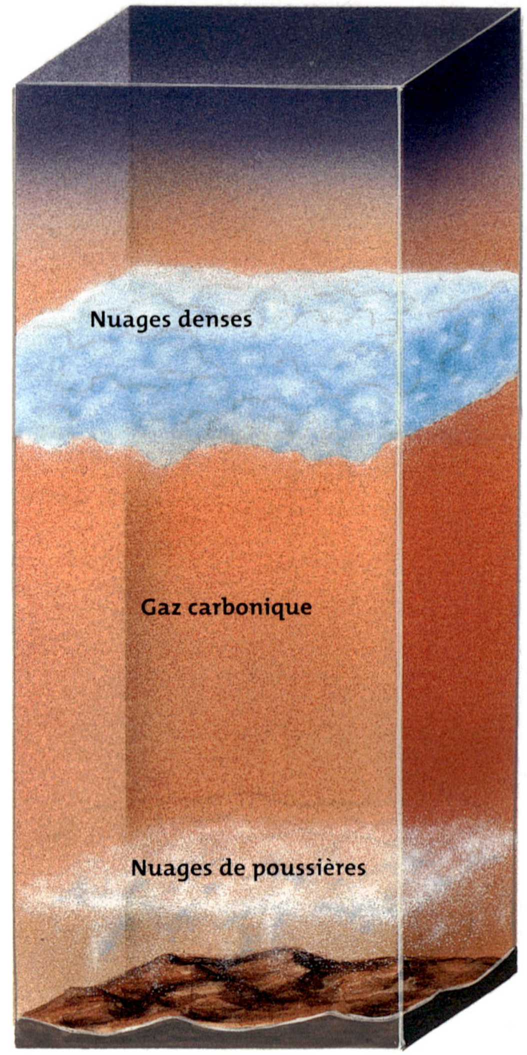

L'ATMOSPHÈRE DE MARS

Quelle est la structure géologique de Mars ?

Contrairement à Jupiter ou à Neptune, qui sont des planètes gazeuses, Mars est, comme la Terre, une planète rocheuse. Elle a une croûte dure, un manteau rocheux et un noyau ferreux (on pense toutefois, sans en être absolument sûr, que son noyau est dur et non pas en fusion comme celui de la Terre). L'atmosphère y est beaucoup moins dense, et c'est le gaz carbonique qui y domine, au lieu de l'oxygène et de l'azote. L'humidité y est extrêmement réduite, et même les calottes polaires sont principalement constituées de « glace sèche » (gaz carbonique gelé), avec une très faible quantité de glace d'eau.

Pourquoi appelle-t-on Mars la « planète rouge » ?

Les roches de Mars et les poussières qui couvrent son sol sont riches en oxyde de fer (la rouille) qui donne à la planète sa coloration rouge orangé caractéristique.

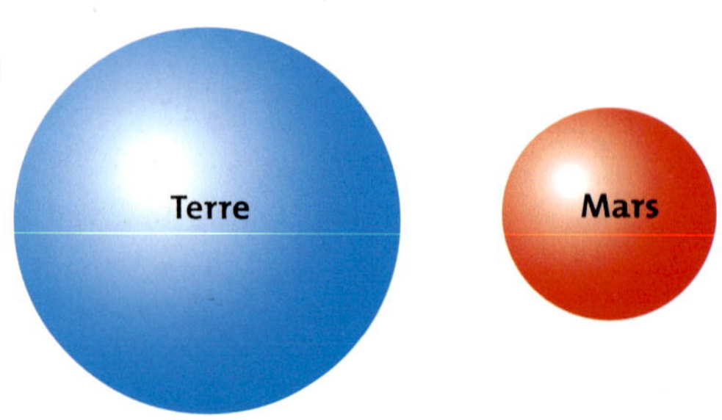

LES CHIFFRES DE MARS

Diamètre à l'équateur : 6 787 km
Distance moyenne du Soleil :
228 millions de km
Distance minimale de la Terre :
56 millions de km
Rotation sur son axe en :
24 heures 37 minutes
Tourne autour du Soleil en :
687 jours terrestres
Température en surface
de -110 °C à 0 °C
Satellites : 2

Lander d'une sonde *Viking*

À gauche, *Sojourner*, le petit robot-explorateur de la mission *PathFinder*

Deimos

Phobos

Est-ce que Mars a des lunes ?

Mars possède deux petites lunes, appelées Phobos et Deimos. Phobos, la plus grande, a moins de 30 km de diamètre. On pense qu'il peut s'agir d'anciens astéroïdes, capturés par la force de gravitation de Mars.

Quels modules ont débarqué sur Mars ?

Lancés en août et septembre 1975, les deux vaisseaux *Viking 1* et *Viking 2* font chacun atterrir avec succès, sur deux sites différents, deux *lander* qui fonctionneront jusqu'en 1983, opérant des prélèvements et envoyant plus de 50 000 photos. Les *lander* étaient toutefois statiques. Un autre pas sera franchi en 1997 avec la mission *Pathfinder* et son *Sojourner,* petit robot explorateur conçu pour progresser sur toutes les surfaces.

Le mont Olympe, qui se dresse sur Mars, est le plus grand volcan du système solaire : 25 km de haut et 500 km de diamètre

STRUCTURE DE MARS

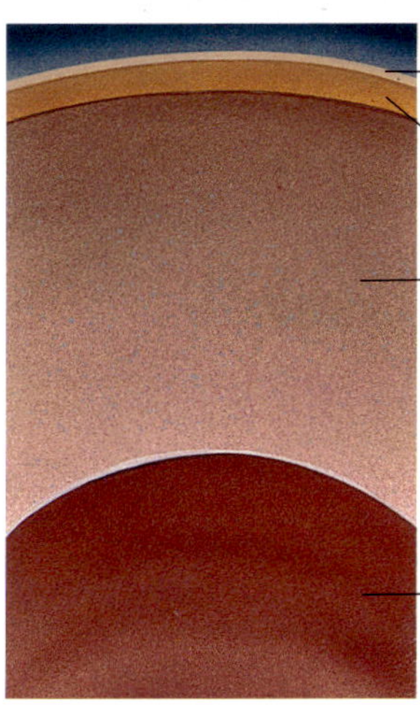

Y a-t-il des montagnes sur Mars ?

Les photographies prises par les modules d'exploration nous ont rendues familières les monotones étendues plates et poudreuses parsemées de blocs rougeâtres. Mais Mars possède aussi des reliefs imposants, comme le mont Olympe, un volcan qui culmine à 25 000 m ! Les gorges appelées Valles marineris ne sont pas moins impressionnantes : il s'agit d'un ensemble de canyons s'étendant sur 4 000 km et ayant une profondeur moyenne de 6 000 m.

QUIZ

1. La couleur dominante des roches de Mars est :
a) le bleu
b) le vert
c) le rouge orangé

2. Le principal composant de l'atmosphère martienne est :
a) l'oxygène
b) le gaz carbonique
c) le dioxyde de soufre

3. Le robot de la mission Pathfinder s'appelait :
a) *Sojourner*
b) *Surveyor*
c) *Mariner*

4. La plus grande lune de Mars est :
a) Deimos
b) Ariel
c) Phobos

Jupiter

Jupiter est la géante de notre système solaire. Toutes les autres planètes pourraient tenir dans cette énorme boule, et il resterait encore de la place ! On pourrait aussi y mettre 1 300 sphères de la taille de notre Terre... Et comme tout est en proportion, les lunes de Jupiter sont aussi grosses que des planètes !

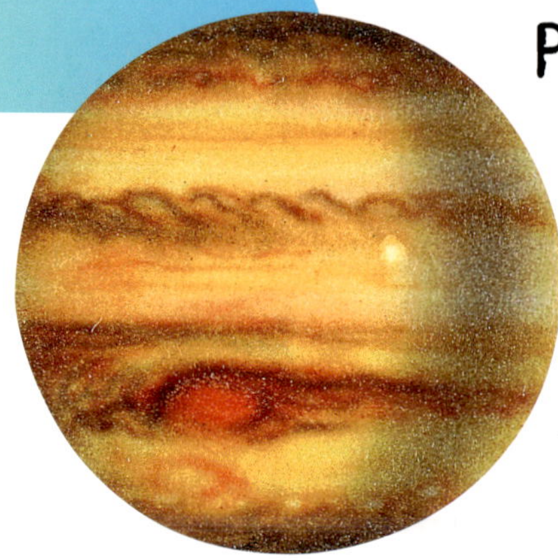

Pourquoi d'aussi riches couleurs ?

Les stries de couleurs contrastées qui se succèdent de l'équateur aux pôles sont faites de nuages, qui s'étirent en bandes continues sous l'effet de la rotation ultrarapide.

De quoi est faite Jupiter ?

Jupiter la géante est une énorme boule de gaz et de gaz liquéfié. Haute de plus de 1 000 km, son atmosphère, surtout constituée d'hydrogène (avec un peu d'hélium), est parcourue de nuages de cristaux de glace et de composés d'ammoniac. La pression qui s'exerce sur les couches inférieures de l'atmosphère a liquéfié l'hydrogène. Au cœur du manteau, cette pression est telle que l'hydrogène se comporte comme un métal.

L'atmosphère de Jupiter

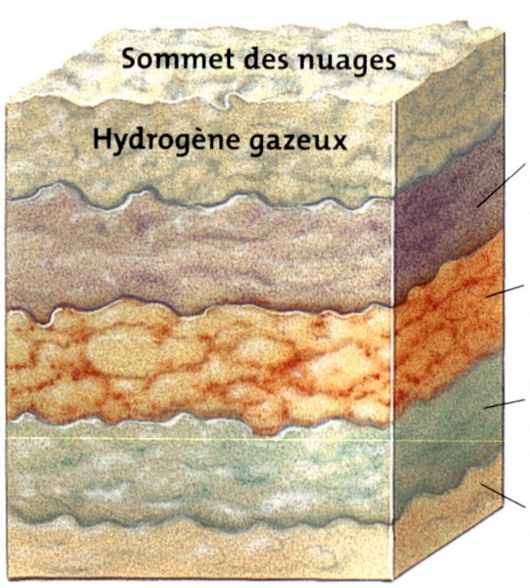

La structure de Jupiter

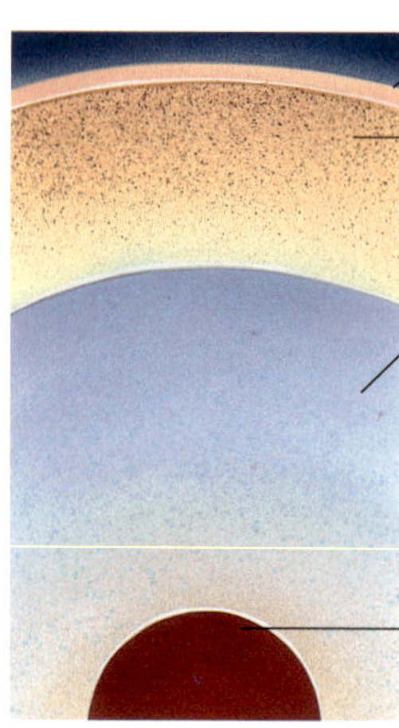

La Grande Tache rouge

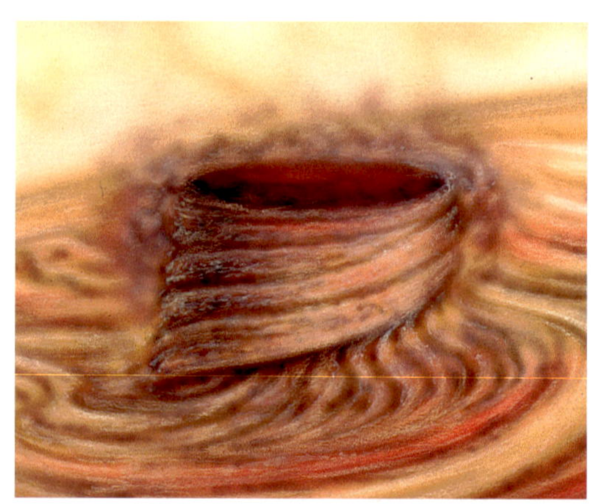

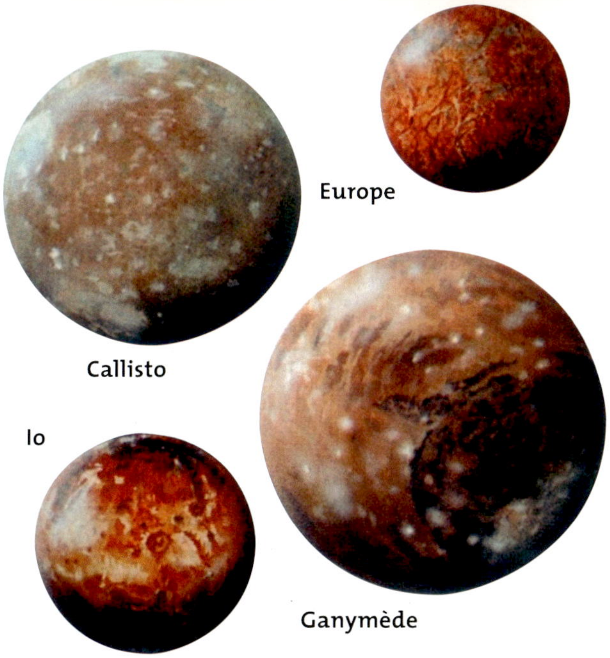

Qu'est-ce que Io a de spécial ?

Surnommée « lune pizza » en raison de ses brillantes couleurs rouges orangées et jaunes, Io est le siège d'un intense volcanisme et sa surface subit de ce fait d'incessants changements qui ont notamment été observés par les sondes *Voyager 1* et *Voyager 2*.

Combien la planète Jupiter possède-t-elle de lunes ?

Nous connaissons 16 lunes de Jupiter, et il peut y en avoir d'autres qui sont invisibles. Les quatre plus grosses sont visibles avec des jumelles : ce sont (de la plus proche de Jupiter à la plus éloignée) : Io, Europe, Ganymède et Callisto. Avec un diamètre de 5 262 km (à peu près celui de la planète Mercure), Ganymède est la plus volumineuse. C'est même la plus grosse lune de tout le système solaire.

LES CHIFFRES DE JUPITER

Diamètre à l'équateur : 142 800 km
Distance moyenne du Soleil : 778 millions de km
Distance minimale de la Terre : 590 millions de km
Rotation sur son axe en : 9 h 50 min
Tourne autour du Soleil en : 11,9 années terrestres
Température au sommet des nuages : -230 °C
Satellites : 16 connus

Quelles sondes ont visité Jupiter ?

En 1973, *Pioneer 10* a pris les premières photographies rapprochées de Jupiter. *Pioneer 12*, en route pour Saturne, passa par là l'année suivante. *Voyager 1* et *Voyager 2 nous* envoyèrent en 1979 de fabuleuses images et de précieuses informations. En 1995, la sonde *Galileo*, mise en orbite autour de Jupiter, a lâché dans son atmosphère un module chargé de 28 kg d'instruments.

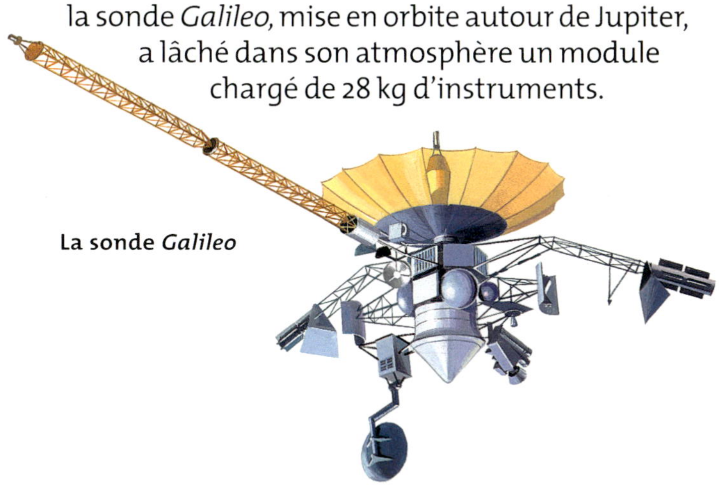
La sonde *Galileo*

Qu'est-ce que la Grande Tache rouge ?

Cette grande ellipse sombre, qui apparaît d'un beau rouge vif sur les photographies en couleur, a très longtemps intrigué les astronomes. Depuis que les sondes spatiales l'ont observée de plus près, nous savons qu'il s'agit d'une sorte de super-cyclone s'étendant sur 40 000 km, soit près de trois fois le diamètre de la Terre.

1. Jupiter est constituée principalement de :
a) roches
b) gaz carbonique
c) hydrogène

2. La Grande Tache rouge est :
a) un cyclone
b) une mer
c) une zone éclairée par le Soleil

3. La plus grosse lune de Jupiter est :
a) Io
b) Callisto
c) Ganymède

4. Les couleurs vives de Io sont dues à :
a) des nuages
b) des volcans
c) des mers

Saturne

LES CHIFFRES DE SATURNE

Diamètre à l'équateur : 120 000 km
Diamètre des anneaux : 270 000 km
Distance moyenne du Soleil : 1,427 milliard de km
Distance minimale de la Terre : 1,2 milliard de km
Rotation sur son axe en : 10 h 40 min
Tourne autour du Soleil en : 29,5 années terrestres
Température de l'atmosphère -170 °C
Satellites : 18 connus

Saturne, la deuxième plus grosse planète après Jupiter, est elle aussi une gigantesque boule de gaz. On a constaté que ses fameux anneaux aux couleurs chatoyantes changent légèrement de forme d'année en année.

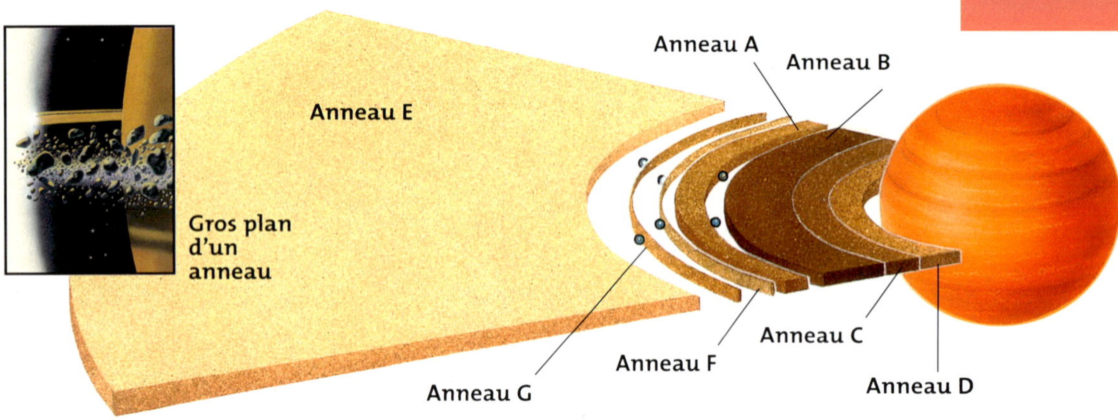

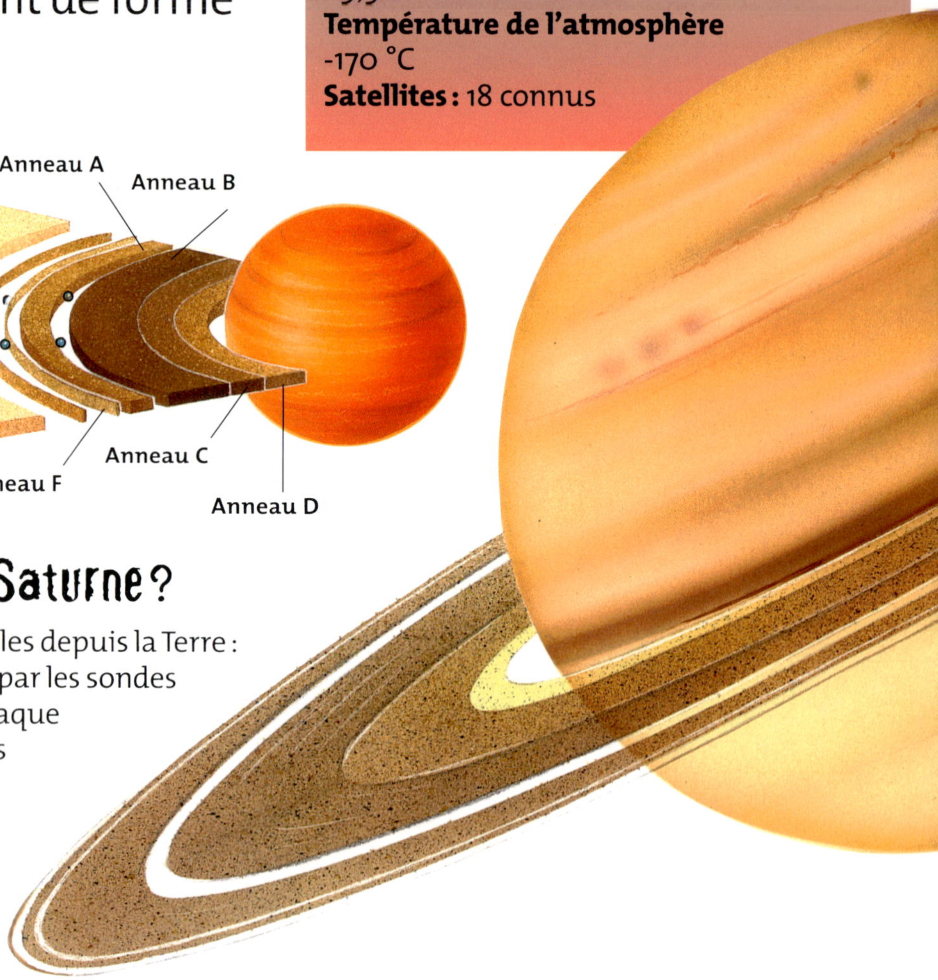

En quoi sont faits les anneaux de Saturne ?

Trois seulement des anneaux de Saturne sont visibles depuis la Terre : les anneaux A, B et C. Les autres ont été découverts par les sondes spatiales. Vus de loin, les anneaux ont l'air d'une plaque solide, mais il n'en est rien. Ils sont faits de myriades de blocs de glace de taille très variables tournant à haute vitesse autour de la planète. Par endroits, ces anneaux ont moins de 50 m d'épaisseur.

ATMOSPHÈRE DE SATURNE

Comment sont disposés les nuages sur Saturne ?

Saturne est une planète très nuageuse. En raison de sa grande vitesse de rotation, les nuages s'étirent en bandes parallèlement à l'équateur. Ces bandes de nuages sont toutefois moins apparentes que sur Jupiter du fait des brumes qui recouvrent les couches supérieures de l'atmosphère. Les nuages semblent répartis en trois couches principales, séparées par des bandes transparentes. Les nuages de la couche inférieure sont constitués de gouttelettes d'eau et de cristaux de glace d'eau, comme sur la Terre.

De quoi est fait l'intérieur de Saturne ?

Le noyau de roches et de glace de Saturne est entouré d'hydrogène métallique liquide. Le reste (c'est-à-dire la majeure partie) de la planète est constitué d'hydrogène liquide et gazeux. C'est pourquoi Saturne a la densité la plus basse du système solaire.

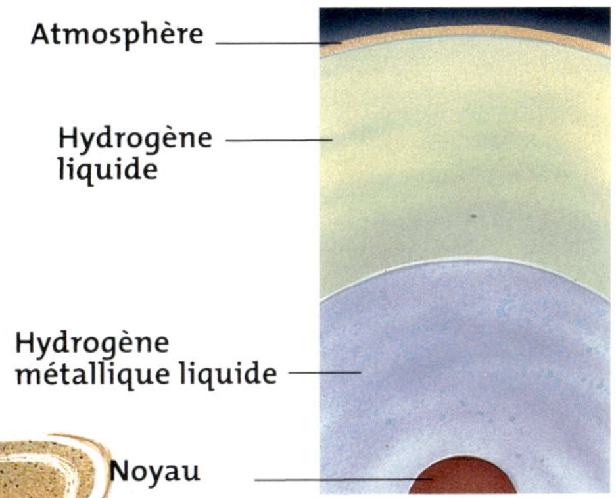

STRUCTURE DE SATURNE

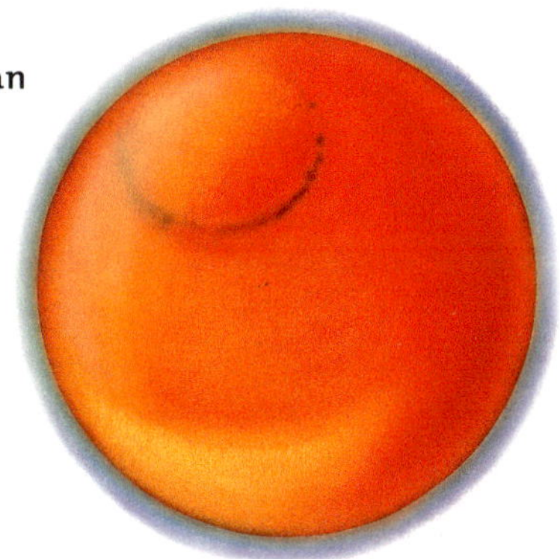

Quelles sont les lunes de Saturne ?

Saturne possède au moins 18 lunes. Cinq seulement ont un diamètre supérieur à 1 000 km : Téthys, Dioné, Rhéa, Titan et Japhet. La plus petite, Pan, n'a que 20 km de diamètre. Avec un diamètre de 5 140 km, Titan est de loin la plus grande, et c'est la seule qui possède une véritable atmosphère.

1. Saturne est distante du Soleil de :
a) 14 millions de km
b) 142 millions de km
c) 1,42 milliard de km

2. La plus grosse lune de Saturne est :
a) Pan
b) Titan
c) Rhéa

3. Les anneaux de Saturne sont faits de :
a) roches
b) glace
c) métal

4. L'atmosphère de Titan est de couleur:
a) orange
b) rouge
c) bleue

À quoi ressemble Titan ?

L'atmosphère dense de Titan est constituée principalement d'ammoniac de couleur orangée. Les épais nuages qui entourent le satellite nous empêchent de savoir à quoi ressemble sa surface. Elle pourrait être couverte de lacs et de mers de méthane liquide, avec des continents de glace de méthane et de neige. En 2004, la sonde *Cassini* enverra sur Titan le module *Huyghens,* qui devrait nous en apprendre davantage.

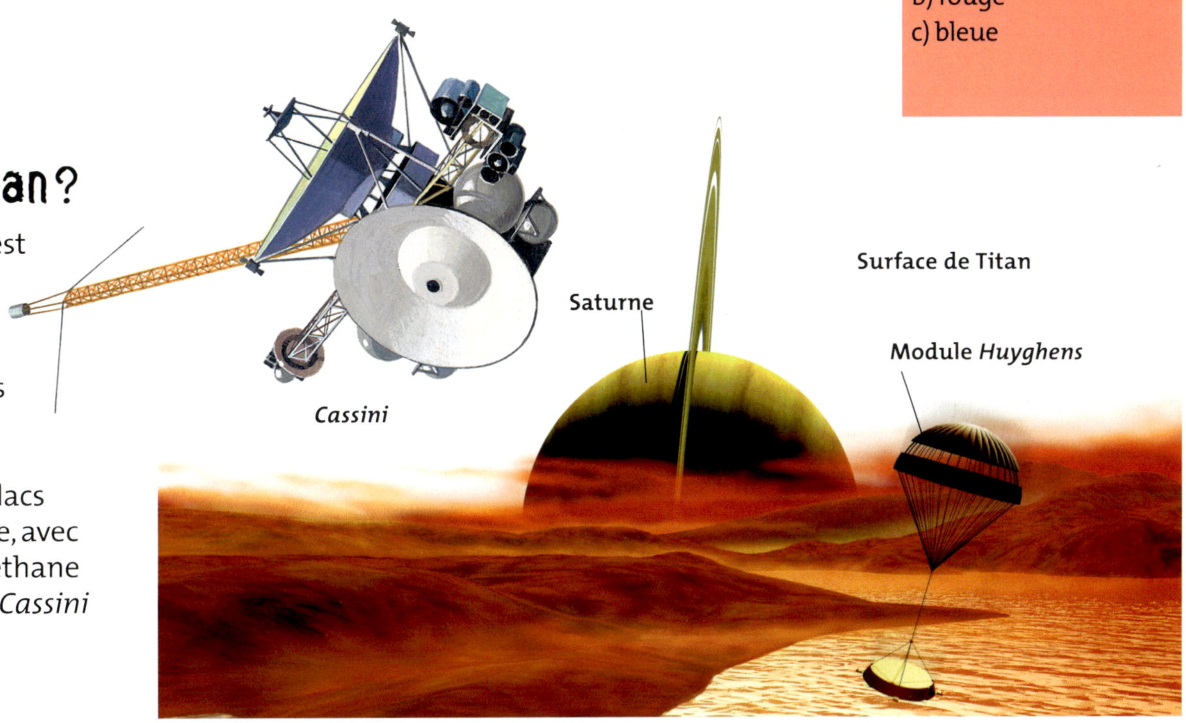

Uranus

Uranus, troisième planète par la taille, est quatre fois plus grosse que la Terre. Mais elle est si lointaine que c'est à peine si on la distingue à l'œil nu. C'est pourquoi elle n'a été découverte qu'à la fin du XVIIIe siècle, grâce au télescope.

Pourquoi Uranus est-elle surnommée la « planète couchée » ?

Lorsqu'elles parcourent leur orbite autour du Soleil, les planètes tournent en même temps sur elles-mêmes, à des vitesses variables, autour d'un axe central. Mais l'axe d'Uranus, au lieu d'être plus ou moins perpendiculaire au plan de l'orbite, est complètement basculé, si bien que la sphère donne l'impression de rouler sur ce plan orbital. De ce fait, ce sont les deux pôles, et non l'équateur, qui se trouvent les plus proches (ou plutôt les moins loin) du Soleil. Ce sont donc les régions les moins froides.

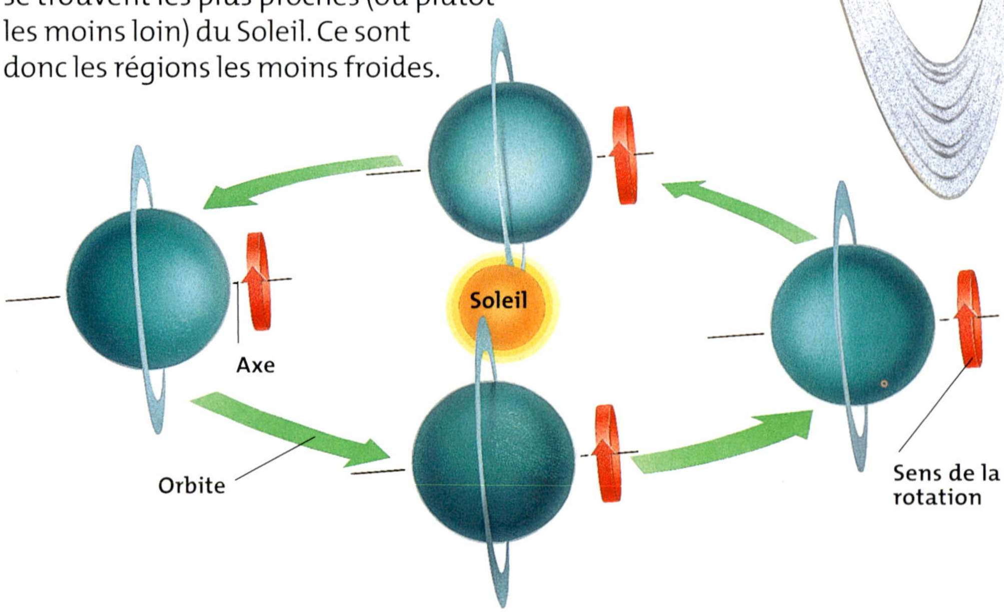

Qui a découvert Uranus ?

Au mois de mars 1781, l'astronome britannique William Herschel observait le ciel au télescope lorsqu'il distingua un astre qu'il prit tout d'abord pour une nouvelle comète. Mais c'était une planète, la septième (jusque-là on croyait que le système solaire n'en comptait que six). Baptisée par la suite Uranus, la nouvelle planète se trouvait deux fois plus éloignée du Soleil que Saturne.

Combien d'anneaux entourent Uranus ?

On a longtemps pensé que Saturne était la seule planète possédant des anneaux. Or, en 1977, on a découvert qu'Uranus en possédait aussi, mais que leur visibilité dépendait beaucoup de la position de la planète sur son orbite. *Voyager 2* a donné en 1986 des photos étonnantes des onze anneaux, formés de particules de roches tournant à haute vitesse autour de la planète. Il semblerait que les particules de certains anneaux soient aussi maintenues en place par les champs d'attraction de plusieurs petites « lunes bergères ».

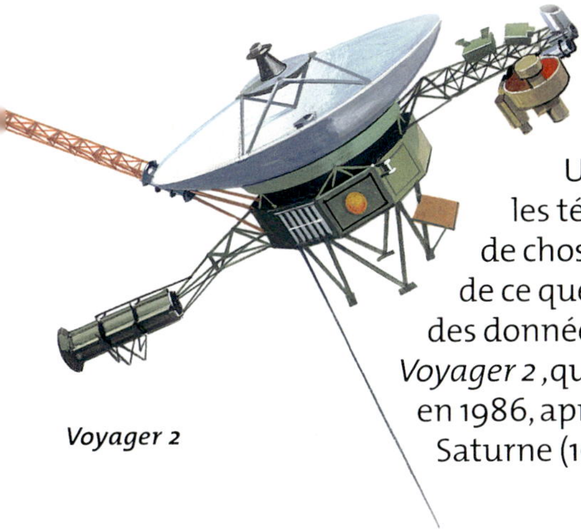

Voyager 2

Quelles sondes ont visité Uranus ?

Uranus est trop lointaine pour que les télescopes nous révèlent beaucoup de choses à son sujet. La majeure partie de ce que nous savons aujourd'hui vient des données recueillies par la sonde spatiale *Voyager 2*, qui arriva au-dessus d'Uranus en 1986, après avoir visité Jupiter (1979) et Saturne (1981).

La structure d'Uranus

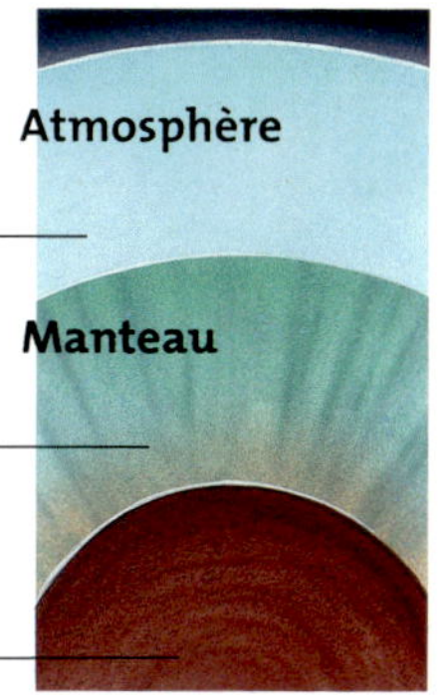

Hydrogène, hélium, méthane

Ammoniac, eau, méthane, glace

Noyau de silicate et de fer

De quoi est faite Uranus ?

Uranus appartient à la catégorie des planètes gazeuses. Sa couleur bleu vert est due à l'abondance de méthane dans son atmosphère.

Quelles sont les lunes d'Uranus ?

Jusqu'en 1986, nous ne connaissions que les cinq plus grosses lunes d'Uranus : Miranda, Ariel, Umbriel, Titania (la plus grosse avec 1 600 km de diamètre) et Obéron. La sonde *Voyager 2* a révélé l'existence de dix autres lunes plus petites. Deux nouveaux satellites ont été découverts en 1998, et leur nombre a été porté à 27 en 2011.

Miranda

Ariel

Titania

LES CHIFFRES D'URANUS

Diamètre à l'équateur :
51 000 km
Distance moyenne du Soleil :
2,87 milliards de km
Distance minimale de la Terre :
2,6 milliards de km
Rotation sur son axe en :
17 heures 14 minutes
Tourne autour du Soleil en :
84 années terrestres
Température de l'atmosphère
-200 °C
Satellites : 17

1. Ce qui rend Uranus unique, c'est :
a) sa taille
b) son éloignement par rapport au Soleil
c) l'inclinaison de son axe par rapport au plan de l'orbite

2. Les « lunes bergères » retiennent en place :
a) l'atmosphère
b) les météorites
c) les anneaux

3. Uranus a été découverte en :
a) 1681
b) 1781
c) 1881

4. La plus grande lune d'Uranus est :
a) Miranda
b) Ariel
c) Titania

Qu'est-ce que Miranda a de spécial ?

Avec un diamètre d'environ 500 km, Miranda est la plus petite des cinq lunes principales d'Uranus. Son relief, tel qu'il a été révélé par les photographies, est un bien curieux patchwork de falaises, de gouffres, de cratères et de vallées qui semblent avoir été jetés là pêle-mêle. On pense que le satellite a peut-être été brisé lors d'une collision avec un autre astre, et que les morceaux se sont recollés un peu au hasard sous l'effet de la gravitation.

Neptune et Pluton la naine

Situées à des milliards de kilomètres de la Terre, Neptune et Pluton ont été les plus tardivement découvertes des planètes du système solaire. Neptune est une géante, comme Uranus, et Pluton la planète naine est une boule de glace plus petite que notre Lune.

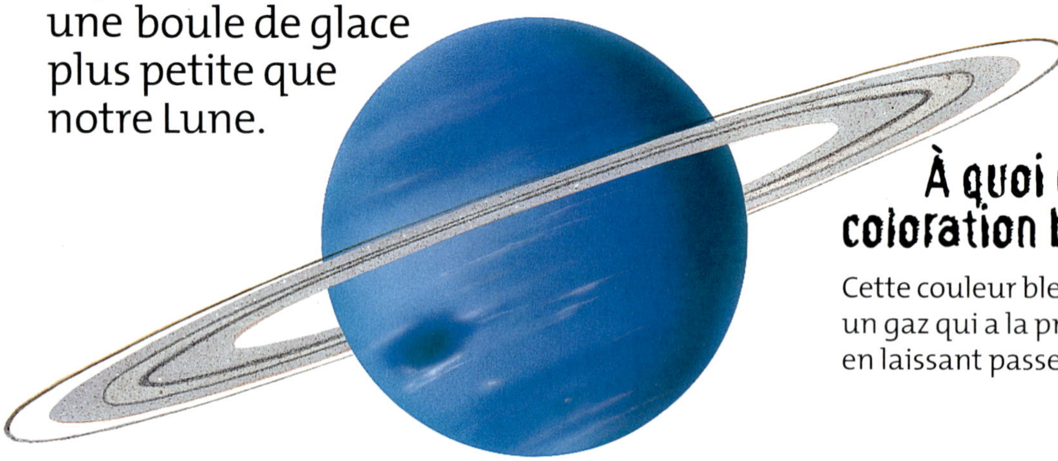

À quoi est due la belle coloration bleue de Neptune ?

Cette couleur bleue est due à la présence de méthane, un gaz qui a la propriété d'absorber la lumière rouge, en laissant passer les rayons bleus du spectre.

STRUCTURE DE NEPTUNE

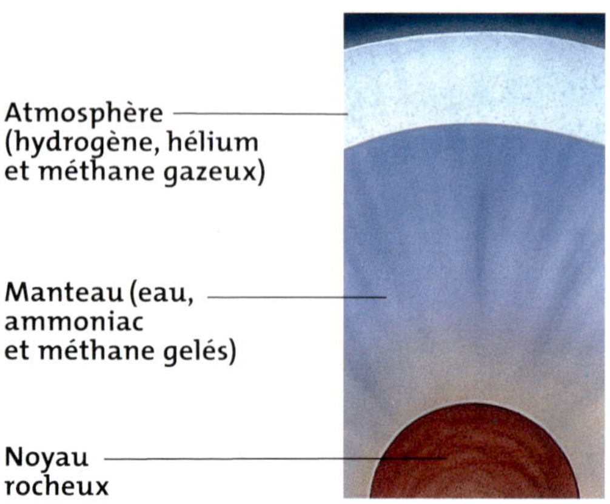

Est-ce que Neptune a des lunes ?

L'observation au télescope permet de distinguer deux lunes en orbite autour de Neptune : Néréide et Triton. Mais quand la sonde *Voyager 2* visita la planète, ses images révélèrent la présence de six autres satellites. L'un d'eux, Protée, était un peu plus gros que Néréide, mais les autres étaient tout petits. Protée, qui est de loin la plus grosse lune avec ses 2 700 km de diamètre, parcourt son orbite dans le sens inverse des autres satellites.

À quoi ressemble Neptune ?

Neptune n'est pas extrêmement différente d'Uranus. La planète possède une atmosphère composée surtout d'hydrogène, avec des cristaux de méthane gelés. La température moyenne (mesurée par *Voyager 2*) y est de -214 °C. Les vents ont une vitesse supersonique et soufflent à près de 2000 km/h.

La sonde *Voyager 2* au-dessus de Neptune

Quand la sonde Voyager 2 survola-t-elle Neptune ?

Neptune fut la dernière planète visitée par *Voyager 2* lors de son voyage de douze ans (1977-1989) dans l'espace. La sonde passa le 24 août 1989 à 5000 km au-dessus de Neptune, beaucoup plus près que pour les autres planètes. *Voyager 2* se trouvait alors à 4 milliards de km de la Terre et ses signaux ont mis plus de quatre heures à nous parvenir.

LES CHIFFRES DE NEPTUNE

Diamètre à l'équateur :
49 500 km
Distance moyenne du Soleil :
4,5 milliards de km
Rotation sur son axe en :
17 heures 6 minutes
Tourne autour du Soleil en :
165 années terrestres
Température de l'atmosphère
-214 °C
Satellites : 8

LES CHIFFRES DE PLUTON LA NAINE

Diamètre à l'équateur : 2 250 km
Distance moyenne du Soleil :
5,9 milliards de km
Rotation sur son axe en :
6 jours terrestres et 9 heures
Tourne autour du Soleil en :
248 années terrestres
Température de l'atmosphère
-230 °C
Satellites : 1

Qui a découvert Pluton ?

Percival Lowell

Dès 1905, l'astronome américain Percival Lowell pensait que seule l'existence d'une 9e planète pouvait expliquer les orbites d'Uranus et de Neptune. De fait, Pluton fut bien découverte là où il l'avait calculé, mais seulement en 1930, par Clyde Tombaugh.

À quoi ressemblerait Charon, vu de Pluton ?

Comme Charon et Pluton bougent à la même vitesse, le premier reste toujours au-dessus de la même région du second (et ne peut être vue de la face opposée). Comme son orbite est toute proche (à 20 000 km), sa taille paraît écrasante !

Charon

Qu'est-ce qui rend Charon unique ?

La seule lune de Pluton, appelée Charon, est unique dans tout le système solaire, non seulement par sa taille (la moitié de celle de Pluton), mais parce qu'elle parcourt son orbite exactement dans le temps que Pluton met pour accomplir une rotation. De ce fait, Charon semble fixe dans le ciel de Pluton.

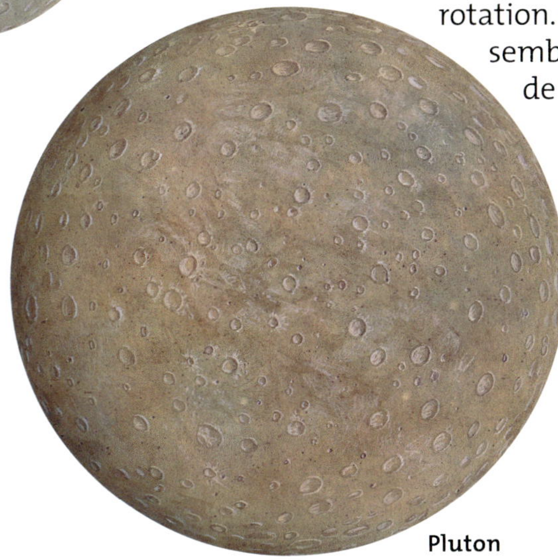
Pluton

Que savons-nous de Pluton ?

Depuis 2006, Pluton n'est plus considérée comme une « planète » à part entière, mais comme une planète naine. Il s'agit d'une catégorie de planète classée selon sa taille, son orbite et son environnement. Aujourd'hui aucune sonde spatiale ne s'est encore approchée de Pluton.

STRUCTURE DE PLUTON

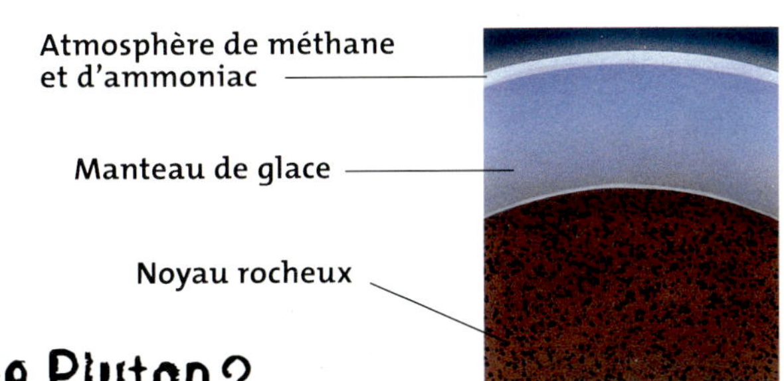

QUIZ

1. Des trois corps célestes ci-dessous, le plus grand est :
a) Charon
b) Neptune
c) Pluton

2. La plus grosse lune de Neptune est :
a) Protée
b) Néréide
c) Triton

3. Le premier astronome qui a vu Pluton est ?
a) William Herschel
b) Percival Lowell
c) Clyde Tombaugh

4. La sonde Voyager 2 a atteint Neptune après un voyage de :
a) 5 ans
b) 9 ans
c) 12 ans

Charon vu de Pluton

Étonnant !

Cherchons-nous à communiquer avec les autres galaxies ?

Oui. En 1974 a démarré le projet SETI (Search for Extra-Terrestrial Intelligence) : un puissant signal radio a été envoyé, depuis le télescope géant d'Arecibo (Porto-Rico), en direction d'un lointain amas d'étoiles particulièrement dense. Parallèlement, le projet Seti@Home fait appel à des centaines de milliers d'internautes bénévoles, qui mettent à la disposition des chercheurs la puissance inutilisée par leurs ordinateurs connectés à Internet (celle qui alimente normalement les économiseurs d'écran).

Qu'est-ce qu'une naine brune ?

C'est une toute petite étoile qui, en raison de sa faible masse, n'atteint jamais la température nécessaire à la fusion nucléaire : son hydrogène ne se transforme donc pas en hélium et elle continue à se contracter et à se refroidir lentement. Du fait de leur faible luminosité, les naines brunes n'ont été découvertes qu'à une époque récente, mais elles sont peut-être aussi nombreuses dans l'Univers que les autres étoiles.

Quelle est la plus vieille planète connue ?

Elle appartient au groupe d'étoiles M4 de la constellation du Scorpion et n'a été détectée qu'en 2003 par le télescope spatial Hubble. En réalité, on en soupçonnait l'existence depuis 1988, car une étoile en orbite avait été découverte dans cette partie de la Voie lactée. Cette planète gazeuse a presque le même diamètre que Jupiter, avec une masse deux fois et demie plus élevée. Mais ce qui passionne surtout les astronomes, c'est que sa formation remonterait à 13 milliards d'années, ce qui en fait un objet céleste presque aussi ancien que l'Univers lui-même.

Quelle est la particularité d'Europe, satellite de Jupiter ?

Europe a une surface blanche et craquelée qui fait penser à la banquise sur la Terre. Parfois, on entrevoit au-dessous une lueur verte. Certains astronomes pensent que cette couche de glace blanche pourrait recouvrir un océan liquide. En poussant plus loin les spéculations, ils se demandent si des formes de vie n'ont pas pu se développer au fond de cet océan.

Combien y a-t-il d'étoiles dans l'univers ?

100 milliards de milliards (environ !), selon les évaluations des astronomes, dont mille milliards dans notre Voie lactée, soit approximativement 200 étoiles par habitant de la Terre.

Après Laïka, y a-t-il eu d'autres animaux mis sur orbite ?

Oui. Laïka a eu de nombreux successeurs, souvent plus heureux que cette petite chienne qui, en 1957, mourut dans l'espace après avoir fait 132 fois le tour de la Terre (on ne savait pas alors contrôler le retour de *Spoutnik 2* dans l'atmosphère). Trois ans plus tard, les deux chiennes Strelka et Belka ont été récupérées indemnes après avoir fait 18 fois le tour de la Terre en compagnie de rats et de souris. Le 31 janvier 1961, le chimpanzé Ham survécut à une rentrée en catastrophe dans l'atmosphère puis échappa de peu à la noyade, sa capsule n'étant pas étanche. Une fois récupéré il refusa tout net de s'approcher de l'habitacle ! La même année, un autre chimpanzé nommé Enos étonna le monde entier par le sang-froid avec lequel il exécuta les bonnes manœuvres malgré un système de contrôle déréglé.

Quiz Solutions

Page 11 En regardant le ciel
1. b 2. a 3. b 4. b

Page 13 Observons les étoiles
1. b 2. b 3. b 4. a

Page 14 D'énormes boules de gaz
1. b 2. a 3. c 4. c

Page 17 Les galaxies
1. c 2. a 3. c 4. a

Page 19 Le système solaire
1. b 2. c 3. c 4. b

Page 20 Le Soleil, notre étoile
1. b 2. a 3. a 4. b

Page 23 Les planètes
1. b 2. c 3. b 4. b

Page 25 Mercure
1. b 2. b 3. a 4. a

Page 27 Vénus
1. c 2. b 3. c 4. a

Page 29 La planète Terre
1. a 2. b 3. c 4. a

Page 31 La Lune
1. c 2. b 3. c 4. b

Page 33 Mars
1. c 2. b 3. a 4. c

Page 35 Jupiter
1. c 2. a 3. c 4. b

Page 37 Saturne
1. c 2. b 3. b 4. a

Page 39 Uranus
1. c 2. c 3. b 4. c

Page 41 Neptune et Pluton la naine
1. b 2. c 3. c 4. c

Notre planète Terre

Notre planète Terre

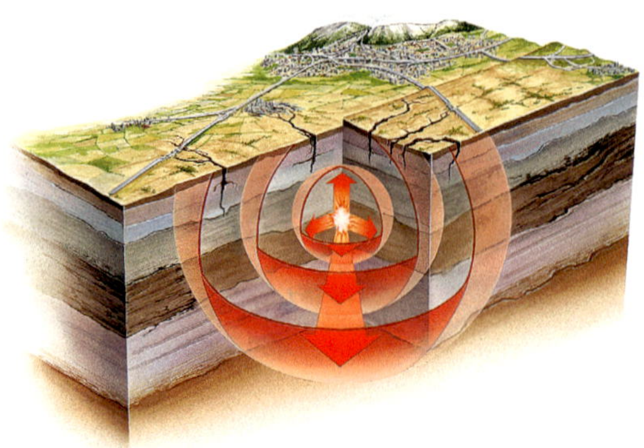

La naissance de la Terre

Dans les immensités glacées de l'espace extérieur s'étend une galaxie, connue sous le nom de Voie lactée. Et dans un bras de cette galaxie se trouve un système solaire de modestes dimensions, composé d'une étoile – notre Soleil – et de neuf planètes. La troisième planète en partant du Soleil s'appelle la Terre.

Qu'est-ce qui rend la Terre unique ?

À la différence des autres planètes du système solaire, la Terre possède de l'eau en abondance et c'est probablement ce qui l'a rendue fertile, car c'est dans les océans que la vie est apparue.

Comment s'est formée la Terre ?

1 le Soleil vient de se former. Un nuage résiduel de gaz et de poussières en forme de disque s'est mis à tourbillonner autour de la nouvelle étoile.

2 De collision en collision, des débris s'amalgament, tout en continuant à tourner autour du Soleil. Peu à peu se forment d'énormes boules de matières enflammées. La future planète Terre est l'une d'elles.

3 Les éléments les plus lourds tels que le fer s'enfoncent au cœur de la sphère. Les roches et les métaux les plus légers remontent à la surface de la sphère, refroidissant assez pour qu'une croûte se forme.

4 Des gaz s'échappent de la planète et forment une atmosphère, avec d'épais nuages. Des pluies diluviennes tombent, donnant naissance aux océans, où bientôt apparaîtront des algues productrices d'oxygène.

5 Ainsi se forme, au cours d'un très long processus, la planète où nous vivons aujourd'hui et qui continue à se transformer.

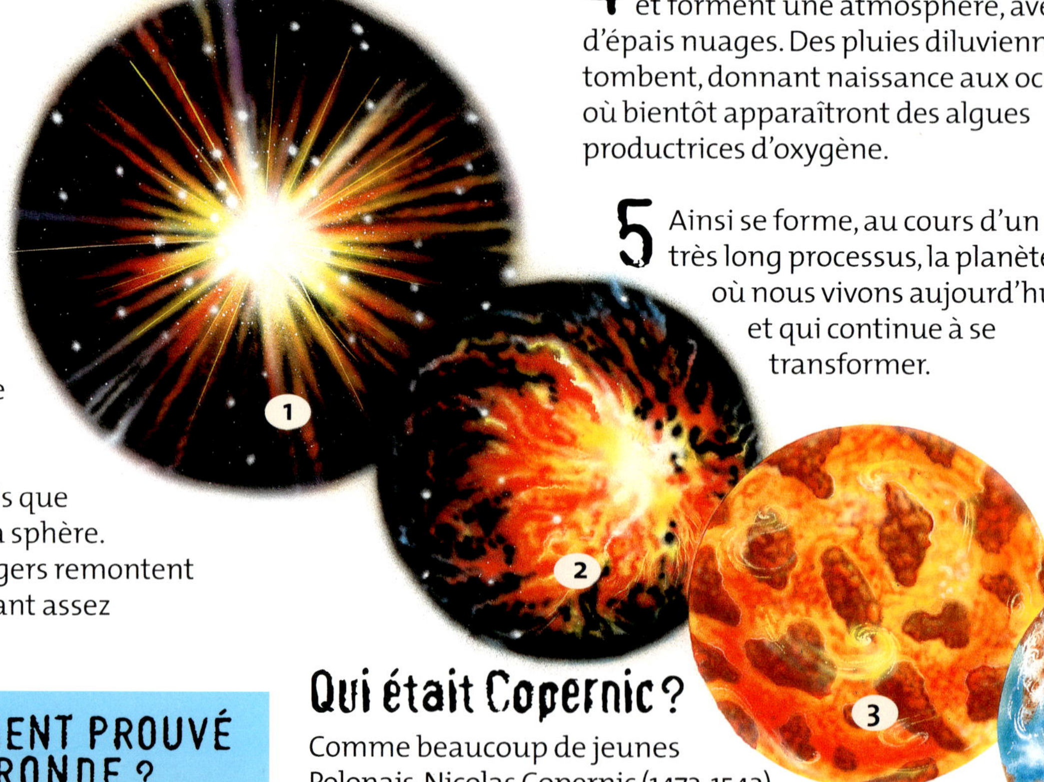

QU'EST-CE QUI A VRAIMENT PROUVÉ QUE LA TERRE ÉTAIT RONDE ?

Une querelle opposait au Moyen Âge ceux qui disaient que la Terre était un disque plat et que l'on pouvait atteindre le bout du monde, et ceux qui pensaient qu'elle était ronde. Mais en 1522 le vaisseau de l'explorateur portugais Magellan revint après avoir fait le tour du globe : parti à l'ouest, il revenait par l'est, ce qui prouvait bien que la Terre était ronde !

Qui était Copernic ?

Comme beaucoup de jeunes Polonais, Nicolas Copernic (1473-1543) vint compléter son éducation en Italie. C'est là qu'il étudia l'astronomie et qu'il édifia sa théorie révolutionnaire du système solaire. À l'époque, en effet, si beaucoup de savants admettaient le fait que les planètes tournent autour du Soleil, ils affirmaient que l'ensemble tournait autour de la Terre, car l'idée que la Terre ne soit pas le centre de l'univers était alors difficile à admettre.

Combien de temps met la Terre pour parcourir son orbite ?

La Terre fait le tour complet du Soleil en 365 jours un quart, soit une année terrestre. Tout en parcourant son orbite, elle tourne sur elle-même, autour d'un axe passant par les deux pôles, en 24 heures, soit un jour terrestre.

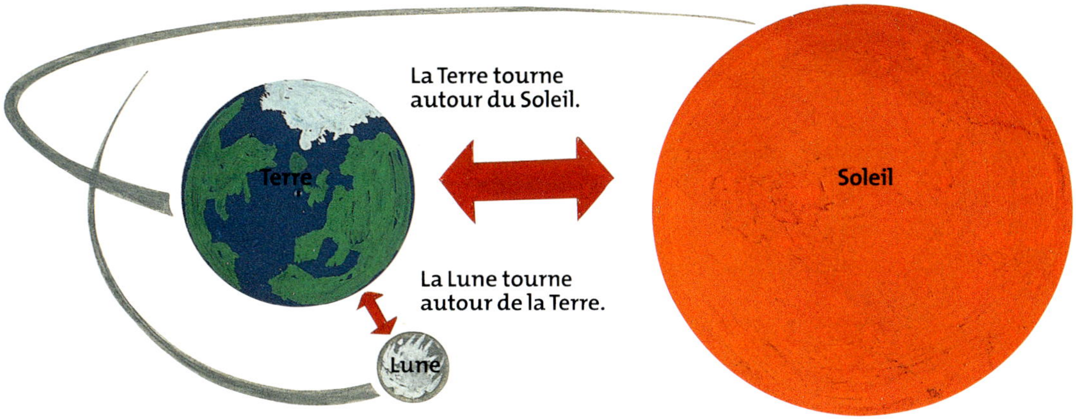

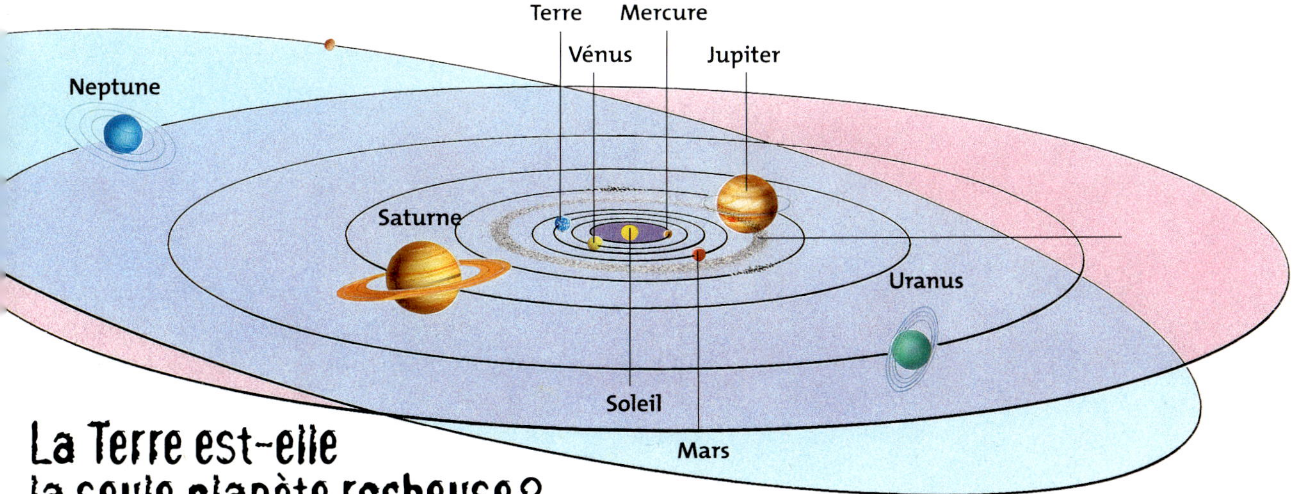

La Terre est-elle la seule planète rocheuse ?

Non. Les planètes du système solaire sont divisées en deux groupes : Mercure, Vénus et Mars forment avec la Terre le groupe des planètes rocheuses, qui sont les plus proches du Soleil, tandis que Jupiter, Saturne, Uranus et Neptune sont faites de gaz et de glace.

Quel âge a la Terre ?

la Terre s'est formée à peu près en même temps que le Soleil et que les autres planètes du système solaire. Les roches les plus anciennes remontent à 4,6 milliards d'années.

1. Nicolas Copernic était un :

a) Italien
b) Français
c) Polonais

2. Le voyage de Magellan a apporté la preuve :

a) de l'existence d'étendues de glaces autour des pôles
b) de l'existence d'un nouveau continent qu'on appellera Amérique
c) de la rotondité de la Terre

3. La Terre tourne sur elle-même en :

a) 1 jour
b) 29 jours 1/2
c) 30 jours 1/2

4. Les planètes rocheuses sont au nombre de :

a) 6
b) 5
c) 4

La Terre du haut en bas

Nous savons presque tout de l'espace qui s'étend autour de notre planète, et les photos prises par satellite nous ont dévoilé chaque mètre carré de sa surface. Mais l'intérieur de la Terre nous est moins bien connu.

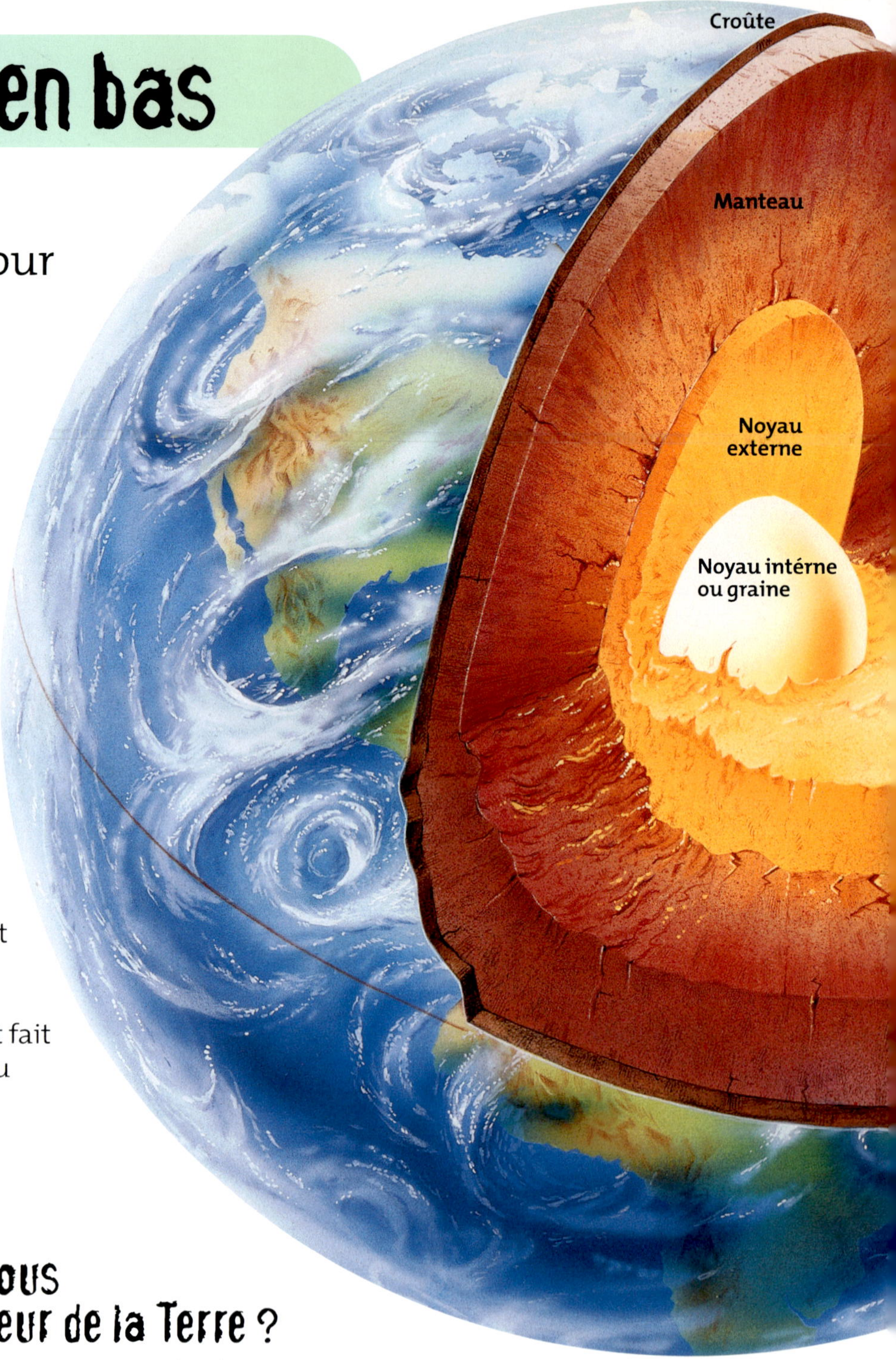

De quoi est faite la Terre ?

Comme toutes les planètes intérieures (les plus proches du Soleil), la Terre est faite de roches et de métaux. Sa structure concentrique comporte trois parties : la croûte, à la surface, le manteau, qui fait environ 2800 km d'épaisseur, et enfin, au centre, le noyau, très dense et constitué principalement de fer et de nickel. Le noyau externe (plus de 2 000 km d'épaisseur) est fluide, car il est fait de matières en fusion. Le noyau interne, ou graine, est solide.

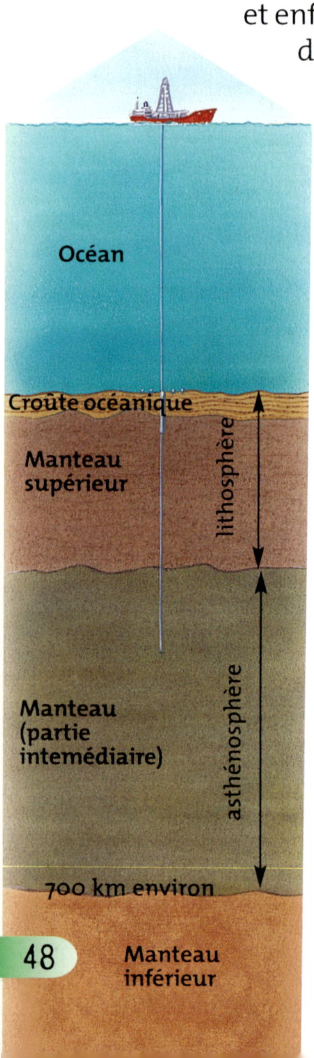

Comment savons-nous ce qu'il y a à l'intérieur de la Terre ?

Les géologues (nom donné aux savants qui étudient la manière dont la Terre est construite et les matériaux qui la constituent) ne peuvent pas être certains de ce qu'il y a à l'intérieur de la Terre. Néanmoins, ils ont beaucoup appris en examinant, dès qu'elles sont assez refroidies, les matières en fusion qui jaillissent des volcans. Ils parviennent aussi à construire des images en trois dimensions des entrailles de la Terre en analysant le trajet parcouru par les ondes sismiques lors des tremblements de terre : on sait en effet que ces ondes progressent très rapidement dans les roches denses et résistantes, mais qu'elles traversent plus lentement les roches en fusion et les matières pâteuses.

LES CHIFFRES DE LA TERRE

Âge : 4,6 milliards d'années
Circonférence à l'équateur : 40 075 km
Diamètre d'un pôle à l'autre : 12 714 km
Température du noyau interne : 6 200 °C

Comment le magnétisme terrestre peut-il aider à la navigation ?

Tandis que la Terre tourbillonne dans l'espace, les courants électriques qui circulent sous sa surface transforment la planète en un gigantesque aimant. Comme un aimant, la Terre a deux pôles et un champ magnétique : une aiguille de métal magnétisé flottant sur un liquide s'alignera toujours sur les pôles, fournissant une boussole rudimentaire. Certains animaux, tels les dauphins et les oiseaux, sont capables d'utiliser le champ magnétique terrestre pour se diriger.

Quelle épaisseur ont les couches de l'atmosphère ?

L'atmosphère, qui s'étend sur environ 1 000 km d'épaisseur, est constituée de plusieurs couches qui n'ont ni la même température ni la même densité. La quasi-totalité de la vapeur d'eau et des molécules d'air est concentrée dans la couche inférieure ou troposphère (0-10 km environ). L'air de la stratosphère (10-50 km) est plus raréfié. Vers 30 km se trouve une couche mince et dense d'ozone (gaz à triple molécule d'oxygène, de symbole O_3), qui sert d'écran protecteur contre les rayons solaires ultraviolets.

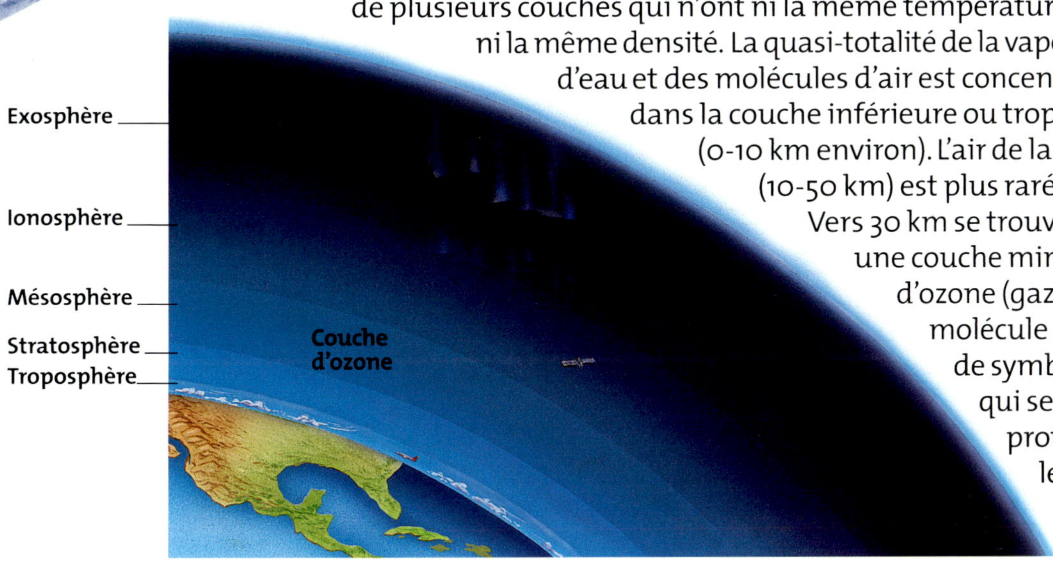

QUIZ

1. Les savants qui étudient la structure de la Terre s'appellent des :
a) géographes
b) géologues
c) généalogistes

2. Le manteau a une épaisseur de :
a) 2 800 km
b) 280 km
b) 28 km

3. Le noyau interne de la Terre est fait de fer et de nickel qui sont à l'état :
a) solide
b) liquide
c) gazeux car les températures sont très élevées

4. La couche la plus basse de l'atmosphère est la :
a) stratosphère
b) troposphère
c) ionosphère

L'eau

Vue de l'espace, la Terre apparaît nettement bleue, ce qui s'explique par le fait que les eaux couvrent 71 % de sa surface. 97 % de ces eaux sont salées : ce sont les mers et les océans. Le reste appartient aux lacs et aux rivières.

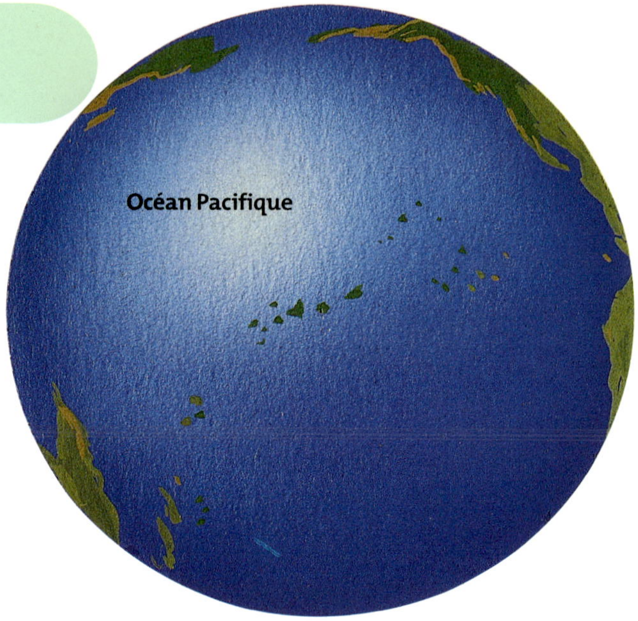

DANS QUELLE MER EST-ON TOUJOURS SÛR DE FLOTTER ?

En dépit de son nom, la mer Morte, qui s'étend à cheval sur Israël et la Jordanie, n'est pas une mer. C'est un grand lac dont les eaux ont une très forte concentration en minéraux parce que l'évaporation y est intense. À la place de rochers de granit ou de grès, la mer Morte a des rochers de sel blanc qui brillent au soleil. Du fait de cette exceptionnelle concentration en sel, l'eau est si dense que le corps ne peut pas s'y enfoncer !

Quel est le plus grand océan ?

Les eaux du globe se répartissent entre quatre grands océans : Pacifique, Atlantique, Indien et Arctique. Le Pacifique est le plus étendu de tous : il est deux fois plus étendu que l'Atlantique (qui vient au deuxième rang pour la superficie) et plus grand que tous les continents réunis. On y trouve aussi des fosses (creux) si profondes que l'Himalaya y disparaîtrait tout entier !

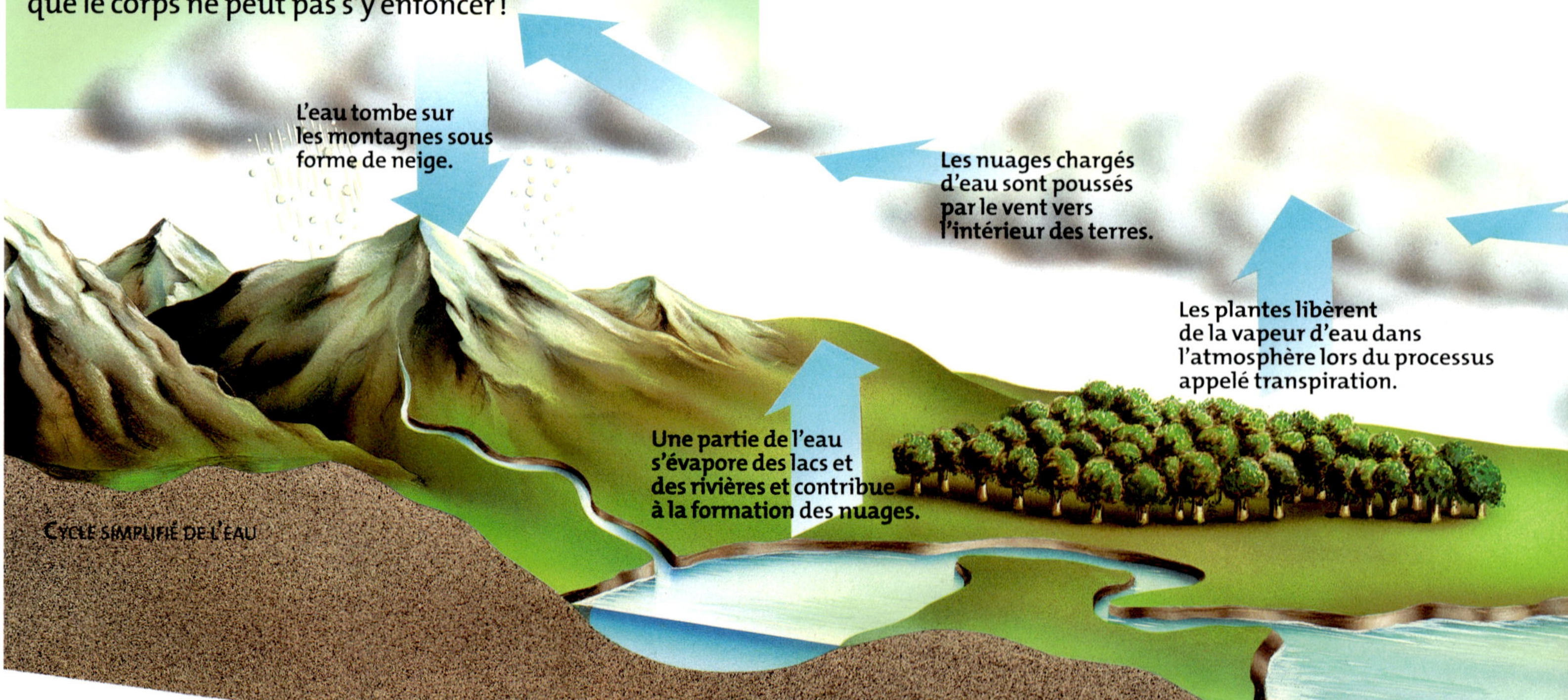

Cycle simplifié de l'eau

Qu'est-ce que le cycle de l'eau ?

Les eaux du globe font l'objet d'un processus de recyclage permanent, dont les précipitations et l'évaporation sont les deux étapes essentielles.

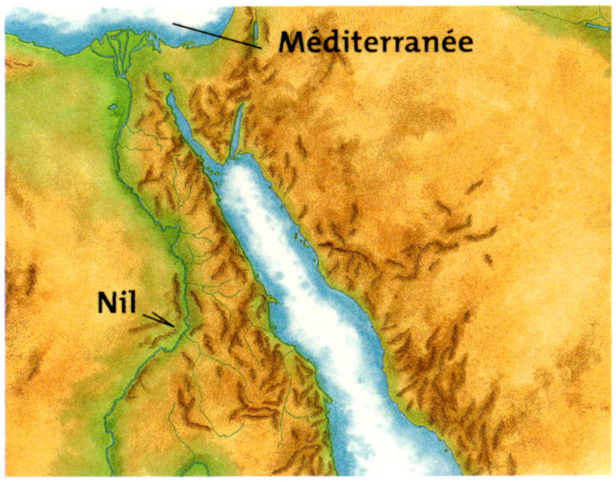

Quel est le plus long fleuve du monde ?

C'est le Nil, que les Arabes appellent An-Nil et qui coule en Afrique (à gauche). Long de 6 700 km, il est formé de deux bras : le Nil Bleu (qui vient d'Éthiopie) et le Nil Blanc (qui prend sa source au Burundi avant de traverser le lac Victoria). Nil bleu et Nil blanc se rejoignent à Khartoum, au Soudan. Après avoir traversé l'Égypte dans toute sa longueur, le Nil se jette dans la Méditerranée par un delta à deux bras : la branche de Rosette et la branche de Damiette.

Comment se forme un lac ?

Les lacs peuvent avoir des origines très diverses. Les lacs dits de bras mort se forment quand une rivière coulant en plaine s'y est étalée en un méandre et que les deux rives de la boucle se sont rejointes. Les lacs volcaniques occupent le cratère d'un volcan éteint. Les lacs tectoniques, qui sont les plus profonds, se forment dans les fossés d'effondrement : c'est le cas de l'immense lac Baïkal, en Sibérie. Très nombreux, les lacs glaciaires remplissent les cuvettes et les vallées en auge creusées jadis par les glaciers.

Lac de bras mort

Lac volcanique

Lac tectonique

Comment se forment les vagues ?

Une vague est une onde transmise par l'eau et dont le vent est la cause : quand il souffle, le frottement de l'air sur la surface crée des ondulations, ou vagues. Les vagues ayant la même vitesse que le vent parcourent de longues distances ; les autres retombent en mousse écumeuse.

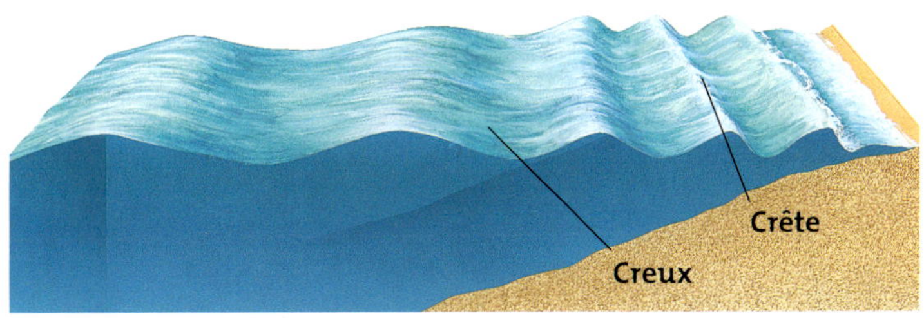

QUIZ

1. Par rapport à la surface totale du globe, mers et océans représentent :
a) 41 %
b) 51 %
c) 71 %

2. Le deuxième plus grand océan, après le Pacifique, est :
a) l'océan Indien
b) l'océan Atlantique
c) l'océan de Chine

3. La mer Morte est une mer de formation :
a) extrêmement ancienne
b) récente
c) ce n'est pas une mer

4. Le Nil se jette dans :
a) la Méditerranée
b) la mer Rouge
c) l'océan Indien

Quelles sont les différences entre mer et océan ?

Les fosses abyssales (les très grandes profondeurs) sont beaucoup plus rares en mer que dans les océans. Les plates-formes littorales (prolongement du socle des continents) sont en revanche bien plus larges dans les mers que dans les océans.

Les continents

La lithosphère terrestre, constituée de la croûte et d'une mince couche du manteau, est divisée en plaques qui glissent les unes contre les autres, parfois se heurtent et parfois s'écartent. Ce mouvement est appelé dérive.

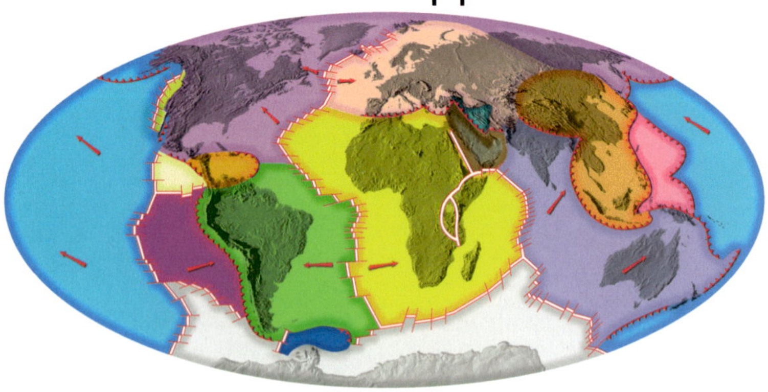

Les couleurs signalent les contours des différentes plaques tectoniques, tandis que les flèches indiquent le sens de leurs mouvements.

Sur quoi glissent les plaques ?

Les plaques de la lithosphère, appelées plaques tectoniques, portent aussi bien des terres que des mers. Elles glissent doucement sur l'asthénosphère, qui est la partie inférieure semi-fluide et élastique du manteau.

Comment la carte des continents s'est-elle modifiée ?

1 Voici 230 millions d'années, toutes les terres émergées formaient un seul bloc appelé Pangée.

2 Voici 160 à 150 millions d'années, la Pangée s'est scindée en un bloc septentrional (appelé Laurasie) et un bloc méridional, le Gondwana.

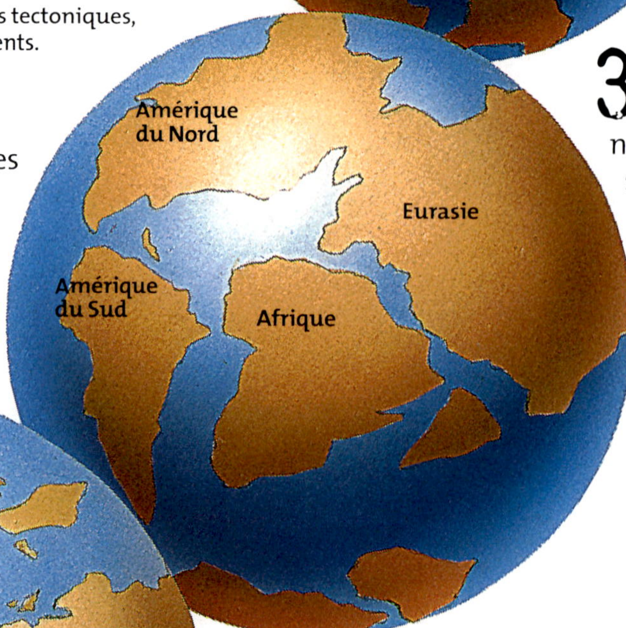

3 Voici 65 millions d'années, les deux blocs se sont à nouveau divisés, la Laurasie se partageant entre Asie et Amérique du Nord et le Gondwana entre Amérique du Sud et Afrique.

4 Dans 60 à 150 millions d'années, l'Amérique du Nord se séparera vraisemblablement de l'Amérique du Sud pour rejoindre l'Asie, de même que l'Australie. La mer Rouge sera pratiquement comblée

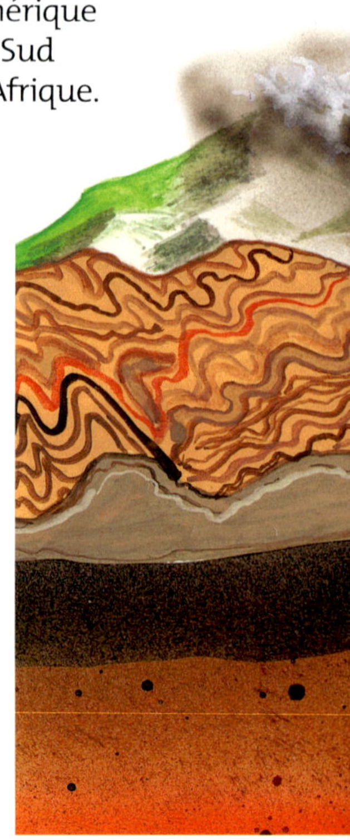

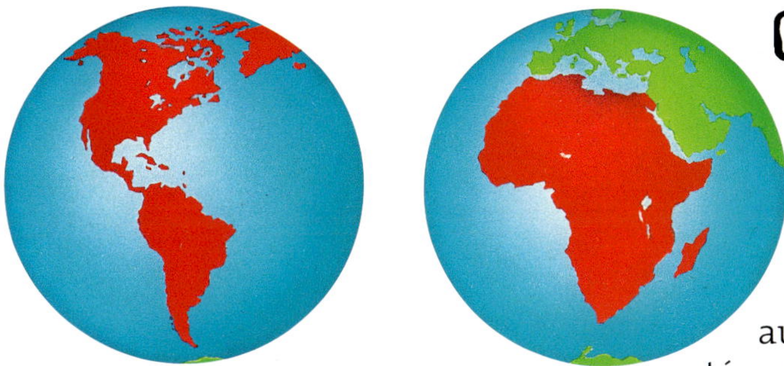

Quelles preuves avons-nous de la dérive continentale ?

D'après les géologues, l'examen attentif de la côte est de l'Amérique et des côtes orientales de l'Europe et de l'Afrique suffit à montrer que ces continents n'en faisaient autrefois qu'un seul. Il existe un autre témoignage – et de taille ! – de la dérive continentale : c'est l'Himalaya, surgi par contrecoup quand l'Inde, jusque-là isolée, vint heurter le continent asiatique et s'y rattacher.

COMBIEN DE CONTINENTS ?

La liste des continents est parfois matière à polémique. Parmi les principales causes de discorde, l'Amérique : les uns considèrent l'Amérique du Nord et l'Amérique du Sud comme deux continents distincts, mais l'usage est plutôt de les compter pour un seul continent. D'autres contestent à l'Europe son rang de plus petit continent, n'y voulant voir qu'une excroissance de l'Asie. L'inde, qui forme une entité distincte, a reçu le titre de sous-continent.

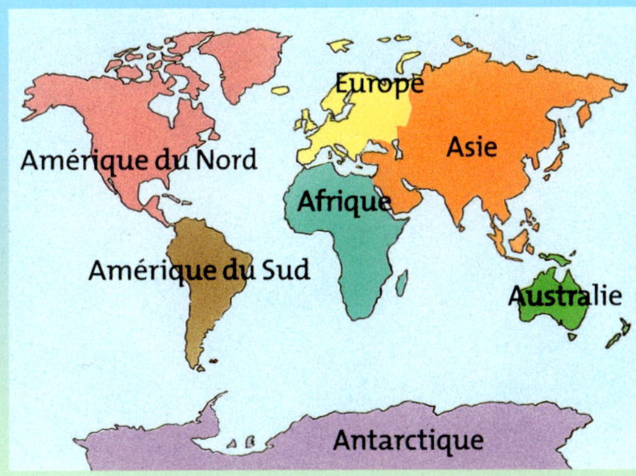

Quelle influence les plaques tectoniques ont-elles sur le relief ?

Quand deux plaques portant des continents se heurtent, le choc provoque un plissement montagneux. Si l'une des plaques se glisse sous l'autre (par exemple dans le cas de deux plaques océaniques), une partie de la lithosphère s'enfonce et est détruite (elle se fond dans le magma), mais il se produit au-dessus un soulèvement éruptif qui fait jaillir de nouvelles roches.

Les continents continuent-ils à se déplacer ?

Oui. On a même calculé que l'Amérique du Nord et l'Europe s'éloignaient ainsi de 7 cm par an – ce qui veut dire que l'Atlantique s'élargit et que le Pacifique se rétrécit.

QUIZ

1. Le plus petit continent est :
a) l'Antarctique
b) l'Europe
c) l'Asie

2. Quand l'Inde s'est rattachée à l'Asie, cela a eu pour effet :
a) l'apparition de la mer Rouge
b) des inondations gigantesques
c) le surgissement de l'Himalaya

3. Les plaques tectoniques sont constituées par :
a) la lithosphère
b) la croûte terrestre
c) le manteau

4. L'Australie se déplace vers :
a) l'Antarctique
b) l'Afrique
c) l'Asie

Les séismes

Les séismes, ou tremblements de terre, sont des secousses provoquées par de brusques relâchements de tension dans les roches de la lithosphère. Beaucoup passeraient inaperçues si elles n'étaient pas enregistrées, mais les plus violentes peuvent anéantir des villes entières et faire des milliers de morts.

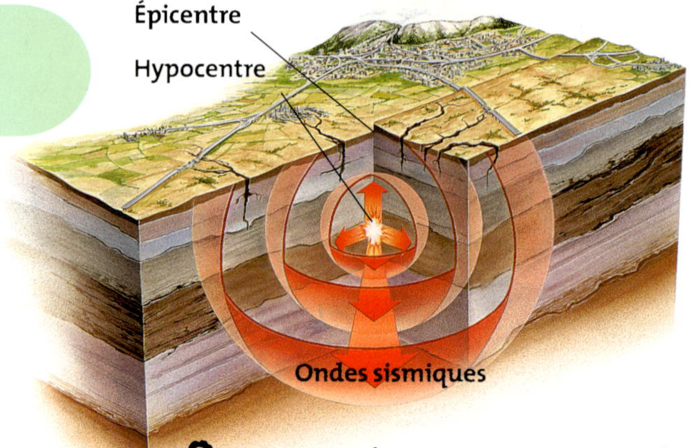

Comment se propagent les ondes sismiques ?

Les ondes sismiques se propagent à partir de l'hypocentre, ou foyer, de la secousse, qui peut se trouver à plusieurs centaines de kilomètres de profondeur. Elles vont d'abord frapper un point de la surface, appelé épicentre. De là, les ondes de choc rayonnent en cercles concentriques, diminuant en puissance au fur et à mesure. C'est toujours à l'épicentre que l'on enregistre les secousses les plus violentes et que les dégâts sont les plus importants.

Qu'est-ce qu'une faille ?

Les heurts répétés entre les plaques tectoniques provoquent des cassures que l'on appelle des failles : ce sont des points de moindre résistance de l'écorce terrestre, où les tremblements de terre sont fréquents. C'est le cas de la ligne de faille de San Andreas, qui longe la côte de la Californie.

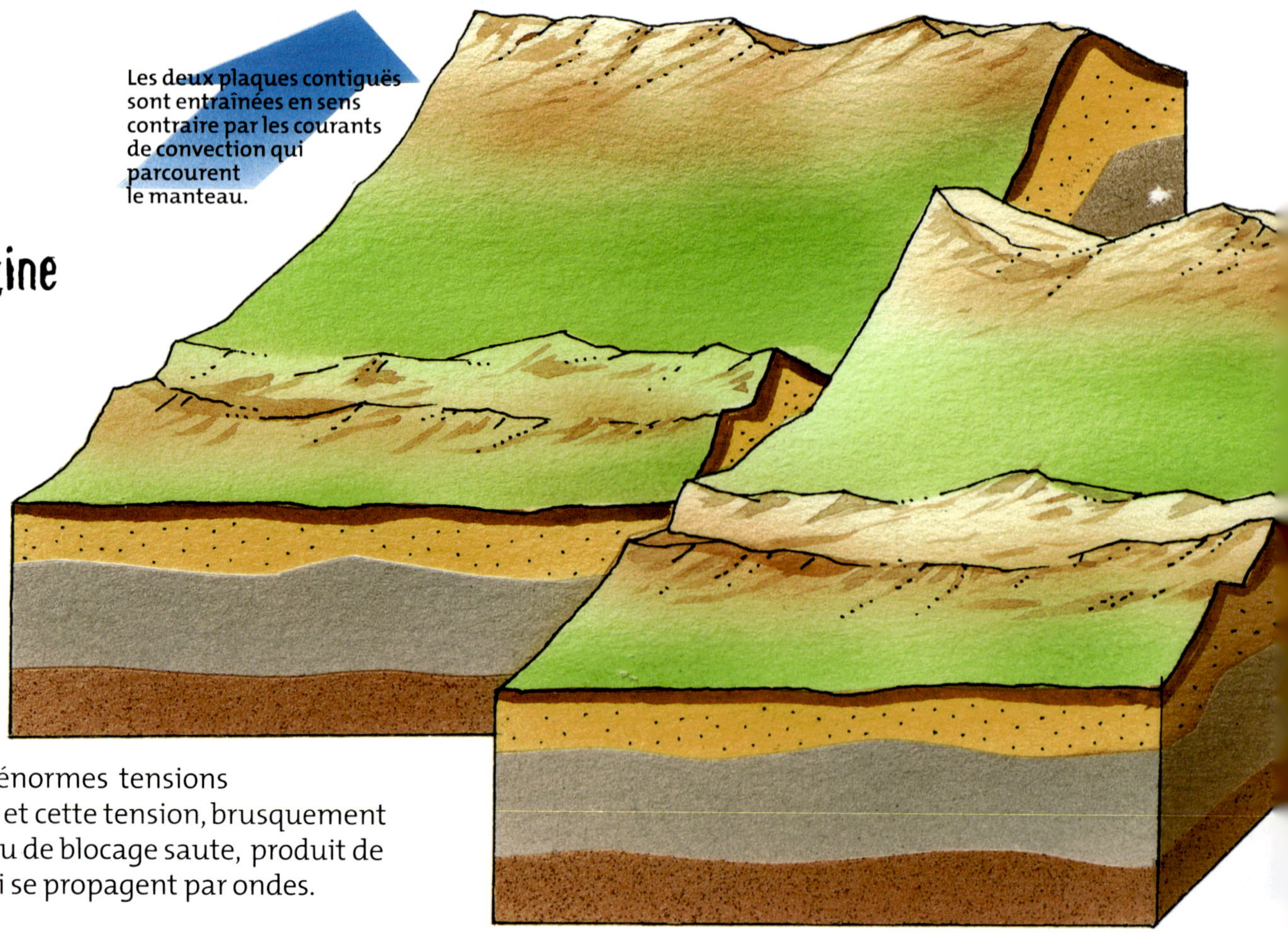

Quelle est l'origine d'une secousse sismique ?

Lorsque deux plaques tectoniques glissent l'une contre l'autre, les frottements qui ont lieu dans les strates supérieures peuvent aboutir à des blocages. Cette résistance au mouvement crée d'énormes tensions à l'intérieur des roches et cette tension, brusquement libérée lorsque le verrou de blocage saute, produit de violentes secousses qui se propagent par ondes.

Qu'est-ce qu'un raz-de-marée ?

Quand un tremblement de terre important se produit au fond de la mer, les ondes de choc font naître des vagues gigantesques, pouvantdépasser 30 m de haut, qui submergent et détruisent tout en s'abattant sur le rivage. Ce cataclysme est appelé raz-de-marée, ou bien tsunami en Extrême-Orient.

Comment se protéger contre les tremblements de terre ?

Les tremblement de terre sont particulièrement meurtriers dans les villes, car les victimes sont ensevelies sous les ruines des bâtiments. En cas de secousse sismique, il est recommandé de se tenir dans un endoit dégagé. Les architectes modernes s'efforcent de concevoir des bâtiments capables de plier légèrement sans s'écrouler.

La Trans-America Pyramid de San Francisco a été étudiée pour résister aux séismes mineurs.

COMMENT MESURE-T-ON LA FORCE DES SÉISMES ?

L'intensité des secousses enregistrées par les sismographes est mesurée par rapport à deux échelles de référence. L'échelle de Mercalli est basée sur les effets de la secousse, l'échelle de Richter sur l'ampleur des ondes sismiques.

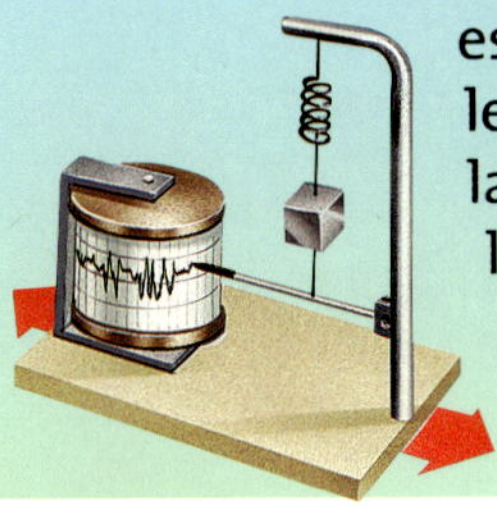

	Échelle de Mercalli	Échelle de Richter
1	Imperceptible, détecté par les seuls instruments	moins de 3
2	Faible : les objets suspendus se balancent	3–3,4
3	Léger : vibration comparable à celle d'un camion	3,5–4
4	Modéré : les vitres tremblent.	4,1–4,4
5	Assez fort pour réveiller une personne endormie	4,5–4,8
6	Fort : les arbres oscillent, les murs se fissurent.	4,9–5,4
7	Très fort : les fondations sont ébranlées.	5,5–6
8	Destructeur : les immeubles s'écroulent.	6,1–6.5
9	Séisme majeur : des crevasses s'ouvrent dans le sol.	6.6–7
10	Dévastateur : glissements de terrain	7,1–7,3
11	Catastrophique : les fleuves sortent de leur lit, les trains déraillent.	7,4–8,1
12	Destruction totale	8,1 et plus

Quels dégâts font les tremblements de terre ?

Les dégâts causés par les temblements de terre varient selon l'intensité de la secousse et selon les précautions prises dans les lieux à haut risque. En cas de tremblement de terre majeur, les principaux dangers viennent des explosions et des incendies, liés à la destruction des canalisations et des usines chimiques. Mais des constructions de mauvaise qualité peuvent facilement décupler le nombre des victimes.

Quand les plaques se décrochent, la brusque libération de cette tension crée un choc en retour qui se progage par ondes.

1. Le long de la côte ouest des États-Unis se trouve la ligne de faille de :
a) Los Angeles
b) San Francisco
c) San Andreas

2. Le choc d'une secousse sismique est plus violent :
a) à mesure que l'on s'enfonce vers le centre de la Terre
b) à la surface
c) dans l'atmosphère juste au-dessus

3. On mesure la force des tremblements de terre et on enregistre leurs ondes avec des :
a) compteurs Geiger
b) sismographes
c) dynamomètres

4. Un séisme correspondant au degré 5 de l'échelle de Richter a les effets suivants :
a) totale dévastation de la région
b) fissure les murs, secoue les arbres
c) fait trembler les vitres

Les montagnes

Les reliefs montagneux sont principalement de trois types : les montagnes tabulaires, dont le surplomb vient de l'effondrement des zones voisines ; les volcans, qui édifient d'imposants cônes de lave solidifiée ; les chaînes plissées qui sont le résultat de collisions entre les plaques lithosphériques.

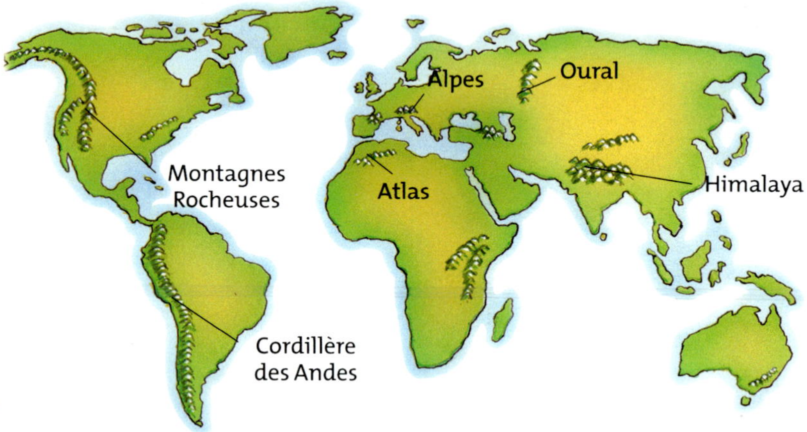

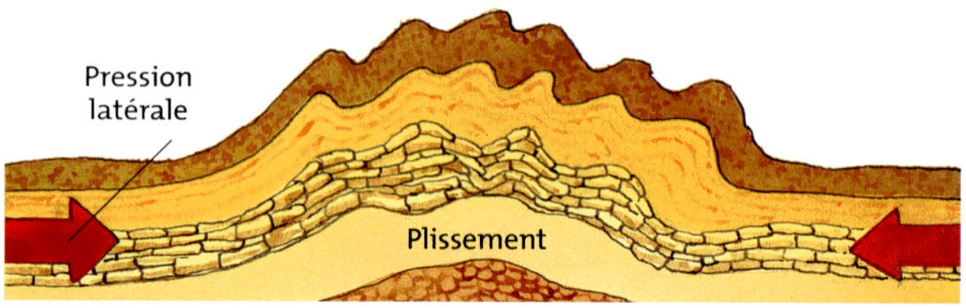

Comment se sont formées les principales chaînes ?

La cordillère des Andes, qui est la plus longue chaîne de montagnes du monde, a surgi quand la plaque océanique de Nazca s'est enfoncée sous la plaque sud-américaine et l'a soulevée. Des épanchements de magma se sont ajoutés aux phénomènes de plissements, et des édifices volcaniques sont venus couronner la chaîne.
Le plissement alpin s'est produit quand l'Italie, fragment détaché de l'Afrique, a heurté le sud de l'Europe.

De quand datent les montagnes anciennes et les montagnes jeunes d'Europe ?

Les montagnes anciennes, apparues il y a environ 900 millions d'années, ont été entièrement rabotées par l'érosion. Elles ont été réduites à l'état de table, comme en Scandinavie, ou bien se sont effondrées en formant une cuvette envahie par la mer, comme dans le Bassin parisien. Les montagnes jeunes, telles les Alpes, ont surgi il y a environ 10 millions d'années.

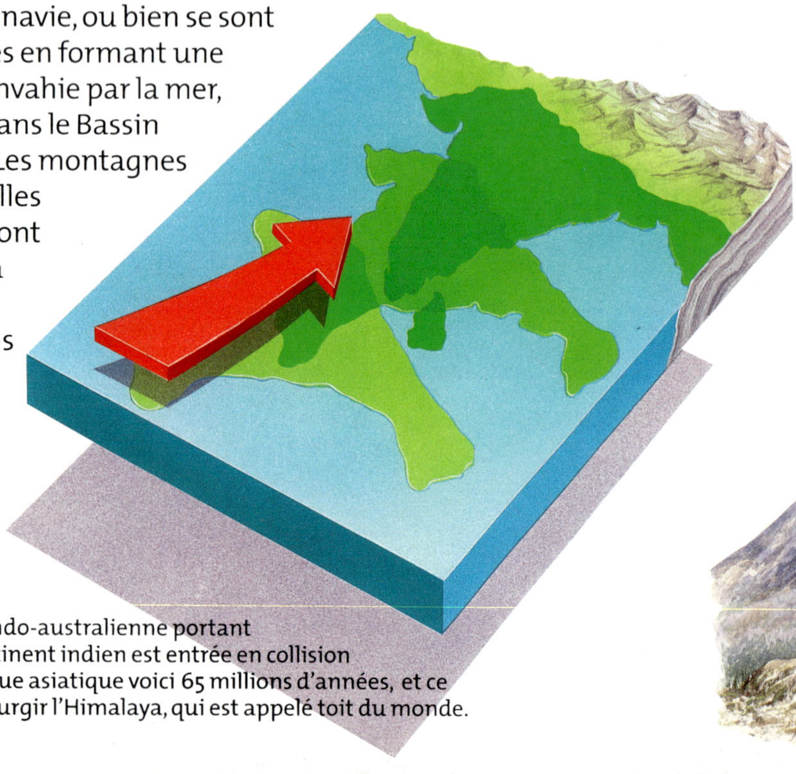

La plaque indo-australienne portant le sous-continent indien est entrée en collision avec la plaque asiatique voici 65 millions d'années, et ce choc a fait surgir l'Himalaya, qui est appelé toit du monde.

QUELLES FORMES DE VIE TROUVE-T-ON EN HAUTE MONTAGNE ?

En haute montagne, le températures sont inversement proportionnelles à l'altitude et s'abaissent de 1 °C tous les 200 m. Pour que les plantes puissent survivre, tout leur cycle végétatif doit s'accomplir pendant le court été montagnard, après quoi elles entrent en dormance sous l'épaisse couche de neige qui les isole du froid.
Les animaux entrent de même en hibernation, ou bien ils quittent les hauteurs jusqu'au printemps suivant et se réfugient dans les vallées.

Pourquoi y a-t-il des reliefs aigus et des reliefs arrondis ?

Du fait des plissements, les strates de roches dures et tendres, qui étaient auparavant l'une au-dessus de l'autre, affleurent en alternance. L'érosion commence par éliminer les strates tendres, créant des reliefs aigus en dents de scie, qui seront par la suite usés et aplanis.

Sir Edmund Hillary et le sherpa Tenzing Norgay

Quel est le plus haut sommet du monde ?

C'est le mont Everest, dans l'Himalaya, avec 8 848 m d'altitude. La première ascension de l'Everest fut accomplie le 29 mai 1953 par le Néo-Zélandais Edmund Hillary et le sherpa (guide) népalais Tenzing Norgay, sans qui cet exploit n'aurait pas été possible. Hillary et le Britannique John Hunt, chef de l'expédition, furent anoblis par la reine d'Angleterre pour célébrer cette première historique.

QUIZ

1. Le plissement alpin a eu lieu il y a :
a) 100 millions d'années
b) 50 millions d'années
c) 10 millions d'années

2. la première ascension de l'Everest a eu lieu le :
a) 29 mai 1943
b) 29 mai 1953
c) 29 mai 1963

3. La chaîne de l'Himalaya est parfois surnommée :
a) pagode de l''Orient
b) toit du monde
c) Grand Croissant

4. En montagne à mesure que l'on prend de l'altitude, le thermomètre descend de :
a) 10 °C par 200 m
b) 5 °C par 200 m
c) 1 °C par 200 m

Les volcans

Les volcans sont les points par lesquels le magma en fusion qui bouillonne dans les entrailles de la Terre se fraie un chemin à travers la croûte et se répand sous forme de coulées de lave, accompagnées de projection de cendres et de gaz brûlants.

Y a-t-il des volcans au fond de la mer ?

De nombreux volcans naissent au fond des mers. Si leurs épanchements de lave sont suffisamment abondants, ils peuvent émerger et former des îles ou des archipels volcaniques, comme c'est le cas du Japon.

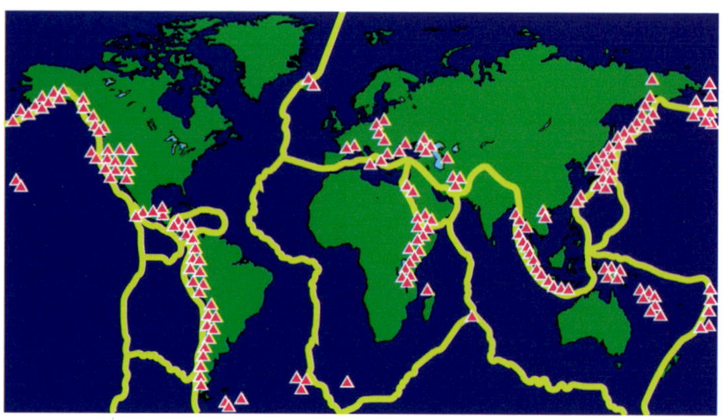

Les triangles roses indiquent les volcans en activité, les lignes jaunes les frontières des plaques tectoniques.

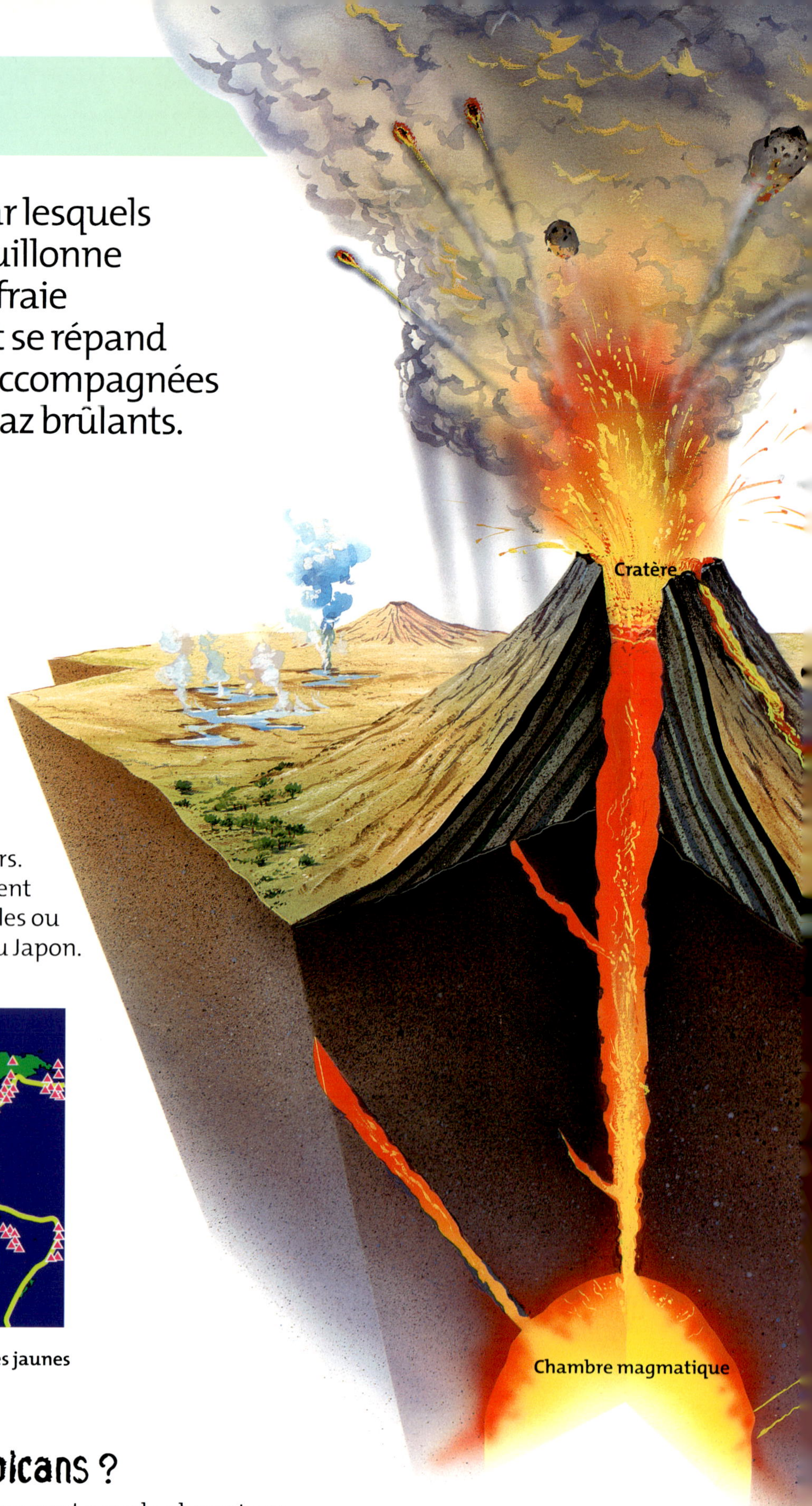

Où se trouvent les principaux volcans ?

Les volcans, comme les centres des séismes, se trouvent pour la plupart sur le pourtour des plaques lithosphériques, là où la croûte est la plus fragile. Ils sont si nombreux sur la frange de la plaque du Pacifique qu'ils dessinent une sorte de gigantesque anneau surnommé « ceinture de feu du Pacifique ».

Volcan vulcanien

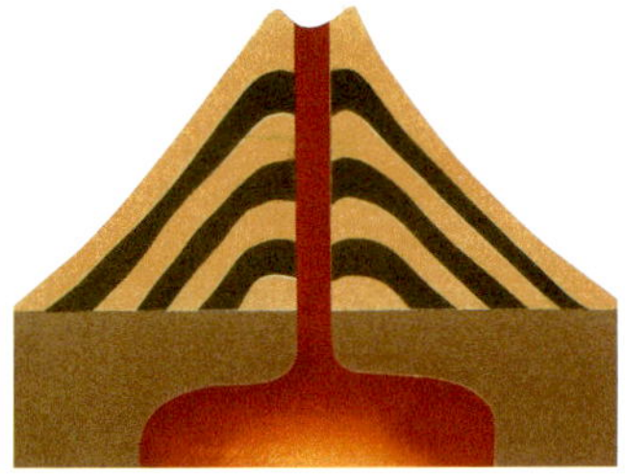

Volcan composite

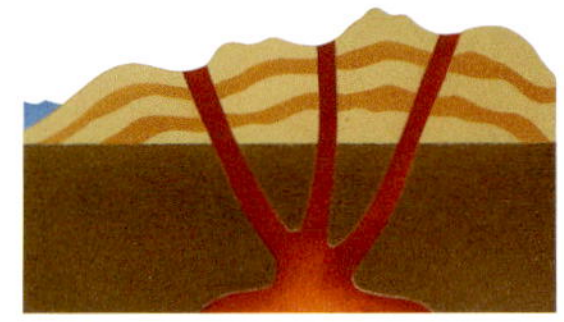

Volcan bouclier

Y a-t-il plusieurs types de volcans ?

La forme et la structure du volcan dépendent du type de lave et de la force avec laquelle cette lave est éjectée. Les volcans de type vulcanien émettent des nuages de cendres en forme de champignon. Leur lave est épaisse et son expulsion s'accompagne de violentes explosions. Les volcans composites ont des cônes imposants, formés de strates alternées de cendres solidifiées et de laves. Les volcans boucliers ont un cône très large, avec plusieurs cheminées. Leur lave est très fluide et forme en se solidifiant un dôme aux pentes douces.

Qu'est-ce qu'un geyser ?

Les volcans ne sont pas les seules formes de l'activité volcanique. Celle-ci peut chauffer les eaux des nappes souterraines au point de les porter à ébullition : sous la pression de la vapeur jaillissent entre les roches des jets d'eau bouillante, appelés geysers. C'est un phénomène très fréquent en Islande. Des gaz brûlants, à base de soufre, peuvent aussi s'échapper des fissures du sol : ces panaches de fumées à l'odeur piquante sont appelés solfatares.

1. **Le magma qui s'échappe du volcan est appelé :**
   a) geyser
   b) basalte
   c) lave

2. **La « ceinture de feu » se trouve sur le pourtour de :**
   a) la Méditerranée
   b) l'océan Indien
   c) l'océan Pacifique

3. **Les geysers sont particulièrement abondants en :**
   a) Irlande
   b) Islande
   c) Finlande

4. **La bouche par laquelle s'échappent les matières en feu s'appelle :**
   a) le cône
   b) le cratère
   c) la chambre magmatique

Comment se produit une éruption volcanique ?

Quelque temps avant le début de l'éruption proprement dite, des pressions s'exercent dans la chambre magmatique, située loin sous terre, à la racine du volcan. Des fumées s'échappent par les fissures, puis le bouchon de lave durcie qui obturait l'ancienne cheminée se volatilise, à moins que les matières incandescentes ne se fraient un autre chemin, créant un nouveau cratère.

QU'EST-CE QU'UN VOLCAN EN SOMMEIL ?

On appelle volcan en sommeil un volcan qui n'a pas eu d'éruption depuis des centaines d'années mais qui pourrait néanmoins se réveiller. Dans le cas contraire, quand toute activité volcanique a cessé, on parle de volcan éteint.

Roches, minéraux et fossiles

Les roches de la croûte terrestre sont de trois sortes : ignées (provenant de la solidification du magma), sédimentaires (formées par des dépôts), métamorphiques (résultant de la transformation des deux précédentes).

Améthyste

Qu'est-ce que les minéraux ?

Les minéraux se rencontrent à l'état naturel dans la croûte terrestre. Ce sont des éléments non organiques, caractérisés par une structure cristalline régulière. On en connaît environ 3 000, qui sont des composés stables ou des corps simples, mais si l'on fait exception de quelques substances rares, leurs constituants se réduisent à une trentaine. Les pierres précieuses et semi-précieuses employées en bijouterie sont des minéraux taillés et polis.

Opale

Diamant

Rubis

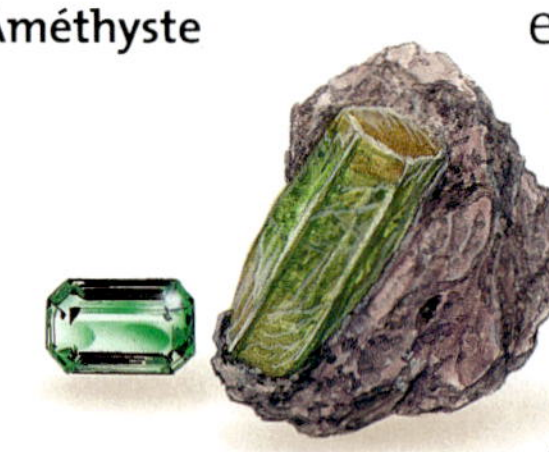
Émeraude

Qu'est-ce qu'une roche ignée ?

Les roches ignées, ou magmatiques, ont deux origines : la solidification de la lave expulsée par les volcans (c'est le cas des roches dites extrusives à grain fin comme le basalte) ; le lent refroidissement du magma, qui produit une structure cristalline (c'est le cas des roches intrusives comme le granite).

Granite

Qu'est-ce qu'une roche métamorphique ?

Dans des conditions extrêmes de température et de pression, la nature même des roches se modifie. Ainsi, l'intense chaleur qui rayonne de la chambre magmatique d'un volcan « cuit » les strates de calcaire en les transformant en marbre. De même, lors d'un plissement, les pressions subies par les couches inférieures sont telles que les cristaux se déforment en une structure feuilletée.

Ardoise

La chaleur intense transforme le calcaire sédimentaire en roche métamorphique à cristaux fins et réguliers : le marbre.

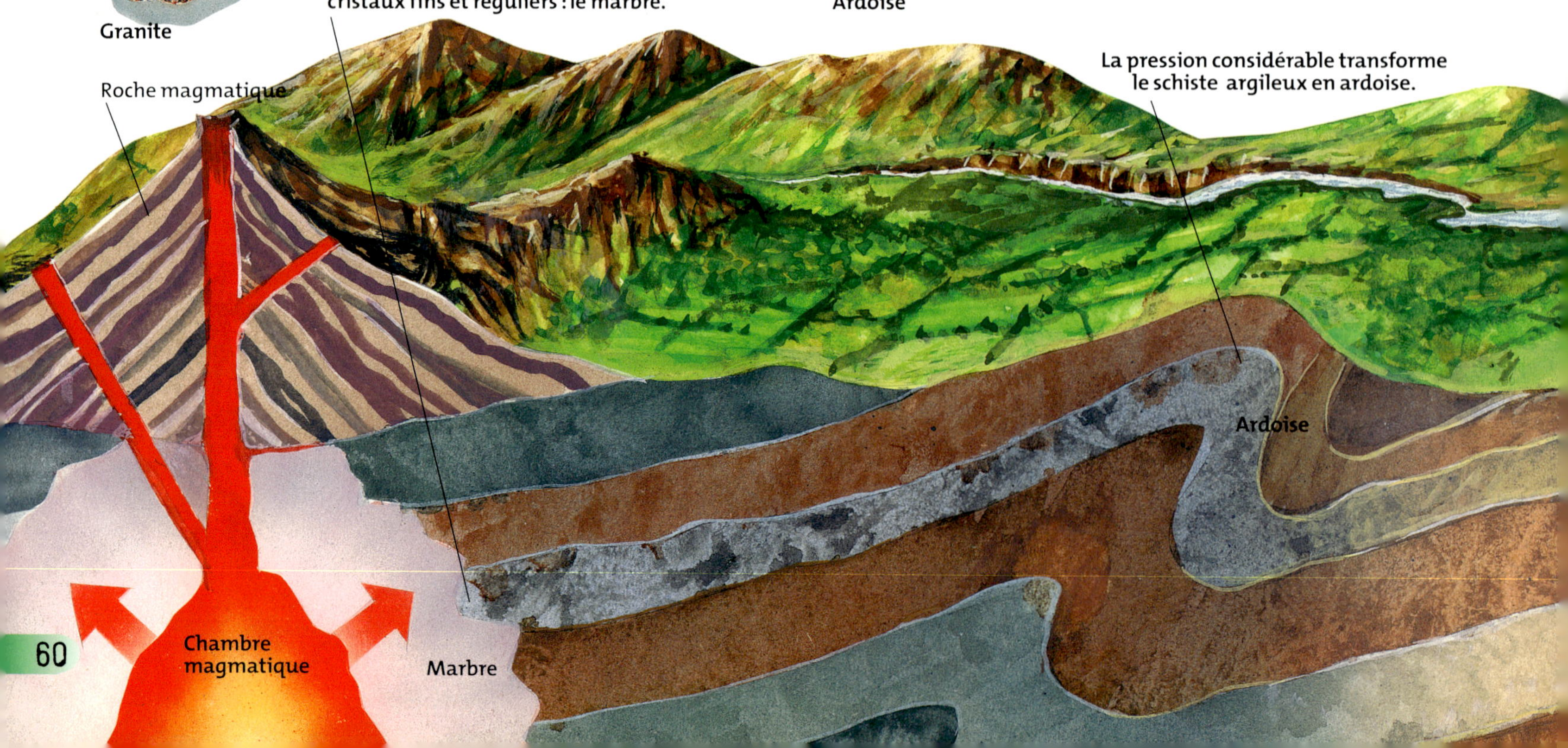

Comment se forment les fossiles ?

On appelle fossiles les restes des plantes et des animaux qui vivaient voici plus de 10 000 ans. On les trouve pour la plupart dans les roches sédimentaires.

1 Quand un animal marin comme cette ammonite meurt, son corps s'enfonce dans la vase ou le sable du fond.

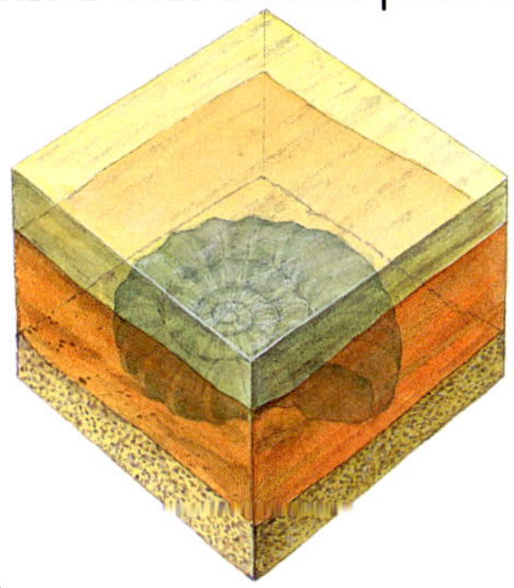

2 Les parties périssables sont détruites, ne laissant que les parties dures (coquille). Les sédiments s'accumulent par-dessus les restes de l'ammonite.

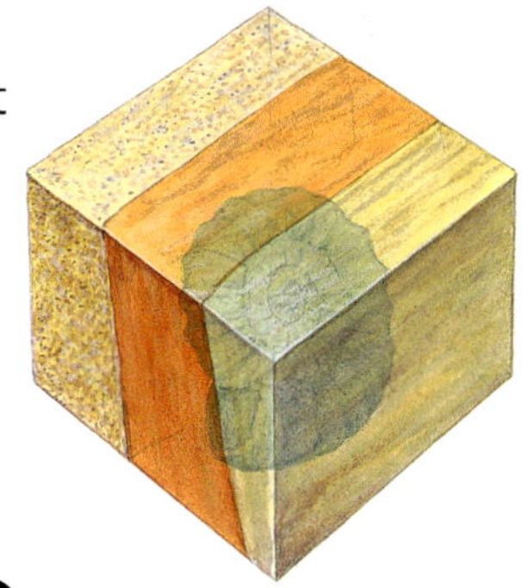

3 Sous la pression, les sédiments se transforment en roche. L'ammonite incluse dans la roche est elle-même pétrifiée. Les strates rocheuses sont déplacées par des plissements.

4 Des millions d'années plus tard, l'érosion entame la roche et met au jour l'ammonite fossile.

Qu'est-ce qu'une roche sédimentaire ?

Les roches sédimentaires ont pour origine l'accumulation en couches épaisses de débris d'origine organique (micro-organismes du plancton, coquilles de petits animaux marins, algues, etc., pour les calcaires) ou de particules (grains de sable ou boues) arrachées aux autres roches par l'érosion. Sous l'effet de la pression, les couches inférieures se transforment en une masse compacte, à la texture lisse (argile, craie) ou granuleuse (grès).

La craie a pour origine des algues microscopiques.

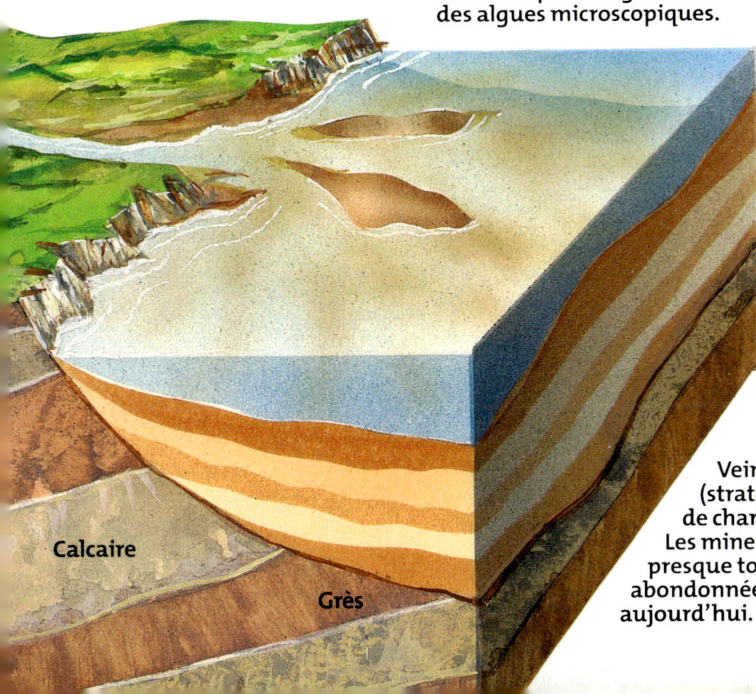

Veine (strate) de charbon. Les mines sont presque toutes abandonnées aujourd'hui.

COMMENT SE SONT FORMÉS LES GISEMENTS DE CHARBON ?

À l'époque appelée Carbonifère, voici quelque 300 millions d'années, la Terre était couverte de marécages et de forêts de prêles et de fougères géantes. Les plantes pourrissaient vite sous ce climat chaud et humide, et d'épaisses couches de débris végétaux se sont transformées en tourbe, puis, au cours de millions d'années et sous l'effet de la pression, en lignite, puis en houille et enfin en anthracite.

1. Le granite est une roche :
a) ignée
b) sédimentaire
c) métamorphique

2. L'une de ces trois roches a une origine sédimentaire. C'est :
a) la craie
b) le basalte
c) le marbre

3. Le calcaire peut se transformer en :
a) marbre
b) ardoise
c) granite

4. Les fossiles sont en général plus nombreux dans les roches :
a) ignées
b) sédimentaires
c) métamorphiques

Les climats

Dans chaque région du globe, le niveau des pluies, la température ou la force du vent varient selon les saisons. Néanmoins, on peut définir un profil général qui se reproduit plus ou moins d'année en année : on peut alors parler du climat de cette région.

Pourquoi y a-t-il des saisons ?

Les saisons ont pour cause principale l'inclinaison de l'axe de la Terre par rapport au plan de l'orbite (appelé plan de l'écliptique). De ce fait, les deux hémisphères ne sont pas éclairés de la même façon : quand les nuits sont plus longues, les températures moyennes sont plus basses et les conditions sont moins favorables pour les végétaux.

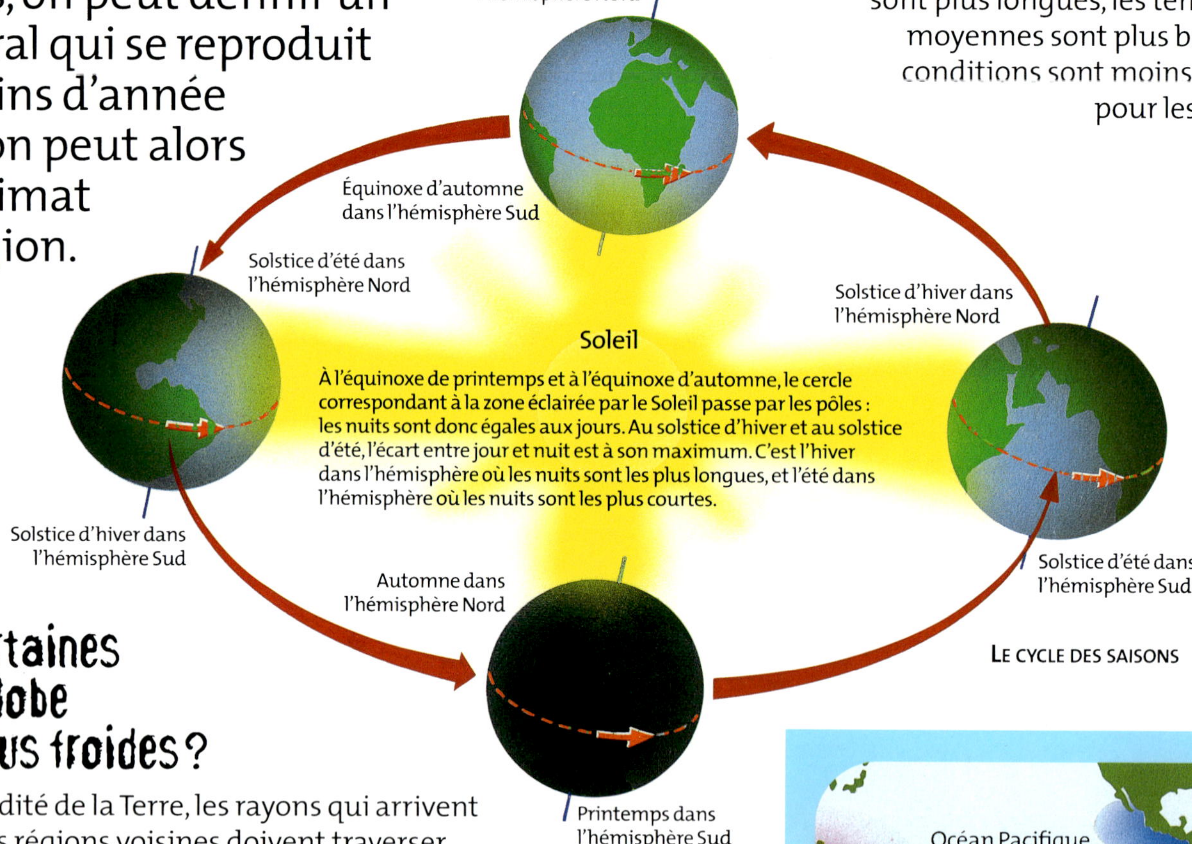

Le cycle des saisons

Pourquoi certaines régions du globe sont-elles plus froides ?

Du fait de la rotondité de la Terre, les rayons qui arrivent aux pôles et sur les régions voisines doivent traverser une plus grande épaisseur d'atmosphère, perdant au passage de leur pouvoir réchauffant. De plus, le faisceau des rayons solaires, du fait qu'il ne tombe pas à l'aplomb (perpendiculairement), est plus large, si bien que la lumière et la chaleur reçues par chaque mètre carré y sont moindres.

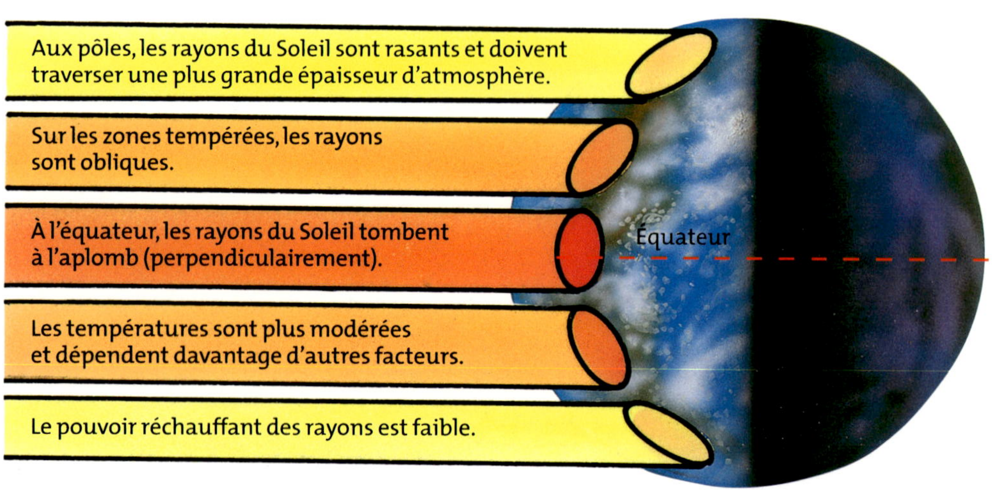

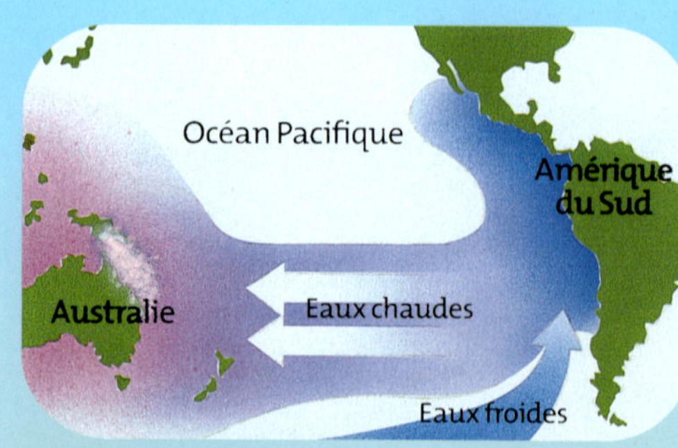

Les courants marins jouent-ils un rôle ?

Les courants marins de surface suivent le vent dominant et éloignent les eaux chaudes des côtes. Les eaux froides des fonds marins remontent alors à la surface et refroidissent les masses d'air, ce qui influe sur le climat local. Les courants chauds traversent le Pacifique et baignent le nord de l'Australie, qui a un climat équatorial.

Les principales zones climatiques du globe

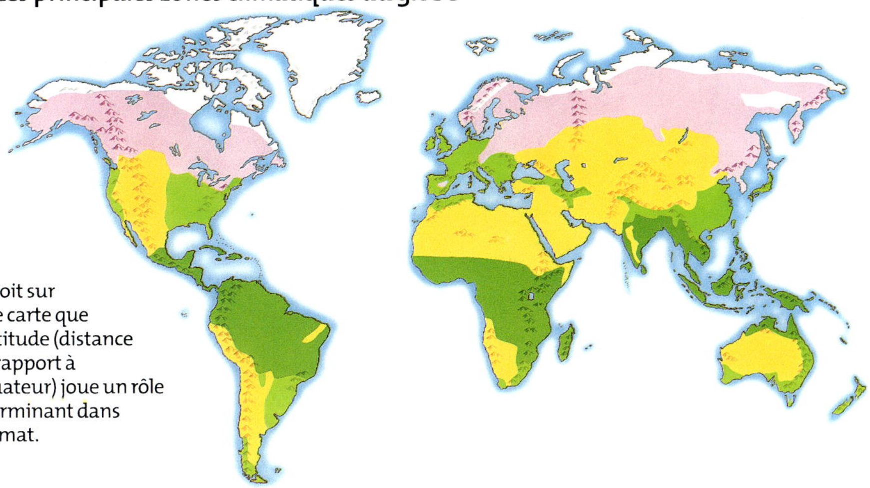

On voit sur cette carte que la latitude (distance par rapport à l'équateur) joue un rôle déterminant dans le climat.

Polaire | Froid | Tempéré | Tropical | Équatorial

Quels autres facteurs ont un effet sur le climat ?

La latitude, c'est-à-dire la position face au Soleil, n'est pas le seul facteur pris en compte pour définir un climat, car la distance par rapport à la mer joue aussi un rôle. En règle générale, les régions proches de l'océan ont des températures plus douces que les régions intérieures, avec des amplitudes (écarts) moins importants entre les jours et les nuits, et entre les étés et les hivers.

Qu'est-ce qu'une glaciation ?

Les géologues appellent glaciations les périodes où les glaces éternelles ne recouvraient pas seulement les pôles mais aussi les zones tempérées. Pendant ces périodes, les grands glaciers envahissent les vallées dont ils remodèlent profondément le relief. Les espèces animales qui ne succombent pas au froid peuvent passer d'un continent à l'autre en traversant les océans pris par les glaces.

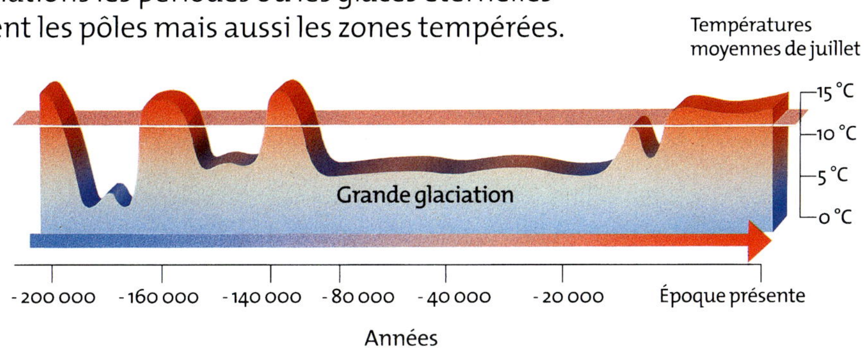

Comment les rayons du Soleil réchauffent-ils la Terre ?

Le sol terrestre absorbe moins de la moitié des rayons solaires. Les autres sont réfléchis et renvoyés dans l'atmosphère. Il ferait donc très froid sur Terre si la vapeur d'eau et certains gaz de l'atmosphère n'agissaient comme un couvercle, en empêchant la chaleur de s'échapper et en la diffusant dans l'atmosphère par un phénomène appelé convection.

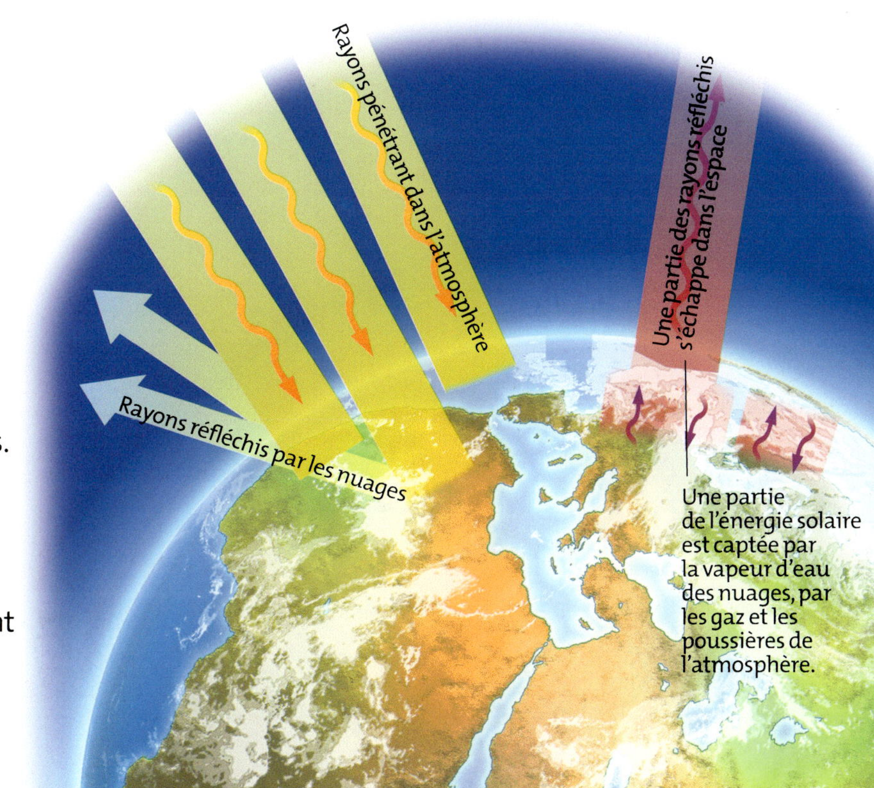

1. Le moment où les jours sont égaux aux nuits s'appelle :
a) solstice
b) équinoxe
c) écliptique

2. Les saisons sont provoquées par :
a) le fait que la Terre ne tourne pas toujours à la même vitesse
b) les taches du Soleil
c) la rotondité de la Terre et l'inclinaison de son axe

3. La dernière grande glaciation remonte à :
a) 2 millions d'années
b) moins de 100 000 ans
c) moins de 20 000 ans

4. Les rayons solaires sont plus chauds :
a) dans l'hémisphère Sud
b) sous les tropiques
c) à l'équateur

La météorologie

La météorologie est l'étude des phénomènes atmosphériques. Les nouvelles méthodes d'observation et les instruments de mesure fiables permettent de prévoir le temps qu'il fera une semaine à l'avance.

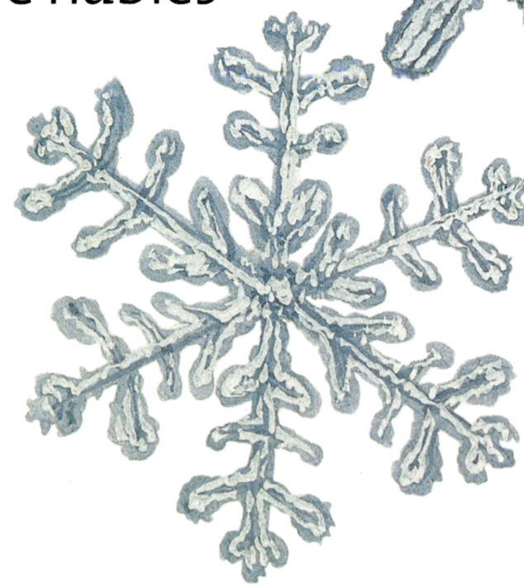

Pourquoi neige-t-il ?

Il neige quand les précipitations tombent sous forme de glace et non sous forme d'eau, et que la température est inférieure à 0 °C.

Les petits cristaux de glace des nuages tendent à s'agglomérer en structures régulières, le plus souvent à base d'étoiles à six branches, que nous appelons flocons.

Les plus gros flocons (jusqu'à 5 cm et plus) se forment quand la température est comprise entre 0 °C et 5 °C.

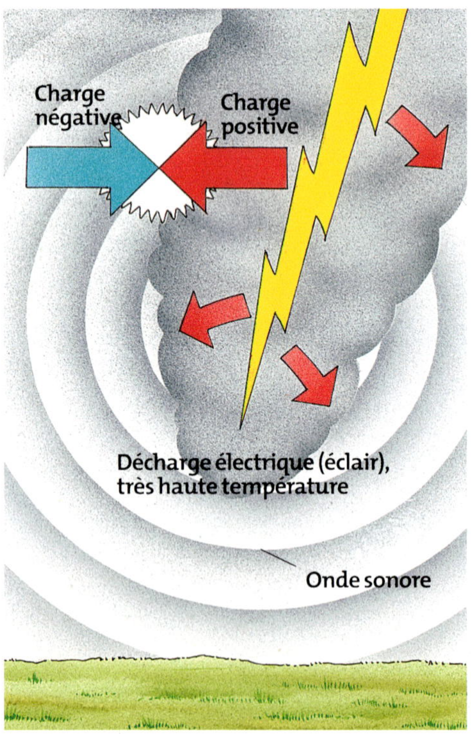

Qu'est-ce qu'un éclair ?

À l'intérieur d'un nuage d'orage, les courants d'air projettent les unes contre les autres les particules, qui s'électrisent par frottement. Celles qui descendent prennent une charge négative, celles qui s'élèvent une charge positive. Il se crée des différences de charge de milliers de volts, qui s'annulent par des décharges d'un nuage à l'autre ou du nuage au sol. L'air dilaté par la brusque chaleur (plus de 3 000 °C) explose littéralement, produisant l'onde sonore du tonnerre.

De quoi sont faits les nuages ?

Les nuages se forment quand la vapeur d'eau normalement contenue dans l'atmosphère s'élève et se condense en minuscules gouttelettes (pour les nuages bas) ou en petits cristaux de glace (pour les nuages d'altitude). Les instituts de météorologie classent les nuages en dix catégories (ci-dessous), selon leur forme, leur altitude et leurs principales caractéristiques.

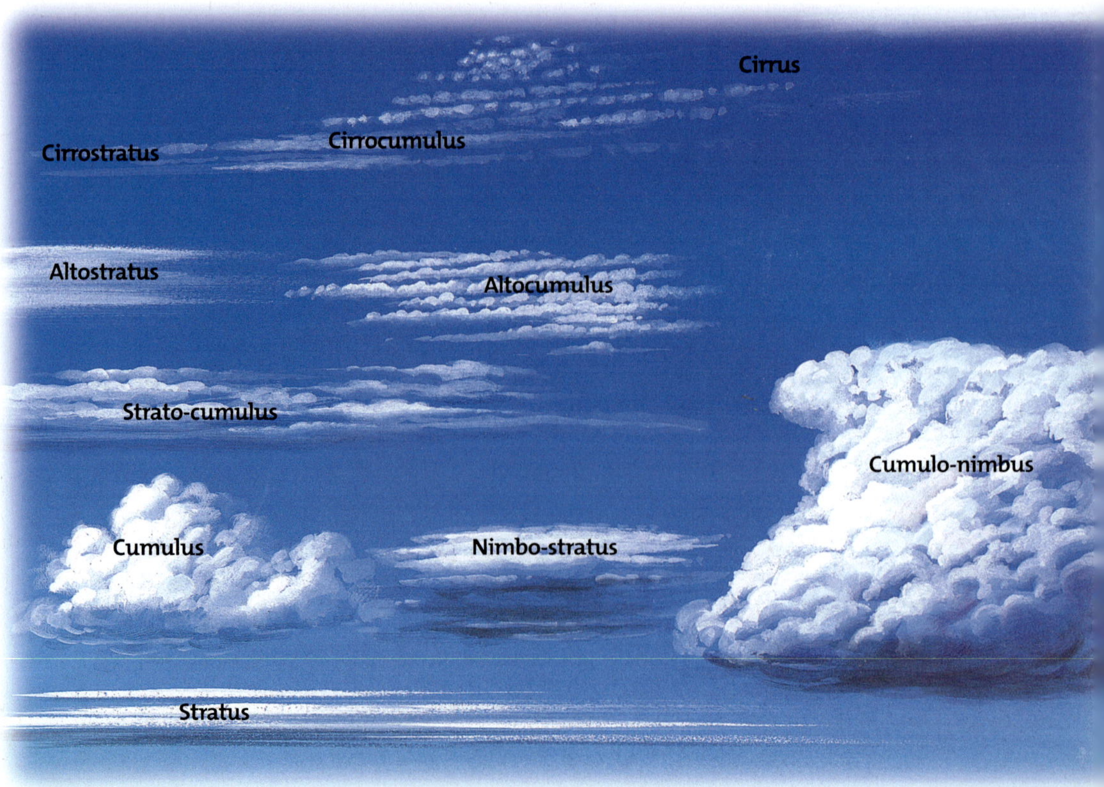

Satellite d'observation météorologique

QU'EST-CE QU'UN ARC-EN-CIEL ?

L'arc-en-ciel apparaît quand le soleil éclaire des nuages chargés de gouttes de pluie qui réfractent et décomposent la lumière, selon un angle qui varie avec chacune des couleurs du spectre solaire (rouge, orange, jaune, vert, bleu, indigo, violet) (à droite). Pour voir un arc-en-ciel, il faut se tenir le dos au soleil.

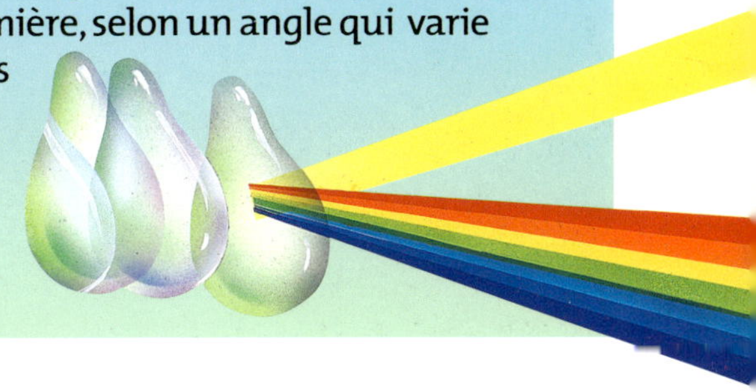

Comment peut-on prévoir le temps qu'il va faire ?

Les prévisions météorologiques s'appuient sur tout un arsenal de mesures et de comparaisons, tant dans les stations météo établies au sol que dans les satellites d'observation (à gauche), qui nous renseignent sur la température au sommet des nuages et sur leur vitesse de déplacement. Aujourd'hui, on utilise également la simulation sur écran d'ordinateur pour mieux étudier l'évolution des formations nuageuses.

Qu'est-ce qu'un cyclone ou un typhon ?

Les cyclones sont des ouragans très violents qui sévissent dans les archipels tropicaux (on les appelle typhons en Asie). Ils naissent au-dessus des eaux chaudes, sous la forme d'un épais nuage d'orage. Une spectaculaire chute de pression crée alors un courant aspirant en spirale, formant une tour de nuages qui avance à plus de 30 km/h. Le centre, ou œil, du cyclone est une zone de calme, mais dans un rayon de 20 km, les vents soufflent à plus de 300 km/h, dévastant tout sur leur passage. Des phénomènes analogues sont observés au cœur des plaines continentales. C'est en particulier le cas dans la Grande Prairie nord-américaine, souvent balayée par des tornades (à droite).

QUIZ

1. Un arc-en-ciel est causé par :
a) des vents solaires
b) la réfraction des rayons du soleil par les gouttes de pluie
c) un phénomène électrique

2. On classe les nuages en :
a) 50 catégories
b) 10 catégories
c) 4 catégories

3. Les cristaux de neige ont le plus souvent la forme :
a) d'une croix
b) d'une spirale
c) d'une étoile à six branches

4. L'œil du cyclone se trouve :
a) en plein centre
b) à 20 km du centre
c) un cyclone n'a pas d'yeux

Autour des pôles

Au pôle Sud, le continent antarctique est le plus froid du monde, avec ses ouragans glacés soufflant à plus de 300 km/h ! L'Arctique, autour du pôle Nord, est un univers moins hostile, car sous l'épaisse banquise les eaux froides abritent toute une faune marine.

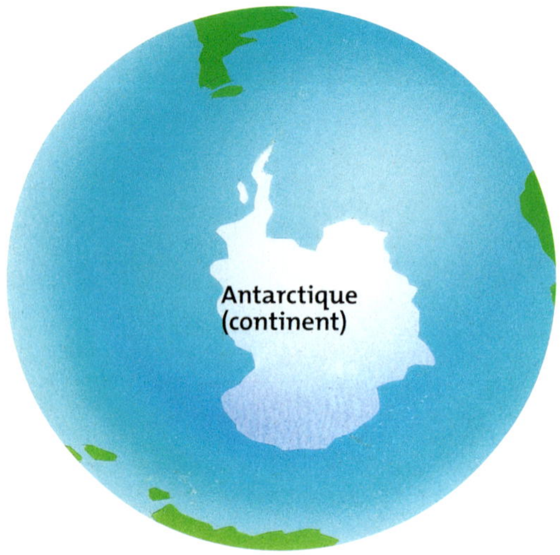

QUI VIT AU PÔLE SUD ?

Les seuls résidents du pôle Sud sont les membres des missions scientifiques, qui n'y séjournent que pour de courtes périodes. Aux termes du traité de l'Antarctique, reconduit en 1991 pour une durée de 50 ans, ni le continent ni son sous-sol ne peuvent faire l'objet d'une exploitation militaire ou industrielle. Mais le tourisme naissant pose déjà des problèmes écologiques, notamment la destruction des déchets, que le froid tend à conserver...

Y a-t-il des terres dans l'Arctique ?

On regroupe sous le nom d'Arctique l'océan Glacial Arctique, les mers voisines et leurs îles, ainsi que les parties septentrionales du Canada, du Groenland, de la Scandinavie et de la Russie. La grande île de la Nouvelle-Zemble (Russie) ou l'île Ellesmere (Canada) font intégralement partie de l'Arctique.

Est-ce que l'Antarctique est un « enfer du froid » ?

En Antarctique, pendant le long hiver austral, le thermomètre descend souvent au-dessous de -70 °C, et on a enregistré des températures de -89 °C aux environs de la station russe de Vostock. Ces conditions très dures sont renforcées par la sécheresse extrême, car l'Antarctique est un désert glacé : il n'y a pas eu de pluie depuis deux millions d'années !

Que sont les icebergs ?

Ce sont des pans de la banquise (banc de glace couvrant la mer) qui se détachent lors du dégel, puis sont entraînés, parfois très loin, par les courants marins. La partie émergée des icebergs ne représente qu'une petite partie de leur masse totale, et la partie cachée sous l'eau peut être beaucoup plus large que le sommet, c'est pourquoi ils sont si dangereux pour les navires.

Quelle épaisseur ont les glaciers de l'Antarctique ?

Les glaciers de l'Antarctique recouvrent pratiquement toutes les terres émergées, et l'on parle alors plutôt de calotte glaciaire. Le champ de glace, qui atteint par endroits 4 km d'épaisseur, avance d'un mouvement continu du centre vers la mer, s'entassant en énormes banquises. Quand le poids de la glace devient excessif, la banquise se disloque en icebergs longs parfois de plusieurs kilomètres.

Qu'est-ce que la toundra ?

La toundra est un milieu naturel que l'on retrouve dans tout l'hémisphère Nord, là où le froid ne permet plus la survie des forêts de conifères. Le sol de la toundra est un permafrost, ce qui veut dire qu'en été la glace ne fond qu'en surface et que la couche qui se trouve dessous ne dégèle jamais. Les plantes ne peuvent donc y avoir que des racines superficielles. C'est pourquoi la végétation reste maigre : mousses, lichens et arbustes rabougris, ainsi que d'éphémères plantes à fleurs en été.

QUIZ

1. Les ours blancs vivent :
a) dans l'Arctique seulement
b) dans l'Antarctique seulement
c) dans l'Arctique et l'Antarctique

2. L'un de ces trois pays a une région située en Arctique :
a) Islande
b) Canada
c) Corée

3. Le permafrost est :
a) une aurore boréale
b) un iceberg géant
c) un sol qui reste toujours gelé en profondeur

4. Le pôle Nord se trouve :
a) dans l'Antarctique
b) dans l'océan Arctique
c) dans la mer du Nord

Quelle est la différence entre les manchots et les pingouins ?

Les Anglo-Saxons désignent par le même nom *(penguin)* les pingouins et les manchots, mais il s'agit d'espèces différentes : les pingouins ont des ailes et sont capables de voler, contrairement aux manchots qui utilisent leurs ailes atrophiées comme des pagaies.

Les déserts

On appelle désert, ou zone aride, toute région du monde qui reçoit moins de 250 mm d'eau par an, mais c'est aussi l'extrême irrégularité des pluies, tout autant que leur rareté, qui crée des déserts.

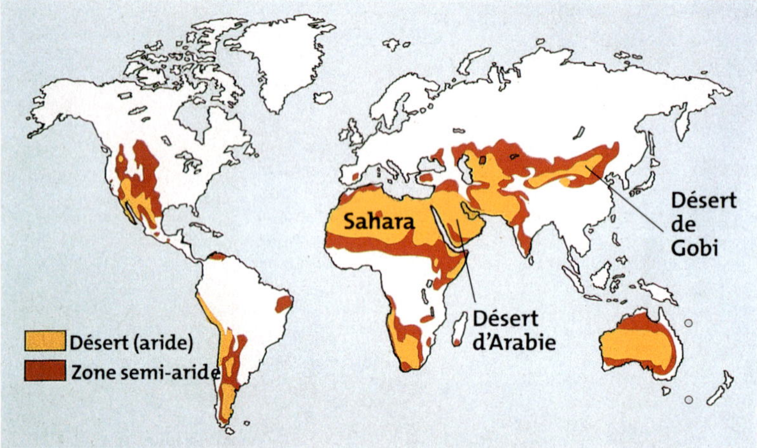

Quels sont les plus grands déserts ?

Le plus grand désert du monde est – et de loin – le Sahara, qui, avec ses quelque 8 millions de km², couvre près d'un tiers de l'Afrique. Viennent ensuite les déserts de la péninsule Arabique, si proches les uns des autres qu'on peut les considérer comme un seul désert (2,3 millions de km²), et le désert de Gobi, qui s'étend de la Chine à la Mongolie (1,2 million de km²).

Comment se déplacent les dunes ?

Les dunes simples, de structure conique, se déplacent assez rapidement sous l'action du vent, ce qui aboutit presque toujours à la formation de dunes en croissant, appelées barkhanes : à leur sommet apparaît une ligne de crête qui sépare le dos de la dune (en pente douce, il fait face au vent) du front, qui est en pente raide et qui est encadré par deux petites cornes qui se forment dans l'axe du vent.

Tous les déserts sont-ils chauds ?

Il y a des déserts glacés comme il y a des déserts brûlants : l'Antarctique, qui détient les records absolus de froid, est un désert de glace, où il ne pleut jamais, et l'intérieur du Groenland est très aride. Enfin, dans la plupart des déserts, même si les journées sont brûlantes, les nuits sont très froides : on dit que les amplitudes (différences) thermiques sont importantes.

Est-ce qu'il n'y a que du sable dans le désert ?

Non. Les déserts rocheux et caillouteux sont de loin les plus nombreux, et d'ailleurs les étendues de sable ne représentent que 11 % de la superficie totale du Sahara.

Qu'est-ce qu'une oasis ?

Une oasis est une petite zone fertile au milieu d'une étendue aride. Ces îlots verts, habités et cultivés, se sont d'abord formés autour des rares points d'eau : il s'agit alors d'oasis naturelle. Mais d'autres ont été créées artificiellement, en faisant des forages, puis en creusant des puits là où la nappe d'eau souterraine est la moins profonde.

QUI VIT DANS LES DÉSERTS ?

Traditionnellement, les habitants des déserts sont des nomades : pasteurs qui suivent leurs troupeaux de pâture en pâture et de point d'eau en point d'eau, ignorant souvent les frontières, ou bien marchands caravaniers vivant du commerce. La multiplication des oasis artificielles a amorcé une tendance à la sédentarisation.

Quelle est la faune du désert ?

Beaucoup d'animaux du désert ont adopté un mode de vie nocturne. Ils chassent ou cherchent leur nourriture à la faveur des heures moins chaudes de la nuit et dorment le jour dans des endroits abrités du soleil ou bien dans la relative fraîcheur de profonds terriers. Certains oiseaux creusent leurs nids dans les tiges charnues des cactus saguaros, qui constituent de précieuses réserves d'eau.

QUIZ

1. Le plus grand désert du monde est :
a) le désert d'Arabie
b) le désert de Gobi
c) le Sahara

2. Les collines de sable du désert sont appelées :
a) châteaux
b) dunes
c) oasis

3. Bien des animaux du désert survivent parce qu'ils :
a) sont amphibiens
b) sont nocturnes
c) vivent en hibernation

4. Les cactus saguaros sont utiles parce que :
a) leurs tiges sont gorgées d'eau
b) ils donnent de l'ombre
c) ils ont des fruits

Les prairies

La prairie est la végétation naturelle des climats tropicaux semi-arides et des climats tempérés à caractère continental. Selon les pays, on l'appelle savane, pampa, steppe, ou tout simplement Grande Prairie, comme en Amérique du Nord.

Combien y a-t-il d'espèces d'herbes dans les prairies ?

On connaît plus de 8 000 espèces d'herbes différentes, dont une bonne partie pousse dans les prairies du monde entier. C'est bien pourquoi on y trouve la plus grande concentration d'herbivores. Contrairement aux arbustes et aux arbres, la touffe d'herbe ne meurt pas si on en prélève les trois quarts, car les feuilles se développent depuis la base : elles repoussent !

Où trouve-t-on des prairies ?

On trouve des prairies sur tous les continents, en particulier dans toute l'Asie centrale, où on les appelle steppes. Le bush australien est une sorte de steppe à climat tropical, tandis que les grandes prairies d'Argentine, domaine des grands élevages de bovins, sont baptisées pampas.

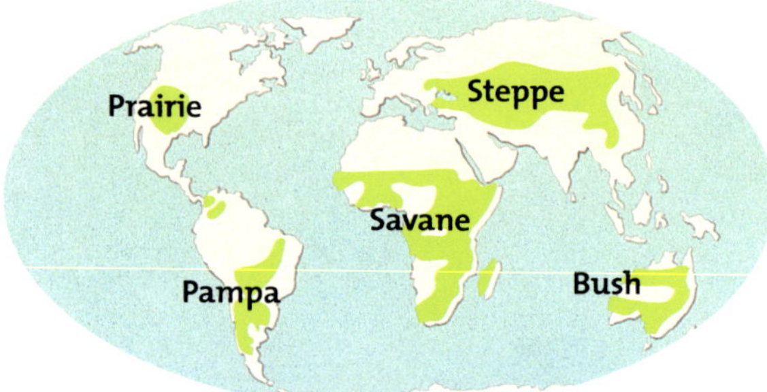

Les prairies dans le monde

COMMENT LA PRAIRIE EST-ELLE DEVENUE UN TAPIS DE POUSSIÈRE ?

Dans les années 1930, le sud-ouest de la Grande Prairie connut plusieurs années consécutives de sécheresse, aggravée par la surexploitation des terres. Les vents ont arraché la couche arable du sol qui n'était plus protégée par le tapis végétal, et des tornades de poussière *(dust bowls)* ont transformé le pays en désert.

Quels sont les habitants des prairies et des savanes ?

Les grandes prairies d'Amérique du Nord (à gauche) étaient autrefois le domaine des troupeaux de bisons, dont il ne reste que quelques survivants, strictement protégés. On y trouve aujourd'hui des coyotes et des chiens de prairie. Les savanes africaines (ci-dessous) ont une faune riche et variée, mais la survie de beaucoup d'espèces est menacée en dehors des réserves naturelles. On y rencontre lions, antilopes, gazelles, zèbres, girafes, éléphants...

QUIZ

1. Les grands troupeaux de bisons vivent en :

a) Asie centrale
b) Australie
c) Amérique du Nord

2. Il y a de très nombreuses espèces d'herbes. On en connaît :

a) 800
b) 8 000
c) 80 000

3. Les cultures sur brûlis se pratiquent pendant :

a) 2 à 3 ans
b) 6 à 7 ans
c) 12 ans environ

4. Les prairies d'Amérique du Sud sont appelées

a) steppes
b) orénoque
c) pampa

Qu'est-ce que la culture sur brûlis ?

C'est une culture pratiquée par des populations ne possédant pas de bétail : le feu est mis à des portions de savane avant les pluies. Les cultures se font ensuite dans la couche superficielle de cendres et de terre, avec de simples houes. Ces champs sont abandonnés au bout de deux ans, trois au maximum.

Les forêts

La forêt est un écosystème dominé par les arbres. La vie s'y organise par étages verticaux, et les conditions sont souvent fort différentes près du sol, dans le sous-bois souvent obscur, et dans les plus hautes branches.

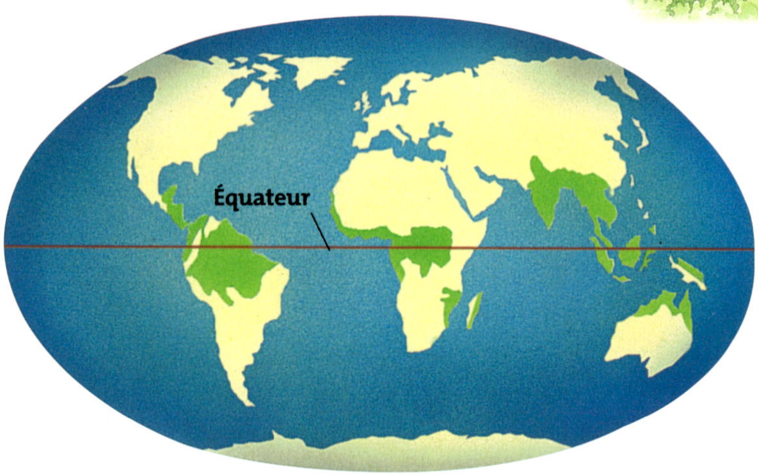

Les forêts équatoriales ne couvrent que 7 % des terres émergées mais hébergent près de la moitié des espèces vivantes, plantes et animaux.

Qu'est-ce que la canopée ?

Dans une forêt équatoriale, la canopée se présente comme une masse verte ininterrompue formée par les frondaisons des arbres parvenus à maturité (40-50 m de hauteur environ). C'est le domaine de prédilection des singes, mais on y rencontre aussi quelques serpents. Seuls quelques arbres géants, appelés émergents (60-70 m), percent ce toit vert et dominent la canopée. Ils offrent des perchoirs aux oiseaux de proie et hébergent de nombreux insectes.

Pleut-il souvent sur la forêt équatoriale ?

La forêt équatoriale, appelée forêt vierge (ou jungle en Asie) couvre des régions qui sont les plus chaudes et les plus humides du monde. Il y pleut pratiquement chaque jour, et le sous-bois ne sèche jamais complètement.

En quoi la forêt équatoriale nous aide-t-elle à mieux respirer ?

La gigantesque masse végétale de la forêt équatoriale absorbe d'énormes quantités de gaz carbonique et libère des quantités non moins importantes d'oxygène. C'est pourquoi ceux qui se battent pour la défense de l'environnement sont déterminés à combattre la déforestation.

COMMENT SE PRODUIT UN INCENDIE DE FORÊT ?

Les incendies sont d'origine criminelle ou accidentelle : un mégot de cigarette mal éteint, un tesson de bouteille qui concentre les rayons du soleil (effet de loupe) ou bien la foudre. Le feu peut couver longtemps avant que les flammes jaillissent et permettent de le repérer. Il se propage d'autant plus vite (jusqu'à deux kilomètres par minute) que le vent est violent. Pour l'arrêter, les pompiers taillent des tranchées coupe-feu ou bien tentent de noyer le brasier sous des tonnes d'eau larguées par des hydravions spéciaux.

Comment exploite-t-on les forêts ?

Malgré l'essor des matières plastiques et des constructions métalliques, le bois reste très recherché pour le bâtiment (bois de charpente) et l'ébénisterie (meubles). Le bois fournit aussi la matière première (cellulose) de la pâte à papier : c'est un danger qui menace les forêts de conifères du nord du Canada et des pays scandinaves, qui sont les plus grands exportateurs mondiaux. Le reboisement avec des espèces à pousse rapide et le recyclage des papiers usagés permettent de préserver les forêts.

Tous les arbres perdent-ils leurs feuilles en hiver ?

Dans les forêts équatoriales, où il fait chaud toute l'année, les arbres sont toujours verts, et il en va de même dans les zones tropicales qui connaissent l'alternance entre saison sèche et saison humide. Mais les arbres qui doivent affronter les longs et froids hivers des zones tempérés perdent leurs feuilles en hiver : on dit que ce sont des arbres à feuillage caduc. Les conifères, eux, restent pour la plupart toujours verts, car leurs feuilles sont des aiguilles coriaces et résistantes.

Sapin (conifère)

Chêne (feuilles caduques)

1. Le toit de feuillage formé par les grands arbres s'appelle :
a) canopée
b) écosystème
c) ombelle

2. Les arbres émergents des forêts équatoriales atteignent des hauteurs de :
a) 30-40 m
b) 60-70 m
c) plus de 100 m

3. On dit qu'un arbre està feuillage caduc quand :
a) il est presque mort
b) il a des aiguilles au lieu de feuilles
c) il perd ses feuilles en hiver

4. Par rapport aux terres émergées, la forêt équatoriale couvre :
a) 27 %
b) 17 %
c) 7 %

Que mangent les habitants des forêts tempérées ?

Les habitants de nos forêts se nourrissent pour la plupart d'écorces, de racines, de fruits, de jeunes pousses et de feuilles. Les écureuils ajoutent à l'occasion des œufs d'oiseaux à leur repas de graines. Les petits carnivores mangent des insectes, et les plus gros sont omnivores, comme les renards ou les sangliers, qui mangent aussi bien des souris que des glands.

L'histoire de la vie

Les millions d'animaux et de plantes actuels ne représentent qu'une très faible partie de toutes les espèces qui se sont succédé et qui ont disparu depuis que la vie est née au fond des océans, voici plus de 3,5 milliards d'années.

Comment la vie a-t-elle commencé ?

La vie est apparue voici 3,5 milliards d'années, dans les océans contenant de nombreuses molécules chimiques en suspension (ce que les savants ont surnommé la « soupe primitive »).

Qu'est-ce que l'évolution ?

L'évolution est la manière dont les êtres vivants changent au cours du temps. Le naturaliste britannique Charles Darwin fut le premier à avancer l'idée d'une évolution continue, du plus simple au plus complexe et au plus diversifié, qui faisait de l'homme le descendant des espèces qui peuplaient les océans primitifs. Cette notion de progrès continu et de complexité croissante est un peu remise en cause aujourd'hui.

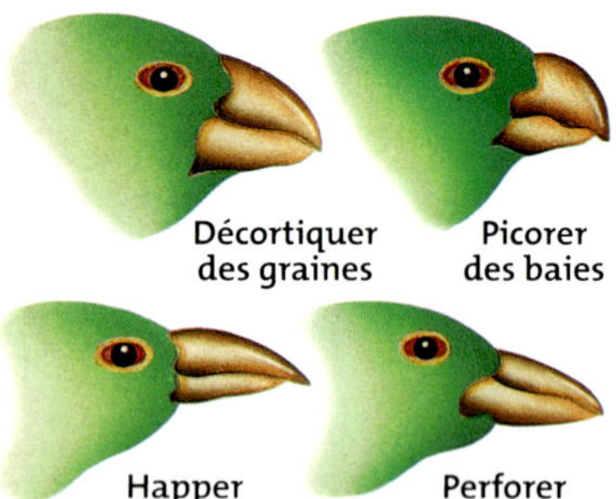

Les pinsons des îles Galápagos : Darwin remarqua que leur bec variait selon leur régime alimentaire.

Charles Darwin (1809-1882)

Quand l'homme actuel est-il apparu ?

Homo sapiens sapiens (dit aussi homme de Cro-Magnon) serait apparu voici 200 000 à 150 000 ans, peut-être simultanément sur plusieurs continents. Il est devenu l'espèce dominante après l'extinction de l'homme de Neandertal, voici 30 000 ans.

QU'EST-CE QUI DIFFÉRENCIE LES PLANTES DES ANIMAUX ?

À la différence des animaux, les plantes sont capables de produire leurs aliments, c'est-à-dire de synthétiser des hydrates de carbone à partir de la lumière du soleil grâce à un pigment contenu dans leur feuille et appelé chlorophylle. Ce processus de conversion de l'énergie lumineuse en énergie chimique est appelé photosynthèse.

Quelles sont les catégories d'animaux les plus répandues ?

Avec environ 1,5 million d'espèces actuellement identifiées, les invertébrés sont le groupe le plus important du règne animal : ils rassemblent les insectes, les arthropodes (araignées et scorpions), les crustacés (crabes, crevettes…), les vers, les mollusques (coquillages, limaces, pieuvres…)

Est-ce que les animaux voyagent ?

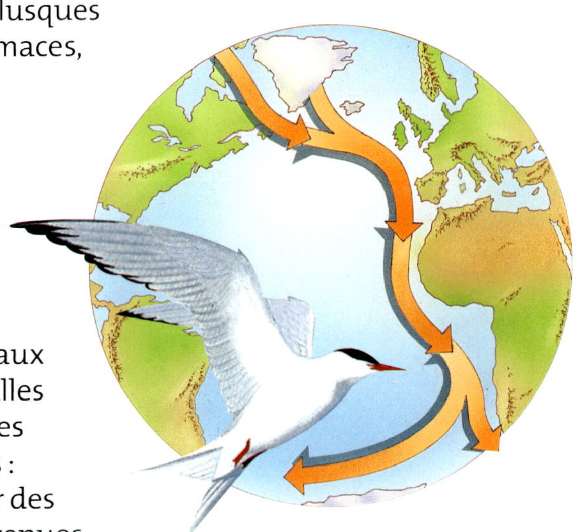

De nombreux animaux effectuent à intervalles réguliers des voyages appelés migrations : ils quittent en hiver des régions glacées devenues désertes pour chercher ailleurs leur nourriture, ou bien rejoignent le lieu où ils se reproduisent. Les tortues marines nagent ainsi sur plus de 1 000 km pour aller pondre là où elles sont nées elles-mêmes. Le record appartient à la sterne arctique, qui parcourt chaque année quelque 40 000 km, d'un pôle à l'autre.

1 Les plantes aquatiques produisent de la nourriture à partir des substances du sol et de la lumière du soleil.

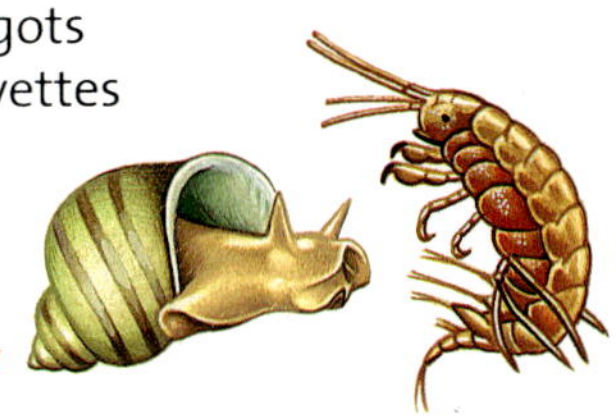

2 Les escargots et les crevettes d'eau douce mangent les plantes.

3 La truite avale les crevettes et les escargots.

4 La loutre pêche la truite et la mange.

5 La loutre meurt et son cadavre se décompose.

6 Les animaux détritivores transforment les restes de la loutre en matières organiques qui se dissolvent dans le sol.

Qu'est-ce qu'une chaîne alimentaire ?

On appelle chaîne alimentaire, l'ensemble des transferts d'énergie au sein d'un même écosystème. On y distingue les producteurs (plantes), les consommateurs (crevettes, truite), les prédateurs supérieurs (loutre) et les recycleurs (détritivores).

1. La vie a fait son apparition sur Terre voici :
a) 3,5 milliards d'années
b) 350 millions d'années
c) 35 millions d'années

2. L'homme moderne appartient à l'espèce :
a) *Homo erectus*
b) *Homo sapiens*
c) *Homo habilis*

3. Le naturaliste Charles Darwin était de nationalité :
a) américaine
b) australienne
c) britannique

4. Les animaux les plus répandus sur Terre sont les :
a) invertébrés
b) poissons
c) oiseaux

Le paysage humain

L'homme a profondément modifié le paysage de sa planète natale : l'agriculture, le développement industriel et l'expansion urbaine sont les caractéristiques majeures des zones habitées.

Qu'est-ce qu'une ville ?

On appelle ville une agglomération importante, non seulement par le nombre d'habitants mais parce qu'il s'agit d'un centre administratif ou commercial. Une ville naît le plus souvent de l'expansion d'un village, et son expansion est plus rapide si plusieurs bourgs se trouvent réunis. Aujourd'hui, près de la moitié de la population mondiale vit dans les villes.

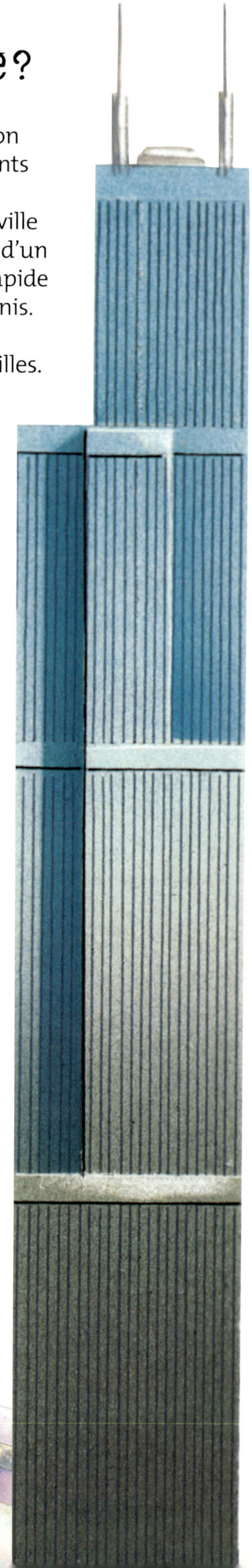

Quelle est la population mondiale ?

Le décompte des habitants (ou recensement) est si long qu'il est impossible de donner en temps réel le chiffre exact d'une population ! On ne peut se baser que sur des estimations, appelées « projections ». Selon ces prévisions (à droite), la population mondiale en l'an 2100 pourrait-être de 7,5 milliards, 11 milliards ou même 13 milliards, selon le taux des naissances (il naît aujourd'hui en moyenne 3 humains par seconde, mais ce chiffre peut varier). Les pays pauvres et en voie de développement ont généralement un accroissement démographique supérieur à celui des pays industrialisés.

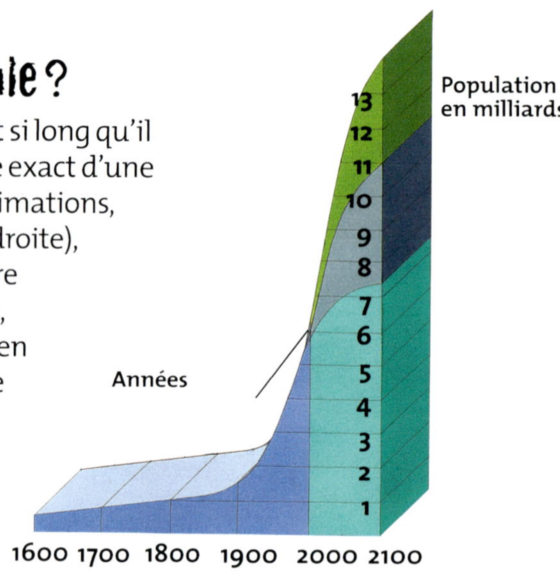

Quelle est la plus grande ville du monde ?

New York qui fut longtemps la plus grande ville du monde, a cédé la place à d'autres mégapoles. Avec une population estimée à 35 millions d'habitants, Tokyo se classe sans doute au premier rang. Mais l'évaluation demeure très difficile du fait des populations mouvantes établies à la périphérie de gigantesques centres urbains tels que Mexico, São Paulo, au Brésil, ou Bombay, en Inde, qui ont une croissance ultrarapide.

Qu'est-ce qu'un pays en voie de développement ?

On appelle pays en voie de développement (on a renoncé à employer l'appellation trop péjorative de pays sous-développé) un pays dont le développement industriel n'a pas encore eu lieu selon les doctrines économiques qui ont cours dans les pays industrialisés et qui évaluent la prospérité en fonction du PNB (produit national brut). Beaucoup des actuels pays en voie de développement sont d'anciennes colonies et leurs ressources naturelles continuent souvent à être exploitées par des compagnies étrangères.

L'AGRICULTURE S'EST-ELLE INDUSTRIALISÉE ?

D'une certaine manière, oui, et on y note la même évolution que dans le secteur industriel : mécanisation et recours à des machines de plus en plus complexes, si bien qu'il faut de moins en moins de main-d'œuvre pour cultiver une même quantité de terrain, tandis que les rendements ont augmenté grâce aux technologies nouvelles. Mais là encore les inégalités règnent. Si l'on parvient à faire fleurir le désert et à créer des oasis dans la péninsule Arabique, chaque année une partie de l'Afrique subsaharienne est gagnée par la désertification du fait de la sécheresse croissante et de l'érosion des sols.

Pourquoi parle-t-on de populations vieilles et de populations jeunes ?

Un pays a une population vieillissante quand son taux de naissances diminue, tandis que l'espérance de vie augmente, du fait d'une meilleure hygiène de vie et des progrès de la médecine. Ce vieillissement est considéré comme un phénomène quasi inévitable dans les pays industrialisés. Les pays en voie de développement ont au contraire une population jeune, car les familles nombreuses prédominent. En Afrique, 50 %de la population a moins de 20 ans.

QUIZ

1. En l'an 2100, la population mondiale sera au minimum de :
a) 2 milliards d'habitants
b) 7,5 milliards d'habitants
c) 35 milliards d'habitants

2. Le sigle PNB est l'abréviation de :
a) production normale de base
b) produit national brut
c) ce sigle n'existe pas

3. En Afrique, les moins de 20 ans représentent :
a) 30 % de la population
b) 40 %
c) 50 %

4. Il naît en moyenne :
a) 1 homme par seconde
b) 3 hommes par seconde
c) 9 hommes par seconde

Les richesses de la Terre

L'homme a bâti de riches civilisations en exploitant les ressources de la planète : certaines étaient à sa portée, comme le vent, l'eau ou le bois, d'autres étaient enfouies dans les entrailles de la Terre.

Qu'est-ce qu'une énergie renouvelable ?

Les énergies renouvelables sont celles dont la source ne se tarit jamais : l'énergie produite par le vent, par les rayons du soleil, par le mouvement des marées, sera toujours disponible, quel que soit l'usage qu'on en fait. C'est ce qui les oppose aux énergies issues des combustibles fossiles (charbon, pétrole, gaz naturel), dont les réserves ne sont pas inépuisables. Le bois a une faible rentabilité en tant que combustible, mais il a l'avantage d'être en partie renouvelable.

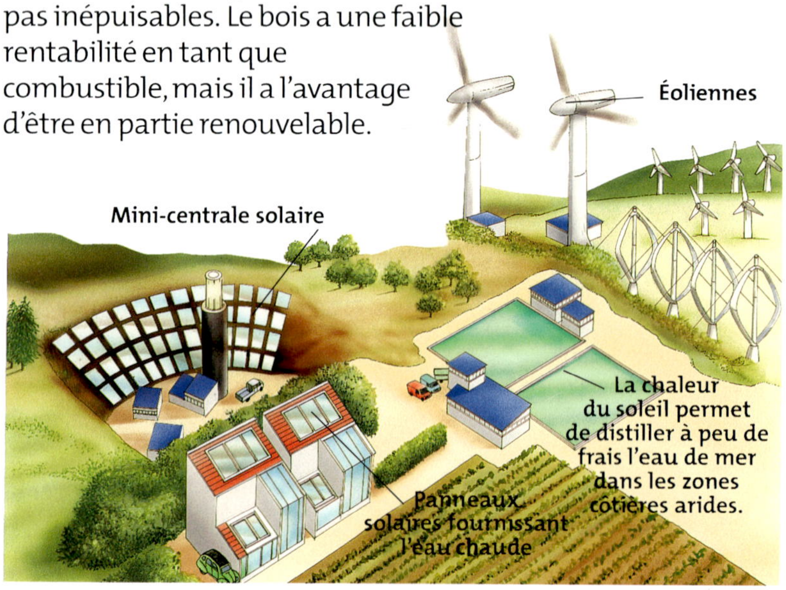

Qu'est-ce qu'une énergie fossile ?

Le charbon, le pétrole et le gaz naturel sont appelés combustibles fossiles. Ils résultent en effet de la transformation, au cours de millions d'années, de matières organiques fossiles (plantes ou petits animaux marins) enfouis dans le sol. Du fait de l'entassement des couches de sédiments, les fossiles ont été soumis à des pressions et à des températures considérables qui ont éliminé l'azote et l'hydrogène de leurs composants pour ne laisser subsister que le carbone et l'hydrogène (hydrocarbures).

Comment domestiquer le mouvement des eaux ?

Le moulin à eau a été la première application de l'énergie hydraulique. Il faut ensuite attendre l'électricité pour voir de nouvelles formes d'exploitation : des ensembles barrages- centrales hydroélectriques ont domestiqué le cours des fleuves, fournissant de l'électricité à des provinces entières. La force des marées donne lieu à une exploitation plus limitée, mais efficace, et on expérimente depuis peu des stations flottantes « houlomotrices » alimentées par le mouvement des vagues.

Qu'est-ce que l'énergie nucléaire ?

L'énergie nucléaire est basée sur les propriétés des éléments radioactifs, dont le noyau (composé de neutrons et de protons comme celui de tous les atomes) peut devenir instable et se désintégrer en libérant une énorme quantité de chaleur.

À la surface du Soleil, des noyaux d'hydrogène entrent en collision pour former un noyau d'hélium. C'est la fusion nucléaire, qui produit d'énormes quantités d'énergie.

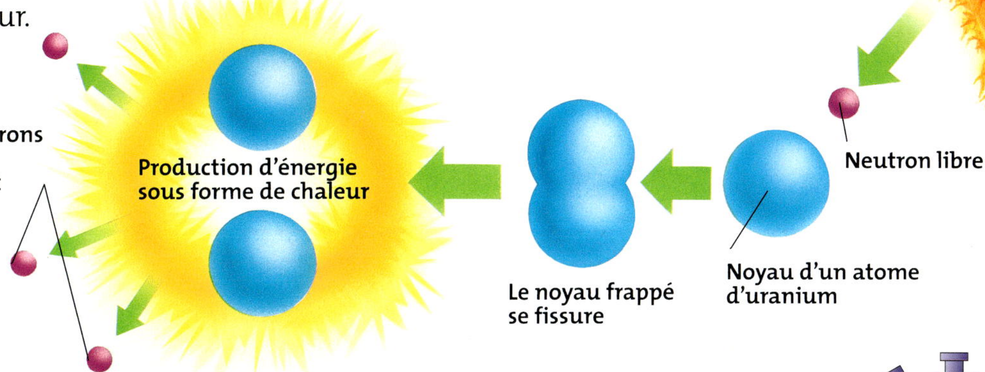

Comment exploite-t-on les ressources du sol ?

Lorsque les gisements de minerai (appelés veines ou filons) affleurent ou sont proches de la surface, l'exploitation se fait à ciel ouvert. Lorsqu'au contraire les gisements sont profonds, il est nécessaire de creuser des puits de mine. Il en faut au moins deux : un pour l'aération, l'autre pour transporter mineurs et matériel d'exploitation au fond et remonter le minerai extrait.

PEUT-ON CRÉER DE NOUVELLES TERRES ?

Oui. La construction de digues dans ce but a commencé en Hollande au XVIe siècle. On a appelé polders ces terres conquises sur la mer, dont l'eau fut pompée et évacuée par les moulins à vent. Il faut ensuite des années de traitements spéciaux pour dessaler les sols. Le plan d'assèchement du golfe du Zuidersee, lancé dans les années 1920, est encore inachevé, mais les polders représentent déjà le quart de la superficie des Pays-Bas.

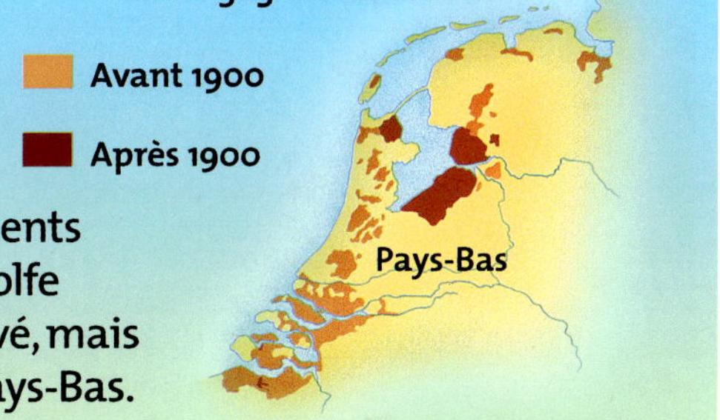

Est-ce que tous les pays ont les mêmes ressources ?

Non. Si le sous-sol de certains pays est très riche, d'autres ne possèdent aucune ressource minière. Parfois, les ressources existent, mais leur exploitation serait trop coûteuse.

La richesse d'un pays ne dépend d'ailleurs pas seulement de l'abondance des matières premières, mais aussi de son niveau d'industrialisation.

QUIZ

1. Une de ces sources d'énergie est un combustible fossile. C'est :
a) le charbon
b) le vent
c) le soleil

2. Les réacteurs nucléaires utilisent comme combustible :
a) du magnésium
b) du lithium
c) de l'uranium

3. Une de ces sources d'énergie est renouvelable. C'est :
a) les marées
b) le charbon
c) le pétrole

4. Par rapport à la superficie des Pays-Bas, les polders représentent :
a) un huitième
b) un quart
c) une moitié

Préservons la Terre

Maître de la planète, l'homme en a bien mal géré les richesses : espèces animales exterminées, forêts détruites, arbres défoliés par les pluies acides, littoral défiguré par le béton, plages souillées par les marées noires, villes asphyxiées par la pollution automobile… Il n'y a pas un instant à perdre si nous ne voulons pas léguer une planète poubelle aux générations futures.

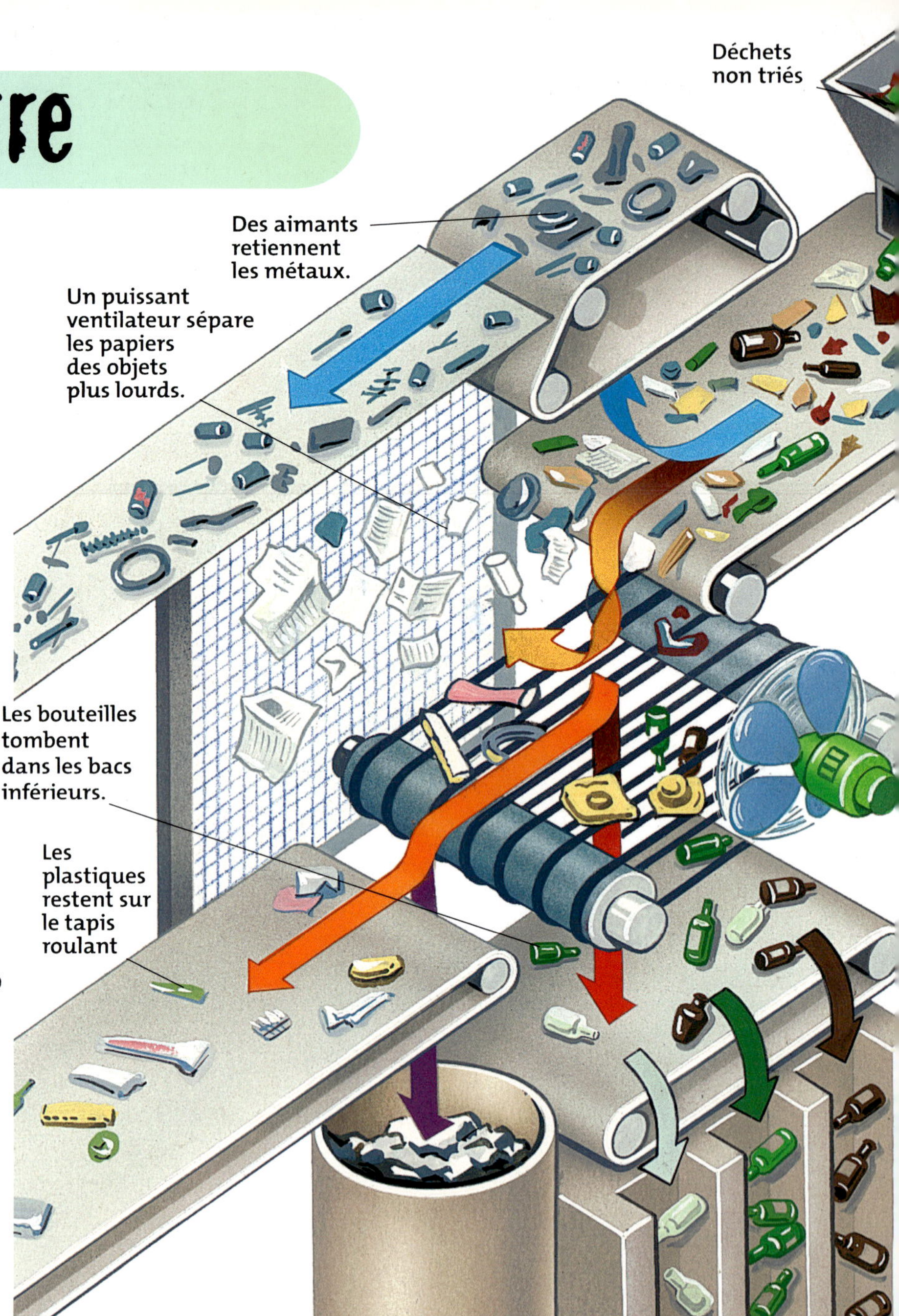

LE RETRAITEMENT DES DÉCHETS

Qu'est-ce que le recyclage ?

Le recyclage consiste à récupérer la matière première de produits manufacturés pour la réutiliser après un traitement adéquat. Le papier recyclé est aujourd'hui largement utilisé et une grande partie de la production actuelle d'acier provient de ferrailles recyclées.

POURQUOI Y A-T-IL UN TROU DANS LA COUCHE D'OZONE ?

À environ 25 km au-dessus du sol, la mince couche d'ozone de l'atmosphère filtre les dangereux rayons solaires ultraviolets, responsables de brûlures. Mais l'excès de gaz CFC (chlorofluorocarbure) aurait fragilisé cette couche d'ozone, créant un trou au-dessus de l'Antarctique. Aujourd'hui interdit, le CFC était utilisé dans les aérosols, les réfrigérateurs et les conditionnements des fast foods.

À quoi servent les réserves naturelles ?

De nombreuses espèces sont menacées d'extinction par la destruction de leur habitat naturel. Les gouvernements des pays concernés ou les administrations locales ont donc créé des zones protégées où il est interdit de chasser, de cueillir des plantes, et même souvent de pénétrer sans être accompagné d'un guide.

Comment réhabiliter une zone polluée ?

Après la fermeture des mines et des usines sidérurgiques, les anciens secteurs miniers ressemblent à un pays dévasté par les guerres ! Mais en l'absence de rejets polluants, l'eau des rivières retrouve peu à peu sa limpidité. Les terrils (collines artificielles noires) peuvent se couvrir de végétation et les mines à ciel ouvert, remplies d'eau, peuvent se transformer en bases nautiques.

QUIZ

1. La réutilisation des matières premières d'objets mis au rebut s'appelle :
a) le recyclage
b) la récupération
c) la réhabilitation

2. La couche d'ozone est à une altitude de :
a) 75 km
b) 50 km
c) 25 km

3. Le sigle CFC signifie :
a) conservation des forêts et campagnes
b) charbon et fuel chimiques
c) chlorofluorocarbure

4. Un terril est :
a) une couche de terreau pour cultiver des arbres
b) un trou
c) une colline artificielle faite de poussière de charbon

Qu'est-ce que les pluies acides ?

Les hydrocarbures brûlés dans les moteurs libèrent dans l'air du dioxyde de soufre (So_2) et du dioxyde d'azote (No_2). Ces gaz se combinent à l'hydrogène pour former de l'acide sulfurique (H_2SO_4) ou de l'acide nitrique (HNO_3). Ces acides peuvent former des sortes de cristallisations sèches, transportées par le vent (parfois loin du lieu d'émission des gaz polluants), qui se déposent sur la végétation et se transforment en liquide corrosif en se dissolvant dans la pluie ou la neige.

Comment combattre la déforestation ?

L'exploitation contrôlée reste le meilleur moyen de préserver les forêts : des jeunes plants sont cultivés en pépinière pour prendre la place des arbres abattus. On cultive aussi, pour la charpente et la menuiserie, des espèces à pousse rapide, plus vite remplacées.

Étonnant !

Quel est le point le plus aride du globe ?

C'est le désert d'Atacama, au Chili, qui reçoit moins de 10 mm d'eau par an. Les températures n'y sont cependant pas torrides, et il y fait plutôt frais. C'est en effet un désert littoral, où l'air est souvent chargé de brume, mais il n'y pleut pratiquement jamais.

Quels ont été les tremblements de terre les plus meurtriers de l'histoire ?

1976 Tang Shan (Chine) 500 000 morts
2004 Sumatra (Indonésie) 228 000 morts
1920 Ganzu (Chine) 180 000 morts
1923 Tokyo (Japon) 125 000 morts
1908 Messine (Italie) 68 000 morts
1693 Catane (Italie) 60 000 morts
1737 Calcutta (Inde) 50 000 morts
1797 Quito (Équateur) 40 000 morts
1531 Lisbonne (Portugal) 30 000 morts
1436 Naples (Italie) 30 000 morts
1985 Mexico (Mexique) 20 000 morts
1999 Izmit (Turquie) 20 000 morts
2001 Gujarat (Inde) 20 000 morts
1960 Agadir (Maroc) 15 000 morts
2011 Côte de Tôhoku (Japon) 8 500 morts
1995 Kobe (Japon) 5 000 morts
1963 Skopje (Macédoine) 1100 morts
1906 San Francisco (É.-Unis) 700 morts

Combien une forêt produit-elle de branches et de feuilles par an ?

Dans les régions tempérées, une forêt produit de 9 à 12 tonnes de matière végétale (feuilles, rameaux, fruits, bois, écorce et racines) par hectare et par an. La chaîne alimentaire en consomme à peine plus d'un dixième (nourriture des animaux vivant dans la forêt) et le reste est recyclé : ces chiffres éloquents (qui sont beaucoup plus élevés pour les forêts tropicales humides) suffisent à démontrer que les forêts ont une importance vitale pour l'équilibre écologique de la planète et que leur destruction peut avoir des conséquences néfastes.

Quelles sont les plus profondes et les plus vastes grottes du monde ?

Le record du monde de profondeur est français : il appartient au gouffre Mirolda à Samoëns (Haute-Savoie), avec 1703 m (mesures de janvier 2003). Pour ce qui est de la surface, le record est détenu par les États-Unis : le réseau de galeries et de grottes de Mammoth Cave (Kentucky) s'étend sur quelque 700 km, dont 550 explorés.

Pourquoi voit-on les éclairs avant d'entendre le tonnerre ?

Les éclairs se déplacent à la vitesse de la lumière, soit à 300 000 km par seconde ! Comme toutes les ondes sonores, les roulements du tonnerre se propagent beaucoup plus lentement, à environ 340 m par seconde. Connaissant ces deux vitesses, on peut s'en servir pour savoir si un orage est tout proche ou bien encore à quelque distance : on compte les secondes qui séparent l'éclair de la déflagration, et on divise ce chiffre par trois pour savoir à combien de kilomètres se trouve le cœur de l'orage. Bien utile parfois pour se rassurer...

Qu'est-ce qu'une stalactite ?

C'est une concrétion mince et pointue qui se forme au plafond d'une grotte lorsque l'eau qui suinte s'évapore. Le calcaire qui était dissous précipite et forme alors un dépôt. Comme l'eau ne tombe que goutte à goutte, la stalactite ne s'accroît que très lentement (parfois 1000 ans pour 1 à 2 cm). À ne pas confondre avec la stalagmite qui monte du sol vers la voûte.

Quiz Solutions

Page 47 La naissance de la Terre
1. c 2. c 3. a 4. c

Page 49 La Terre de haut en bas
1. b 2. a 3. b 4. b

Page 51 L'eau
1. c 2. b 3. c 4. a

Page 53 Les continents
1. a 2. c 3. a 4. c

Page 55 Les séismes
1. c 2. b 3. b 4. b

Page 57 Les montagnes
1. c 2. b 3. b 4. c

Page 59 Les volcans
1. c 2. c 3. b 4. b

Page 61 Roches, minéraux et fossiles
1. a 2. a 3. a 4. b

Page 63 Les climats
1. b 2. c 3. c 4. c

Page 65 La météorologie
1. b 2. b 3. c 4. a

Page 67 Autour des pôles
1. a 2. b 3. c 4. b

Page 69 Les déserts
1. c 2. b 3. b 4. a

Page 71 Les prairies
1. c 2. b 3. a 4. c

Page 73 Les forêts
1. a 2. b 3. c 4. c

Page 75 L'histoire de la vie
1. a 2. b 3. c 4. a

Page 77 Le paysage humain
1. b 2. b 3. c 4. b

Page 79 Les richesses de la Terre
1. a 2. c 3. a 4. b

Page 81 Préservons la Terre
1. a 2. c 3. c 4. c

les dinosaures

Les dinosaures

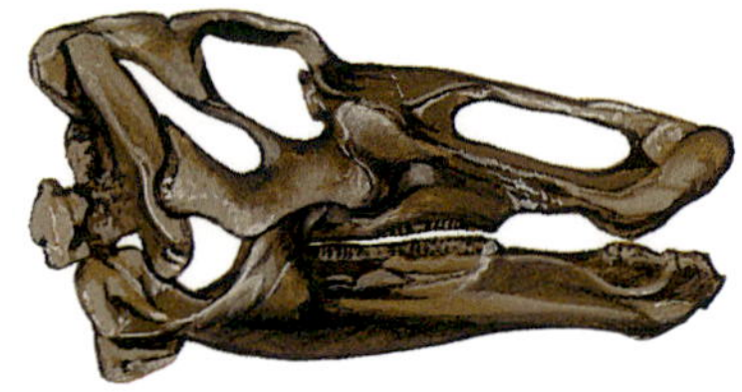

Que disent les fossiles ?

Les dinosaures, qui étaient le groupe animal dominant voici des millions et des millions d'années, ont été anéantis bien avant l'apparition de l'homme. Pour savoir à quoi ils ressemblaient, nous devons interroger leurs fossiles, c'est-à-dire leurs os, leurs dents ou leurs empreintes conservés dans le sol.

Comment reconstitue-t-on un squelette de dinosaure ?

Quand un squelette est repéré, on fait appel, pour diriger les fouilles, à des spécialistes des fossiles, ou paléontologues. Les os ne sont pas déplacés avant d'avoir été photographiés. Maniés avec précaution, emmaillotés dans du papier humide, ils sont ensuite transportés au musée ou au laboratoire à l'abri d'une gaine de plâtre.

Comment se forme un fossile ?

Pour que le corps d'un animal mort échappe à la décomposition, il faut qu'il soit très vite recouvert par les sédiments, ce qui est le cas, par exemple, sur les berges d'une rivière.

1 Un dinosaure meurt. Son corps est vite recouvert de sable ou de boue.

2 Ses chairs se décomposent : il ne reste que les os, les dents et les parties cornées.

3 Les sédiments s'accumulent. Sous la pression, les os se pétrifient lentement.

4 Le squelette est mis au jour par les éboulements ou par l'érosion.

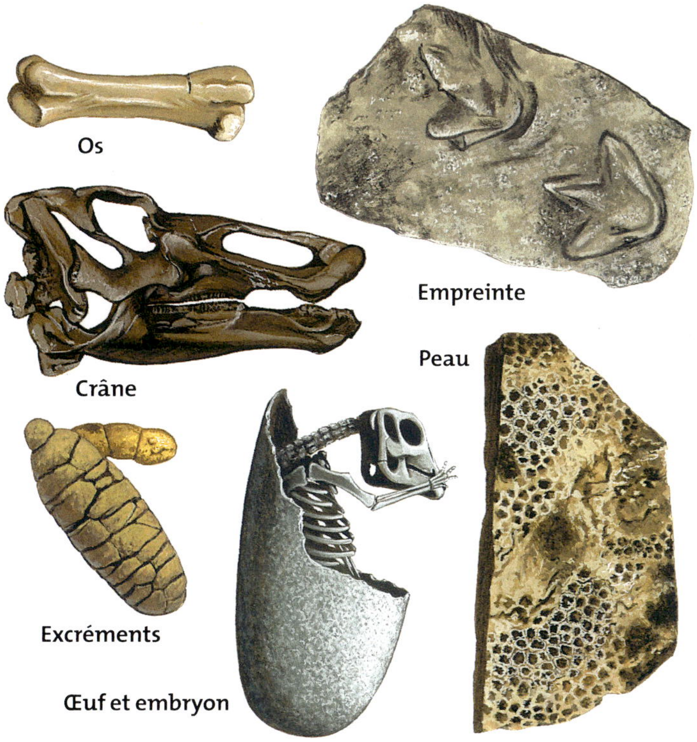

Quels sont les différents types de fossiles ?

Toute partie d'un animal qui a été préservée peut être appelée fossile, de même que les œufs ou les excréments (qui nous apprennent comment se nourrissait l'animal). Il peut même s'agir de l'animal tout entier, comme les insectes prisonniers de l'ambre végétal, qui est une résine fossile.

1. Les spécialistes des animaux disparus sont des :
a) fossilistes
b) paléontologues
c) géologues

2. Les fossiles sont trouvés en majorité dans :
a) le sable
b) les roches
c) les lacs

3. Le mot dinosaure a été inventé par :
a) Georges Cuvier
b) Richerd Owen
c) Jean Rostand

4. Le nom mégalosaure signifie :
a) lézard à dents
b) lézard géant
c) lézard féroce

NOM COMMUN OU NOM LATIN ?

Quand ils ont donné des noms aux dinosaures, les savants ont suivi les règles de la classification des êtres vivants, avec un double nom latin indiquant le genre et l'espèce (par exemple *Tyrannosaurus rex*). Dans le langage courant, on les désigne par leur nom usuel francisé (exemple un tyrannosaure).

Qui a le premier identifié les dinosaures ?

Des os de dinosaures furent découverts en Europe au XVIIe siècle, mais l'on croyait alors qu'ils appartenaient à des dragons. En 1822, le Français Georges Cuvier déclara qu'il s'agissait d'anciens reptiles géants, que William Buckland nomma mégalosaures (lézards géants) en 1824. Gideon et Mary Mantell découvrirent en 1825 un autre grand reptile fossile, baptisé iguanodon. C'est en 1842 que Richard Owen imposa le nom de dinosaures (lézards terribles). Edwin Cope et Othniel Marsh allaient bientôt identifier 130 espèces en Amérique du Nord.

William Buckland

Le mystère des couleurs

Personne ne sait vraiment quelle était la teinte des dinosaures, car les rares fragments de peau qui ont été retrouvés sont complètement décolorés. Leurs couleurs étaient peut-être semblables à celles des lézards actuels.

Quel rôle joue la couleur ?

Deinonychus

La coloration de la robe d'un animal a deux fonctions essentielles : la parade nuptiale – où il s'agit d'attirer l'attention du partenaire par des couleurs voyantes – ou bien, au contraire, le camouflage, c'est-à-dire l'aptitude à se fondre dans l'environnement pour rester invisible. La robe des deinonychus aurait donc pu être beige (comme celle du lion), pour se confondre avec le sable, ou bien rayée (comme celle du tigre) pour passer inaperçu parmi les rais d'ombre et de lumière des forêts.

Saurolophus

Kritosaurus

Corythosaurus

Tsintaosaurus

Edmontosaurus

Les dinosaures étaient-ils capables de distinguer les couleurs ?

Là encore, nous n'en sommes pas sûrs. Cependant, on peut supposer que les crêtes ou poches gonflables qui ornaient la tête des dinosaures appelés hadrosaures arboraient des couleurs vives. On pense en effet que ces divers appendices pouvaient jouer le rôle de messages visuels – ce qui impliquerait que les dinosaures en question aient été capables de distinguer les couleurs, au moins partiellement.

Les mâles et les femelles avaient-ils des couleurs différentes ?

Canards colverts

C'est possible, car ce phénomène est très fréquent dans le règne animal. C'est en général le mâle qui possède la livrée (robe) la plus voyante, ce qui augmente ses chances d'attirer les femelles à la saison des amours. La femelle a une robe plus terne pour être moins visible quand elle couve ses œufs ou allaite son petit. Les premiers artistes qui avaient représenté des dinosaures les avaient montrés uniformément verdâtres, beiges ou gris, mais les illustrateurs actuels n'ont pas peur des couleurs !

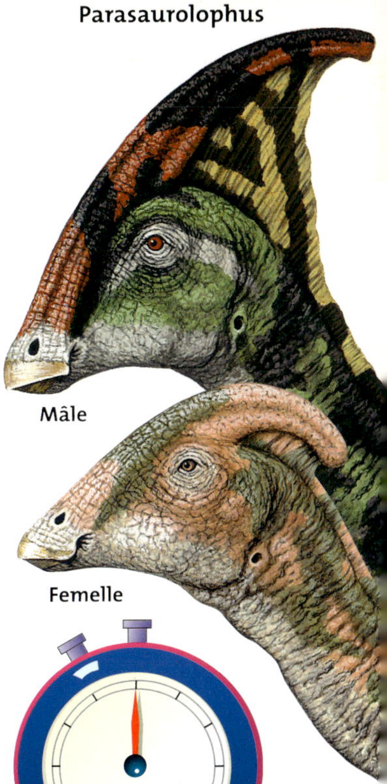

Des dinosaures à rayures ?

Les stries du zèbre distraient l'œil du prédateur, qui a du mal à fixer son attention sur une seul silhouette. Les dinosaures vivant en troupeau ont pu avoir une robe rayée pour les mêmes raisons.

RESSEMBLANCES...

Les fragments de peau fossilisés provenant de certains dinosaures montrent une surface bosselée ou grenue, qui ressemble beaucoup à la peau de plusieurs reptiles actuels aux couleurs éclatantes. Cela amène à penser qu'eux aussi étaient vivement colorés.

QUIZ

1. La tête d'un de ces dinosaures portait une haute crête :
a) le deinonychus
b) le corythosaurus
c) le kritosaurus

2. La femelle a des couleurs ternes pour :
a) se protéger du froid
b) attirer les mâles
c) être moins visible

3. Les rayures servent à :
a) rendre l'animal mieux visible
b) gêner la vision des prédateurs
c) attirer les femelles

4. Le camouflage consiste à :
a) changer de couleur à volonté
b) devenir invisible
c) arborer des couleurs éclatantes

Les poids lourds

Parmi les dinosaures se trouvaient des géants qui restent les plus gros animaux ayant jamais vécu sur notre planète. Ils appartenaient tous au groupe des sauropodes, et certains étaient plus hauts qu'un immeuble de quatre étages !

Quel est le champion des poids lourds ?

On n'a retrouvé que quelques os de supersaure et d'ultrasaure, mais assez néanmoins pour constater qu'ils dépassaient les brachiosaures en poids comme en longueur : l'ultrasaure bat les records avec ses 30 m de long et ses 130 tonnes (soit le poids de 20 éléphants).

Quel est le plus grand squelette complet jamais reconstitué ?

C'est celui d'un brachiosaure, dont la tête se trouvait à quelque 13 m du sol. Un seul brachiosaure pesait autant qu'une dizaine d'éléphants adultes.

L'éléphant, le plus gros animal terrestre actuel, est ici à l'échelle, ce qui montre bien la taille impressionnante de ces dinosaures.

Quels dinosaures avaient les plus gros os ?

Les sauropodes, les plus gros des dinosaures, étaient également, en toute logique, ceux qui possédaient les plus gros os. Les « chasseurs de dinosaures » du XIXe siècle peinaient à ramener de tels fardeaux !

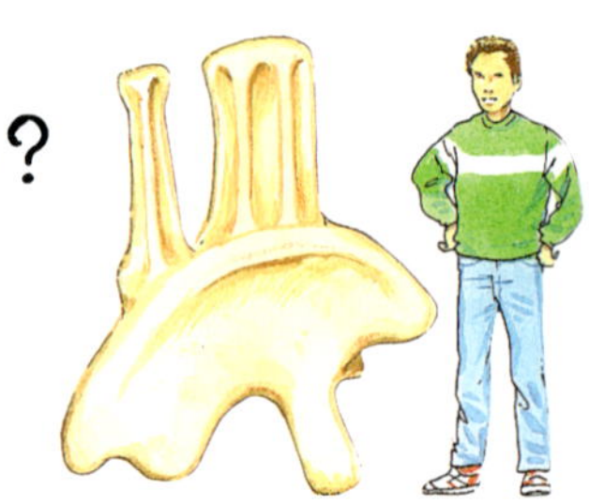

Cet os de l'articulation de la hanche d'un sauropode est plus haut qu'un humain adulte.

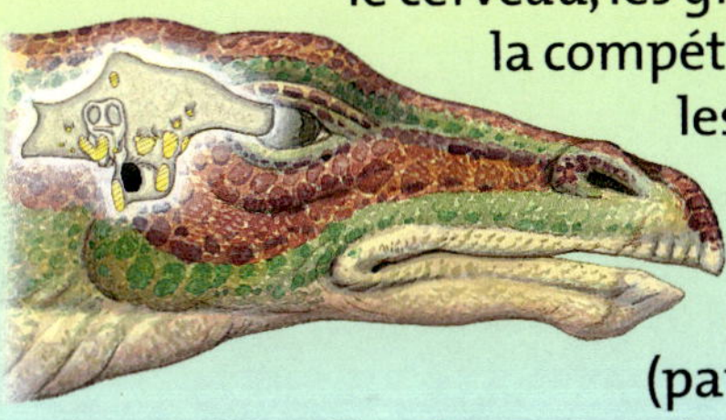

LEUR CERVEAU ÉTAIT-IL EN RAPPORT AVEC LEUR TAILLE ?

Il semble que non. Les dinosaures étaient gros, mais si l'on considère le rapport entre le corps et le cerveau, les grands perdants de la compétition seraient surtout les brachiosaures : leur cerveau ne représente qu'un cent millième de leur poids total (par comparaison, le cerveau d'un homme adulte pèse environ un quarantième de son poids total). Toutefois, certains dinosaures de petite taille étaient nettement plus favorisés.

Quel était le plus long ?

Si les ultrasaures étaient les plus lourds, le record absolu de longueur appartient aux seismosaures (de 39 à 52 m, soit davantage que la baleine bleue, le plus grand animal actuel). Ce nom de seismosaure suggère que ces géants faisaient trembler le sol en marchant.

Baleine bleue

Quel était le plus gros dinosaure carnivore ?

C'était incontestablement le tyrannosaure, avec 14 m de long et 5 m de haut (il ne se déplaçait sans doute pas debout comme on l'a longtemps cru). Sa tête était longue d'un mètre et il n'aurait fait qu'une bouchée de toi !

Quel dinosaure avait les plus grands pieds ?

Les empreintes fossiles nous renseignent avec précision sur la taille des pieds des dinosaures. Ceux du brachiosaure faisaient 1 m de long. Il n'en fallait pas moins pour supporter une telle masse ! À partir d'une seule empreinte, les paléontologues peuvent déduire le poids, la taille et la vitesse de l'animal.

Les dinosaures n'auraient pas pu supporter la pression de l'eau.

Les dinosaures vivaient-ils dans l'eau ?

Apparemment non, même si certains savants ont un temps supposé que les brachiosaures étaient trop lourds pour évoluer sur la terre ferme et qu'ils vivaient en grande partie immergés pour s'alléger. On sait aujourd'hui que ce n'est pas le cas. D'ailleurs, la seule pression de l'eau aurait aplati leurs côtes, les empêchant de respirer.

1. La tête du tyrannosaure mesurait :
a) plus de 10 m
b) 2 m
c) environ 1 m

2. Le plus gros animal vivant actuel est :
a) l'éléphant
b) la pieuvre géante
c) la baleine bleue

3. Quels dinosaures vivaient dans l'eau ?
a) les stégosaures
b) les brachiosaures
c) aucun

4. Le squelette de sauropode le plus complet que nous possédions est celui :
a) d'un séismosaure
b) d'une baleine bleue
c) d'un brachiosaure

Les petits dinosaures

Tous les dinosaures n'étaient pas des mastodontes. Certains d'entre eux étaient à peine plus gros que nos lézards actuels, mais on en a retrouvé peu de fossiles, car ces petits gabarits étaient souvent mangés par les gros prédateurs !

Qui mangeait quoi ?

Les petits dinosaures, de même que les gros, se répartissent entre carnivores et herbivores. Les petits lesothosaurus (ci-dessus) se nourrissaient uniquement de végétaux et vivaient en troupeau.

Quel est le plus petit squelette retrouvé ?

À ce jour, le plus petit squelette fossile de dinosaure (assez petit pour tenir dans la main) est celui d'un mussaurus (mot signifiant lézard-souris) retrouvé en Argentine. En fait, il s'agit d'un bébé dinosaure venant de sortir de l'œuf, et on sait que les mussaurus adultes atteignaient 3 m de long.

Les petits dinosaures étaient-ils rapides ?

Parmi les dinosaures carnivores, l'un des plus petits et des plus anciens est le saltopus, qui avait à peu près la taille d'un gros coq. C'était un coureur très rapide, capable d'attraper des insectes au vol et de capturer les lézards vifs comme l'éclair. En 1984, on a découvert en Australie des petits dinosaures herbivores ressemblant au saltopus et sensiblement de la même taille, baptisés leaellynasaura. Mais on pense aujourd'hui qu'il s'agit d'un stade juvénile et que les leaellynasaura adultes pouvaient atteindre 2 m.

Leaellynasaura

Saltopus

De la taille d'un gros chat, le compsognathus avait à peu près le même régime alimentaire que le saltopus. L'un deux a été retrouvé avec les restes – fossilisés également – de son dernier repas : un lézard.

Le hipsilophodon atteignait 2 m de long et était très agile. Cet herbivore vivait dans les forêts et se servait de son bec corné pour broyer les jeunes pousses tendres.

De la taille d'un loup, l'oviraptor se nourrissait de lézards et de minuscules mammifères, mais il semble que ce soit à tort qu'on lui ait fait une réputation de voleur d'œufs (ce qui lui a valu son nom).

QUIZ

1. Le lesothosaurus se nourrissait :
a) d'insectes
b) de végétaux
c) de lézards

2. Le plus petit des dinosaures à armure était
a) le saltopus
b) le mussaurus
c) le scutellosaurus

3. Le bébé du troodon avait une taille comparable à :
a) un œuf
b) un chat
c) un poulet

4. Des fossiles de leaellynasaura ont été découverts en :
a) Amérique du Nord
b) Australie
c) Europe

Quelle taille avaient les bébés dinosaures ?

Les dinosaures nouvellement éclos étaient minuscules. Ainsi, le nouveau-né de l'imposant protocératops aurait tenu dans la main, et celui du troodon ne mesurait que 7 cm de long, soit la taille d'un œuf de poule.

COMMENT SE DÉFENDAIENT LES PETITS ?

Le scutellosaurus n'était pas plus gros qu'un chat, mais ce petit herbivore n'était pas une proie facile, car son dos et sa queue étaient protégés par un blindage de plaques rigides. C'était le plus petit des dinosaures à armure.

Les bébés dinosaures

Voici un siècle, les scientifiques n'étaient pas encore sûrs de la manière dont se reproduisaient les dinosaures. Jusqu'au jour où on a retrouvé dans le désert de Gobi un nid fossilisé contenant encore ses œufs. La preuve était faite : les dinosaures étaient bien ovipares et ils pondaient à terre.

Qui a le premier découvert des œufs de dinosaure ?

Roy Chapman Andrews, en mission pour le compte du Museum américain d'histoire naturelle, découvrit les premiers œufs de dinosaure fossiles dans le désert de Gobi en 1923. C'était un personnage fascinant qui, dit-on, servit de modèle au personnage d'Indiana Jones.

Quelle taille avaient les œufs ?

Chaque nid contenait de 10 à 40 œufs, plutôt petits par rapport à la taille des adultes. Ainsi, pour prendre un exemple, la femelle d'un grand dinosaure herbivore de 30 m de long pondait des œufs de 60 cm. L'explication est simple : des œufs plus gros auraient dû avoir une coquille plus épaisse que les petits n'auraient pu casser.

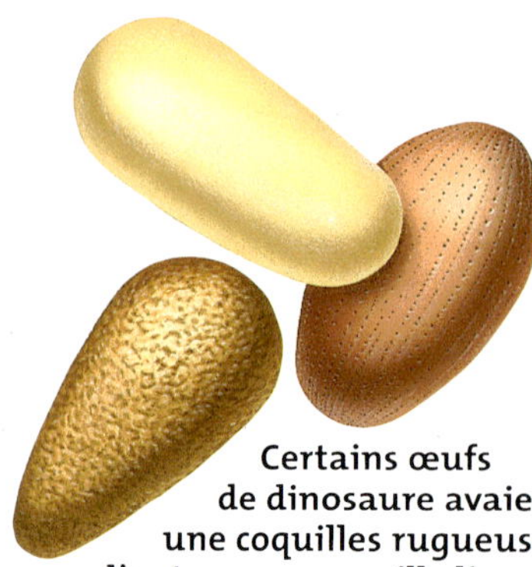

Certains œufs de dinosaure avaient une coquilles rugueuse, d'autres une coquille lisse.

Bâtissaient-ils des nids ?

Certains dinosaures, comme les maiasaurus, bâtissaient des nids. Les maiasaurus vivaient en troupeau, et chaque année les femelles se rassemblaient sur le même lieu de ponte : on le sait parce qu'on a trouvé l'un de ces sites de ponte dans le Montana, aux États-Unis.

Comment les dinosaures s'occupaient-ils de leurs bébés ?

D'après les indices recueillis, certains bébés dinosaures (comme ceux des maiasaurus) n'avaient pas achevé leur plein développement au moment de l'éclosion et les parents devaient probablement les nourrir à la becquée. D'autres, comme les orodromeus, étaient au contraire autonomes et capables de courir au sortir de l'œuf.

1 La femelle du maiasaurus creuse dans la boue un large nid en forme de cratère, qu'elle tapisse de brindilles et de feuilles.

LES DINOSAURES COUVAIENT-ILS ?

En 1993, 70 ans après la découverte faite par Roy Chapman Andrews, une autre expédition fut organisée dans le désert de Gobi. Cette fois, les scientifiques découvrirent les restes fossilisés d'un oviraptor assis sur son nid plein d'œufs. On en a conclu que certains dinosaures couvaient leurs œufs à la manière des oiseaux.

Les dinosaures défendaient-ils leurs petits ?

Les mieux armés des dinosaures herbivores, comme le tricératops, allaient peut-être jusqu'à charger un agresseur potentiel. Les indices recueillis montrent en tout cas que les adultes protégeaient les jeunes en les plaçant au milieu du troupeau.

1. Les œufs de dinosaure ont été découverts dans le désert :
a) du Sahara
b) de Gobi
c) de Kalahari

2. Quel dinosaure vole des œufs ?
a) le troodon
b) le tricératops
c) le maiasaure

3. Qui a le premier découvert les œufs ?
a) Indiana Jones
b) Richard Owen
c) Roy Chapman Andrews

4. Les nids des maiasaurus sont bâtis en :
a) pierres sèches
b) boue
c) branches

2 Chaque femelle pond de 20 à 25 œufs, qu'elle recouvre soigneusement d'herbes et de feuilles pour les tenir au chaud.

3 La mère surveille ensuite sa couvée avec vigilance, car les voleurs d'œufs, tels le troodon, sont à l'affût d'un régal facile.

4 Au moment de l'éclosion, les petits maiasaurus brisent leur coquille avec une dent spéciale.

La communication

Les animaux ne peuvent pas se parler, c'est pourquoi ils doivent trouver d'autres moyens de communiquer, surtout s'ils vivent en groupe. Les signaux qu'ils échangent peuvent être visuels, sonores ou odorants.

À quoi servaient les signaux sonores ?

Chez tous les animaux qui vivent en troupeau – et les dinosaures herbivores ne font pas exception –, les signaux sonores servent à donner l'alerte. L'edmontosaurus (dinosaure à bec de canard, retrouvé au Canada dans la région d'Edmonton) possédait au-dessus du nez un sac de peau qui pouvait se gonfler d'air et émettre des sons en se vidant, comme le sac d'une cornemuse.

Tsintaosaurus

Quels sons pouvaient produire les dinosaures ?

Les dinosaures possédaient des oreilles à la structure relativement complexe, et devaient ainsi avoir une bonne ouïe. Les sons jouaient donc probablement un rôle important dans leurs moyens de communication : sifflements (comme les serpents actuels qui, eux, sont sourds), grognements, voire rugissements pour les plus gros. Les dinosaures dotés d'une crête osseuse creuse, comme le lambeosaurus ou le parasaurolophus, disposaient d'un moyen de communication plus perfectionné, puisque chacune de ces trompettes naturelles produisait un son différent.

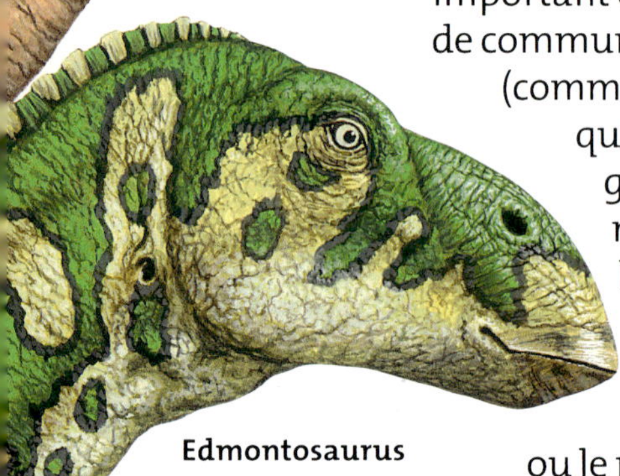

Edmontosaurus

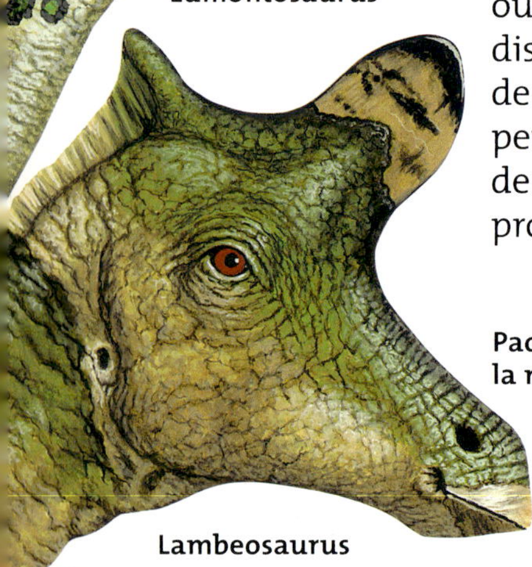

Lambeosaurus

Paon faisant la roue

Les dinosaures paradaient-ils comme les oiseaux ?

Les spécialistes des dinosaures pensent qu'ils joignaient les signaux visuels aux signaux sonores à la saison des amours, paradant devant les femelles comme le paon faisant la roue. Leurs crêtes devaient alors se parer de couleurs chatoyantes.

Corythosaurus

Est-ce que les dinosaures se servaient de leur odorat ?

Les dinosaures possédaient tous des narines bien développées et probablement un bon sens de l'odorat, mais on ignore s'ils échangeaient entre eux des signaux olfactifs (des odeurs). Les brachiosaures se signalaient par la position des larges narines s'ouvrant au sommet de leur crâne. On ignore la raison de cette particularité : peut-être pouvaient-ils ainsi brouter des plantes aquatiques sous l'eau tout en respirant.

Brachiosaure

Troupeau de parasaurolophus

1. Les dinosaures à crête font partie du groupe des :
a) hadrosaures
b) sauropodes
c) lézards

2. Les narines du brachiosaure se trouvaient :
a) en haut du crâne
b) au bout de son nez
c) nulle part, il n'en avait pas

3. Ce dinosaure a un sac gonflable au-dessus du nez. C'est le :
a) diplodocus
b) brachiosaure
c) edmontosaurus

4. Il a une longue crête creuse. C'est le :
a) tyrannosaure
b) parasaurolophus
c) saltopus

CRÊTES OU INSTRUMENTS À VENT ?

Parmi les hadrosaures , ou dinosaures à bec de canard, certains possédaient des crêtes osseuses creuses communiquant avec la gorge et constituant des caisses de résonance.
En faisant circuler dans le conduit intérieur l'air aspiré, l'animal pouvait s'en servir comme d'une trompette.

Crânes
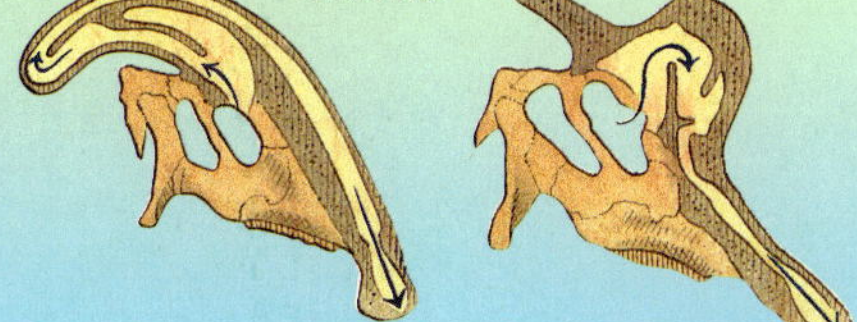
Parasaurolophus Lambeosaurus

Est-ce que les dinosaures avaient le sens du goût ?

Les dinosaures avaient une langue et pouvaient sans doute sentir le goût de leur nourriture. Mais on ne sait pas si cette langue, comme celle des serpents actuels, pouvait analyser les particules chimiques véhiculées par l'air.

Les herbivores

Les dinosaures étaient en grande majorité herbivores, ce qui signifie qu'ils ne consommaient que des végétaux et non de la chair. Toute cette verdure étant plutôt longue à digérer et peu énergétique, ils devaient passer presque toute la journée à brouter.

Psittacosaurus

MODÈLE LÉZARD OU MODÈLE OISEAU ?

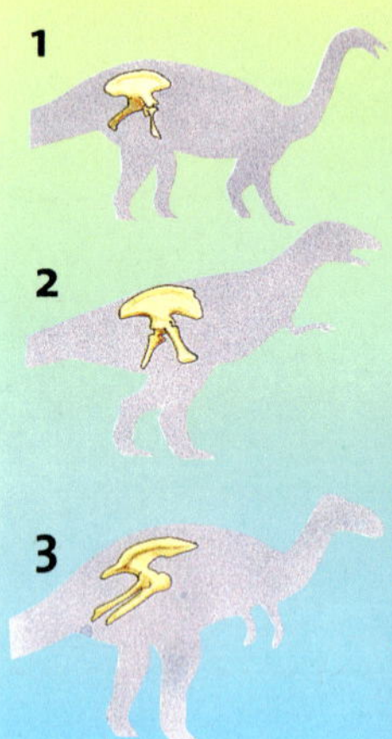

Les dinosaures sont classés en deux ordres, selon la forme de leur bassin : les saurischiens, dont les os du bassin sont agencés comme ceux des lézards ; les ornithischiens (3), dont le bassin est rejeté en arrière comme celui des oiseaux. Les saurischiens sont subdivisés en deux groupes : les sauropodes (1), quadrupèdes qui comprennent tous les herbivores géants, et les théropodes (2), qui rassemblent les grands prédateurs bipèdes.

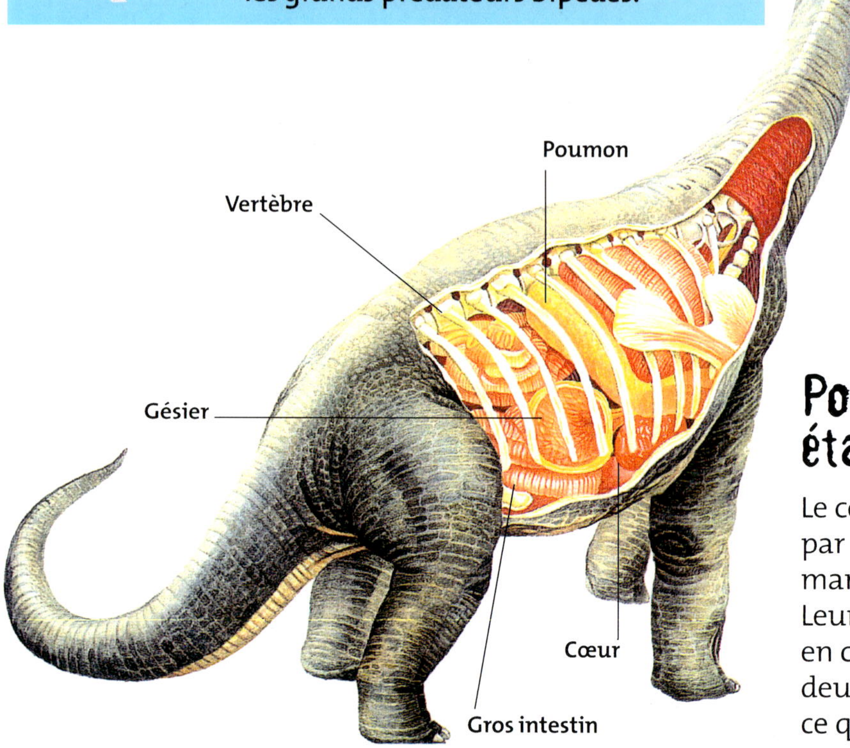

Broutaient-ils des feuilles ?

Les feuilles constituaient l'essentiel du régime des herbivores. Grâce à son bec crochu, le psittacosaurus effeuillait rapidement les rameaux. Comme la girafe, le brachiosaure au long cou pouvait brouter au sommet des arbres.

Pourquoi les sauropodes étaient-ils si gigantesques ?

Le corps d'un sauropode était presque entièrement occupé par son tube digestif. Des géants comme les brachiosaures mangeaient au moins 200 kg de verdure par jour. Leur estomac et leurs intestins étaient donc taillés en conséquence... En 1998, on a découvert en Chine deux dinosaures dont le tube digestif était intact, ce qui nous a renseignés sur leurs habitudes alimentaires.

Lufengosaurus

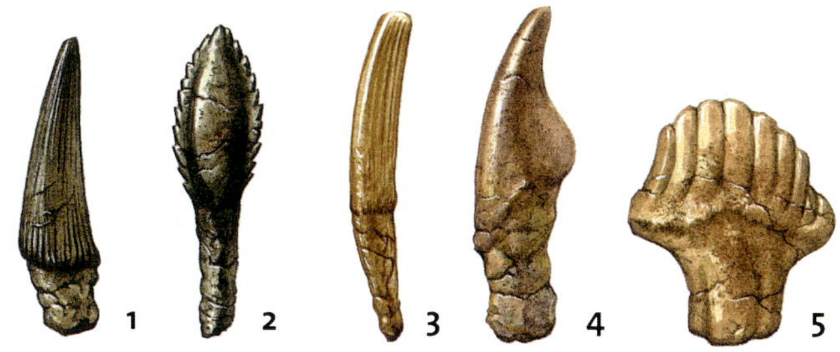

Les herbivores avaient-ils des dents ?

Presque tous les herbivores avaient des dents, et leur étude permet aux paléontologues de dire quel était le régime de l'espèce en question. Ci-dessus, le lufengosaurus, un des plus anciens sauropodes, avait des petites dents crantées, parfaites pour effeuiller les rameaux mais inaptes à mâcher (en fait, il avalait tout rond).

Pourquoi des dents différentes ?

La taille et la forme des dents sont liées à l'alimentation. L'hétérodontosaure, un ornithischien proche de l'iguanodon, avait des dents aiguës pour lacérer (1). Les sauropodes comme le plateosaurus (2), le diplodocus (3) et l'apatosaure (4) avaient de robustes dents en crochets pour triturer et écraser, tandis que le stégosaure (5) avait des dents en palette pour couper et hacher.

1. Les gastrolithes sont :
a) une catégorie de dents
b) des plantes
c) des pierres

2. Les dents en palette étaient une caractéristique :
a) du diplodocus
b) de l'apatosaure
c) du stégosaure

3. Le dinosaure qui a un bec d'oiseau est :
a) le shunosaurus
b) le brachiosaure
c) le psittacosaurus

4. le tricératops mange :
a) des fruits et des noix
b) des fougères et des prêles
c) de l'herbe

Pourquoi avalaient-ils des pierres ?

Rares étaient les dinosaures qui pouvaient remuer les mâchoires latéralement pour mâcher leur nourriture. Ils avalaient donc, en même temps que leurs énormes bouchées, des pierres appelées gastrolithes qui jouaient le rôle de meules de moulin et broyaient leurs aliments. De nombreux oiseaux actuels (dont les poules) font de même.

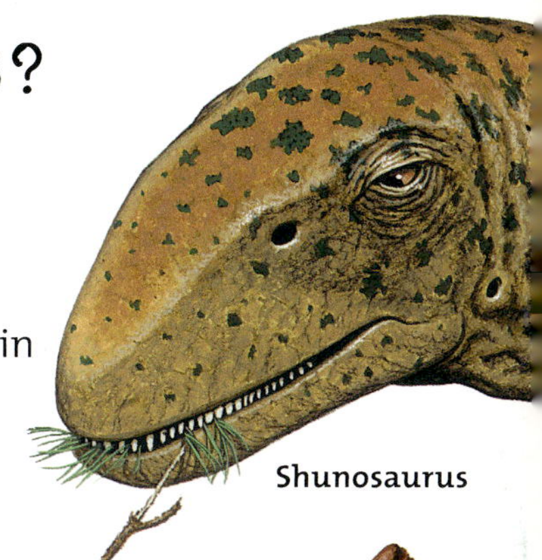

Shunosaurus

Mangeaient-ils de l'herbe ?

L'herbe est apparue sur terre environ 25 millions d'années après la mort du dernier dinosaure. Les dinosaures ont donc dû consommer d'autres végétaux . Les sauropodes au long cou tels les shunosaurus se servaient de leurs petites dents crénelées pour arracher aiguilles de pin, feuilles d'arbre et jeunes pousses pleines de sève. Un hadrosaure comme le saurolophus mangeait des pommes de pin tendres et effeuillait habilement les branches avec son bec corné, mastiquant ensuite avec ses dents du fond. Les dinosaures à cornes comme le tricératops hachaient fougères et prêles avec leur bec corné et leurs dents tranchantes.

Feuilles, aiguilles de pin, jeunes pousses

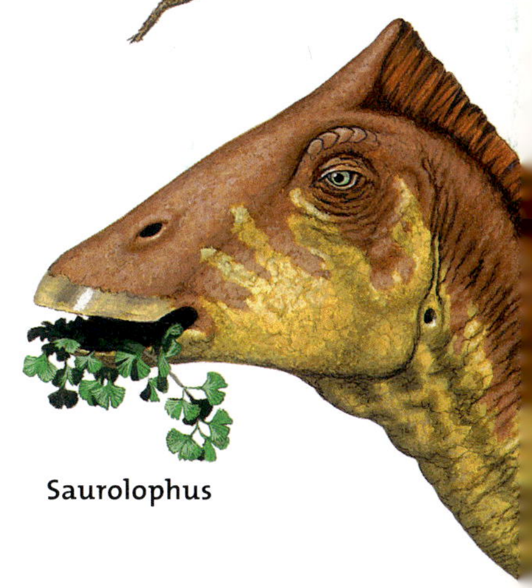

Saurolophus

Pommes de pin et arbustes à fleurs.

Tricératops

Fougères et prêles

Les carnivores

Tous carnivores, les théropodes étaient souvent de féroces prédateurs, qui déchiraient leurs victimes avec les griffes acérées armant leurs trois doigts. Mais certains étaient des charognards qui se nourrissaient de cadavres.

Avaient-ils des dents pointues ?

Faites pour happer et déchirer, les dents aiguës et recourbées vers l'arrière du mégalosaure sont caractéristiques des grands prédateurs. D'autres dinosaures carnivores de plus petite taille avaient des dents affûtées comme des lames ou un bec corné aux bords tranchants.

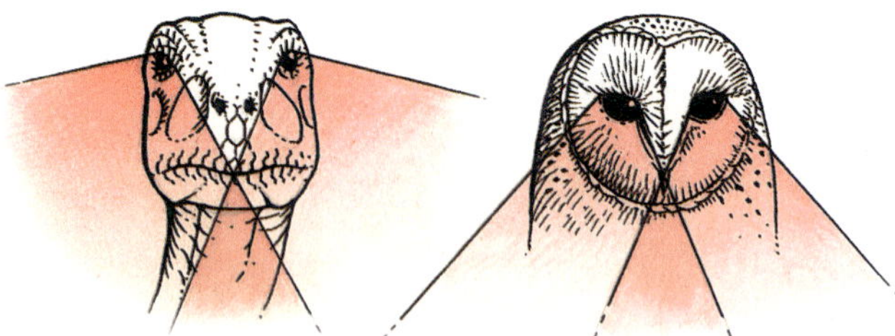

Les prédateurs avaient-ils une bonne vue ?

Bien évaluer les distances était capital pour un prédateur comme le deinonychus. On pense qu'il avait, comme les chouettes actuelles, une bonne vision binoculaire, lui permettant de bien cibler sa proie.

Les carnivores étaient-ils tous de la même taille ?

Les dinosaures carnivores présentaient la plus grande variété de tailles, depuis le modeste saltopus (60 cm) jusqu'à l'énorme *Tyrannosaurus rex* (12 m). Les poids lourds comme l'allosaure et le dilophosaurus chassaient les dinosaures herbivores, tandis que le rapide troodon s'en prenait aux lézards et aux petits mammifères.

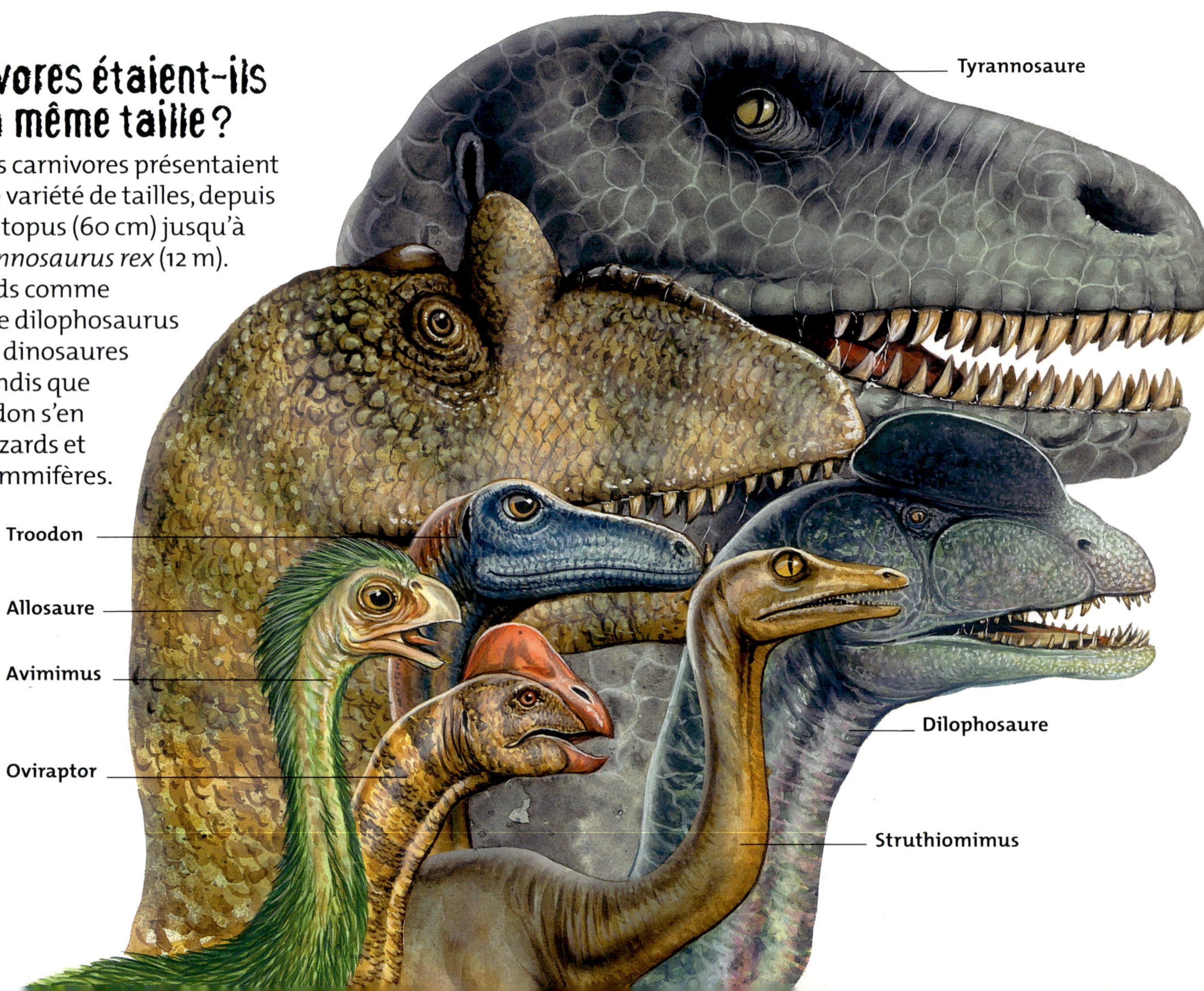

Les dinosaures pêchaient-ils ?

On pense que certains dinosaures comme le baryonyx happaient les poissons avec leurs mâchoires de crocodile, ou bien qu'ils les harponnaient avec les longues griffes de leurs pieds, comme les ours bruns actuels.

Quels dinosaures se servaient de leurs griffes pour tuer ?

Le deinonychus (nom qui signifie « griffe terrible ») et les prédateurs apparentés se servaient de leurs redoutables griffes longues de 12 cm comme de poignards pour tuer des proies beaucoup plus grosses qu'eux.

Chassaient-ils en meute ?

On pense que certains petits prédateurs, tel le deinonychus, chassaient parfois en meute, par exemple pour isoler un jeune diplodocus du reste de son troupeau.

Meute de loups

QUIZ

1. On a relevé des indices de cannibalisme chez :
a) le diplodocus
b) le dilophosaurus
c) le coelophysis

2. Son nom signifie « griffe terrible ». C'est le :
a) troodon
b) deinonychus
c) tyrannosaure

3. Les charognards se nourrissent :
a) de feuilles
b) de poissons
c) d'animaux morts

4. Le saltopus était gros comme
a) un poulet
b) une souris
c) une vache

EXISTAIT-IL DES DINOSAURES CANNIBALES ?

Des squelettes de coelophysis ont été découverts au Nouveau-Mexique avec des ossements de jeunes individus dans leur cavité abdominale. Ces ossements étaient trop gros pour qu'il puisse s'agir d'embryons provenant d'œufs. On pense que les adultes pouvaient manger les jeunes en surnombre en cas de pénurie.

Mangeaient-ils des œufs ?

Faute de proies à capturer, certains petits dinosaures carnivores devaient parfois se contenter d'œufs, qui procuraient une nourriture abondante et relativement facile d'accès, les nids non gardés par les parents étant nombreux.

Les plus féroces

Tyrannosaurus rex (littéralement, « roi des lézards tyrans ») vivait il y a 70 millions d'années. Avec ses 12 m de long et ses dents tranchantes comme des rasoirs, c'était une des plus redoutables créatures qui aient existé.

A-t-on déjà découvert un squelette entier de tyrannosaure ?

Les squelettes fossiles entiers d'animaux de cette taille sont rarissimes, mais en 1990 deux squelettes de tyrannosaure presque complets ont été découverts en Amérique du Nord.
C'est à partir de ces nouvelles données que les paléontologues ont conclu que les femelles étaient probablement plus grosses que les mâles.

Dilophosaurus

Allosaure

Albertosaurus

Quels étaient les prédateurs les plus féroces ?

Ces trois grands carnivores sont des proches parents du tyrannosaure. Deux exemplaires d'un autre redoutable prédateur long de 2 à 6 m, baptisé deinocheirus (« main terrible »), ont été découverts en Mongolie.

Comment les tyrannosaures saisissaient-ils leurs proies ?

Il semble évident que les tyrannosaures ne se servaient pas de leurs bras pour attraper leurs proies, ceux-ci étant même trop courts pour porter quelque chose à la bouche. En fait, leurs mâchoires gigantesques leur suffisaient pour s'emparer de leur victime.

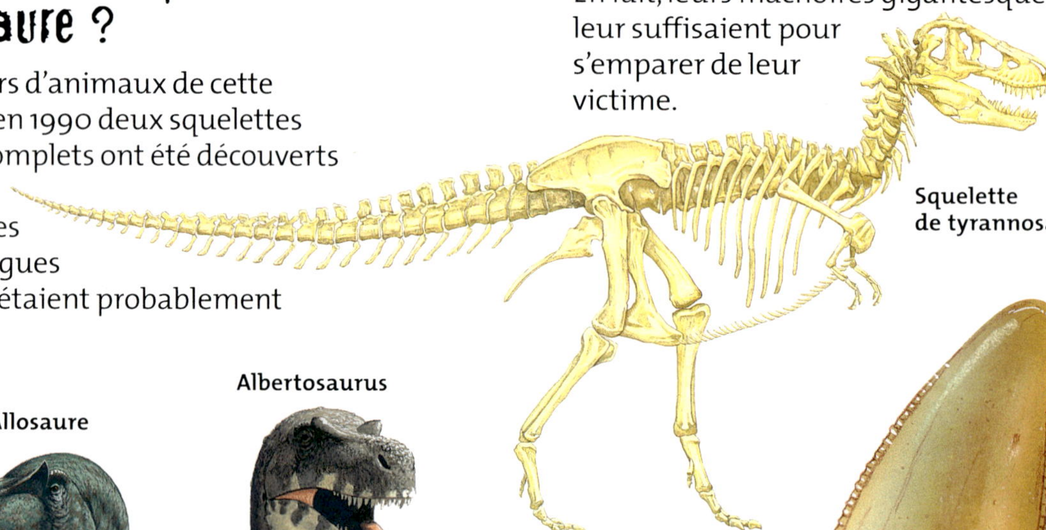

Squelette de tyrannosaure

Quelle taille avaient leurs dents ?

Les dents des tyrannosaures pouvaient atteindre 18 cm, et elles étaient aiguisées comme des lames de rasoir, avec des côtés dentelés pour scier les chairs.
Un tyrannosaure adulte avait entre 50 et 100 dents, et si l'une tombait, une autre repoussait aussitôt.

1. Le tyrannosaure vivait il y a :
a) 700 millions d'années
b) 70 millions d'années
c) 25 millions d'années

2. Ses dents pouvaient atteindre :
a) 60 cm
b) 8 cm
c) 18 cm

3. Le tyrannosaure était apparenté au :
a) tricératops
b) albertosaurus
c) deinocheirus

4. Tyrannosaure signifie :
a) méchant lézard
b) lézard tyran
c) empereur des reptiles

ÉTAIT-IL LENT OU RAPIDE ?

On a longtemps cru (et les films fantastiques l'ont montré ainsi) que le tyrannosaure se tenait debout, sa queue balayant le sol et avançant plutôt lourdement. Or il semble plutôt qu'il tenait son corps à l'horizontale, sa queue lui servant de balancier, et que les muscles puissants de ses pattes arrière lui permettaient de courir très vite (jusqu'à 50 km/h).

Était-il en réalité un charognard ?

Selons certains, le tyrannosaure se nourrissait surtout de cadavres, volant les proies des petits prédateurs . D'autres supposent au contraire qu'il était surtout un chasseur, et d'autres encore qu'il était à la fois charognard et prédateur.

Attaque et défense

Si les prédateurs étaient programmés pour tuer, déchirant leurs victimes de leurs dents et de leurs griffes, les herbivores avaient recours à toute une gamme de défenses : fuite rapide, vie en troupeau ou bien « blindage » fourni par la nature.

Les géants se battaient-ils ?

Comme aujourd'hui les éléphants, les sauropodes géants se fiaient surtout à leur taille. Néanmoins, certains se servaient de leur queue – une arme redoutable – pour balayer leurs adversaires.

Comment se protégeait l'ankylosaure ?

Seul le ventre de l'ankylosaure était vulnérable, le reste de son corps était protégé par un épais blindage de plaques cornées et par des épines. Sa queue se terminait par une massue.

Comment le stégosaure se servait-il de sa queue ?

Outre les épaisses plaques osseuses protégeant son dos, le stégosaure avait une queue armée de quatre terrifiantes épines. Un coup asséné avec cette redoutable massue pouvait clouer au sol n'importe quel adversaire.

ARMURE DÉFENSIVE OU CAPTEURS SOLAIRES ?

Les avis divergent quant aux plaques dorsales des stégosaures : les uns y voient une structure défensive, les autres pensent que ces plaques, richement irriguées par des vaisseaux sanguins, avaient des fonctions plus complexes. Peut-être servaient-elles de régulateur thermique, accumulant dans la journée la chaleur des rayons solaires et la restituant la nuit. Mais ce n'est qu'une hypothèse…

Les herbivores possédaient-ils des griffes ?

Généralement non. L'iguanodon est l'une des exceptions, avec le redoutable ergot qui prolonge son pouce.

1. Ce dinosaure dont la queue se termine par une massue est un :
a) vélociraptor
b) ankylosaure
c) tricératops

2. De grandes plaques en losange hérissent le dos du :
a) stégosaure
b) diplodocus
c) tyrannosaure

3. L'iguanodon dispose d'une arme terrible. C'est :
a) une queue hérissée d'épines
b) des cornes
c) l'ergot de son pouce

4. Le tricératops possède :
a) une corne
b) deux cornes
c) trois cornes

Quels dinosaures avaient des cornes ?

Chez les herbivores du groupe des cératopsiens, l'armure se réduisait à une collerette osseuse, et la tête portait une ou plusieurs cornes.

Tricératops

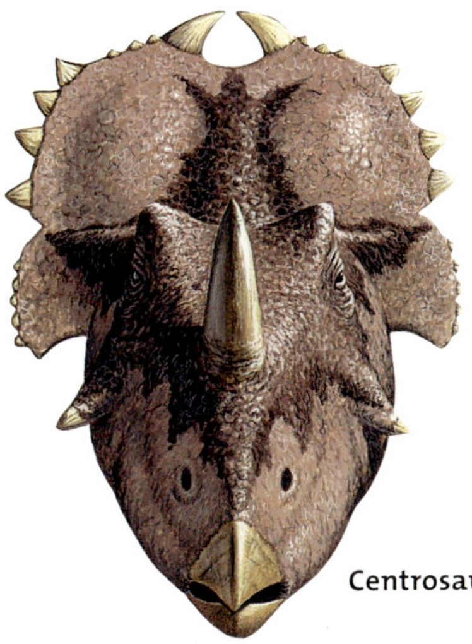
Centrosaurus

Chasmosaurus

Comment se battait le tricératops ?

Attaqué par un vélociraptor, le tricératops a chargé comme un rhinocéros, auquel il ressemble, tandis que le prédateur le déchirait de ses griffes. Aucun des deux n'a survécu, et on a retrouvé leurs squelettes entremêlés.

Quel dinosaure se battait à coups de tête ?

Le pachycephalosaurus avait le crâne surmonté d'une sorte de gros bonnet osseux. Les mâles luttaient tête à tête, un peu comme les béliers aujourd'hui.

Sur tous les continents

Les points de couleur indiquent les lieux du globe où ont été retrouvés des restes de dinosaures. Ces fossiles ne sont pas tous du même âge, car différents dinosaures se sont succédé durant les trois périodes du Trias, du Jurassique et du Crétacé.

Maiasaurus

Stégosaure

Deinonychus

Diplodocus

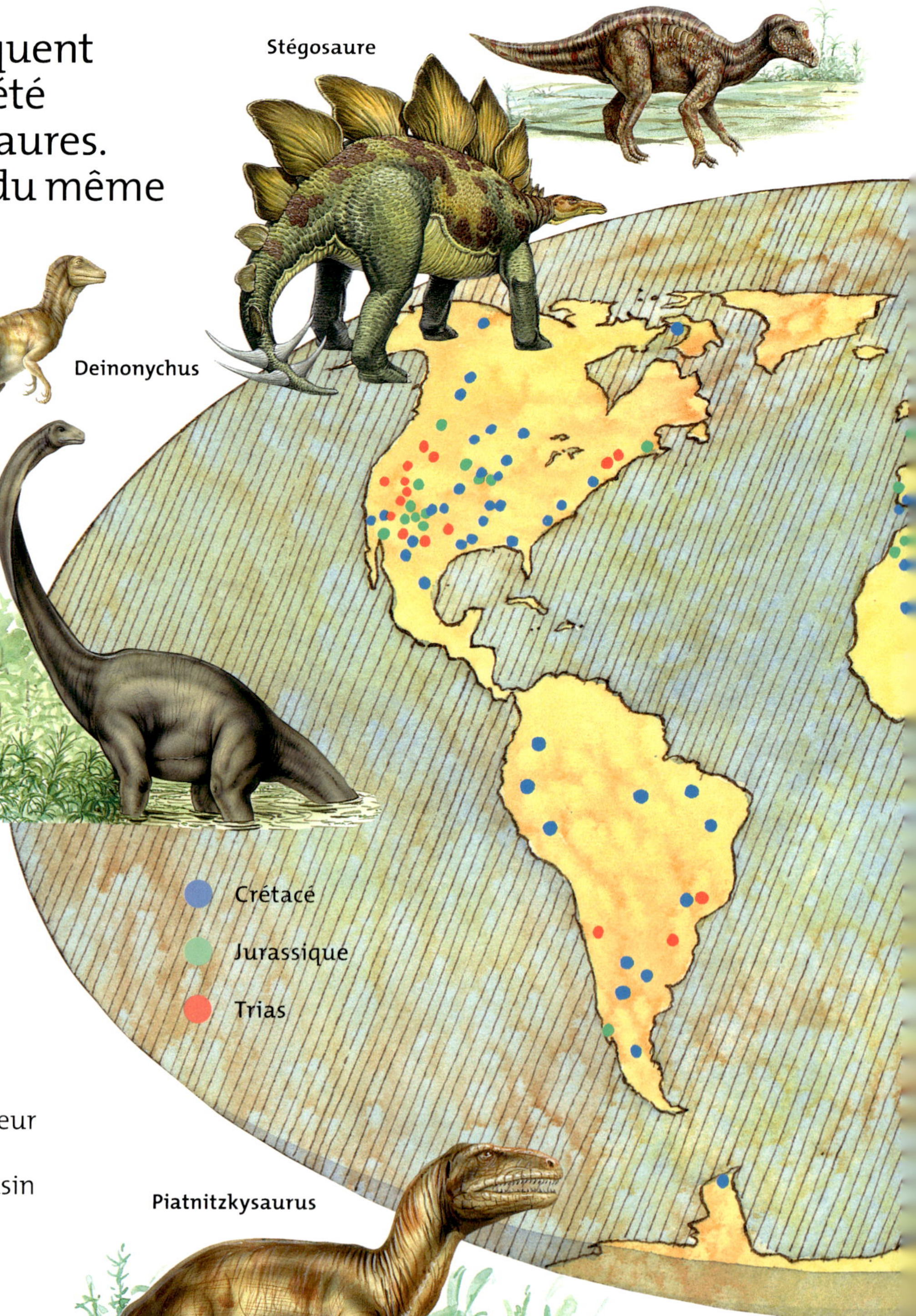

Quels étaient les dinosaures nord-américains ?

Des centaines et des centaines de dinosaures fossiles, dont des diplodocus, des deinonychus et des stégosaures, ont été retrouvés aux États-Unis et au Canada. Le tricératops et le tyrannosaure semblent exclusivement nord-américains.

Quel était le plus féroce habitant d'Amérique du Sud ?

Le piatnitzkysaure, carnivore long de 6 m et haut de 3 m, était le plus redoutable prédateur sud-américain. Il capturait et tuait ses proies de la même manière que son volumineux cousin d'Amérique du Nord, l'allosaure.

Piatnitzkysaurus

QUELS DINOSAURES ÉTAIENT RÉPANDUS SUR TOUTE LA PLANÈTE ?

Les brachiosaures ont peuplé l'Amérique du Nord, l'Europe et l'Afrique, mais la plupart des autres dinosaures n'étaient présents que sur un seul continent.

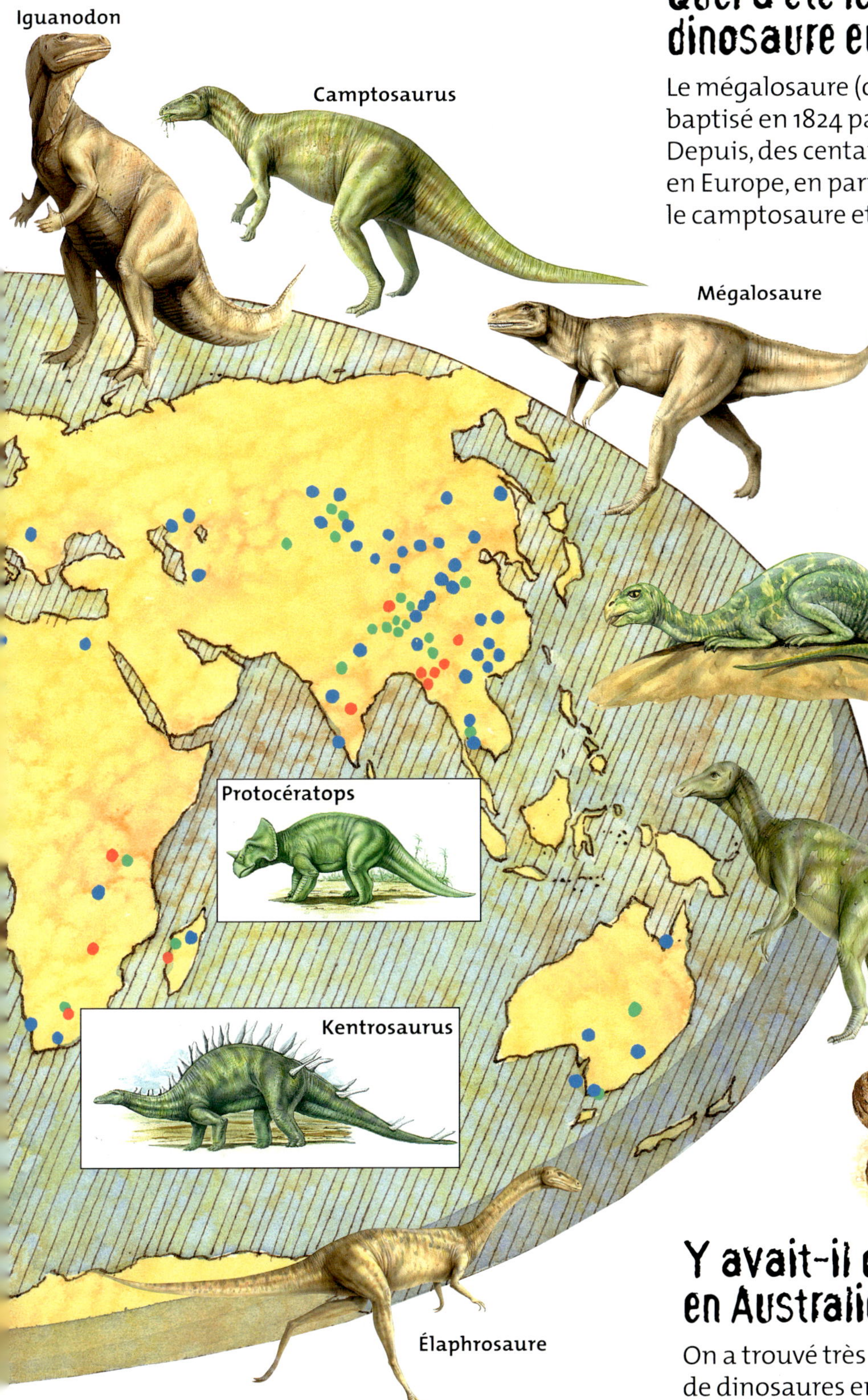

Quel a été le premier dinosaure européen à recevoir un nom ?

Le mégalosaure (ce qui veut dire « reptile géant ») a été ainsi baptisé en 1824 par le Britannique William Buckland. Depuis, des centaines de dinosaures ont été trouvés en Europe, en particulier de grands herbivores comme le camptosaure et l'iguanodon.

Quels dinosaures vivaient en Asie ?

C'est la Chine et le désert de Gobi, en Mongolie, qui ont livré les plus intéressantes découvertes. Le petit oviraptor et le shantungosaurus, haut de 12 m, ont été trouvés en Extrême-Orient.

Quel est le plus important gisement de fossiles d'Afrique ?

Tendaguru, en Tanzanie, est sans doute le plus riche gisement de fossiles d'Afrique. Entre 1909 et 1912, on y a trouvé plus de 200 tonnes d'os de dinosaures, dont des squelettes de kentrosaurus.

Y avait-il des dinosaures en Australie ?

On a trouvé très peu de fossiles de dinosaures en Australie, où le squelette le plus complet jamais découvert est celui d'un iguanodon, mais on a découvert des milliers d'empreintes. Un seul squelette a été retrouvé en Nouvelle-Zélande, mais le petit reptile appelé tuatara a été le contemporain des dinosaures et n'a pas changé depuis.

QUIZ

1. Tendaguru est
a) une ville
b) un dinosaure africain
c) un site riche en fossiles

2. Le premier dinosaure d'Europe ayant eu un nom est :
a) le vélociraptor
b) le mégalosaure
c) l'iguanodon

3. Le tuatara vit en :
a) Amérique du Nord
b) Australie
c) Nouvelle-Zélande

4. Le shantungosaure était haut de :
a) 50 m
b) 12 m
c) 5 m

La vie en troupeau

Plusieurs indices, tels que des empreintes ou des squelettes accumulés en grand nombre, semblent indiquer que les dinosaures vivaient souvent en troupeaux : les espèces herbivores y trouvaient sans doute une meilleure protection contre les prédateurs.

Comment les adultes protégeaient-ils les jeunes ?

Après avoir étudié des empreintes, les paléontologues en ont conclu que les adultes plaçaient les jeunes au centre du troupeau. En cas d'attaque, les tricératops formaient peut-être un cercle, pointant leurs cornes contre l'ennemi, comme aujourd'hui les bœufs musqués.

Quels dinosaures vivaient en solitaires ?

Les redoutables carnivores géants comme l'albertosaurus avaient sans doute peu d'ennemis. Ils pouvaient donc vivre en solitaires, tels les tigres. Mais la récente découverte de 40 squelettes d'allosaures pourrait indiquer qu'ils chassaient en meute, comme les lions.

Quels étaient les avantages de la vie en troupeau ?

Les dinosaures herbivores, tels ces edmontosaurus découverts au Canada, ont pu trouver dans la vie en troupeau une protection efficace contre les prédateurs. Cent paires d'yeux valent mieux qu'une seule pour déceler l'approche d'un carnivore, et les jeunes sont mieux surveillés.

Quels indices possédons-nous ?

De nombreuses empreintes de dinosaures, proches les unes des autres et orientées dans la même direction, ont été mises au jour en Amérique du Nord. On a par ailleurs découvert dans un même lieu les restes fossiles de 10 000 maiasaurus (dinosaures à bec de canard), ce qui indique à l'évidence un mode de vie en troupeau.

Pourquoi sont-ils morts ensemble ?

En 1947, les restes fossiles d'un troupeau entier de coelophysis, comprenant adultes et jeunes, ont été découverts à Ghost Ranch, au Nouveau- Mexique (au sud-ouest des États-Unis). On pense qu'ils ont été noyés lors d'une inondation subite et que leurs corps, charriés par les eaux, ont été recouverts par les sédiments.

Voyageaient-ils loin ?

Comme les caribous ou les gnous, certains dinosaures herbivores (tels les iguanodons) parcouraient sans doute des distances considérables pour trouver de la nourriture.

Y AVAIT-IL DES MIGRATIONS DE DINOSAURES ?

On a découvert des restes de dinosaures près des deux pôles. On pense qu'ils n'y venaient qu'en été et hivernaient sous des climats moins rigoureux, tout comme les caribous aujourd'hui.

Postaient-ils des sentinelles ?

On ignore si les dinosaures postaient des sentinelles, mais c'est fort possible, car c'est un comportement commun aux herbivores vivant en troupeaux.

Quels dinosaures chassaient en meute ?

De même que les loups et les hyènes, les dinosaures carnivores de petite taille, tels les elaphrosaurus, chassaient sans doute en meute. Ils pouvaient ainsi s'emparer de proies plus grosses qu'eux, qu'ils n'auraient pu attaquer seuls.

QUIZ

1. Les restes de coelophysis ont été découverts :
a) aux États-Unis
b) au Canada
c) au Mexique

2. Les dinosaures carnivores dont on a trouvé les restes groupés étaient :
a) des tyrannosaures
b) des allosaures
c) des diplodocus

3. Les herbivores vivent en troupeau pour :
a) avoir de la compagnie
b) se protéger
c) chasser

4. Combien a-t-on trouvé de squelettes de maiasaurus sur le même lieu ?
a) 40
b) 1 000
c) 10 000

Lents ou rapides

Les restes fossiles des dinosaures nous renseignent non seulement sur leur forme et leur taille mais aussi sur leur plus ou moins grande vitesse de déplacement. Les géants aussi gros que des immeubles, tels les brachiosaures, étaient aussi parmi les plus lents.

Iguanodon

Mégalosaure

Comment mesurons-nous la vitesse d'un dinosaure ?

Il n'est pas nécessaire de voir un animal pour mesurer sa vitesse. L'examen des empreintes suffit aux chercheurs, qui étudient notamment l'écart entre ces empreintes : plus elles sont espacées, plus l'animal va vite.

Qui était le plus rapide ?

Le struthiominus avait un peu l'allure d'une autruche, et il était d'ailleurs à peu près de la même taille. Aussi rapide qu'un cheval de course, il dépassait les 50 km/h ! Dépourvu de cornes ou d'armure protectrice, ce dinosaure herbivore ne pouvait d'ailleurs compter que sur sa vitesse pour survivre.

Comment interpréter les empreintes ?

Les empreintes fossiles nous apprennent comment se tenaient les dinosaures, ce que l'on ne peut pas toujours deviner d'après leur squelette. L'iguanodon marchait habituellement sur ses quatre pattes, courait sur ses deux pattes arrière s'il devait fuir. Le mégalosaure, lui, gardait toujours la station bipède.

Quelle était leur vitesse ?

1 On ne sait pas encore exactement comment classer le tyrannosaure. Certaines empreintes correspondent à une vitesse de 16 km/h, mais il pouvait aller beaucoup plus vite.

2 Le hipsilophodon se classe parmi les dinosaures rapides. Cet herbivore pouvait compter sur des pointes de vitesse de 50 km/h pour échapper à ses prédateurs.

3 L'apatosaure pesait 40 tonnes, – autant que 7 éléphants ! – et se déplaçait à 10-15 km/h. Si ce géant avait tenté de courir, ses pattes n'auraient pas résisté !

4 Le tricératops pesait autant que 5 rhinocéros réunis et chargeait aussi efficacement, à plus de 25 km/h. Peu de prédateurs se risquaient à l'attaquer.

Qui était le plus lent ?

Les sauropodes géants tels que les brachiosaures étaient les plus lents de tous les dinosaures. Pesant plus de 50 tonnes, ils étaient trop lourds pour courir et avaient besoin de leurs quatre pattes pour soutenir leur énorme corps. Ils étaient sans doute incapables de se dresser, même pour quelques instants, sur leurs pattes arrière.

1. Le tricératops pouvait charger à la vitesse de :
a) 40 km/h
b) 25 km/h
c) 10 km/h

2. Le dinosaure qui courait à plus de 50 km/h était :
a) l'apatosaure
b) le struthiomimus
c) l'iguanodon

3. On évalue la vitesse du dinosaure en examinant :
a) son crâne
b) les os de ses pattes
c) ses empreintes

4. Le mégalosaure se déplaçait :
a) sur ses pattes avant
b) sur ses pattes arrière
c) sur quatre pattes

SANG CHAUD OU SANG FROID ?

Les reptiles sont des animaux à sang froid, qui ont besoin d'une source de chaleur externe. Les oiseaux sont des animaux à sang chaud : leur température interne ne dépend pas du milieu extérieur, mais ils ont besoin de beaucoup plus d'énergie pour produire cette chaleur. Savoir combien mangeait un dinosaure pourrait nous dire si c'était ou non un animal à sang chaud.

Sous les eaux

Tandis que les dinosaures régnaient presque sans partage sur terre, d'autres reptiles géants peuplaient les mers. Mosasaurus, plésiosaures et pliosaures étaient, ainsi que les tortues géantes et les ancêtres des crocodiles, de terribles prédateurs.

Ces reptiles marins géants sont-ils tous éteints ?

Ces monstres des mers ont disparu à la même époque que les dinosaures, mais les crocodiles et les tortues actuels sont les descendants directs de certains d'entre eux.

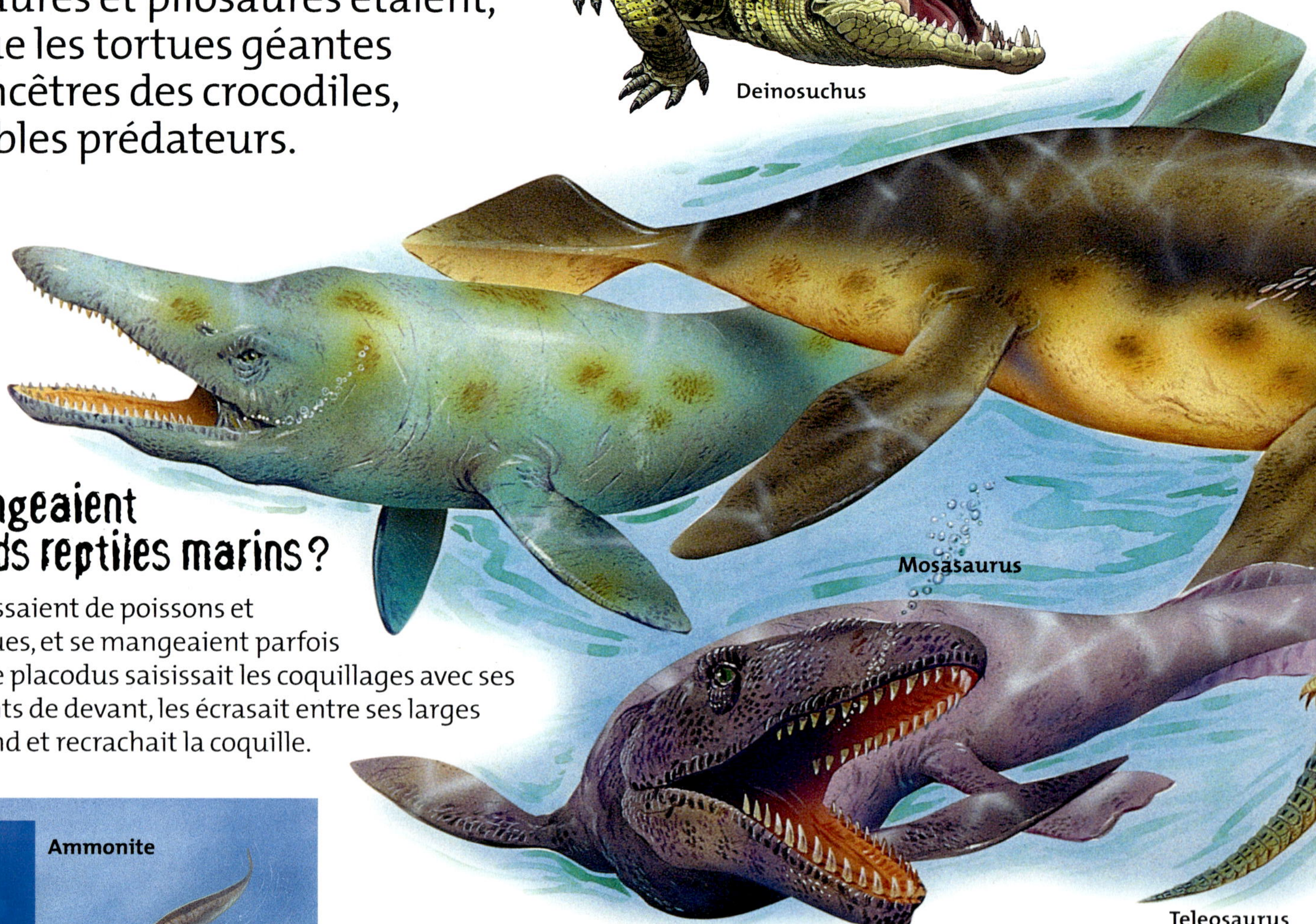

Que mangeaient les grands reptiles marins ?

Ils se nourrissaient de poissons et de mollusques, et se mangeaient parfois entre eux. Le placodus saisissait les coquillages avec ses longues dents de devant, les écrasait entre ses larges dents du fond et recrachait la coquille.

QUI ÉTAIT MARY ANNING ?

Cette Anglaise née en 1799 dans le Dorset allait devenir la plus célèbre découvreuse de fossiles du XIXᵉ siècle. La grande vogue de la paléontologie permettait alors à des amateurs doués de gagner leur vie en faisant le commerce de fossiles. Grâce à elle, le British Museum possède de superbes spécimens d'ichthyosaures et de plésiosaures.

Elasmosaurus

Ichthyosaure

Ces grands reptiles avaient-ils des dents ?

Ils avaient des mâchoires puissantes et des dents robustes, pouvant broyer les plus dures coquilles.

Tanystropheus

Les reptiles marins allaient-ils parfois sur la terre ferme ?

Ces reptiles marins allaient presque tous pondre sur la terre ferme. Le tanystropheus, au cou interminable, chassait à la fois sur terre et sur mer, attrapant aussi bien insectes que poissons.

Comment nageaient ces énormes reptiles ?

Les pliosaures (tels que le kronosaurus) et les plésiosaures (tels que l'elasmosaurus) avaient leurs quatre pattes transformées en robustes palettes natatoires. La propulsion dans l'eau s'effectuait par un battement vertical de ces appendices, un peu à la manière des manchots. Incapables de respirer dans l'eau comme les poissons, les reptiles marins pouvaient rester longtemps en plongée, mais devaient remonter à la surface pour respirer.

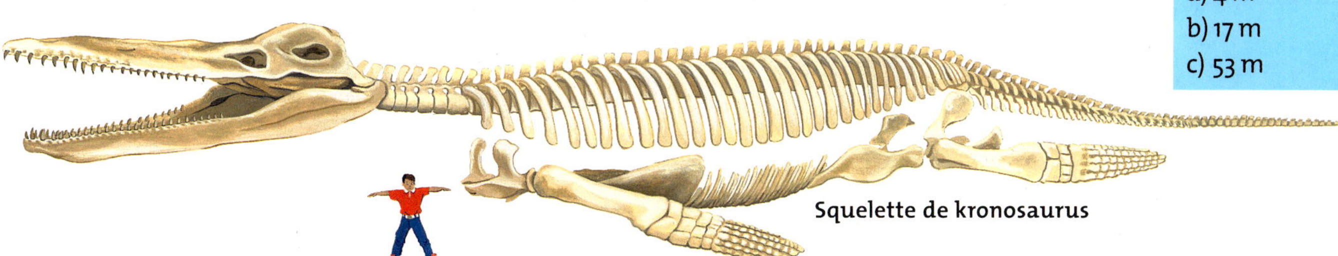

Squelette de kronosaurus

Quelle taille avaient-ils ?

Le kronosaurus, qui appartenait au groupe des pliosaures, était l'un des géants des mers préhistoriques avec ses 17 m de long et son énorme tête aussi grosse à elle seule qu'une voiture. Long de 10 m, le mosasaurus était le plus gros lézard qui ait jamais existé, et les tortues préhistoriques du genre archelon avaient également une taille impressionnante.

Archelon

Pondaient-ils des œufs ?

Ces reptiles marins allaient pour la plupart pondre à terre, comme aujourd'hui les tortues. Mais l'ichthyosaure donnait naissance dans l'eau à des petits vivants, comme les dauphins actuels.

QUIZ

1. Le deinosuchus était un ancêtre des :
a) crocodiles
b) poissons osseux
c) tortues de mer

2. Ces reptiles marins respiraient :
a) sous l'eau
b) en revenant aspirer de l'air à la surface
c) ils n'avaient pas besoin de respirer

3. Le seul reptile marin donnant naissance à des petits vivants était :
a) l'elasmosaurus
b) l'ichthyosaure
c) les tortues archelon

4. Le kronosaurus mesurait :
a) 4 m
b) 17 m
c) 53 m

Dans les airs

À l'ère des dinosaures, les terres et les eaux étaient survolées par des reptiles volants, ou ptérosaures, qui devinrent vite les maîtres du ciel. Ils se sont éteints sans laisser de descendance, après avoir régné pendant 166 millions d'années.

Quelle taille avaient-ils ?

Contrairement aux reptiles marins, les ptérosaures comptaient peu de géants. Le record était détenu par les quetzalcoatlus, avec 12 m d'envergure. Les rhamphorhynchus n'avaient que 40 cm d'envergure.

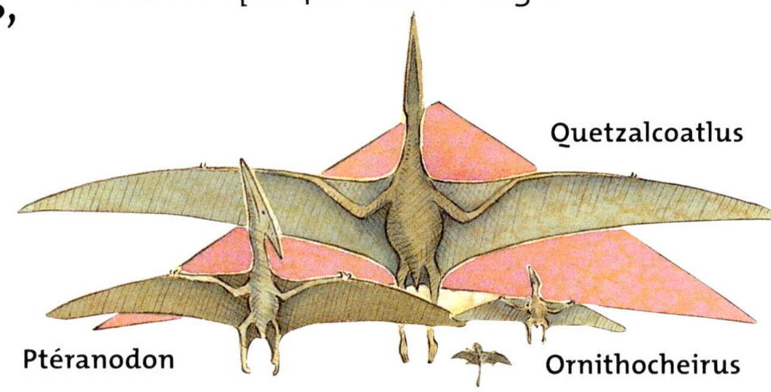

Que mangeaient les ptérosaures ?

La mâchoire des ptérosaures nous renseigne sur leur régime. Les dents fines et serrées du ptérodaustra lui servaient sans doute de filtre pour retenir, comme une passoire, les minuscules animaux marins. La mâchoire du dzungariptère était faite pour ouvrir les coquillages et celle du dimorphodon pour happer les poissons.

Pterodaustra

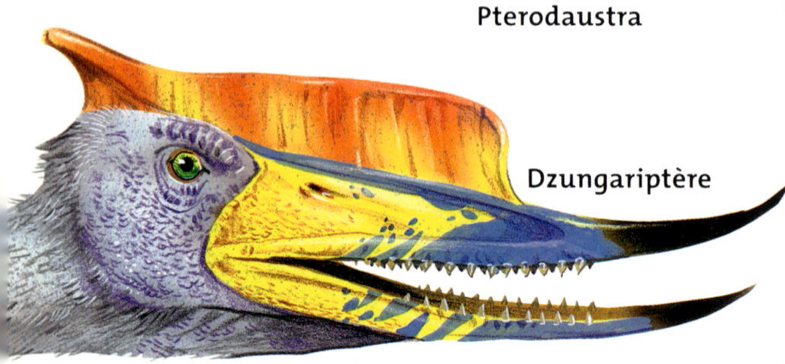

Dzungariptère

Dimorphodon

Ptéranodon

Bâtissaient-ils des nids ?

Les ptérosaures pondaient sans doute des œufs, mais on ignore s'ils bâtissaient des nids (ce qui voudrait dire qu'ils s'occupaient des jeunes). Les fossiles retrouvés semblent indiquer que les bébés ptérosaures étaient assez peu autonomes et devaient être nourris par les parents.

AVAIENT-ILS UNE FOURRURE ?

Les fossiles retrouvés en Bavière et en Asie centrale montrent que plusieurs ptérosaures, peut-être même la majorité, avaient le corps couvert d'une fourrure, ce qui indique habituellement un animal à sang chaud.

Longisquama

Quand les reptiles ont-ils maîtrisé le vol ?

Les reptiles se sont lancés à la conquête des airs voici 250 millions d'années. Les plus primitifs de ces reptiles volants, tel le coelurosauravus, ressemblaient à des lézards et avaient quatre pattes. Leurs « ailes », rigides et non repliables, consistaient en membranes soutenues par une plaque osseuse et ne permettaient que de courts vols planés.

Le longisquama, qui vivait au début du Trias, portait sur le dos de longues écailles qui devaient jouer le rôle de parachute, mais qui n'avaient rien de commun avec des plumes, sinon leur forme.

Coelurosauravus

Quetzalcoatlus

Chauve-souris

Avaient-ils une queue ?

Les ptérosaures avaient une queue, comme tous les reptiles. Le dimorphodon et les autres espèces primitives avaient une longue queue terminée par un lobe aplati, qui devait servir de stabilisateur, un peu comme la queue d'un cerf-volant.

De quoi étaient faites leurs ailes ?

Les ailes des ptérosaures étaient faites d'une surface de peau soutenue par le quatrième doigt de leurs membres antérieurs. Les espèces les plus tardives, appelées ptérodactyles, avaient des os allégés et devaient pratiquer le vol plané. Leurs ailes ressemblaient à celles des chauves-souris.

1. Le plus grand ptérosaure était :
a) le ptéranodon
b) le quetzalcoatlus
c) le dimorphodon

2. Les ailes des ptérosaures étaient faites :
a) d'écailles
b) de plumes
c) de peau

3. Les ptérosaures étaient des :
a) dinosaures
b) reptiles
c) insectes géants

4. Les ptérosaures ont pour descendants :
a) les oiseaux
b) les lézards volants
c) ils n'en ont pas

La mort des dinosaures

Les dinosaures ont disparu voici 65 millions d'années. On sait qu'ils se sont éteints lentement dans certaines parties du globe, tandis qu'ailleurs ils étaient brusquement anéantis. Plusieurs explications plausibles ont été avancées à propos de leur disparition, mais nous n'avons aucune certitude.

Est-ce une météorite ?

Une énorme météorite aurait frappé la Terre, provoquant la formation d'un nuage de poussière si épais que le soleil en aurait été masqué pendant des mois. Beaucoup d'animaux n'auraient alors pu survivre au refroidissement. À l'appui de cette hypothèse, on cite le gigantesque cratère découvert au large de la côte du Mexique et datant probablement de cette période.

Cratère provoqué par la chute d'une météorite

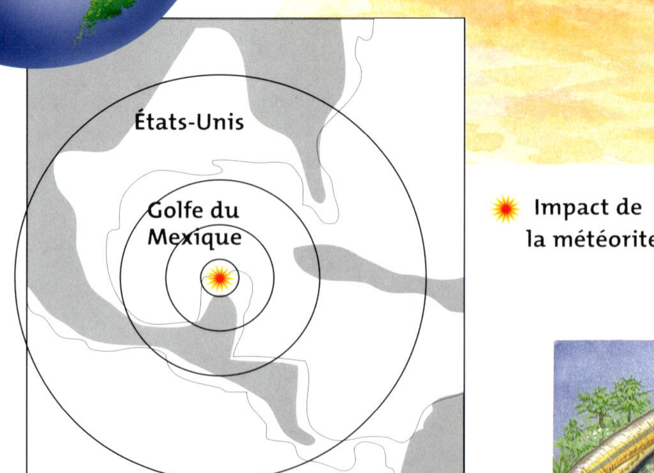

Les mammifères ont-ils mangé les œufs des dinosaures ?

Selon une autre hypothèse, les dinosaures se seraient éteints faute de descendance, car leurs œufs auraient été dévorés par les petits mammifères, de plus en plus nombreux sur terre.

La végétation a-t-elle changé ?

Vers cette époque, le climat chaud et humide de l'Amérique du Nord s'est transformé en climat tempéré. La luxuriante végétation tropicale a laissé place à des forêts et les dinosaures ont dû migrer vers des climats plus chauds. Dans de telles conditions, très peu auraient été capables de s'adapter et de survivre aux changements.

Les éruptions volcaniques ont-elles joué un rôle ?

Le refroidissement climatique qui a eu lieu il y a environ 65 millions d'années, époque de la disparition des dinosaures, a pu être lié au phénomène du volcanisme : de gigantesques éruptions se sont succédé pendant près de 500 000 ans, libérant d'énormes quantités de gaz et de poussières qui ont d'abord réchauffé l'atmosphère, puis l'ont refroidie, détruisant de nombreuses formes de vie.

1. Les dinosaures se sont éteints voici :
a) 650 millions d'années
b) 65 millions d'années
c) 6 millions d'années

2. En même temps que les dinosaures ont disparu les :
a) ptérosaures
b) mammifères
c) oiseaux

3. On a découvert le cratère d'une météorite géante :
a) en Europe
b) au Mexique
c) en Afrique

4. Ces reptiles ont survécu à l'âge des dinosaures :
a) les plésiosaures
b) les tortues
c) les ptérosaures

D'AUTRES ESPÈCES AVAIENT-ELLES DÉJÀ DISPARU AUPARAVANT ?

L'extinction des dinosaures n'était pas la première disparition en masse. Vers la fin du Permien, il y a environ 225 millions d'années, de nombreux vertébrés terrestres ont brusquement disparu, un peu avant l'apparition des dinosaures et des plantes à fleurs. À la fin de l'ère secondaire, plus de la moitié des animaux marins a disparu en même temps que les dinosaures.

Les survivants

Quels autres animaux ont disparu ?

Les reptiles volants se sont éteints en même temps que les dinosaures, ainsi qu'une grande partie des reptiles marins. Cette époque a vu aussi disparaître, sans que l'on sache pourquoi, les ammonites, qui étaient si abondantes pendant l'ère secondaire. Mais d'autres reptiles ont survécu, notamment les ancêtres des tortues et les crocodiles.

À l'échelle du temps

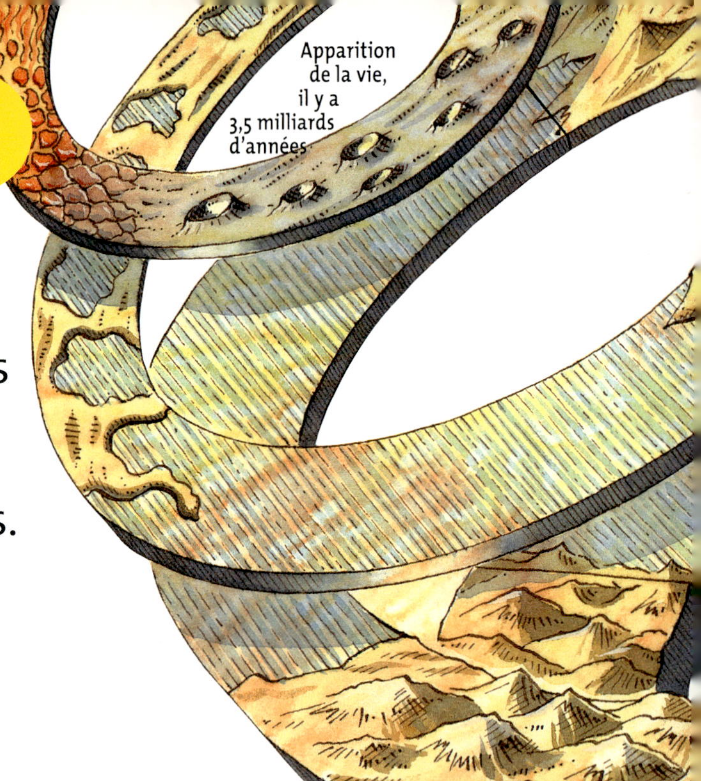

Notre planète s'est formée il y a environ 4,6 milliards d'années, mais les premiers êtres vivants sont apparus seulement un milliard d'années plus tard. Quant aux dinosaures, ils ont commencé à peupler la Terre voici 230 millions d'années.

Début du Trias

Début du Jurassique

Début du Crétacé

Comment était la Terre à l'époque des dinosaures ?

L'ère secondaire, qui fut l'âge des dinosaures, a débuté il y a à peu près 250 millions d'années. Les dinosaures sont apparus 20 millions d'années plus tard, pendant la période appelée Trias. Les terres émergées formaient alors un continent unique, baptisé Pangée. Au cours de la période appelée Jurassique, voici 145 millions d'années, l'Europe, l'Asie et l'Afrique, qui formaient le bloc appelé Gondwana, ont commencé à se séparer de l'Amérique. On remarquera qu'au début du Crétacé, l'Inde n'est pas encore rattachée à l'Asie.

Quel est l'ancêtre des amphibiens ?

Les amphibiens primitifs descendaient des Rhipidisciens, poissons qui possédaient des poumons. L'ichthyostega, qui vivait au Dévonien, et l'eryops, qui vivait au début du Permien, passaient encore une grande partie de leur vie sous l'eau.

Eryops

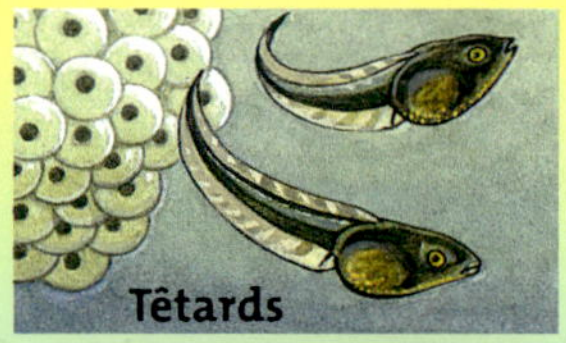

Têtards

Éclosion d'un œuf de reptile

QUELS FURENT LES PREMIERS VÉRITABLES ANIMAUX TERRESTRES ?

Les amphibiens ont été les premiers animaux vertébrés à quitter les eaux pour grimper sur la terre ferme, où insectes et scorpions les avaient précédés. Ils ne sont cependant pas de vrais animaux terrestres puisqu'ils doivent retourner dans l'eau pour se reproduire et que leurs larves ne peuvent se développer que dans un milieu liquide. Les reptiles peuvent en revanche vivre entièrement sur terre, car leurs jeunes sortent de l'œuf complètement développés.

À quoi ressemblaient les poissons primitifs ?

Premiers animaux vertébrés, les poissons ont colonisé les eaux voici près de 500 millions d'années. Le dunkleosteus était la terreur des mers au Dévonien. Aussi gros qu'un autobus, il avait le corps protégé par une armure de plaques osseuses, comme tous les poissons du groupe des placodermes.

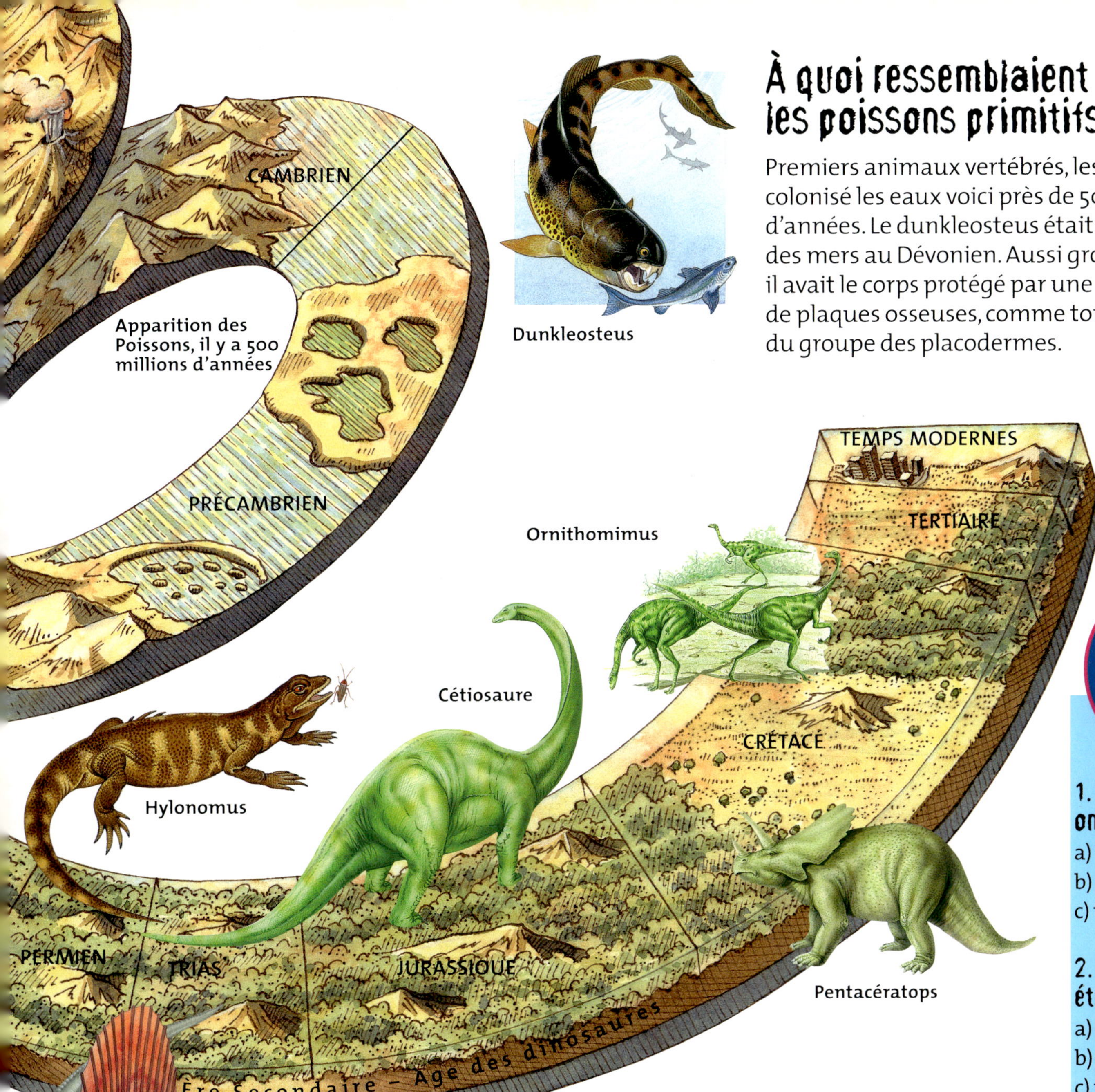

À quoi servait la crête du dimétrodon ?

Les premiers reptiles étaient de taille très diverse. Le petit hylonomus ne mesurait que 20 cm alors que le dimétrodon était long de plus de 3 m. Ce gros reptile carnivore avait le dos hérissé de longues épines osseuses qui étaient des prolongements des vertèbres et qui soutenaient probablement une membrane. On a supposé que cette crête lui servait à réguler sa température interne.

QUIZ

1. Les dinosaures ont vécu à l'ère
a) primaire
b) secondaire
c) tertiaire

2. Le dunkleosteus était :
a) un amphibien
b) un poisson
c) une variété d'algue

3. Jusqu'au Trias, les terres formaient un seul continent appelé :
a) Europe
b) Gondwana
c) Pangée

4. Le dimétrodon était :
a) l'un des premiers dinosaures
b) un reptile carnivore
c) un amphibien

Après les dinosaures

Après la disparition des dinosaures, le groupe émergent fut celui des mammifères, qui occupèrent presque tous les milieux terrestres. Les ancêtres des baleines et des dauphins allaient même s'adapter pour retourner vivre dans les mers.

Qui sont les descendants des dinosaures ?

Il est aujourd'hui admis que les oiseaux sont les descendants plus ou moins directs des dinosaures, surtout depuis la très récente découverte, dans la province chinoise de Liaoning, de fossiles de microraptors aux ailes et à la queue couvertes de plumes. L'archéoptéryx, le plus ancien oiseau connu, avait des dents, et son squelette ressemblait beaucoup à celui du deinonychus, avec en plus deux ailes garnies de plumes.

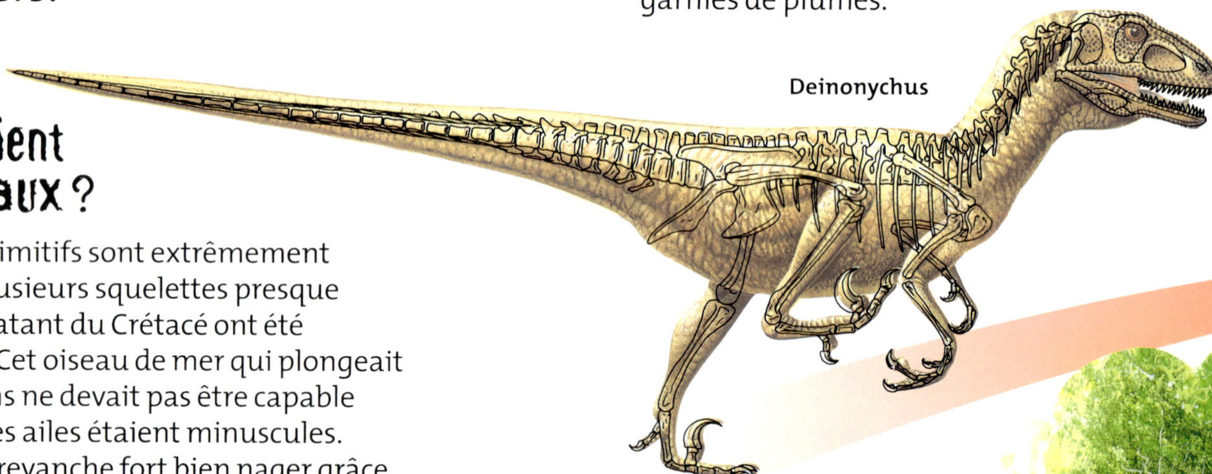

À quoi ressemblaient les premiers oiseaux ?

Les fossiles des oiseaux primitifs sont extrêmement rares, mais récemment plusieurs squelettes presque complets d'hesperornis datant du Crétacé ont été retrouvés aux États-Unis. Cet oiseau de mer qui plongeait pour capturer des poissons ne devait pas être capable de voler, car ses ailes étaient minuscules. Il devait en revanche fort bien nager grâce à ses larges pieds palmés. Il ressemble beaucoup plus aux oiseaux actuels que l'archéoptéryx.

À quoi les mammifères doivent-ils leur succès ?

Les mammifères avaient un cerveau plus développé que les reptiles. Protégés par leur fourrure, ils étaient mieux capables d'affronter le froid. Ils présentaient aussi une très grande variété d'espèces au sein d'un même milieu naturel et pouvaient donc en exploiter plus efficacement toutes les ressources. Enfin leurs petits, étant allaités, avaient plus de chances de survivre.

À quoi ressemblaient les premiers mammifères ?

Zalambdalestes

Morganucodon

Les premiers mammifères, apparus voici plus de 200 millions d'années, étaient des petites créatures discrètes de la taille d'une souris. Les morganucodons pondaient probablement des œufs mais allaitaient leurs petits, comme l'ornithorynque actuel.

Smilodon

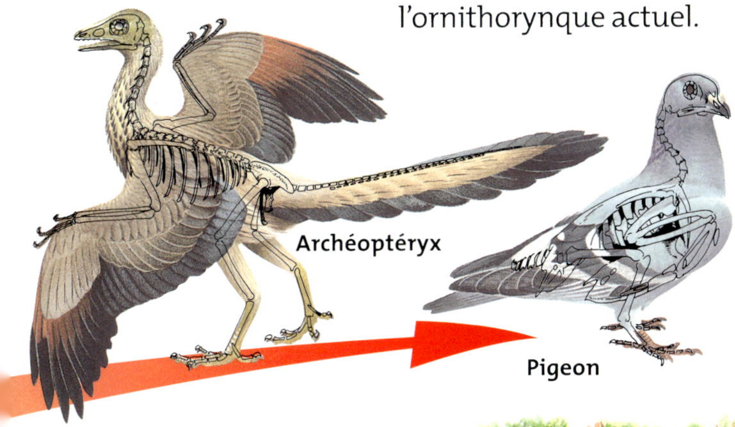
Archéoptéryx

Pigeon

Quel était l'ennemi des mammouths ?

Le seul prédateur, l'homme excepté, qui osait s'attaquer au grand mammouth laineux était le smilodon, ou tigre à dents de sabre, aux redoutables canines longues de 15 cm ! Quand les mammouths se sont éteints, voici 10 000 ans environ, les smilodons ont eux aussi disparu.

Mammouths

ET L'HOMME ?

C'est en Afrique orientale, voici 5 millions d'années, que les australopithèques ont commencé à utiliser des outils et à adopter la station debout. *Homo erectus*, qui vivait aussi en Europe et en Asie, faisait déjà cuire ses aliments il y a plus d'un million d'années.

QUIZ

1. Le plus ancienne espèce d'oiseau connue est :
a) le ptéranodon
b) l'archéoptéryx
c) l'hesperornis

2. L'un des plus anciens mammifères était :
a) le mammouth
b) le smilodon
c) le morganucodon

3. L'hesperornis se nourrissait de :
a) poissons
b) insectes
c) serpents

4. Après les dinosaures, le groupe dominant a été :
a) Les oiseaux
b) les mammifères
c) les insectes

ÉTONNANT !

Quel est le premier grand dinosaure ?

En l'état actuel des découvertes, c'est le Plateosaurus, un dinosaure de 8 à 10 m de long apparu à la fin du Trias et appartenant au groupe des prosauropodes. On pense que les membres de ce groupe marchaient habituellement sur leurs quatre pattes mais étaient aussi capables d'adopter pour de courts instants la station bipède. Ils pouvaient alors agripper des branches élevées avec leurs membres antérieurs.

Pourquoi le diplodocus était-il plus léger que les autres sauropodes ?

Bien qu'atteignant 30 m de longueur, le diplodocus ne pesait guère plus de 11 tonnes, et ceci pour deux raisons : tout d'abord, son corps était relativement petit par rapport à son cou et à sa queue ; ensuite et surtout, parce que ses os étaient creux. C'est pourquoi les diplodocus étaient capables de se dresser à la verticale en prenant appui sur leur queue musculeuse. Ils atteignaient ainsi des branches situées à 15 m de hauteur.

Les sauropodes géants pouvaient-ils réellement lever le cou ?

Les sauropodes géants nous sont devenus familiers, et pourtant quelques interrogations demeurent… On a d'abord supposé que les cous interminables des brachiosaures et autres brontosaures leur permettaient de brouter les plus hautes branches. Cependant, si on prend l'exemple du barosaurus (dont le nom signifie « lézard pesant »), on se demande comment son cœur pouvait pomper assez vigoureusement pour envoyer le sang jusqu'en haut de son cou de 9 m de haut ! Dès lors, deux hypothèses restent avancées : ils avaient plusieurs cœurs, pour servir de relais, ou bien plus banalement, ils broutaient au sol, leur long cou leur permettant surtout de tondre une plus grande surface sans se déplacer.

Qu'est-ce que la formation Morrison ?

On appelle ainsi d'épaisses couches de sédiments datant d'environ – 150 millions d'années et couvrant un large territoire du centre-ouest des États-Unis, du Montana à l'Utah et au Colorado, où l'on a retrouvé les fossiles de nombreux sauropodes.

À quoi servaient les gigantesques narines du camarasaurus ?

Le camarasaurus a lui aussi une taille imposante (20 m de long environ pour un poids de 18 tonnes). Mais il se distingue des autres poids lourds du Jurassique supérieur par son cou nettement plus court, son crâne rond, ses 48 dents en forme de spatule et, surtout, les énormes cavités de ses narines, qui s'ouvrent au sommet de son crâne. Certains paléontologues se sont même demandé si le camarasaurus ne possédait pas de trompe rétractile.

A-t-on fabriqué un faux dinosaure ?

Oui, et il fallait bien s'y attendre, avec la vogue que connaissent actuellement les dinosaures. Le faux venait de Chine et avait été baptisé archaeoraptor. Ce dinosaure à plumes (ou plutôt à duvet) fut présenté en 1999 comme le chaînon manquant entre les dinosaures et les oiseaux. Mais les savants durent se rendre à l'évidence, car il fut établi qu'il s'agissait d'un montage habile de plusieurs fossiles d'origine différente.

Quiz Solutions

Page 87 Que disent les fossiles ?
1. b 2. b 3. b 4. b

Page 89 Le mystère des couleurs
1. b 2. c 3. b 4. b

Page 91 Les poids lourds
1. c 2. c 3. c 4. c

Page 93 Les petits dinosaures
1. b 2. c 3. a 4. b

Page 95 Les bébés dinosaures
1. b 2. a 3. c 4. b

Page 97 La communication
1. a 2. a 3. c 4. b

Page 99 Les herbivores
1. c 2. c 3. c 4. b

Page 101 Les carnivores
1. c 2. b 3. c 4. a

Page 103 Les plus féroces
1. b 2. c 3. b 4. b

Page 105 Attaque et défense
1. b 2. a 3. c 4. c

Page 107 Sur tous les continents
1. c 2. b 3. b 4. b

Page 109 La vie en troupeau
1. a 2. b 3. b 4. c

Page 111 Lents ou rapides
1. b 2. b 3. c 4. b

Page 113 Sous les eaux
1. a 2. b 3. b 4. b

Page 115 Dans les airs
1. b 2. c 3. b 4. c

Page 117 La mort des dinosaures
1. b 2. a 3. b 4. b

Page 119 À l'échelle du temps
1. b 2. b 3. c 4. b

Page 121 Après les dinosaures
1. b 2. c 3. a 4. b

Les civilisations anciennes

Les civilisations anciennes

Les premiers peuples

Les plus anciens groupes humains vivaient de la chasse et de la cueillette, se déplaçant sans cesse pour trouver de quoi manger. Mais, vers 8000 av. J.-C., a lieu la révolution agricole du néolithique : les premiers cultivateurs bâtissent des villages qui s'étendent de plus en plus, jusqu'à devenir des villes.

Qui a peint les parois des grottes ?

L'homme de Cro-Magnon semble avoir été le premier à représenter des animaux ou des scènes de chasse sur les parois des grottes. Ces peintures, dont les plus anciennes remontent à 35 000 ans environ, avaient peut-être une fonction magique.

Quels étaient les dieux des premières cités ?

On ne sait pas grand-chose sur la religion des hommes du néolithique. Cette statuette retrouvée à Çatal Höyük représente sans doute une déesse mère, symbole de la terre nourricière.

Quelle fut la plus grande cité néolithique ?

Çatal Höyük, en Anatolie (dans l'actuelle Turquie), est la plus importante agglomération connue de l'époque néolithique. Vers l'an 6200 av. J.-C., plus de 6 000 habitants y vivaient dans des maisons de briques crues toutes identiques et dépourvues de portes, où l'on accédait par les toits en terrasse.

QUEL ÉTAIT LE PLUS GROS GIBIER DES CHASSEURS DU NÉOLITHIQUE ?

Les mammouths, qui ont disparu voici 10 000 ans, ont été un gibier de choix pour les chasseurs d'Europe du Nord et de Sibérie. Ceux-ci n'osaient pas attaquer de front les énormes bêtes mais les attiraient dans les marécages où elles s'enlisaient, ou bien creusaient des fosses pour les prendre au piège. Un mammouth fournissait de la viande à la tribu pour plusieurs semaines, et sa peau servait à confectionner tentes et vêtements.

Que fournit le palmier-dattier ?

Rien n'est perdu dans ce végétal qui sert à tout : outre ses dattes si nourrissantes, sa sève sert à fabriquer une boisson fermentée, ses feuilles et ses fibres se tressent pour confectionner cordes et couffins. Enfin, ses stipes (tiges épaissies) remplacent le bois de charpente dans cette région où les arbres sont rares.

QUIZ

1. Le site de la ville de Çatal Höyük se trouve aujourd'hui :

a) en Irak
b) en Turquie
c) au Pakistan

2. Un mammouth, c'est :

a) un éléphant préhistorique
b) un ancien dieu
c) une arme de chasse

3. Le chien a été domestiqué il y a :

a) 100 000 ans
b) 15 000 ans
c) 3 000 ans

4. La culture du blé a débuté :

a) en Chine
b) en Amérique du Nord
c) au Moyen-Orient

Quel a été le premier animal domestique ?

Descendant direct ou très proche parent du loup, le chien a été le premier animal domestiqué, voici 15 000 ans. Il aida d'abord les chasseurs avant de garder de bétail.

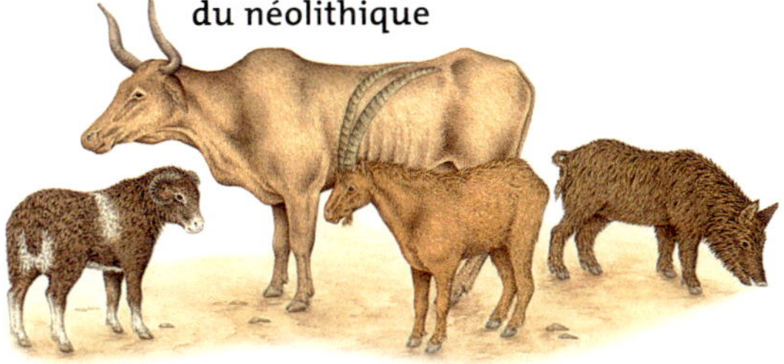

Le bétail des premiers éleveurs du néolithique

De quand date la culture du blé ?

Graminée sauvage recherchée pour ses qualités alimentaires, le blé fut d'abord consommé cru. Sa culture commença au Moyen-Orient vers le VIIIe millénaire avant J.-C. Mille ans plus tard, le pain était devenu une base de l'alimentation dans tout le monde antique.

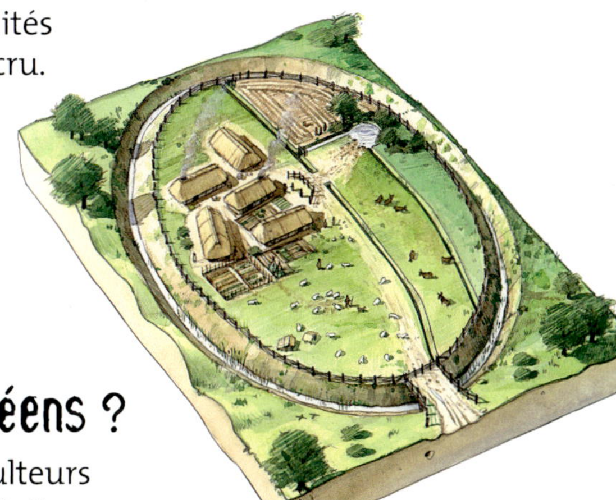

À quoi ressemblaient les premiers villages européens ?

En Europe, les premiers villages d'agriculteurs réunissaient quelques habitations aux toitures de chaume à l'intérieur d'une enceinte. Une partie de l'enclos était réservée aux cultures potagères et une autre servait de pâture au bétail.

Les civilisations des fleuves

Sumer, première grande civilisation de l'humanité, s'est développée en Mésopotamie (l'actuel Irak) il y a 7 000 ans . Les Sumériens savaient travailler les métaux et construire des routes, et leurs empires ont duré 3 000 ans. Entre-temps, deux autres civilisations fluviales étaient nées : en Égypte et dans la vallée de l'Indus, dans l'actuel Pakistan.

Les peuples de l'Indus bâtissaient-ils des villes ?

La civilisation de l'Indus a donné naissance aux plus anciennes villes d'Asie : bâties il y a environ 4 000 ans et redécouvertes vers 1920, Harappa et Mohenjo-Daro révèlent un remarquable niveau artistique.

Qui a inventé la roue ?

Personne ne sait quand fut inventée la roue, qui actionnait déjà les tours des potiers de Mésopotamie voici 6 000 ans ! Vers l'an 3200 av. J.-C., les Sumériens transportaient leurs marchandises sur des chariots à roues pleines semblables à celui-ci.

Qui a inventé l'écriture ?

L'écriture est apparue à Sumer voici plus de 5 000 ans. Il s'agissait à l'origine de dessiner des objets, dont le tracé s'est schématisé : cette écriture tout en angles est dite cunéiforme.

Que cultivait-on dans la vallée de l'Indus ?

Grâce à l'irrigation, les peuples de l'Indus pratiquaient la culture intensive du blé, de l'orge, du palmier-dattier et du sésame. Chaque cité possédait de vastes magasins, où les grains étaient stockés avant d'être redistribués.

Grenier à Mohenjo-Daro

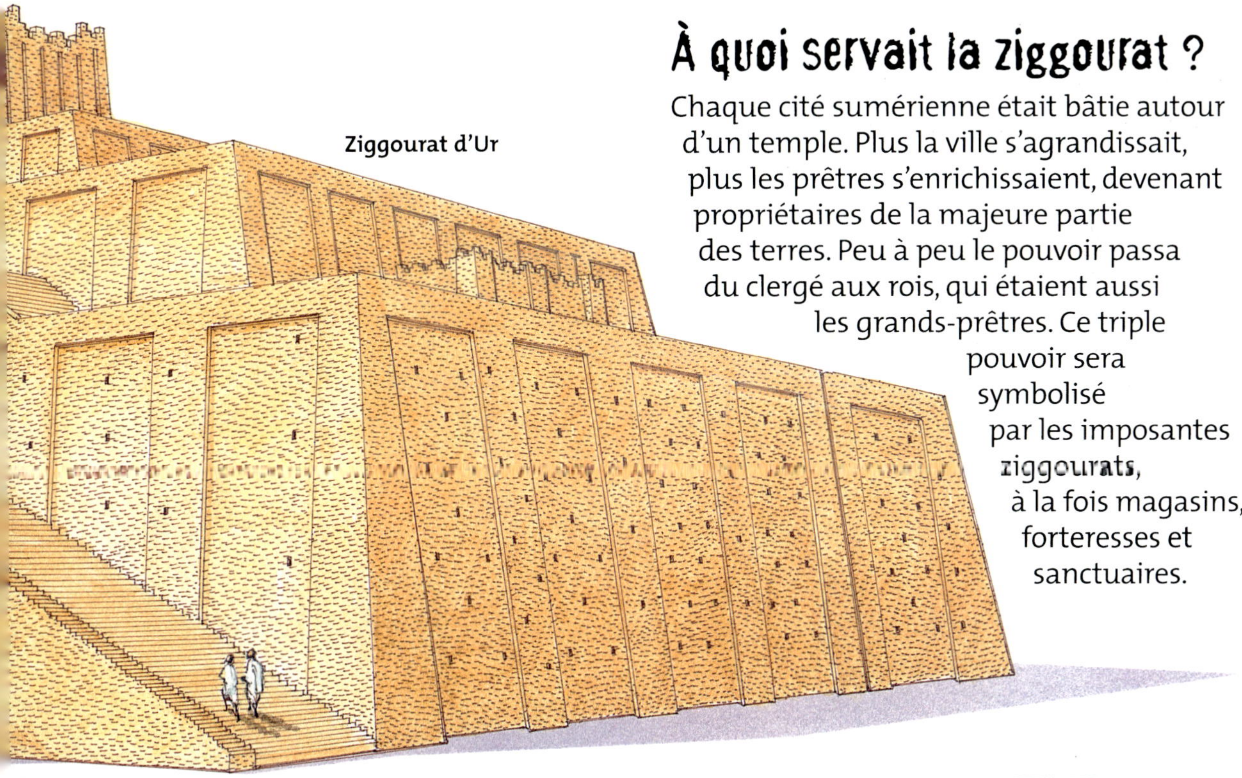
Ziggourat d'Ur

À quoi servait la ziggourat ?

Chaque cité sumérienne était bâtie autour d'un temple. Plus la ville s'agrandissait, plus les prêtres s'enrichissaient, devenant propriétaires de la majeure partie des terres. Peu à peu le pouvoir passa du clergé aux rois, qui étaient aussi les grands-prêtres. Ce triple pouvoir sera symbolisé par les imposantes ziggourats, à la fois magasins, forteresses et sanctuaires.

1. L'écriture des Sumériens est :
a) hiéroglyphique
b) cunéiforme
c) cursive

2. Un jeu vieux de plus de 4000 ans a été retrouvé :
a) au Caire
b) à Ur
c) à Athènes

4. Les Sumériens ont d'abord bâti leurs maisons :
a) en roseaux
b) en pierres
c) en bois

2. Le site d'Harappa se trouve :
a) en Mésopotamie
b) en Égypte
c) dans la vallée de l'Indus

QUELS ÉTAIENT LES MATÉRIAUX DE CONSTRUCTION ?

Les Sumériens n'avaient ni arbres ni pierres pour bâtir. Ils ont donc utilisé les seuls matériaux de construction disponibles : d'abord les roseaux, liés en bottes attachées les unes aux autres ; ensuite les briques crues. Les peuples de l'Indus ont eux aussi utilisé les briques crues pour édifier leurs maisons, aux pièces disposées autour d'un patio central.

Comment se divertissaient les Sumériens ?

Les riches Sumériens avaient assez de loisirs pour inventer des jeux. Baptisé jeu royal d'Ur, par les archéologues, ce jeu de plateau, le plus ancien que nous connaissions, date de plus de 4 000 ans.

Les Sumériens avaient-ils une monnaie ?

Les marchands de Sumer possédaient chacun leur sceau-cylindre pour signer les contrats de vente, gravés sur des tablettes d'argile. Vers 3300 av. J.-C., ils commencèrent à utiliser des jetons d'argile pour acheter les marchandises.

Qui régnait à Sumer ?

Chacune des cités-États de Sumer avait son propre souverain. Un roi pouvait parfois conquérir d'autres cités, mais aucun d'eux n'a jamais régné sur l'ensemble de Sumer.

L'Égypte ancienne

Voici plus de 5 000 ans, le légendaire pharaon Ménès réunissait les deux royaumes de Haute et de Basse-Égypte, donnant naissance à l'une des plus brillantes civilisations du monde antique. L'empire égyptien sera conquis par Rome en l'an 31 avant Jésus-Christ.

Comment connaissons-nous l'Égypte ancienne ?

Les tombes sont notre principale source de connaissances sur le temps des pharaons, car les anciens Égyptiens se faisaient enterrer avec leurs objets familiers. Elles sont ornées de peintures montrant des scènes de la vie quotidienne.

Les Égyptiens pratiquaient-ils des jeux ?

Les Égyptiens les plus riches consacraient leurs loisirs à la musique et aux jeux de pions. Leurs enfants possédaient de nombreux jouets (poupées, chariots à traîner, bateaux miniatures…).

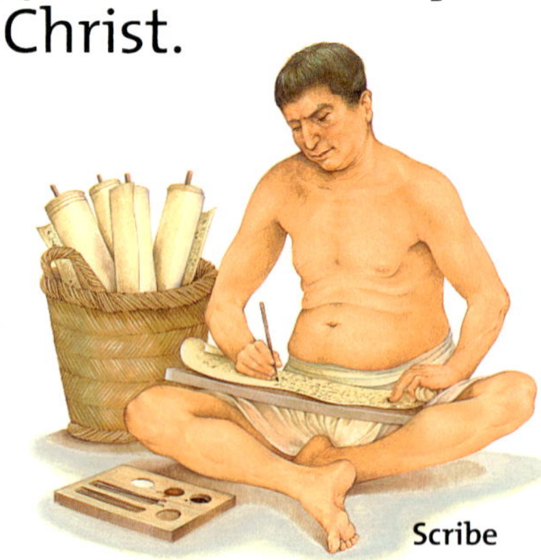

Scribe

Qui écrivait les lettres ?

Les Égyptiens sachant lire et écrire étaient rares. Lettres et documents étaient écrits par les scribes, qui étaient à la fois fonctionnaires et écrivains publics. Ils employaient des hiéroglyphes (pictogrammes) pour les textes officiels et des symboles simplifiés pour les lettres d'affaires.

Pourquoi portaient-ils des perruques ?

Les anciens Égyptiens se rasaient la tête par mesure d'hygiène. Les riches élégantes portaient des perruques, qu'elles changeaient souvent. Elles avaient aussi recours au maquillage et aux parfums.

Comment faisait-on le pain ?

Le pain était la principale nourriture du peuple. Blé et avoine donnaient une farine qui était pétrie avec de l'eau, aromatisée avec du miel, de l'ail ou des épices, puis cuite dans un four en argile.

Les pharaons étaient-ils riches ?

Les souverains de l'ancienne Égypte, appelés pharaons, étaient vénérés comme des dieux. Ils possédaient tout le pays et étaient riches et puissants. Les palais royaux étaient de vraies petites villes abritant des centaines de fonctionnaires et de serviteurs.

QUIZ

1. L'unification de l'ancienne Égypte a été réalisée par :
a) le dieu Nil
b) le pharaon Ménès
c) le pharaon Égypte

2. L'Égypte fut conquise par Rome en :
a) 300 av. J.-C
b) 31 av. J.-C.
c) 31 après J.-C

3. La tâche des scribes consistait à :
a) confectionner des perruques
b) bâtir des tombes
c) écrire des lettres

4. On pouvait payer ses impôts en nature avec cette denrée :
a) le miel
b) le blé
c) l'ail

Le blé était-il une monnaie ?

Principale culture de l'Égypte, le blé était utilisé comme monnaie d'échange. Il était donc très important de pouvoir le peser avec précision, et les balances égyptiennes étaient très perfectionnées.

POURQUOI LE NIL ÉTAIT-IL SI IMPORTANT ?

L'on disait de l'Égypte des pharaons qu'elle était un « don du Nil », et le fleuve lui-même était divinisé. Chaque année en effet, le Nil sort de son lit pour inonder les plaines environnantes qu'il couvre de dépôts fertiles. Les Égyptiens ont appris à domestiquer ces inondations et à aménager des canaux d'irrigation pour arroser les champs pendant la saison sèche. Ainsi, non seulement l'ancienne Égypte pouvait nourrir sa population, mais encore elle pouvait vendre des grains aux autres peuples de l'Antiquité. Sa première source de richesse était agricole.

Prêtres et momies

Pour les anciens Égyptiens, le décès n'était que la séparation du corps et de l'esprit, qu'ils appelaient Ka. Une nouvelle vie pouvait commencer après la mort, si le défunt en était jugé digne par le tribunal des dieux, mais seulement si le corps échappait à la destruction en étant embaumé.

Qu'est-ce qu'une momie ?

Une momie est un cadavre qui a été embaumé, c'est-à-dire vidé de ses viscères et préservé de la décomposition par des traitements spéciaux, puis emmailloté dans des bandelettes imprégnées de résines aromatiques, qui durcissaient en séchant.

Chaque canope avait un couvercle différent, en forme de tête d'animal ou de tête humaine.

Pourquoi glissait-on des amulettes sous les bandelettes ?

Les embaumeurs inséraient sous les bandelettes des amulettes porte-bonheur, destinées à faciliter le passage du défunt dans l'au-delà. Beaucoup étaient en or ou en pierres semi-précieuses.

QUI ÉTAIT MOMIFIÉ?

L'embaumement était une opération coûteuse, réservée à la famille royale, aux hauts fonctionnaires, aux prêtres et aux riches serviteurs. Mais les animaux dont l'image s'associait à celle d'une divinité étaient souvent momifiés : on a ainsi retrouvé des centaines de momies de chats, car cet animal sacré représentait la déesse Bastet.

Quelle tombe a livré des trésors ?

Les tombes des pharaons ont été presque toutes pillées, mais en 1922 une équipe d'archéologues britanniques a mis au jour la chambre funéraire, miraculeusement intacte, du jeune pharaon Toutankhamon, mort à 18 ans. Elle contenait de fabuleux trésors, dont ce masque funéraire en or massif.

Peintre de sarcophages

Que peignait-on sur les sarcophages ?

La momie était placée dans trois sarcophages en bois s'emboîtant les uns dans les autres (s'il s'agissait d'un pharaon, le premier était souvent en or). Chaque sarcophage était orné de peintures représentant le défunt aux différentes étapes de sa vie.

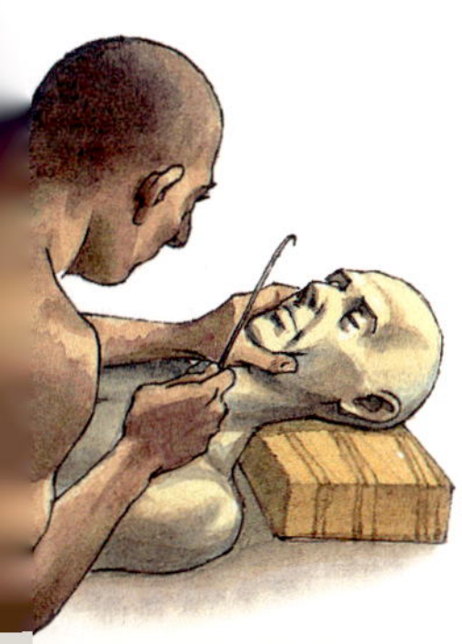

Que devenait le cerveau ?

Le cerveau était retiré à travers les narines, mais n'était pas embaumé comme les autres organes.

Que devenait le cœur ?

Une fois les viscères retirés, le corps était mis à sécher dans le natron (sorte de sel) pendant 40 jours. Les différents organes (foie, poumons...) étaient conservés dans des vases appelés canopes. Seul le cœur était replacé à l'intérieur du corps .

À quoi servait le masque funéraire ?

Le masque funéraire était sculpté à l'image du défunt, puis posé sur la tête de la momie, afin que l'esprit (le Ka) puisse reconnaître le corps qu'il devait réintégrer.

Pourquoi les prêtres portaient-il un masque de chacal ?

Les prêtres qui accomplissaient les rituels funéraires invoquaient Anubis, le dieu des morts à tête de chacal, et portaient un masque à son image.

1. Anubis était :
a) un prêtre
b) un dieu
c) un pharaon

2. Entre les bandelettes des momies, les prêtres plaçaient :
a) du natron en poudre
b) des hiéroglyphes
c) des amulettes

3. La tombe de Toutankhamon a été découverte :
a) en 1912
b) en 1922
c) en 1932

4. La momie était préparée par :
a) les prêtres
b) les pharaons
c) les embaumeurs

Pyramides et tombes

Les pharaons de l'Ancien et du Moyen Empire (voici 5 000 à 3 500 ans) étaient enterrés dans de gigantesques pyramides. Sous le Nouvel Empire, les tombes royales furent creusées dans les rives d'une petite vallée encaissée de la rive gauche du Nil, près de Thèbes. On l'a appelée depuis Vallée des Rois.

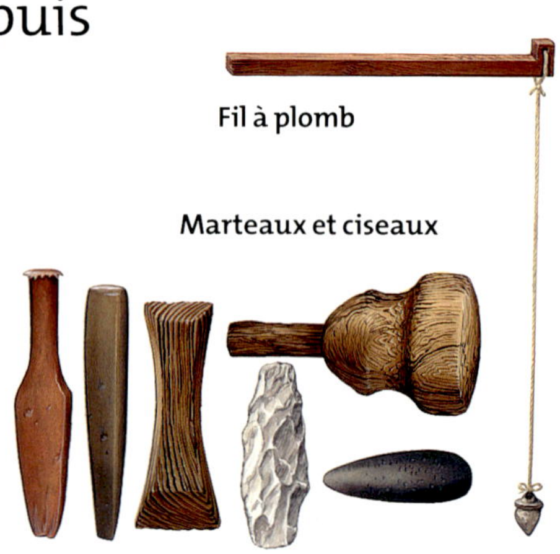

Fil à plomb

Marteaux et ciseaux

Qui bâtissait les pyramides ?

Plus de 4000 artisans et des milliers de maçons, de manœuvres et de portefaix étaient requis pour la construction d'une pyramide. Beaucoup de ces ouvriers étaient en réalité des fermiers qui payaient ainsi leurs impôts. Une fois les énormes pierres arrivées à pied d'œuvre, les tailleurs de pierre se mettaient au travail . Ils taillaient la pierre en blocs géométriques qui s'emboîtaient parfaitement.

Tailleurs de pierre

Quel temple a été déplacé ?

Le lac-réservoir du haut barrage d'Assouan a englouti de nombreux temples. Les plus importants ont été déplacés, comme celui d'Abou Simbel, édifié par Ramsès II. Son déménagement a duré plus de deux ans (1961-1963).

Comment se faisait le dernier voyage du pharaon ?

Le sarcophage royal gagnait la pyramide à bord d'une barque richement décorée. Pour la dernière partie du trajet, la barque voyageait sur un traîneau tiré par des vaches.

D'où venaient les pierres ?

Les pyramides avaient un revêtement extérieur en dalles de calcaire blanc et lisse qui devaient briller au soleil. La pierre venait d'une carrière située à 800 km et avait été transportée par bateau. Ces dalles seront plus tard descellées et utilisées par les maçons pour construire les immeubles du Caire.

Comment avait-on choisi l'emplacement des pyramides ?

Les pyramides se dressaient sur la rive gauche du Nil, c'est-à-dire vers l'ouest. Les Égyptiens pensaient que c'était là le royaume des morts parce que le soleil s'y couchait.

Qu'appelle-t-on Grande Pyramide ?

C'est la pyramide construite pour le roi Khufu, plus connu sous son nom grec Kheops, vers 2575 av. J.-C. Mais sa momie n'y fut jamais déposée, sans doute parce qu'on craignait un éboulement.

1. La Grande Pyramide se trouve :
a) à Thèbes
b) à Gizeh
c) à Abou Simbel

2. Les tombes de la vallée des rois datent du
a) Nouvel Empire
b) Moyen Empire
c) Ancien Empire

3. La dernière pyramide a été bâtie en :
a) 2575 av. J.-C.
b) 1570 av. J.-C.
c) 570 av. J.-C.

4. La Grande Pyramide a été construite pour ?
a) Kheops
b) Ramsès II
c) Cléopâtre

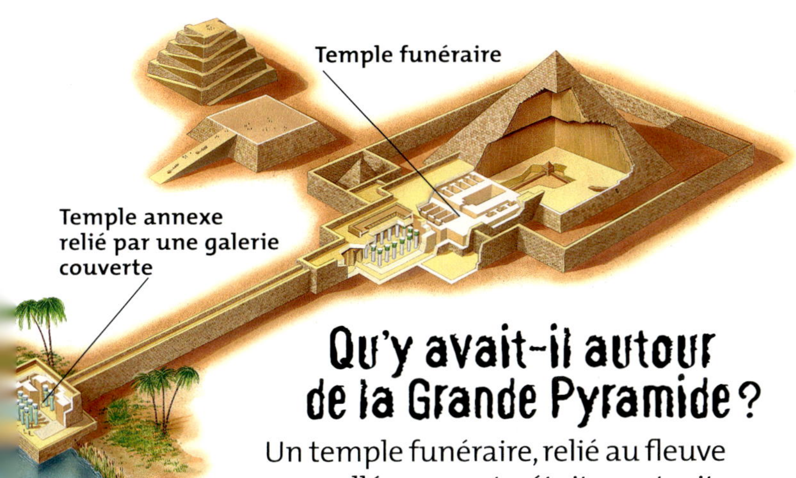

Qu'y avait-il autour de la Grande Pyramide ?

Un temple funéraire, relié au fleuve par une allée couverte, était construit le long d'une des faces de la pyramide. Des mini-pyramides annexes s'élevaient aux alentours.

POURQUOI A-T-ON CESSÉ DE BÂTIR DES PYRAMIDES ?

Les anciens Égyptiens bâtirent environ 90 pyramides sur le site de Gizeh, et la dernière fut édifiée vers 1570 av. J.-C. Comme la plupart des tombes étaient pillées, les pharaons furent ensuite enterrés dans la Vallée des Rois, non loin de Thèbes.
Presque toutes les tombes royales furent saccagées par la suite, mais c'est là que des Anglais découvrirent, cachée derrière une tombe déjà pillée, la sépulture intacte de l'enfant-roi Toutankhamon.

La Crète et Mycènes

La première grande civilisation européenne est née il y a environ 4 500 ans en Crète, île de la mer Égée. Ses habitants étaient les Minoens, du nom de leur roi légendaire Minos. Cette civilisation de commerçants s'effondra en 1500 avant Jésus-Christ, au profit des Mycéniens établis en Grèce.

Qui était le Minotaure ?

Moitié homme, moitié taureau, le Minotaure était un monstre qui, selon la légende, fut enfermé par le roi Minos dans un labyrinthe construit sous son palais. Tous les ans, 14 jeunes Grecs lui étaient offerts en sacrifice. Pour mettre fin à ce carnage, le héros grec Thésée le tua avec l'aide d'Ariane, la fille de Minos. Elle lui donna une bobine de fil d'or qu'il déroula pour retrouver son chemin.

Les Minoens était-ils des bâtisseurs ?

Ils ont construit des villes reliées par des routes pavées. Chacune avait un riche palais. Le plus grand était celui de Cnossos, au nord de la Crète, avec plus de 1 500 pièces !

Palais minoen

Quelles marchandises vendaient les Minoens ?

Les artisans minoens étaient très habiles dans l'art de la poterie ou de la bijouterie, comme le montre ce pendentif en forme de tête de taureau. Ils vendaient leurs produits jusqu'en Égypte, où on en a retrouvé.

QUI ALLAIT À LA CHASSE ?

La chasse était l'un des loisirs favoris des nobles mycéniens. Ils chassaient les bêtes sauvages, même les lions : il y en avait encore en Grèce il y a 3 000 ans. Cette fresque montre un sanglier attaqué par des chiens de chasse et tué d'un coup de lance. Les défenses des sangliers tués décoraient ensuite les casques des chasseurs.

Les Minoens étaient-ils sportifs ?

Les fresques peintes sur les murs de ce palais représentent un jeu très dangereux, mais très apprécié des Minoens : faire un saut périlleux par-dessus un taureau tandis qu'un autre joueur essaie de maintenir l'animal par les cornes !

Palais mycénien

À quoi ressemblait un palais mycénien ?

Les Mycéniens, qui ont dominé la Grèce entre 1600 et 1100 avant Jésus-Christ, ont laissé des ruines impressionnantes, comme celles du palais du roi Nestor, à Pylos, au sud de la Grèce. Ce palais possédait des pièces richement décorées, disposées autour de cours intérieures.

Les Mycéniens faisaient-ils la guerre ?

Les Mycéniens n'étaient pas seulement des marchands, mais aussi des guerriers qui entouraient leurs villes d'énormes remparts formés de gros blocs de pierre ajustés. L'entrée de Mycènes était gardée par la porte des Lions, ainsi appelée parce qu'elle était ornée de deux sculptures de lionnes.

La porte des Lions

QUIZ

1. La civilisation minoenne a commencé il y a :
a) 3 500 ans
b) 1 500 ans
c) 4 500 ans

2. Le Minotaure avait un corps d'homme et une tête de :
a) lion
b) taureau
c) ours

3. Le Minotaure a été tué par :
a) Nestor
b) Minos
c) Thésée

4. On entrait à Mycènes par la porte :
a) des Lions
b) des Taureaux
c) du Roi

Babylone

Capitale d'un riche empire fondé en Mésopotamie voici 3 900 ans, Babylone a connu son apogée sous le règne d'Hammourabi. Détruite en 1595 av. J.-C., la ville retrouva sa splendeur 1 000 ans plus tard, sous Nabuchodonosor. Babylone sera prise par les Perses en 539 av. J.-C.

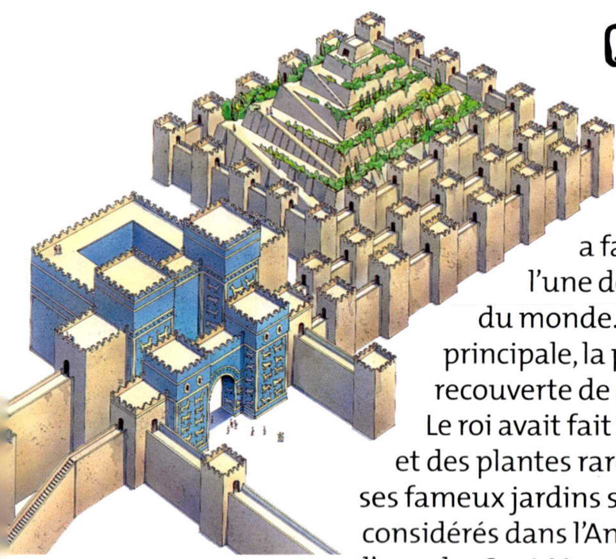

Qui a enrichi Babylone ?

Le grand roi Nabuchodonosor a fait de Babylone l'une des plus belles villes du monde. Son entrée principale, la porte d'Ishtar, était recouverte de céramique bleue. Le roi avait fait venir des arbres et des plantes rares de Perse pour ses fameux jardins suspendus, considérés dans l'Antiquité comme l'une des Sept Merveilles du monde.

Les Babyloniens étaient-ils des guerriers ?

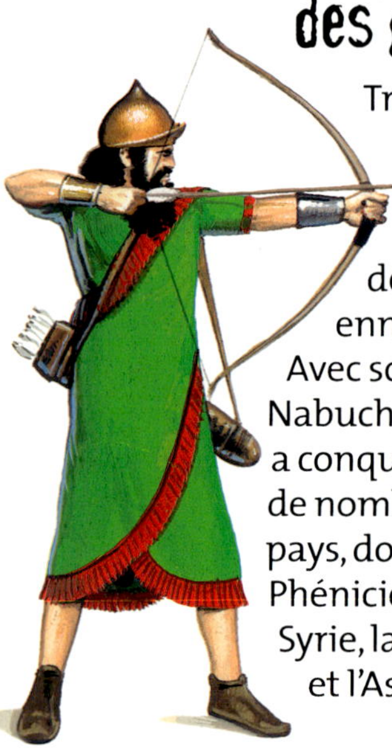

Très bien entraînés, les soldats babyloniens étaient des archers redoutés de tous leurs ennemis. Avec son armée, Nabuchodonosor a conquis de nombreux pays, dont la Phénicie, la Syrie, la Judée et l'Assyrie.

Comment vivait-on à Babylone ?

La plupart des gens habitaient des maisons très simples. Mais les plus riches disposaient de vastes demeures à plusieurs étages, avec des balcons en bois donnant sur une cour intérieure. Ils avaient de nombreux domestiques.

Qui a perdu le secret de la vie éternelle ?

Selon la légende, le roi Gilgamesh avait été chercher au fond de la mer une plante qui donnait la vie éternelle à son possesseur. Mais pendant son voyage de retour, il s'était endormi. Profitant de son sommeil, un serpent a dévoré la plante miraculeuse.

Quels dieux adoraient-ils ?

Les principaux dieux des Babyloniens étaient Ishtar, la déesse mère, et Marduk, un dragon. La légende dit que les dieux, irrités par l'orgueil de Gilgamesh, avaient envoyé un taureau monstrueux pour le tuer. Mais le roi fut vainqueur.

Qui étaient les génies ?

C'était des dieux ailés qui protégeaient les palais des maladies et des démons. Celui-ci tient un seau et une pomme de pin, qui étaient des symboles de purification.

Qui a fait les lois ?

Le roi Hammourabi a promulgué 282 lois, dont la plupart étaient très justes. Elles avaient pour but de protéger les plus faibles et de garantir l'honnêteté des transactions commerciales.

QUIZ

1. La déesse mère s'appelait :
a) Marduk
b) Ishtar
c) Gilgamesh

2. La base de calcul des Babyloniens était le nombre :
a) 100
b) 80
c) 60

3. La plante qui donnait la vie éternelle a été mangée par :
a) un serpent
b) un taureau
c) un génie

4. Babylone a été conquise en 539 av. J.-C. par :
a) les Grecs
b) les Égyptiens
c) les Perses

Y avait-il des animaux à Babylone ?

Il y avait sans doute des chiens et des chats domestiques, mais les habitants les plus riches préféraient des animaux plus rares. Certains princes avaient de véritables zoos, avec des lions ou des léopards.

COMMENT CALCULAIT-ON ?

Les Babyloniens étaient d'excellents mathématiciens dont le système de calcul était basé sur le nombre 60. Ce système était très pratique car le nombre 60 est facilement divisible (aujourd'hui, il sert d'ailleurs toujours à mesurer le temps – il y a 60 minutes dans une heure et 60 secondes dans une minute – ou encore pour diviser un cercle qui comprend 360 degrés, soit 60 x 6 degrés). La surface des propriétés terriennes était toujours rigoureusement calculée, et leurs limites étaient marquées par des bornes, afin d'éviter tout litige entre voisins. Les Babyloniens avaient aussi de vastes connaissances en astronomie.

Assyriens et Hittites

Venus d'Anatolie, les Hittites pillèrent Babylone en 1595 av. J.-C. et fondèrent un empire qui s'effondra 300 ans après. Puis vinrent les Assyriens dont le puissant et brillant empire mésopotamien fut abattu par les Babyloniens en 609 av. J.-C.

Que bâtissaient-ils ?

Les rois assyriens supervisaient la construction de villes, de temples et de palais magnifiques. Les pierres étaient amenées des carrières sur des radeaux tirés sur le fleuve Tigre par des barques en peau.

Comment prenaient-ils les villes ?

Après de longs sièges destinés à affaiblir les défenseurs, les Hittites et les Assyriens employaient des « béliers », des machines conçues pour percer les murs.

Qui fut le plus grand roi d'Assyrie ?

Monarque impitoyable, Assurbanipal vécut à la fin de l'empire assyrien. C'était aussi quelqu'un de très cultivé, qui fonda à Ninive une bibliothèque où étaient gardés les grands textes de Sumer et de Babylone sur des tablettes d'argile.

La cour royale assyrienne

QUE SCULPTAIENT-ILS ?

Tous les grands musées du monde possèdent des œuvres qui démontrent que les Assyriens étaient de grands sculpteurs. Ils taillaient souvent la pierre en bas-relief pour décorer les murs de leurs temples et de leurs palais. Beaucoup de sculptures assyriennes exaltent les exploits des rois, à la guerre ou à la chasse, mais d'autres représentent des scènes de la vie quotidienne. Sur ce bas-relief, on peut voir comment on préparait un repas.

Bloc sculpté roulé sur des rondins jusqu'au chantier

QUIZ

1. Assur était :
a) un dieu
b) un roi
c) une déesse

2. Les guerriers hittites venaient :
a) de Syrie
b) d'Égypte
c) d'Anatolie

3. La bibliothèque d'Assurbanipal se trouvait :
a) à Babylone
b) à Ninive
c) à Sumer

4. Les chars de guerre des Assyriens étaient tirés par :
a) des bœufs
b) des lions
c) des chevaux

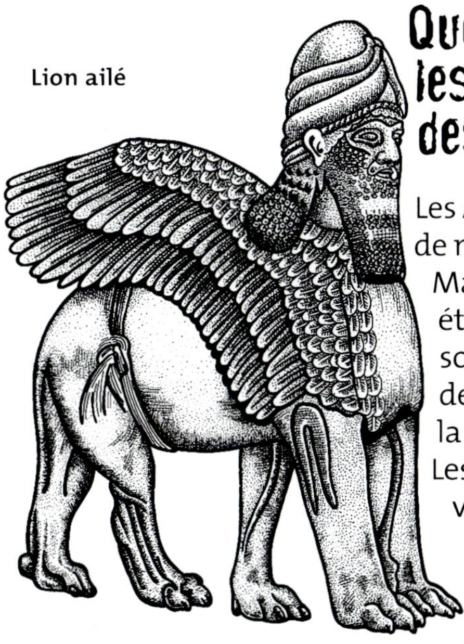

Lion ailé

Quels étaient les dieux des Assyriens ?

Les Assyriens adoraient de nombreux dieux. Mais le plus important était Assur, qui donna son nom à la capitale de l'empire. Ishtar était la déesse de la guerre. Les Babyloniens aussi vénéraient Ishtar, mais c'était chez eux une déesse mère, protectrice de la cité. Pour empêcher les esprits malfaisants de pénétrer dans leurs villes, les Assyriens plaçaient des statues de lions ailés à tête humaine de chaque côté des portes d'entrée.

À quoi servaient les chars de guerre ?

Les Hittites et les Assyriens étaient des guerriers redoutables. Ils semaient la terreur avec leurs chars légers et rapides. Ils étaient capables de décocher leurs flèches ou de lancer des javelots en pleine course.

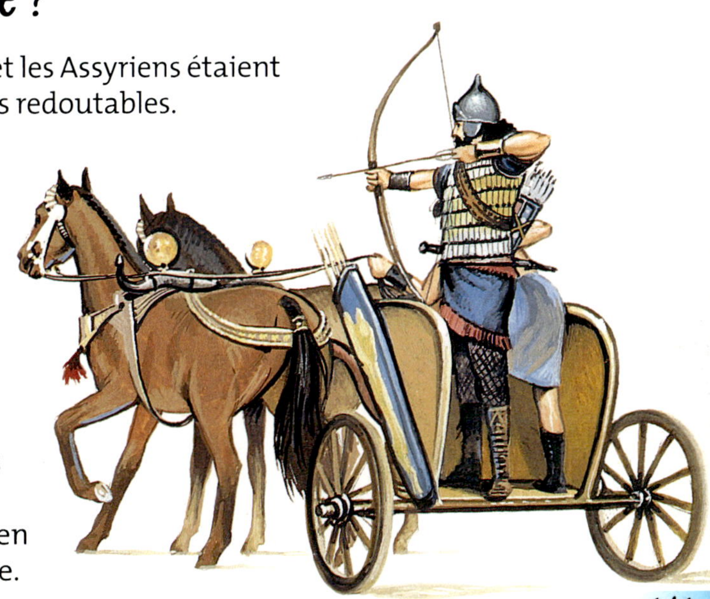

Chariot de guerre assyrien

Les Phéniciens

Installés dans des cités sur les côtes des actuels États israélien, libanais et syrien, les Phéniciens ont été à partir du XIIIe siècle av. J.-C. les plus grands marins et commerçants de l'Antiquité. Mais leur culture n'a pas résisté à l'expansion des Romains.

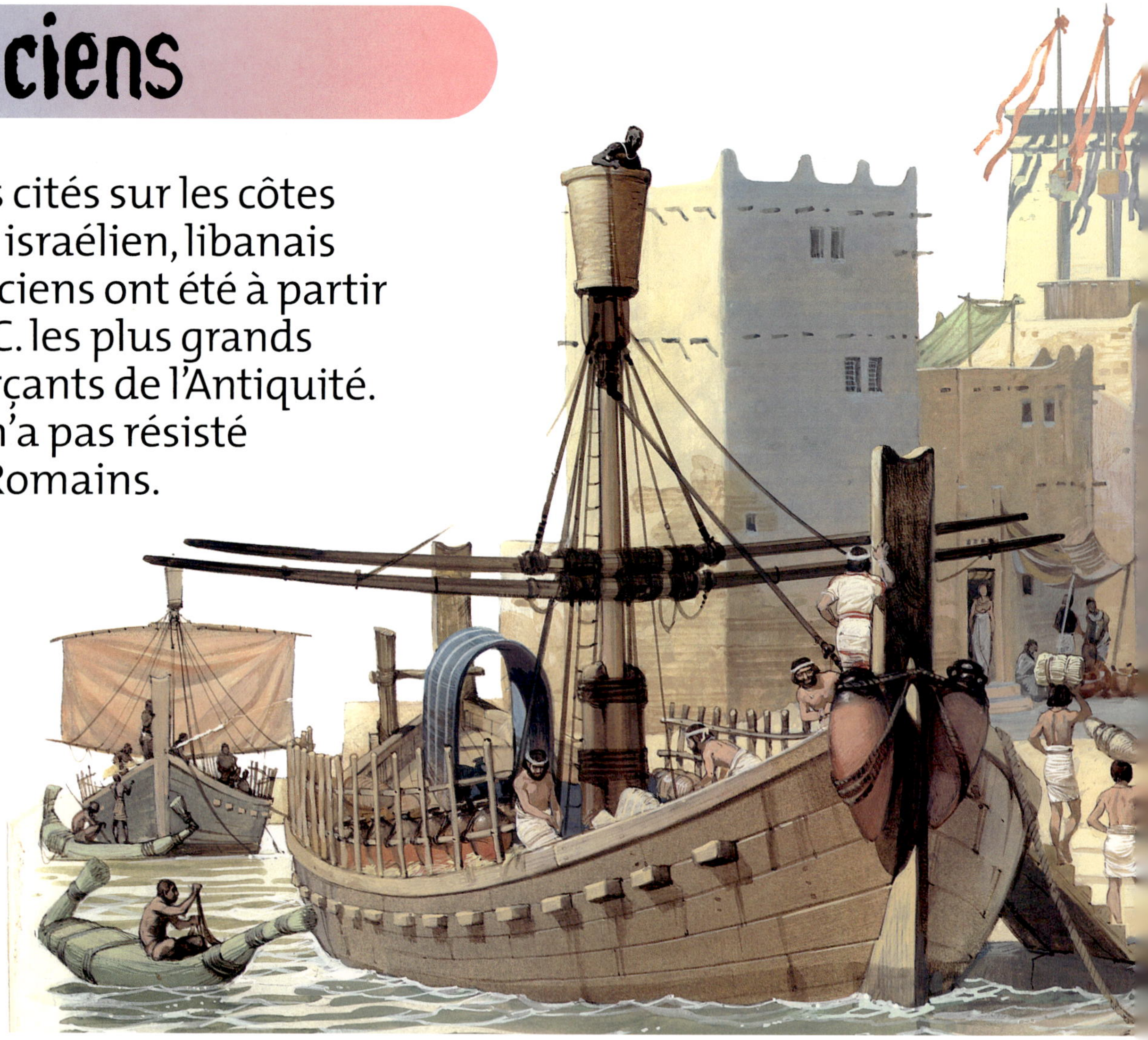

Jusqu'où sont allés les Phéniciens ?

Excellents marins disposant de très bons navires, ils ont exploré vers 600 av. J.-C. l'Afrique occidentale à la demande des Égyptiens. Ils allaient également en Grande-Bretagne pour acquérir de l'étain et de l'argent.

Qu'échangeaient les commerçants ?

Les Phéniciens échangeaient les produits fabriqués par leurs artisans : poteries, objets d'ivoire ou de métal, tissus précieux, mais aussi du bois de cèdre.

Travaillaient-ils le verre ?

Les Phéniciens ont été les premiers à produire du verre à grande échelle. C'est aussi eux qui inventèrent le soufflage du verre pour fabriquer des vases comme celui-ci.

Exemple d'écriture phénicienne

Savaient-ils lire et écrire ?

Les Phéniciens furent parmi les premiers peuples à utiliser un alphabet plutôt que des pictogrammes. Leur alphabet comprenait 22 consonnes, mais aucune voyelle. Les lettres phéniciennes, par leur simplicité d'emploi, inspirèrent la plupart des alphabets modernes à partir du grec ancien.

D'où vient leur nom ?

Murex

Il vient du mot grec « phoinios » qui signifie « rouge ». Or, les Phéniciens étaient réputés pour la beauté de la teinture rouge (ou pourpre) qu'ils tiraient du murex, un coquillage marin. Les tissus teints en pourpre de murex étaient très coûteux et, à Rome, seuls les empereurs avaient le droit d'en être revêtus.

1. Avec le murex les Phéniciens fabriquaient :
a) de la teinture
b) de la nourriture
c) de la boisson

2. La ville de Carthage se trouvait :
a) en Espagne
b) en Afrique
c) en Grèce

3. L'alphabet phénicien avait :
a) 30 lettres
b) 28 lettres
c) 22 lettres

4. Les commerçants phéniciens ont exploré :
a) l'Amérique
b) l'Australie
c) l'Afrique

COMMENT A ÉTÉ FONDÉE CARTHAGE ?

Carthage était la plus grande colonie phénicienne. Selon la légende, elle a été fondée par la princesse Didon qui, en débarquant sur la côte de l'Afrique du Nord, a demandé au roi de la région de lui céder une portion de son territoire pour bâtir sa ville. Le roi lui a donné son accord, à condition que cette portion puisse tenir dans une peau de bœuf ! Mais la rusée princesse trouva un subterfuge. Elle découpa la peau de bœuf en très fines lamelles qu'elle mit bout à bout, et elle en entoura un vaste espace que le roi, piégé, ne put lui refuser.

Prêtresse phénicienne

Quelle était leur religion ?

Le principal dieu des Phéniciens était Baal, divinité de la guerre. Le culte était rendu dans des temples par des prêtres et des prêtresses. Dans les temps de malheur, des enfants étaient sacrifiés.

Où se sont établis les Phéniciens ?

Les Phéniciens ont fondé des colonies tout autour de la Méditerranée. Ils se sont notamment installés à Marseille, à Cadix, à Malte, à Chypre, en Sicile et à Carthage (actuellement en Tunisie). De Carthage, ils ont fait du commerce avec les Africains, leur achetant de l'ivoire, des peaux et des bois précieux.

Échange de marchandises entre Phéniciens et Africains

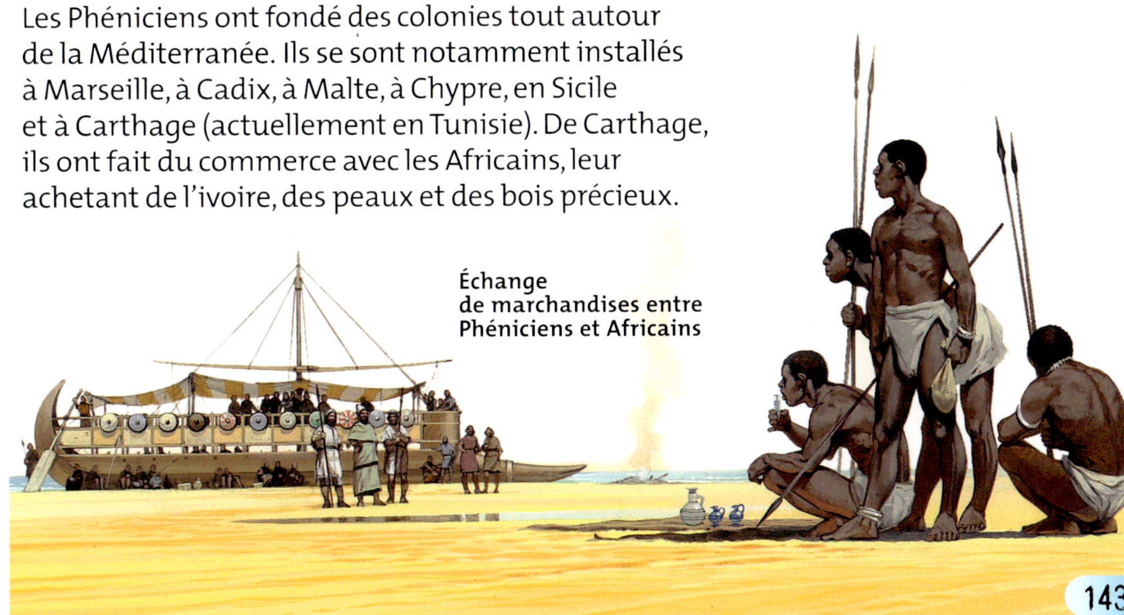

La Grèce antique

Vers l'an 500 avant Jésus-Christ, la Grèce était constituée d'une multitude de petites cités indépendantes, disséminées autour de la Méditerranée. Les deux plus importantes étaient Athènes et Sparte.

Qui étaient les Spartiates ?

Située dans le Péloponnèse, au sud de la Grèce, Sparte était un État quasi militaire. Les hommes étaient tous soldats. Dès l'âge de 7 ans, les garçons apprenaient à se battre. Quant aux femmes, elles se devaient d'élever des enfants sains et forts.

À quoi servait une acropole ?

C'était à l'origine une forteresse bâtie au plus haut point de la cité. Par la suite, l'acropole est devenue le centre religieux de la ville.

Qui excluait qui ?

Chaque année, les Athéniens pouvaient demander le bannissement d'un citoyen en inscrivant son nom sur un tesson de poterie appelé « ostrakon ». Quiconque avait plus de 6 000 voix contre lui était chassé pour dix ans. C'était l'« ostracisme ».

Les Grecs aimaient-ils les sports ?

Ils pratiquaient aussi bien l'athlétisme que la boxe ou les jeux de balle. En 776 av. J.-C., is fondèrent les jeux Olympiques qui avaient lieu tous les quatre ans et se déroulaient à Olympie.

Qui était couronné ?

Le dernier jour des jeux Olympiques, les vainqueurs étaient honorés par une couronne de feuilles de laurier ou d'olives sauvages cueillies dans un bois sacré, près du temple de Zeus. De retour dans leur cité, ils étaient reçus en héros.

Allait-on au théâtre ?

Les tragédies grecques étaient représentées dans des théâtres semi-circulaires, en plein air. Tous les rôles étaient joués par des hommes, avec des masques pour symboliser les personnages. Le théâtre d'Athènes avait 10 000 places.

L'Acropole, à Athènes

Jouait-on de la musique ?

La musique et la danse faisaient partie de la culture grecque. La poésie était chantée et accompagnée d'instruments. Le plus traditionnel était la lyre, dont la caisse était parfois une simple carapace de tortue.

QUIZ

1. Les prédictions les plus fameuses étaient rendues :
a) à Athènes
b) à Delphes
c) à Sparte

2. La lyre était :
a) un oiseau
b) un sport
c) un instrument de musique

3. Les jeux Olympiques se déroulaient tous les :
a) deux ans
b) quatre ans
c) dix ans

4. Les vainqueurs des jeux Olympiques recevaient :
a) une couronne
b) une médaille
c) un diplôme

QUI PRÉDISAIT L'AVENIR ?

Les dieux grecs formaient une grande famille dont on croyait qu'elle vivait au sommet de l'Olympe, le point culminant de la Grèce. Le chef de cette famille était Zeus. Les Grecs étaient très superstitieux et demandaient à leurs dieux de leur prédire leur avenir. Ils leur répondaient par des« oracles », paroles peu compromettantes transmises par des officiants. Le plus renommé de ces officiants était une femme, la « pythie » du temple du dieu Apollon, à Delphes.

La démocratie était-elle pour tous ?

À Athènes, tous les hommes libres pouvaient participer à la vie politique. En étaient exclus les très nombreux esclaves, les étrangers et les femmes.

La culture grecque

Au ve siècle avant Jésus-Christ, Athènes a atteint son apogée. En 338 av. J.-C., la Grèce fut conquise par le roi Philippe de Macédoine. Mais son fils Alexandre le Grand, éduqué par le mathématicien et philosophe Aristote, propagea la culture athénienne jusqu'aux confins de l'Inde.

Où faisait-on ses achats ?

La grande place centrale, appelée « agora », était un lieu de réunions politiques, mais aussi un marché où l'on vendait des produits de l'artisanat, de la nourriture et même des esclaves.

Comment étaient les maisons grecques ?

La plupart n'avaient qu'un rez-de-chaussée disposé autour d'une cour intérieure. Celles des Grecs les plus riches avaient un étage où se trouvaient les chambres. Les hommes, les femmes et les esclaves vivaient séparément.

Comment connaît-on la vie des Grecs ?

Les nombreuses poteries découvertes par les archéologues sont décorées par des scènes qui représentent de façon très réaliste tous les aspects de la vie quotidienne en Grèce.

Que mangeaient-ils ?

La base de l'alimentation des Grecs était constituée de pain, d'olives, de figues et de fromage de chèvre. La viande était très chère et réservée aux classes aisées. En revanche, le poisson était bon marché.

QUELS VÊTEMENTS PORTAIENT LES GRECS ?

Le vêtement le plus connu est le « chiton ». C'était une large pièce de tissu fixée aux épaules et serrée à la ceinture. De couleur souvent safran, mais parfois aussi violette ou rouge, le chiton pouvait être couvert sur les épaules par une sorte de capeline de laine appelée « chlamyde », attachée ou simplement nouée autour du cou.

Se baignaient-ils ?

Beaucoup d'hommes allaient au gymnase, où ils disposaient de piscines et de bains de vapeur. Très peu de maisons avaient des salles de bains. Les femmes et les enfants se lavaient dans des bassines de bronze, aspergés et frottés par leurs esclaves.

Où se retrouvaient les Grecs ?

L'agora était le lieu de rencontre privilégié pour discuter entre amis, pour écouter les conteurs d'histoires ou débattre avec des philosophes comme Socrate.

Possédaient-ils des meubles ?

Les riches Athéniens recevaient leurs invités sur des lits de repos capitonnés. Les plats étaient servis sur des tables basses incrustées d'ivoire. Pour dormir, ils avaient des lits en bois dont le sommier était constitué de lanières de cuir.

Est-ce que les Grecs allaient à l'école ?

De sept à dix-huit ans, les fils des riches Athéniens allaient à l'école où, le matin, on leur apprenait la lecture, l'écriture, le calcul, la poésie et la musique. L'après-midi était consacré aux sports et à la danse. Les filles, elles, demeuraient à la maison où on leur enseignait la couture et le tissage.

1. L'agora était :
a) une école
b) une place
c) un temple

2. Les écoles grecques étaient ouvertes :
a) aux garçons
b) aux filles
c) à tout le monde

3. La chlamyde était :
a) un outil d'artisan
b) un ustensile de cuisine
c) un vêtement

4. En 338 av. J.-C., la Grèce a été conquise par :
a) Philippe
b) Alexandre
c) Socrate

Les Perses

Voici environ 3 000 ans, l'actuel territoire de l'Iran était partagé entre les Mèdes et les Perses. Mais en 550 av. J.-C., le roi perse Cyrus le Grand en fit un seul et puissant empire qui sera conquis par Alexandre le Grand.

Jusqu'où a été Alexandre le Grand ?

Vainqueur de Darius III en 331 av. J.-C., le roi des Grecs a abattu l'empire perse et s'est lancé à la conquête de l'Orient. Après avoir soumis l'Égypte et l'Asie mineure, il a conduit ses armées jusqu'aux portes de l'Inde.

Qui a enrichi l'empire perse ?

Le roi Darius Ier a régné sur la Perse de 521 à 486 av. J.-C. Son empire immense s'étendait de l'Égypte à la vallée de l'Indus. Les peuples conquis lui apportaient de riches tributs sous forme d'or, de tissus précieux, de bijoux ou d'animaux. Il a construit un vaste réseau routier et créé une monnaie unique pour faciliter le commerce.

Qui étaient les Parthes ?

Après la mort d'Alexandre le Grand, en 323 av. J.-C., les Parthes dominèrent la Perse. Ils étaient des cavaliers très adroits dont la tactique consistait à simuler la fuite et à tirer des flèches sur leurs ennemis en se retournant. De là vient l'expression « la flèche du Parthe ».

QUELLE RELIGION PRATIQUAIT-ON EN PERSE ?

Beaucoup de Perses vénéraient Mithra, un dieu de lumière, de vérité et de justice. La légende raconte qu'il a tué un taureau magique et que le sang de l'animal a fécondé les animaux et les plantes. Plus tard, Mithra devint le dieu préféré des légionnaires romains. Mais la Perse fut vers 600 av. J.-C. le théâtre d'une révolution religieuse. Le prophète Zoroastre a établi une nouvelle religion, fondée sur le combat du Bien et du Mal. Cette religion a conservé aujourd'hui des adeptes en Iran et en Inde.

La Perse avait-elle une armée ?

Très nombreux et bien entraînés, les soldats perses étaient armés de lances, d'épées, ainsi que d'arcs et de flèches. Ils revêtaient au combat une tunique de cuir renforcée de plaques de métal

QUIZ

1. L'empire perse a été fondé par

a) Cyrus
b) Darius
c) Alexandre

2. La bataille navale de Salamine a eu lieu en :

a) 380 av. J.-C.
b) 480 av. J.-C.
c) 580 av. J.-C.

3. Le grand dieu perse Mithra a tué :

a) un lion
b) un dragon
c) un taureau

4. Une trirème était :

a) un dieu
b) une épée
c) un bateau

Y avait-il des trésors en Perse ?

Les ruines de Persépolis témoignent de la splendeur du palais de Darius Ier. Les richesses de l'empire perse étaient telles qu'Alexandre le Grand aurait emporté 4 500 tonnes d'or après avoir pris Persépolis et Suse !

Les Perses et les Grecs se sont-ils combattus ?

Les Perses ont essayé en vain de conquérir la Grèce. À la bataille de Salamine, en 480 av. J.-C., leur flotte a été mise en déroute par les trirèmes grecques, des navires actionnés par plus de 150 rameurs répartis sur trois niveaux, à bâbord et à tribord.

L'empire de Chine

Le premier empereur de Chine fut Qin Shi Huangdi. Après avoir vaincu en 221 av. J.-C. les différents royaumes chinois, il fonda la dynastie Qin qui unifia tout le pays et lui donna son nom.

Quand est apparu le fer en Chine ?

Avant l'avènement des Qin, plusieurs royaumes ont contribué au développement de la civilisation chinoise. Pendant plus de huit siècles à partir de 1122 av. J.-C., les Zhou ont développé l'agriculture et la métallurgie, et utilisé pour la première fois le fer.

Qui était Confucius ?

Confucius est le nom européanisé de K'ong-fou-tseu, philosophe chinois né en 551 av. J.-C. Il enseigna une morale pratique basée sur les devoirs respectifs des pères et des fils, des souverains et de leurs sujets. Le confucianisme a imprégné la société chinoise jusqu'à nos jours.

Qui a inventé le papier ?

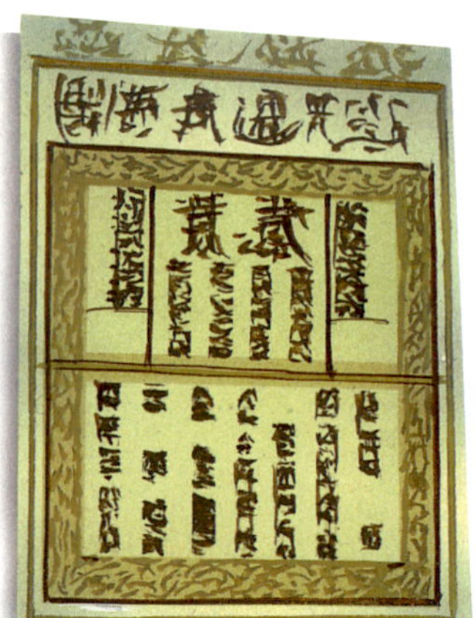

En l'an 105, un Chinois appelé Tsai-lun observa comment les guêpes obtenaient la pâte de leurs nids en ramollissant des fibres de bambou avec leur salive. Il appliqua ce procédé en faisait sécher de la pâte de bambou tamisée : le papier était inventé.

Qu'est-ce que le yin et le yang ?

Dans la philosophie chinoise du taoïsme, le yin (noir) et le yang (blanc), symboles de la passivité et de l'activité, expriment la complémentarité des contraires.

L'armée d'argile protégeait qui ?

C'est en 1974 que l'on a découvert près de X'ian, l'ancienne capitale des Qin, le tombeau de Qin Shi Huangdi. L'empereur s'était fait enterrer avec plus de 7 000 soldats et cavaliers sculptés en terre cuite, grandeur nature. Leurs armes, piques ou arbalètes, étaient réelles.

QUI INVENTA LA BOUSSOLE ?

Les Chinois ont fait de grandes découvertes scientifiques, notamment sous la brillante dynastie des Han (de 206 av. J.-C. à l'an 220 de notre ère). C'est en effet à cette époque que les Chinois inventèrent la première boussole magnétique, avec cadran et aiguille. Au début, ils ne s'en servaient pas pour naviguer, mais pour déterminer l'orientation des temples. Ils n'en étaient pas moins de remarquables marins. Des siècles avant les Européens, ils construisaient des navires de haute mer avec une voilure sophistiquée et des gouvernails, qui les menaient jusqu'en Afrique pour faire du commerce. Excellents mathématiciens et astronomes, les Chinois ont été les premiers au monde à dresser des cartes quadrillées et à calculer qu'il y avait 365,25 jours dans une année.

Quand fut commencée la Grande Muraille ?

C'est Qin Shi Huangdi qui ordonna la construction de la Grande Muraille de Chine au Ve siècle av. J.-C., mais elle ne fut achevée que bien longtemps après. Elle fera alors au total 6 700 km atteignant parfois 8 m de hauteur, pour une largeur de 4 à 6 m.

Par qui l'empereur a-t-il été battu ?

La vie était très dure pour les paysans sous le règne de Qin Shi Huangdi. Ils étaient astreints à de lourds impôts et à des corvées. Quand l'empereur est mort, les paysans se sont soulevés contre son fils qui lui a succédé. Ils ont formé une grande armée et battu le nouvel empereur en 209 av. J.-C.

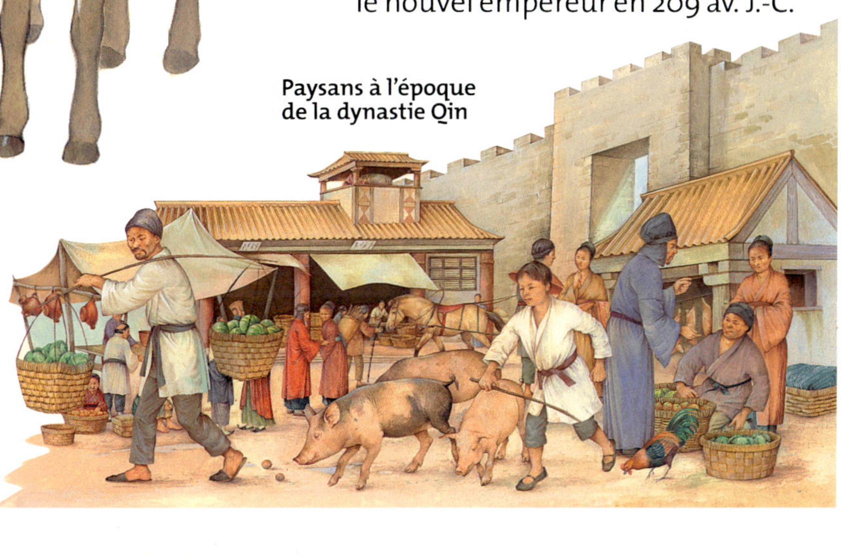

Paysans à l'époque de la dynastie Qin

1. L'armée d'argile gardait :
a) un palais
b) une tombe
c) une ville

2. Le papier a été inventé par :
a) K'ong-fou-tseu
b) Qin Shi Huangdi
c) Tsai-lun

3. La hauteur maximale de la Grande Muraille était :
a) 8 m
b) 14 m
c) 22 m

4. Confucius est né en :
a) 551 av. J.-C.
b) 151 av. J.-C.
c) 51 av. J.-C.

Les Celtes

De 1200 av. J.-C. au premier siècle de notre ère, les tribus celtes ont répandu leur civilisation en Europe. Leurs langues et leurs coutumes étaient très proches les unes des autres. Les Romains ont pratiquement conquis tous leurs royaumes, de la Gaule à l'Angleterre.

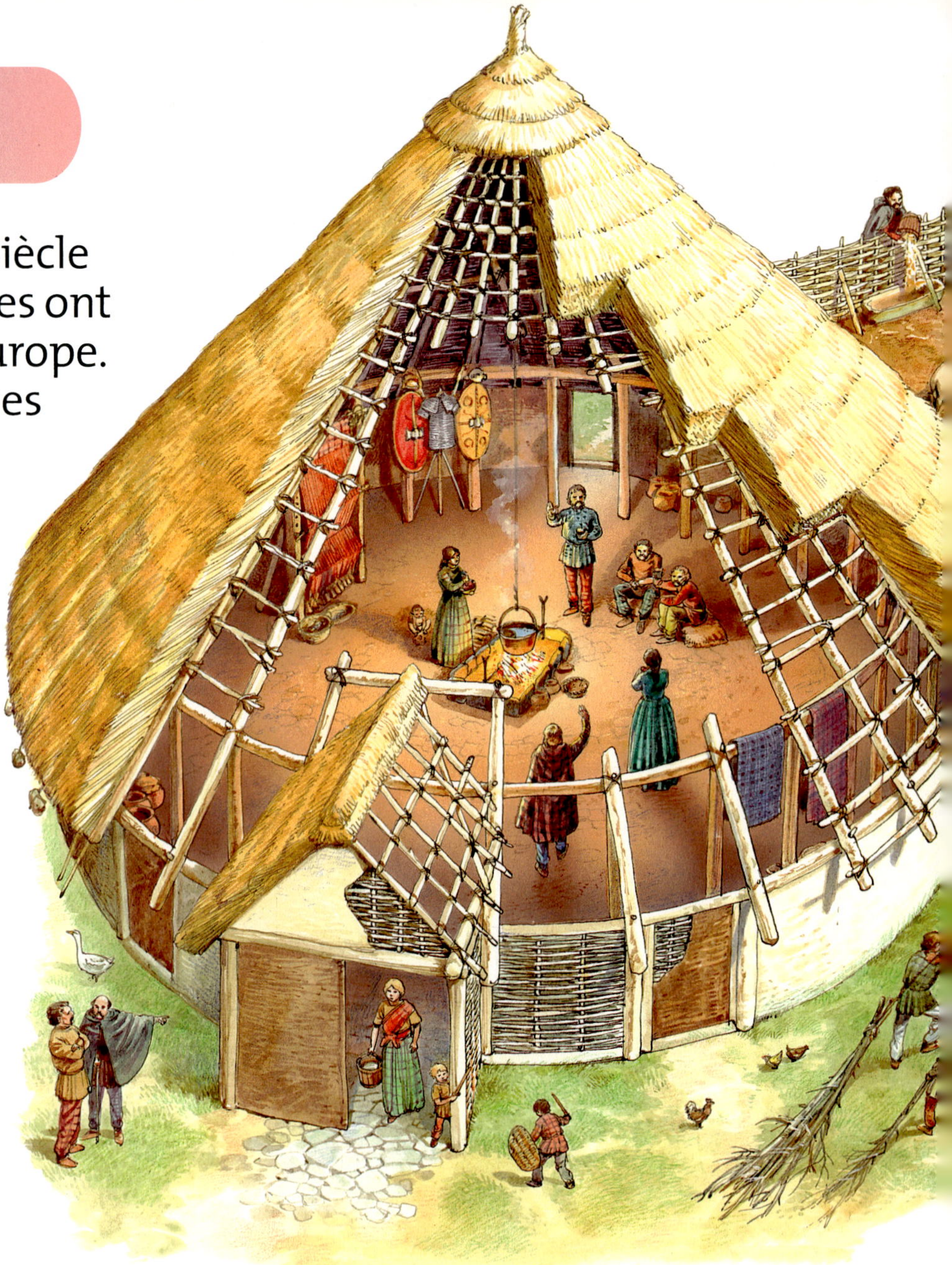

Où dormaient les Celtes ?

Les habitations des Celtes étaient en général formées d'une seule pièce circulaire, entourée par un mur de branchages et de torchis, et surmontée par un toit de chaume conique. On y mangeait et on y dormait, le feu servant à faire la cuisine et à se chauffer.

Aimaient-ils la guerre ?

Tous les prétextes étaient bons pour se battre entre tribus ! Même les femmes participaient aux combats. Les Celtes se jetaient dans des mêlées furieuses, quelquefois nus et le visage peint en bleu. Ils faisaient sonner leurs carnyx, longues trompettes de bronze aux sons effrayants.

Les Celtes étaient-ils des artistes ?

Poètes intarissables et grands musiciens, les Celtes étaient réputés dans l'Antiquité pour la beauté de leurs armes et de leurs bijoux. Ils travaillaient l'or ou le bronze de façon très raffinée, avec une prédilection pour les motifs fantastiques abstraits, ou animaliers, mêlés dans des entrelacs géométriques savants.

Bracelet

Bouclier

Avaient-ils des métiers ?

Outre l'élevage et l'agriculture, les Celtes – et en particulier les Gaulois – étaient très habiles dans quantité d'activités artisanales. Leur charcuterie était recherchée par les Romains, et ils ont inventé des charrues et des métiers à tisser très modernes pour leur époque.

Tête de taureau décorant un chaudron trouvé au Danemark.

Que sait-on de leur mythologie ?

Peuple extrêmement imaginatif, les Celtes avaient une mythologie débordante de légendes qui nous ont été transmises surtout par les Irlandais et les Gallois. La légende du héros irlandais Cuchulainn est la plus connue. Ici est représentée l'histoire d'un géant offrant un chaudron magique à un roi.

QUIZ

1. Le carnyx était :
a) une arme
b) un bijou
c) un instrument de musique

2. La Gaule a été conquise par :
a) les Grecs
b) les Romains
c) les Phéniciens

3. Le site de Stonehenge se trouve en :
a) Angleterre
b) France
c) Pays de Galles

4. Cuchulainn était un héros légendaire :
a) gaulois
b) irlandais
c) gallois

QUI A CONSTRUIT STONEHENGE ?

On a cru que le site mégalithique de Stonehenge, dans le sud de l'Angleterre, était l'œuvre des Celtes. En réalité, sa construction est largement antérieure à leur arrivée. Cet étonnant édifice a été érigé en plusieurs étapes, du IIIe au IIe millénaire avant notre ère. Son orientation par rapport au soleil laisse penser qu'il s'agissait d'une sorte de « calculateur » astronomique. Il n'est cependant pas impossible que les Celtes l'aient utilisé comme lieu de culte.

Savaient-ils écrire ?

Les Celtes n'utilisaient pas l'écriture. Leur riche littérature était transmise oralement, mais une partie a été retranscrite au Moyen Âge par des moines. Toutefois, on a retrouvé dans le midi de la France des inscriptions gauloises gravées en caractères grecs.

La Rome antique

Rome était à l'origine une petite cité d'Italie gouvernée par des rois. En 509 av. J.-C., les Romains établirent la République, et la ville devint le centre d'un gigantesque empire.

Qui a été élevé par une louve ?

Selon la légende, deux jumeaux d'origine divine, Romulus et Remus, avaient été jetés à leur naissance dans un fleuve, le Tibre. Mais ils furent recueillis et élevés par une louve. Devenus grands, ils fondèrent Rome.

Où vivaient les riches Romains ?

Les privilégiés avaient une maison en ville (la « domus ») et une résidence à la campagne (la « villa »). Certaines demeures bénéficiaient d'un grand confort, avec chauffage central et eau courante.

Les femmes se maquillaient-elles ?

Très coquettes, les riches Romaines se poudraient avec de la craie et peignaient leurs lèvres en rouge. Elles prenaient aussi des bains de lait pour adoucir leur peau. Il leur fallait des heures pour se faire coiffer.

Comment Rome était gouvernée ?

La principale institution de la République romaine était le Sénat, composé d'anciens magistrats. Les sénateurs élisaient tous les ans deux consuls à qui était confié le pouvoir exécutif. Ce pouvoir était soumis à leur contrôle.

Comment vivait le peuple ?

Quand Rome est devenue une grande ville, les conditions de vie sont devenues de plus en plus mauvaises pour les classes les plus pauvres. Toute une population s'entassait dans des immeubles à plusieurs étages, dépourvus d'hygiène et de confort, sans eau et sans possibilité d'y faire la cuisine. Les ordures étaient jetées dans la rue. Les quartiers populaires étaient insalubres et dangereux : il y avait des incendies et beaucoup d'immeubles, mal construits, s'effondraient.

Gladiateur

LES ROMAINS FAISAIENT-ILS DE GRANDS FESTINS ?

Au début de la République, les mœurs étaient très austères. Mais quand Rome s'est enrichie et agrandie, les citoyens les plus fortunés aimaient organiser de grands festins où étaient servis des dizaines de plats de plus en plus raffinés, comme des paons rôtis ou des loirs farcis. Les convives mangeaient allongés et se servaient avec leurs doigts. Leur gourmandise était telle que, même lorsqu'ils étaient rassasiés, ils s'obligeaient à vomir afin de pouvoir goûter à d'autres mets. Il y avait pour cela une pièce spéciale, appelée justement « vomitorium » !

Quels spectacles aimait-on ?

Tous les Romains, riches ou pauvres, adoraient les spectacles qui étaient donnés dans les arènes. C'était des jeux cruels où les gladiateurs combattaient entre eux, souvent jusqu'à la mort. Certains gladiateurs affrontaient aussi des animaux sauvages, par exemple des lions.

Arènes

1. Rome est devenue une République en :
a) 509 av. J.-C.
b) 409 av. J.-C.
c) 309 av. J.-C.

2. Les jumeaux Romulus et Remus ont été élevés par :
a) de riches Romaines
b) une louve
c) des sénateurs

3. Les consuls étaient élus par le Sénat pour :
a) 10 ans
b) 5 ans
c) 1 an

4. Les gladiateurs étaient :
a) des magistrats
b) des coiffeurs
c) des combattants

Où se détendaient les Romains ?

Il y avait d'immenses bains publics à Rome, avec piscines, bains de vapeur et salons où l'on pouvait se faire masser ou coiffer. Appelés « thermes », ces lieux étaient surtout fréquentés pour le plaisir d'y retrouver ses amis.

L'Empire romain

Le déclin de la République romaine a favorisé l'institution de l'Empire par Auguste, en 27 av. J.-C. Mais en 395, l'Empire s'est divisé en deux États : l'un en Occident, basé à Rome et abattu par les Germains en 476, l'autre en Orient, dont l'histoire s'est prolongée jusqu'en 1453.

Que bâtissaient les Romains ?

L'Empire romain était unifié par un immense réseau routier. Ingénieurs de génie, les Romains ont bâti partout des viaducs et des aqueducs, comme le célèbre pont du Gard, ainsi que des systèmes d'adduction d'eau. Ils édifiaient également de superbes monuments.

Avec qui commerçait Rome ?

L'Empire romain était un vaste espace d'échanges commerciaux, de l'Europe du Nord à l'Afrique, de l'Asie Mineure à la Chine et à l'Inde. Les navires romains exportaient du vin, de l'huile d'olive ou des œuvres d'art, et ramenaient d'Orient des produits exotiques rares et coûteux.

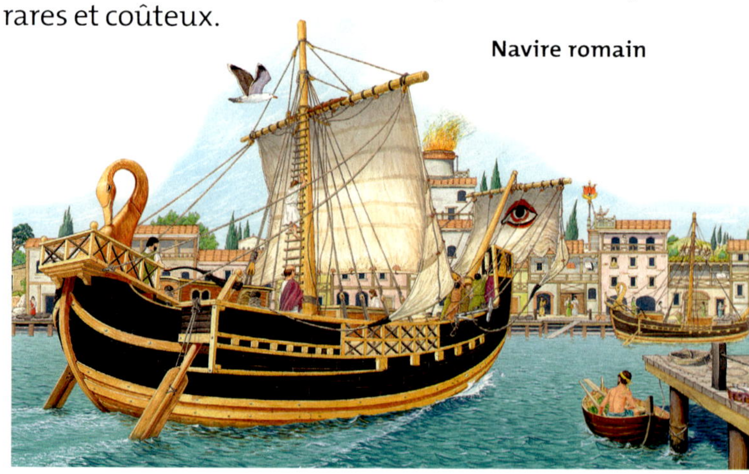

Navire romain

Pourquoi Jules César a-t-il été tué ?

Conquérant de la Gaule, Jules César a suscité une vive hostilité au Sénat malgré ses qualités d'homme d'État. Ceux qui lui reprochaient de s'être attribué un pouvoir dictatorial l'assassinèrent en 44 av. J.-C., le 15 mars.

Jules César

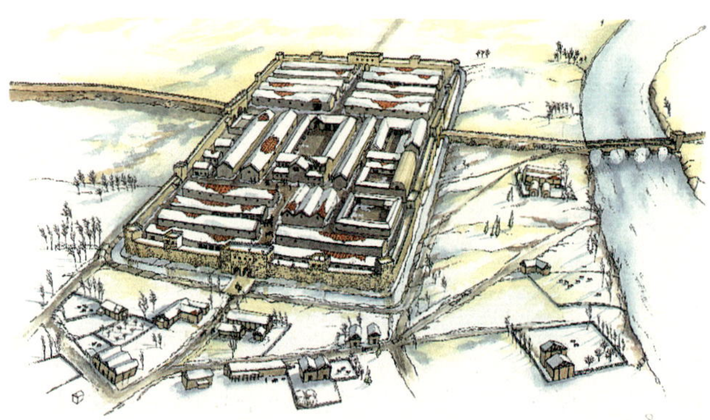

Où vivaient les soldats ?

En campagne, les soldats romains dormaient sous la tente. Mais en période de paix, les armées vivaient dans des camps fortifiés avec ateliers, écuries et même hôpitaux.

Comment les villes étaient protégées ?

Dans les derniers temps de l'Empire, les villes romaines étaient menacées par les invasions germaniques. Aussi furent-elles dotées de puissantes fortifications et de garnisons permanentes.

Que portaient les soldats ?

Aguerris et habitués aux conditions les plus difficiles, les soldats romains portaient une cuirasse formée de lames de fer, un casque, un grand bouclier et un lourd armement. Ils transportaient aussi un paquetage avec toutes sortes d'outils.

Qu'était-ce qu'une légion ?

Formée de professionnels, l'armée romaine était divisée en légions de 6 000 hommes (les légionnaires) répartis en dix cohortes subdivisées en centuries de 100 hommes commandés par un officier, le centurion.

QUI SE DONNAIT RENDEZ-VOUS DANS LES CATACOMBES ?

Les premiers chrétiens ont été persécutés à Rome parce qu'ils contestaient la divinité de l'empereur. Ils se retrouvaient en secret dans des cimetières souterrains appelés « catacombes », où ils pouvaient pratiquer leur culte. En 313, l'empereur Constantin Ier s'est converti, et le christianisme est devenu la religion officielle de Rome une soixantaine d'années plus tard. L'ancienne religion romaine fut alors interdite, et de nombreuses statues de dieux furent détruites.

Comment les légionnaires faisaient-ils la tortue ?

Pour enfoncer les rangs de l'ennemi ou attaquer une place forte, ils avançaient en se protégeant avec une carapace de boucliers : c'était « faire la tortue ».

Qui a attaqué Rome avec des éléphants ?

En 218 av. J.-C., Carthage envoya une grande armée commandée par Hannibal pour attaquer Rome. Les Carthaginois traversèrent l'Espagne, puis les Alpes avec 38 éléphants. Après plusieurs victoires, Hannibal renonça.

QUIZ

1. Le général qui a attaqué Rome avec des éléphants était :

a) Auguste
b) Hannibal
c) Jules César

2. Les catacombes étaient :

a) des immeubles
b) des bains publics
c) des cimetières

3. Les centurions étaient :

a) des officiers
b) des sénateurs
c) des commerçants

4. L'Empire romain d'Occident a été abattu par :

a) les Germains
b) les Carthaginois
c) les Gaulois

Les Mayas

Les Mayas, peuple indien apparu il y a 3 500 ans au Mexique, au Guatemala et au Honduras, ont créé une civilisation qui a culminé entre le IVe et le VIIIe siècle. Puis leur empire a décliné pour laisser la place aux Toltèques.

Comment s'habillaient les Mayas ?

La plupart des hommes étaient vêtus d'un pagne et d'un manteau appelé « manta » pour se protéger du froid. Les personnages de haut rang avaient des coiffures riches et compliquées, ornées de plumes de quetzal ou d'ara. Les femmes, elles, portaient une simple blouse.

Dieu-roi Noble Guerrier Prêtre

Les Mayas bâtissaient-ils des villes ?

Les Mayas ont été le premier peuple à édifier de grandes villes en Amérique. Situées au cœur de la jungle, elles comportaient des pyramides, des temples et des palais de pierre dont les murs étaient enduits de plâtre et parfois peints en rouge. Cette couleur avait une signification religieuse. Parfois aussi, les Mayas décoraient les murs de portraits de dieux ou de hiéroglyphes.

Comment était organisée la société ?

L'empire maya était composé de cités-États dominées par une famille royale. Le souverain était un dieu-roi. Ensuite venaient les nobles, les guerriers et les prêtres, puis les artisans et les marchands, et enfin, au dernier rang, les paysans. Les Mayas vénéraient le jaguar, dont la peau constituait une parure très recherchée de l'aristocratie guerrière. Les Mayas pensaient qu'elle conférait la force et la bravoure de l'animal.

Avaient-ils des pyramides ?

Les pyramides des Mayas étaient surmontées d'un temple et d'un observatoire. Celle de Chichén Itzá, au Mexique, est la plus fameuse, avec ses quatre escaliers de 91 marches chacun. En y ajoutant celles du temple lui-même, cela fait 365 marches, soit une pour chaque jour de l'année !

À quoi jouaient les Mayas ?

Les Mayas pratiquaient un sport religieux, le pok-a-tok, qui consistait, pour deux équipes adverses, à envoyer une balle de caoutchouc dans un anneau de pierre. Les joueurs n'utilisaient que les coudes, les hanches et les cuisses. La première équipe qui plaçait la balle avait gagné.

Étaient-ils savants ?

Les astronomes et les mathématiciens mayas étudiaient la lune, les planètes et les étoiles. Ils avaient établi un calendrier compliqué pour compter les jours et les années. Leurs connaissances leur permettaient notamment de prévoir les éclipses.

CONNAISSAIENT-ILS L'ÉCRITURE ?

Les Mayas utilisaient des hiéroglyphes, une écriture pictographique avec laquelle ils gravaient des inscriptions sur d'énormes blocs de pierre. Ils écrivaient aussi sur des livres en écorce ou en peau. Malheureusement, quand les Espagnols ont conquis le Mexique, au début du XVIe siècle, ils ont brûlé beaucoup de ces trésors où était racontée l'histoire des Mayas.

Quels dieux adoraient les Mayas ?

Ils avaient plus de 150 dieux. Mais le plus important était le soleil qui, à son coucher, disparaissait sous terre pour se transformer en jaguar. Les Mayas sacrifiaient parfois des prisonniers à leurs dieux.

1. Chez les Mayas, le pok-a-tok était :
a) un temple
b) un jeu de balle
c) un livre

2. Les mantas servaient à :
a) faire des calculs
b) écrire
c) se couvrir

3. En se couchant, le soleil se transformait en :
a) jaguar
b) oiseau
c) poisson

4. La grande pyramide maya de Chichén Itzá avait :
a) 565 marches
b) 465 marches
c) 365 marches

Chronologie

L'Antiquité correspond aux temps dits « historiques », c'est-à-dire dont l'histoire a gardé une trace. C'est seulement à titre de repère dans le temps que figurent ici les peintures des grottes de la Préhistoire.

De 25 000 à 2000 av J.-C

35 000-15 000 av. J.-C. Peintures rupestres d'Europe.
10 000-9 000 av. J.-C. Débuts de l'agriculture au Proche-Orient.
v. 8000-7000 av. J.-C. Premières habitations permanentes et premières agglomérations urbaines.
6000-5000 av. J.-C. Le métier à tisser fait son apparition au Proche-Orient.
5000 av. J.-C. Premières cultures dans la vallée du Nil.
4000-3000 av. J.-C. Civilisation sumérienne en Mésopotamie. Invention de l'écriture (cunéiforme), utilisation de l'araire et premiers chariots à roues pleines.

3372 av. J.-C. Début du calendrier maya.
3000 av. J.-C. Réunification des royaumes de Haute et de Basse-Égypte.
3000 av. J.-C. Prospérité de la cité-État de Troie en Anatolie (actuelle Turquie).
v. 2800 av. J.-C. Édification du site de Stonehenge, près de l'actuelle ville anglaise de Salisbury.
2800-2400 av. J.-C. Apogée des cités-États de Sumer.
2500 Essor de la civilisation de l'Indus.
2700-2200 av. J.-C. Ancien empire d'Égypte. Érection des premières pyramides.
2690 av. J.-C. Règne du légendaire Huang Ti (Empereur jaune) en Chine
2690 av. J.-C. Érection des grandes pyramides et du Sphinx en Égypte.
2690 av. J.-C. Première civilisation européenne, celle des Minoens, en Crète et dans les îles grecques.

2360 av. J.-C. Montée en puissance des Babyloniens et des Assyriens.
2050 av. J.-C. Début du Moyen-Empire en Égypte.
2000 av. J.-C. Les Hittites s'établissent en Anatolie.
2000 av. J.-C. Les Mycéniens envahissent la Grèce.

De 1999 à 1000 av. J.-C.

1925 av. J.-C. Les Hittites s'emparent de Babylone.
1830 av. J.-C. Fondation de la première dynastie babylonienne.

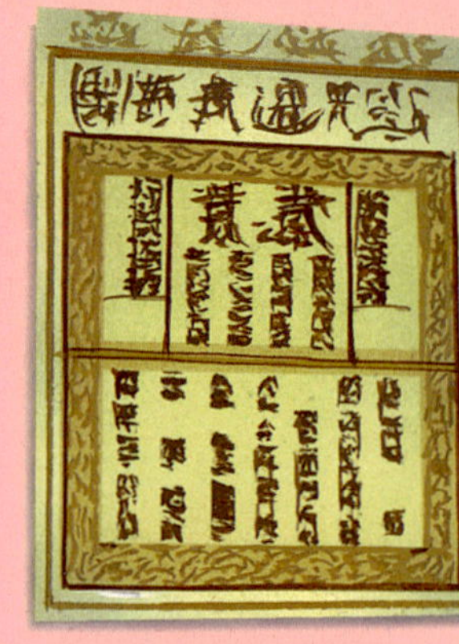

1814-1782 av. J.-C. L'empire assyrien est au faîte de sa puissance.
1792-1750 av. J.-C. Hammourabi règne à Babylone. L'empire déclinera après sa mort.
1750-1500 av. J.-C. Les Hittites envahissent la Syrie.
1650-1450 av. J.-C. Les Mycéniens s'établissent à Mycènes et à Pylos.
1550-1050 av. J.-C. Nouvel Empire en Égypte. Choix du site de la vallée des Rois pour abriter les tombes des pharaons.
1500-1166 av. J.-C. L'Égypte est au faîte de sa puissance.
1500 av. J.-C. Les Aryens envahissent la vallée de l'Indus.
v. 1500 av. J.-C. Les Mayas cultivent les terres d'Amérique centrale. Ils possèdent un calendrier et une écriture.
1450 av. J.-C. Déclin de la civilisation minoenne.
1350-1250 av. J.-C. L'empire assyrien s'agrandit.
1200 av. J.-C. Guerre de Troie. Les Mycéniens assiègent et détruisent la cité.
1200 av. J.-C. L'empire hittite tombe sous les coups des Phéniciens, qui sont alors le peuple le plus puissant. de marchands et de navigateurs du monde antique.
1150 av. J.-C. Les Israélites arrivent en terre de Canaan (Palestine).
1100 av. J.-C. Chute de la civilisation mycénienne.
1122 av. J.-C. Dynastie chinoise des Zhou.
1050 av. J.-C. Les Phéniciens développent l'alphabet.
1000 av. J.-C. Les Doriens envahissent la Grèce. Royaume africain de Koush. Le roi David règne sur Israël.

De 999 à 500 av. J.-C.

900- 700 av. J.-C. Civilisation étrusque en Italie.
v. 814 av. J.-C. Fondation de Carthage.
v. 800 av. J.-C. Le poète grec Homère chante la guerre de Troie et d'autres épisodes de légende.
v. 800 av. J.-C. Les Olmèques bâtissent des temples au Mexique.
753 av. J.-C. Date qui, selon la tradition, serait celle de la fondation de Rome.
750- 682 av. J.-C. L'Égypte, vaincue par le royaume de Koush, passe sous la domination des Nubiens.
750-600 av. J.-C. Les Celtes arrivent en Europe centrale et se répandent dans toute l'Europe occidentale.
700 av. J.-C. Les Assyriens soumettent les Phéniciens et Israël.
700-500 av. J.-C. Essor d'Athènes et des cités grecques.
689 av. J.-C. Les Assyriens détruisent Babylone.
671- 664 av. J.-C. Les Assyriens soumettent l'Égypte.
668-627 av. J.-C. Règne d'Assurbanipal.
609 Fin de l'empire assyrien.
605-562 av. J.-C. Nabuchodonosor rebâtit Babylone.
v. 600 av. J.-C. Zoroastre réforme la religion perse.
590 av. J.-C. Prise de Jérusalem par les Babyloniens.
551 av. J.-C. Naissance de Confucius en Chine.
550 av. J.-C. Essor des Perses.
539 av. J.-C. Les Perses soumettent Babylone.
525-404 av. J.-C. Égypte sous tutelle perse.
509 av. J.-C. Début de la République romaine.
509 av. J.-C. Athènes devient une démocratie.
500 av. J.-C. Apogée des Étrusques.

De 499 av. J.-C. à l'an 1 de notre ère

525-404 av. J.-C. Guerres médiques entre les Grecs et les Perses, qui sont battus en 479 av. J.-C..
477-405 av. J.-C. Âge d'or d'Athènes.
463-221 av. J.-C. Guerres entre royaumes rivaux en Chine.
450-400 av. J.-C. Déclin des Étrusques.
431-404 av. J.-C.Guerres du Péloponnèse entre Sparte et Athènes. Victoire des Athéniens.
390 av. J.-C. Sac (pillage) de Rome par les Celtes de Brennus.
338 av. J.-C. Philippe de Macédoine conquiert la Grèce.
336 av. J.-C. Alexandre le Grand devient roi de Macédoine et de Grèce.
333-323 av. J.-C. Conquêtes d'Alexandre le Grand : Phénicie, Égypte, Perse et une partie de l'Inde.
321-184 av. J.-C. Fondation de l'empire maurya en Inde.
300 av. J.-C. Les Mayas commencent à bâtir des villes.
275-265 av. J.-C. Rome étend sa domination à toute l'Italie, puis entreprend d'autres conquêtes en Europe.
264-146 av. J.-C. Guerres puniques entre Carthage et Rome.
250 av. J.-C. Les tribus celtes au faîte de leur puissance.
221 av. J.-C. Début de la dynastie des Qin en Chine.
218 av. J.-C. Hannibal envahit l'Italie avec ses éléphants.
206 av. J.-C.-220 après J.-C. Dynastie chinoise des Han.
202 av. J.-C. Hannibal est battu par les Romains.
146 av. J.-C. Chute de Carthage. L'Afrique du Nord devient une colonie romaine.
52 av. J.-C. Conquête de la Gaule par Jules César.
45 av. J.-C. Jules César devient dictateur.
44 av. J.-C. Assassinat de Jules César.
30 av. J.-C. L'Égypte passe sous tutelle romaine.
27 av. J.-C. Octave devient empereur sous le nom d'Auguste.

De l'an 1 de notre ère à l'an 800

43 Conquête de l'Angleterre par Rome.
61 À Londres, la reine celte Boadicée conduit une révolte, qui échoue, contre l'occupant romain.
64 Incendie de Rome.
79 Une éruption du Vésuve ensevelit totalement la ville romaine de Pompéi.
150 Apogée de l'Empire romain.
250 Les tribus barbares attaquent Rome.
284 Scission de l'empire romain. Il y a désormais un Empire d'Occident (à Rome) et un Empire d'Orient.
284 Les Goths saccagent Athènes et Sparte.
330 Constantinople (l'actuelle Istanbul) devient la capitale de l'empire romain d'Orient.
300-700 Apogée de la civilisation maya.
410 Les légions romaines abandonnent l'Angleterre.
455 Rome est mise à sac par les Vandales.
476 Chute de l'Empire romain d'Occident. Le dernier empereur est déposé. L'Empire d'Orient se maintiendra jusqu'en 1453 sous le nom d'Empire byzantin.

Étonnant !

La guerre de Troie a-t-elle eu lieu ?

Probablement ! Dans L'Iliade, le poète Homère raconte comment les rois Grecs se sont unis pour attaquer la ville de Troie, en Asie mineure (aujourd'hui en Turquie), afin de venger l'affront fait à l'un des leurs dont l'épouse, Hélène, avait été enlevée par un prince troyen. Homère décrit les exploits des héros grecs (Achille, Ulysse) et de leurs adversaires troyens (Hector). N'était-ce qu'une belle légende ? En 1870, l'archéologue allemand Heinrich Schliemann a retrouvé le site de Troie en se basant sur le texte d'Homère. Et il a découvert que la ville avait été incendiée. Depuis, différentes dates ont été proposées pour cette guerre dont la réalité ne fait plus guère de doute : la plus probable serait la fin du IIe millénaire avant Jésus-Christ, c'est-à-dire à la fin de la civilisation mycénienne.

Jusqu'où a navigué le Grec Pythéas ?

Originaire de la colonie grecque de Marseille, Pythéas a exploré les côtes de l'Atlantique au IVe siècle avant Jésus-Christ. Il a découvert l'Angleterre, croisé dans la Baltique et peut-être été jusqu'en Islande.

En combien de temps a été construite la Grande Muraille de Chine ?

En fait, la Grande Muraille a été bâtie en deux temps. À l'ouvrage initial, dont les premiers tronçons furent érigés au Ve siècle avant Jésus-Christ, devait en effet succéder une seconde enceinte, édifiée mille ans plus tard, sous le règne de l'empereur Yung Lo (1402-1424). Cette nouvelle Grande Muraille était bien plus imposante, avec des fondations faites de grandes pierres cubiques et un double mur de brique (comblé dans l'intervalle par de la terre battue mélangée à des cailloux et des gravats). Une voie pavée avait été aménagée à son sommet.

Sur quoi écrivaient les Égyptiens ?

Dans les marais de la vallée du Nil, les Égyptiens arrachaient à la main des papyrus, une plante à racine fibreuse de la famille des cypéracées. Ils en faisaient tremper la tige dans l'eau avant de la découper en bandes étroites qu'ils collaient avec une substance sécrétée par la plante elle-même. Ils obtenaient alors des feuilles qu'ils faisaient sécher et sur lesquelles ils écrivaient : on appelle aussi ces feuilles « papyrus ».

Que signifie le sigle SPQR ?

Gravé en général sur les monnaies ou les monuments romains, il signifie « Senatus Populusque Romanus », c'est-à-dire « le Sénat et le peuple romain ». C'était le symbole de Rome.

Qu'est-ce que les Grecs, les Perses, les Celtes, les Romains et les Germains avaient en commun ?

Les linguistes ont observé de nombreux points communs entre les langues parlées par des peuples de l'Antiquité apparemment très différents. Ils en ont déduit l'existence théorique d'une langue mère, et ils lui ont donné le nom d'« indo-européen », parce qu'on en retrouve la trace aussi bien en Inde (avec le sanskrit) et en Perse, qu'en Europe (grec, latin, langues germaniques et celtiques). Partant de cette constatation, des historiens spécialisés dans la mythologie ont remarqué que les religions de tous ces peuples présentaient d'étonnantes ressemblances. C'est pourquoi certains d'entre eux ont émis, avec beaucoup de prudence, l'hypothèse d'un peuple originel dont tous les autres seraient plus ou moins issus.

Quiz Solutions

Page 127 Les premiers peuples
1. b 2. a 3. b 4. c

Page 129 Les civilisations des fleuves
1. b 2. b 3. a 4. c

Page 131 L'Égypte ancienne
1. b 2. b 3. c 4. b

Page 133 Prêtres et momies
1. b 2. c 3. b 4. c

Page 135 Pyramides et tombes
1. b 2. a 3. b 4. a

Page 137 La Crète et Mycènes
1. c 2. b 3. c 4. a

Page 139 Babylone
1. b 2. c 3. a 4. c

Page 141 Assyriens et Hittites
1. a 2. c 3. b 4. c

Page 143 Les Phéniciens
1. a 2. b 3. c 4. c

Page 145 La Grèce antique
1. b 2. c 3. b 4. a

Page 147 La culture grecque
1. b 2. a 3. c 4. a

Page 149 Les Perses
1. a 2. b 3. c 4. a

Page 151 L'empire de Chine
1. b 2. c 3. a 4. a

Page 153 Les Celtes
1. c 2. b 3. a 4. b

Page 155 La Rome antique
1. a 2. b 3. c 4. c

Page 157 L'Empire romain
1. b 2. c 3. a 4. a

Page 159 Les Mayas
1. b 2. c 3. a 4. c

Châteaux et chevaliers

Châteaux et chevaliers

La chevalerie

La chevalerie est née en France, au début du Moyen Âge. Le mot désigne à la fois un style de vie et une classe sociale formée de nobles combattant à cheval et vivant généralement dans des châteaux, les chevaliers. Ceux-ci avaient envers leur roi des devoirs qui étaient la base même du système appelé féodal.

Le roi

Cavalier romain

Cavalier goth

Comment fonctionnait le système féodal ?

Quand un roi cédait l'un de ses domaines à un chevalier, en récompense d'un service rendu, le chevalier lui devait en échange aide et assistance, notamment à la guerre. Le roi était alors le « suzerain » et le chevalier son « vassal ». Seigneur de son domaine, le chevalier avait également le devoir de protéger les paysans qui y travaillaient pour lui.

Quels étaient les premiers chevaliers ?

La chevalerie et la féodalité trouvent leur origine dans l'empire créé par Charlemagne, au IXe siècle, et dans la constitution d'une cavalerie exclusivement aristocratique, liée au souverain par un serment de fidélité. Les Romains, les Celtes ou les tribus germaniques, comme les Goths, avaient bien sûr aussi une cavalerie. Mais ce n'était pas une « chevalerie ».

Qui était Charlemagne ?

Le roi des Francs Charlemagne régnait sur la France et l'ouest de l'Allemagne. Guerrier et législateur avisé, il se tailla un empire dont il confia certaines parcelles à ses fidèles compagnons, les « preux ». Ce fut le début de la féodalité. En l'an 800, il se fit couronner empereur d'Occident à Rome. Dans son palais d'Aix-la-Chapelle, il favorisa le renouveau intellectuel de l'Europe.

Les Normands étaient-ils français ou anglais ?

Les Normands étaient les descendants des Vikings qui avaient envahi la vallée de la Seine et à qui le roi de France Charles III avait concédé le duché de Normandie, en 911. Le duc de Normandie était, de ce fait, le vassal du roi de France. Lorsque Guillaume le Conquérant devint roi d'Angleterre en 1066, il introduisit le système féodal français, ignoré alors des Anglais. Mais en tant que ducs de Normandie, Guillaume et ses successeurs restèrent des vassaux du roi de France.

Qu'est-ce que la motte et la baile ?

Les tout premiers châteaux forts étaient en réalité des constructions rudimentaires, bâties pour résister aux assauts des Vikings. Elles étaient constituées d'une « motte », monticule surmonté d'un donjon en bois, et d'une « baile », cour fortifiée comprenant les habitations et où pouvaient se réfugier les paysans. L'ensemble était entouré de douves.

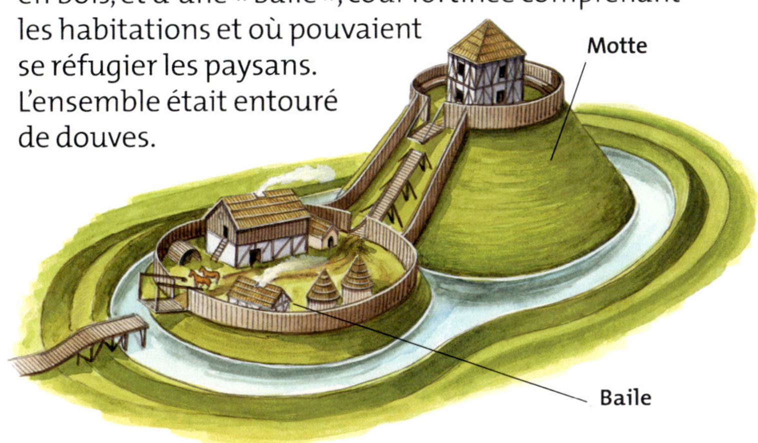

À quoi reconnaissait-on un chevalier ?

Montés à cheval, cuirassés, casqués, et protégés par un grand bouclier, les chevaliers du Moyen Âge étaient armés d'une épée et d'une lance où flottait un petit fanion personnel que l'on appelait « pennon ».

COMMENT EST MORT ROLAND ?

Roland était un « preux » de Charlemagne. Il fut tué à Roncevaux en 778, en protégeant l'armée de son roi, attaquée par les Basques. Prototype du chevalier français, il a inspiré la première grande épopée nationale, « la Chanson de Roland ».

QUIZ

1. En l'an 800, Charlemagne a reçu le titre de :
a) roi
b) chevalier
c) empereur

2. La cour des premiers châteaux forts était :
a) la motte
b) la baile
c) les douves

3. Les Normands descendaient :
a) des Vikings
b) des Francs
c) des Gaulois

4. Sur la lance des chevaliers il y avait :
a) un écusson
b) un mouchoir brodé
c) un pennon

Bâtir un château

Au XIIe siècle, de massives constructions en pierre ont remplacé dans toute l'Europe les châteaux forts en bois. De conception souvent complexe et hardie, elles faisaient appel à tous les corps de métier, sous la direction d'un maître d'œuvre.

Combien de temps fallait-il pour construire un château fort ?

Alors qu'il ne fallait que quelques jours pour construire un château en bois, les énormes forteresses en pierre pouvaient prendre plusieurs années avant d'être achevées. Il est vrai qu'à l'époque, les ouvriers du bâtiment ne disposaient pas d'outils mécanisés !

Comment travaillaient les tailleurs de pierre ?

Sur le chantier, les tailleurs de pierre préparaient les blocs minutieusement en reportant dessus les cotes très précises fournies par le maître d'œuvre, de façon à ce qu'une fois taillées, les pierres s'ajustent parfaitement. Les blocs étaient découpés avec des scies passe-partout par deux ouvriers, après quoi suivait un délicat travail de finition au ciseau.

POURQUOI LES ESCALIERS TOURNAIENT-ILS À DROITE ?

Les escaliers en colimaçon tournaient à droite dans le sens de la descente, de façon à ce que les défenseurs aient le bras droit libre pour repousser les assaillants venus du bas.

Comment les murailles étaient-elles maçonnées ?

Les techniques de maçonnerie n'avaient guère varié depuis l'Antiquité. Les maçons utilisaient la truelle pour assembler les pierres taillées avec du ciment. Cette opération classique était cependant plus difficile pour les murs des tours rondes. La pierre n'était toutefois pas le seul matériau utilisé. Le château d'Angers a été en partie construit avec des ardoises extraites de carrières voisines, et ceux des chevaliers Teutoniques étaient en brique.

Comment faisait-on monter les blocs en haut des échafaudages ?

Les bâtisseurs disposaient de treuils qui, par un système d'enroulage de cordes et de poulies, permettaient de hisser les charges les plus lourdes. Certains blocs de pierre particulièrement lourds et volumineux étaient accrochés à des grappins de fer, technique encore employée de nos jours.

Comment fonctionnait un tour de menuisier ?

Les charpentiers et les menuisiers ne manquaient pas d'ouvrage ! Beaucoup de leurs instruments, tel le vilebrequin, n'ont guère changé aujourd'hui. Certaines pièces en bois étaient travaillées au tour. L'appareil était actionné par un moulinet dont le menuisier réglait la vitesse de déroulement avec une pédale.

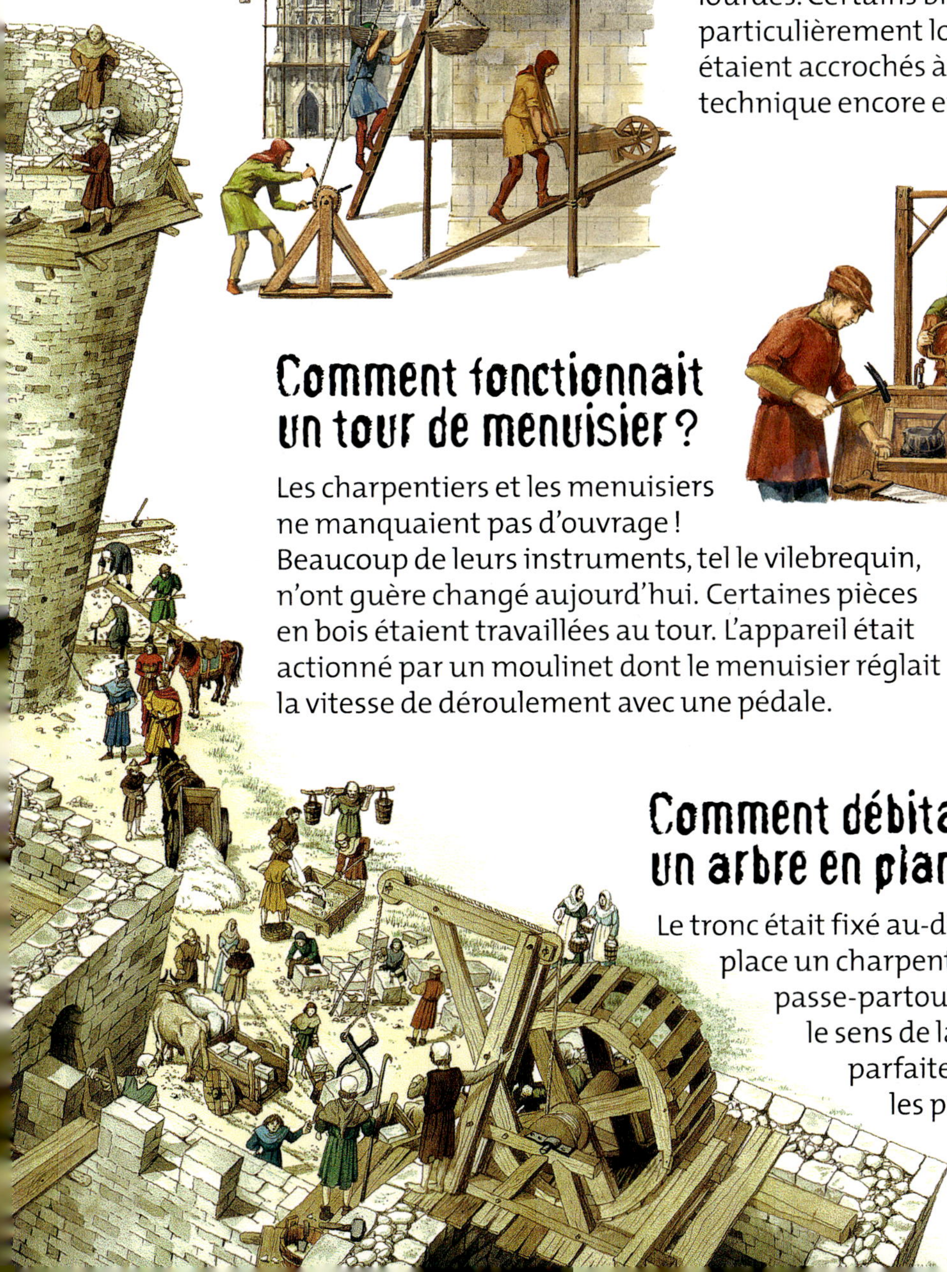

Comment débitait-on un arbre en planches ?

Le tronc était fixé au-dessus d'une fosse à l'intérieur de laquelle prenait place un charpentier, un second restant au-dessus. Avec une scie passe-partout, les deux hommes découpaient l'arbre dans le sens de la longueur et obtenaient des planches parfaitement planes, prêtes à être utilisées pour monter les passerelles des échafaudages.

QUIZ

1. Pour monter les lourdes charges, on utilisait :
a) une grue
b) un escalier
c) un treuil

2. Le vilebrequin était utilisé par :
a) le maçon
b) le menuisier
c) le couvreur

3. La scie passe-partout était maniée par :
a) trois hommes
b) deux hommes
c) un homme

4. Les châteaux des chevaliers Teutoniques étaient :
a) en ardoise
b) en bois
c) en brique

Le plan général

Le vieux système de la motte et de la baile (ou basse cour) est resté à la base des immenses châteaux forts construits à partir du XIIe siècle. Mais ce système a été tellement perfectionné qu'il fallait parfois des mois aux assaillants pour en venir à bout !

Pourquoi les tours étaient-elles rondes ?

Les tours d'enceinte étaient généralement rondes. Plus difficiles à construire que les tours carrées, elles avaient l'avantage d'être plus faciles à défendre : elles offraient en effet moins de prises à l'ennemi du fait de l'absence d'angles morts, et les assiégés pouvaient riposter plus aisément dans toutes les directions.

À quoi ressemblaient les premiers donjons ?

Les premiers châteaux forts en pierre se réduisaient à une simple muraille circulaire ou carrée, souvent construite sur une ancienne motte. Un chemin de ronde permettait d'assurer le guet. Des installations rudimentaires étaient prévues pour soutenir un siège.

Pourquoi multiplier les murs d'enceinte ?

Pour rendre plus difficile, voire impossible, la prise d'un château fort, les maîtres d'œuvre multipliaient les lignes de défense. Après s'être emparé de la barbacane, les assaillants devaient ensuite franchir le mur d'enceinte extérieur, puis s'attaquer à celui du donjon. Ce qui prenait beaucoup de temps !

Quelle était la partie la plus solide ?

La porte d'entrée percée dans le mur d'enceinte était particulièrement bien fortifiée et défendue. On y accédait par un pont-levis jeté sur les douves ou le fossé. Et lorsque sa lourde herse était baissée, elle était pratiquement infranchissable. Quelquefois, on construisait à l'extérieur même du château un ouvrage avancé qui bloquait les assaillants : c'était la barbacane.

LES MURS ÉTAIENT-ILS ÉPAIS ?

Les murs d'enceinte de certains châteaux forts avaient plusieurs mètres d'épaisseur. Dans beaucoup de cas, le principe de construction était le suivant : on édifiait deux murs de pierre parallèles, et le vide qui se trouvait ainsi créé entre les deux était comblé par des débris de moellons, de la pierraille, des cailloux et du mortier. Cet ensemble de matériaux entassés s'appelle le « blocage ».

Le système concentrique était-il vraiment efficace ?

Les murailles concentriques, souvent adoptées pour les châteaux forts construits par les seigneurs normands établis en Angleterre, avaient pour avantage principal d'exposer dangereusement les assaillants qui avaient réussi à franchir le premier mur. Des courtines et des tours d'enceinte, les défenseurs pouvaient aisément les repousser.

ÂTEAU-GAILLARD
MENCÉ EN 1196)

1. Une barbacane était :
a) une arme
b) un ouvrage défensif
c) un escalier

2. La baile s'appelait aussi :
a) basse cour
b) courtine
c) herse

3. Dans un château fort, le blocage était utilisé pour :
a) combler les douves
b) fermer l'entrée
c) rendre les murs plus épais

4. Les tours les plus faciles à défendre étaient :
a) carrées
b) rondes
c) hexagonales

De la cave au grenier

Les châteaux forts comprenaient des pièces d'habitation installées dans le donjon ou dans des logis plus confortables construits dans une basse cour. Mais il y avait aussi des écuries, des cuisines, des ateliers, des caves et des greniers, et toujours une chapelle.

Où étaient installées les écuries ?

Toujours en bois et souvent très vastes, les écuries se trouvaient dans une basse cour, adossées à un mur. À côté était installé l'atelier du maréchal-ferrant, ainsi appelé parce qu'il « ferrait » les chevaux.

Qui vivait dans le donjon ?

Surtout dans les premiers temps, le donjon était réservé au seigneur et à sa famille, dont les pièces d'habitation occupaient les étages supérieurs. Les étages inférieurs étaient laissés aux domestiques.

Y avait-il des prisons dans les donjons ?

En fait, il y avait très peu de prisons au Moyen Âge, et les caves des donjons servaient surtout à stocker des armes ou des vivres. Les rares prisonniers étaient en général des nobles capturés à la guerre. Ils n'étaient libérés qu'après le versement d'une rancon par leur famille.

Y avait-il des sanitaires dans les châteaux forts ?

L'hygiène laissait beaucoup à désirer dans les forteresses médiévales. Il n'y avait pas de salles de bains et l'on se lavait avec des bassines d'eau. On faisait ses besoins dans des latrines percées dans la muraille, avec un siège donnant sur le fossé… Bien qu'ouvertes sur l'extérieur, elles dégageaient une odeur pestilentielle.

Comment faisait-on la cuisine ?

Les cuisines des châteaux forts étaient de véritables ateliers dont l'élément de base était une grande cheminée pourvue de broches pour faire rôtir et de marmites accrochées à des crémaillères pour faire bouillir. Il y avait également un four pour cuire le pain et la pâtisserie.

QUIZ

1. L'échauguette était :
a) un ustensile de cuisine
b) une arme
c) une petite tour

2. Le travail du maréchal-ferrant concernait :
a) le bétail
b) les chevaux
c) le jardin

3. La viande était rôtie :
a) à la broche
b) au four
c) à la cocotte

4. Les jardins d'agrément sont apparus :
a) au début du Moyen Âge
b) au milieu
c) à la fin

À quoi servaient les tours d'enceinte ?

Leur usage était d'abord militaire. Elles étaient d'ailleurs souvent complétées à leur flanc par une petite tour plus haute, appelée « échauguette » et servant à faire le guet. L'échauguette comportait l'escalier de la tour d'enceinte et communiquait avec tous les étages, dans lesquels pouvaient être aménagées des pièces d'habitation ou des dortoirs pour la garnison.

Y AVAIT-IL DES JARDINS ?

Des jardins étaient souvent entretenus dans l'enceinte du château. On y cultivait des légumes et des herbes pour la cuisine, mais aussi des plantes médicinales. On a créé des jardins d'agrément à la fin du Moyen Âge, quand les châteaux sont devenus moins austères et plus luxueux.

La vie au château

Tirant leur richesse du travail de leurs paysans, les seigneurs s'attachaient à rendre la vie au château la plus agréable possible. Leurs loisirs étaient largement consacrés à la chasse. Certains nobles avaient le goût de l'étude et aimaient à s'entourer de savants et de poètes.

Quelle musique aimaient les châtelains ?

La musique était une poésie chantée avec un accompagnement instrumental. Les thèmes étaient souvent religieux et chevaleresques. Ces musiciens-poètes s'appelaient « troubadours » au sud de la France et « trouvères » dans le nord.

Y avait-il des chambres ?

En fait, il n'y avait pas, dans les châteaux du Moyen Âge, de chambres à coucher au sens moderne du terme. Les pièces étaient à usage multiple. On y dormait, bien sûr, mais on y faisait aussi sa toilette, on s'y livrait à différents travaux d'aiguille, on y étudiait, on y recevait des visiteurs ou des marchands.

Que servait-on à table ?

La table n'était dressée qu'au moment des repas, sur des tréteaux. On servait surtout des viandes et du gibier, garnis de sauces aigre-douces. Les viandes, qui étaient en général bouillies avant d'être rôties, étaient servies sur un tranchoir (ou pain de tranchoir), c'est-à-dire une large tranche de pain servant d'assiette, qui absorbait la sauce et que l'on mangeait à la fin. Les fruits étaient consommés en début de repas.

Tranchoir

Quel était le sort des femmes ?

Sauf dans la très haute aristocratie, le rôle des femmes était d'autant plus limité que la plupart n'avaient que peu d'instruction. Toutefois, certaines épouses de seigneurs ont montré leur capacité à gérer leur domaine en l'absence de leur mari.

1. Les troubadours étaient :
a) des prêtres
b) des serviteurs
c) des poètes et des muusiciens

2. Au Moyen Âge, on aimait les plats assaisonnés de sauces :
a) sucrées
b) aigres-douces
c) salées

3. Un fief était :
a) un domaine
b) une pièce
c) un vêtement

4. Le tranchoir était une assiette faite en :
a) étain
b) faïence
c) pain

QUELS DROITS AVAIT LE SEIGNEUR ?

Dans son « fief », comme était appelé le domaine seigneurial à l'époque féodale, le châtelain exerçait la justice et jouissait d'un grand nombre de privilèges, comme le droit de chasse. Seul le clergé échappait à son pouvoir, ce qui était une source de disputes. Il était tenu, par ailleurs, d'obéir à son suzerain.

Par qui était entouré le seigneur ?

Les seigneurs les plus puissants entretenaient de nombreux serviteurs, entièrement dévoués à leur service. Les deux principaux personnages de leur entourage étaient l'intendant, chargé des finances et de l'économie du domaine, et le chapelain, un prêtre instruit qui était parfois chargé des travaux d'écriture. Enfin, les seigneurs avaient des pages et des écuyers.

Comment se protégeait-on du froid ?

En hiver, les cheminées apportaient une chaleur très insuffisante pour combattre le froid et l'humidité qui suintait des murs. Aussi faisait-on un grand usage de tentures pour isoler les pièces. Et l'on s'habillait avec de chauds vêtements de laine et de fourrure.

Devenir chevalier

Les jeunes garçons de la noblesse ne devenaient chevaliers qu'après un long apprentissage, commencé dès leur enfance. C'était une véritable initiation. Il leur fallait d'abord être page auprès d'un seigneur, puis être son écuyer. Lorsqu'ils avaient fait leurs preuves, notamment dans les combats, ils étaient faits chevaliers.

Le service à table

Entraînement au combat à la lance

Qu'apprenait-on aux pages ?

À sept ans, un fils de seigneur pouvait devenir le page d'un autre seigneur. En accomplissant diverses tâches telles que servir le châtelain et la châtelaine, il apprenait les bonnes manières, le respect des convenances et la fidélité à son supérieur hiérarchique.

Que faisait un écuyer ?

À son adolescence, le page franchissait une étape importante de son éducation de futur chevalier. Il devenait un écuyer. Son rôle consistait alors principalement à assister son seigneur à la guerre ou dans les tournois, à veiller au bon état de ses armes, à l'aider à endosser son armure et, éventuellement, à l'assister dans les batailles, par exemple quand il était blessé.

La chevalerie avait-elle un sens religieux ?

Avant d'être fait chevalier, un écuyer devait passer une nuit entière en prières. Devenir chevalier était en effet s'engager devant Dieu à faire régner la justice, à secourir les plus faibles et à mettre son bras au service de l'Église et du roi.

Comment apprenait-on à se battre ?

Les écuyers s'entraînaient à manier toutes les armes utilisées par les chevaliers : l'épée, la dague, la masse d'arme, la lance, et aussi le bouclier pour parer les coups. Les écuyers les plus jeunes et les pages commençaient leur apprentissage de l'escrime avec des épées de bois.

Premier apprentissage du combat à cheval

Le service auprès du seigneur

L'adoubement

Exercice d'escrime

À quelles activités physiques se livraient les écuyers ?

En plus du maniement des armes, ils pratiquaient différents sports, apprenaient à devenir de bons cavaliers et s'endurcissaient en suivant leur seigneur à la chasse.

QUIZ

1. Un garçon devenait page à l'âge de :

a) 4 ans
b) 7 ans
c) 17 ans

2. Avant d'être adoubés, les écuyers passaient la nuit :

a) à festoyer
b) à dormir
c) à prier

3. L'adoubement se faisait :

a) avec une épée
b) avec une lance
c) avec un casque

4. L'amour courtois est né :

a) dans l'Antiquité
b) au Moyen Âge
c) à la Renaissance

EST-CE QUE LES CHEVALIERS RESPECTAIENT LES FEMMES ?

L'idéal de la chevalerie plaçait très haut le culte de la femme. C'est au Moyen Âge qu'est né l'« amour courtois », une passion à la fois ardente et désintéressée, pouvant conduire au sacrifice suprême. Cet idéal a inspiré les troubadours et les auteurs de romans de chevalerie. La vérité oblige cependant à dire que les seigneurs ne se conduisaient pas toujours… avec courtoisie !

Comment était-on adoubé ?

L'écuyer admis dans la chevalerie s'agenouillait devant son seigneur ou son roi qui frappait son épaule du plat de son épée. Cette cérémonie qui faisait de l'écuyer un chevalier était l'adoubement.

Héraldique

C'est au Moyen Âge que les nobles ont adopté des armoiries pour se reconnaître dans les batailles et dans les tournois. Le dessin de ces armoiries formait le blason et était représenté sur un écu. Il était strictement réglementé par une science appelée « héraldique ».

Le blason pouvait-il être divisé ?

À la suite d'alliances matrimoniales, on pouvait réunir plusieurs armoiries sur un même blason : c'était les « pièces ». Le blason sur lequel les armoiries d'un mari figuraient à côté de celles de son épouse dans le sens vertical s'appelait un « parti ». Si la division était horizontale, on disait un « coupé ». Il y avait de multiples pièces possibles, toujours avec un terme approprié.

Les bâtards avaient-ils des armoiries ?

Les enfants naturels pouvaient porter les armoiries de leur père lorsque ce dernier les avait reconnus. Toutefois, ces armoiries étaient marquées par une barre transversale permettant d'identifier celui qui les portait comme un bâtard.

Quel était le rôle du héraut d'armes ?

Les armoiries s'appelaient aussi simplement « armes ». Le héraut d'armes était un officier de la cour royale très important. C'est en effet lui qui était chargé de tenir à jour l'« armorial » de la noblesse (une sorte de catalogue) et de vérifier la validité des blasons et des titres nobiliaires. Le héraut d'armes avait aussi pour fonction de transmettre les déclarations de guerre.

COMMENT RECONNAISSA UN FILS AÎNÉ ?

Le fils aîné d'un noble portait les mêmes armoiries que son père, mais elles s'en distinguaien toutefois par une barre horizontale placée au sommet du blason et d'où pendaient des « gouttes ». Ce motif (ou « meuble ») s'appelait un « lambel ». Lorsque son père mourait, le fils aîné l'enlevait. Le mot anglais *label* est dérivé directement de ce vieux mot français.

Comment identifiait-on les nobles tués ?

À la bataille, les nobles portaient leurs armoiries sur leur bouclier et sur le surtout de tissu qui recouvrait leur armure. Grâce à son armorial, le héraut d'armes pouvait identifier ceux qui avaient été tués au combat.

QUIZ

1. Le héraut d'armes s'occupait :
a) des armoiries
b) des chevaux
c) de l'armement

2. Les supports d'un blason étaient disposés :
a) au-dessus
b) à l'intérieur
c) de chaque côté

3. En héraldique, le sinople désigne :
a) le noir
b) le rouge
c) le vert

4. Le fils aîné d'un noble était reconnu :
a) à un insigne
b) à un lambel
c) à des chevrons

Quel était le vocabulaire de l'héraldique ?

C'était un vocabulaire particulier, toujours en usage aujourd'hui. Par exemple, le rouge était appelé « gueules », le noir « sable » et le vert « sinople ». Les motifs décoratifs étaient les « meubles ».

Qu'étaient les supports ?

Les armoiries étaient souvent complétées par des motifs extérieurs entourant le blason. Ainsi, les « supports » étaient des animaux réels ou fantastiques, alors que les « tenants » étaient des figures humaines parfois inspirées de la mythologie. Les motifs inanimés (par exemple des palmes) étaient les « soutiens ».

Les chevaux

Le cheval était ce que tout chevalier possédait de plus précieux, que ce soit pour la guerre, les tournois, la chasse ou la parade. Apprendre à monter et à soigner les chevaux faisait partie de l'apprentissage des écuyers. À la guerre, les chevaliers combattaient à la lance, à l'épée ou à la masse d'armes.

Les chevaliers avaient-ils plusieurs chevaux ?

Les plus riches entretenaient des écuries abondantes, où l'on distinguait plusieurs types de chevaux. Les « destriers » étaient des chevaux de guerre, alors que les « coursiers », plus beaux, étaient plutôt utilisés dans les tournois. Les « palefrois » étaient des chevaux réservés aux cérémonies. Les seigneurs avaient aussi des chevaux de trait.

Qu'était-ce qu'un destrier ?

Le mot « destrier » vient du vieux français « dextre », c'est-à-dire « droit ». On appelait ainsi les grands chevaux de bataille parce que les écuyers les conduisaient de la main droite (la « dextre »). Les destriers devaient être particulièrement résistantset vigoureux. Les plus réputés venaient du sud de l'Europe, surtout d'Italie et d'Espagne, et coûtaient des fortunes !

LES CHAUSSE-TRAPPES ÉTAIENT-ELLES DANGEREUSES ?

Pour faire tomber les chevaux, les soldats à pied jetaient sous eux une petite arme redoutable formée de quatre pointes de fer, appelée « chausse-trappe » ou « chardon ». Les chausse-trappes pouvaient gravement blesser les pieds des chevaux qui s'effondraient, mettant alors leurs cavaliers à la merci des soldats.

Comment montait-on un cheval ?

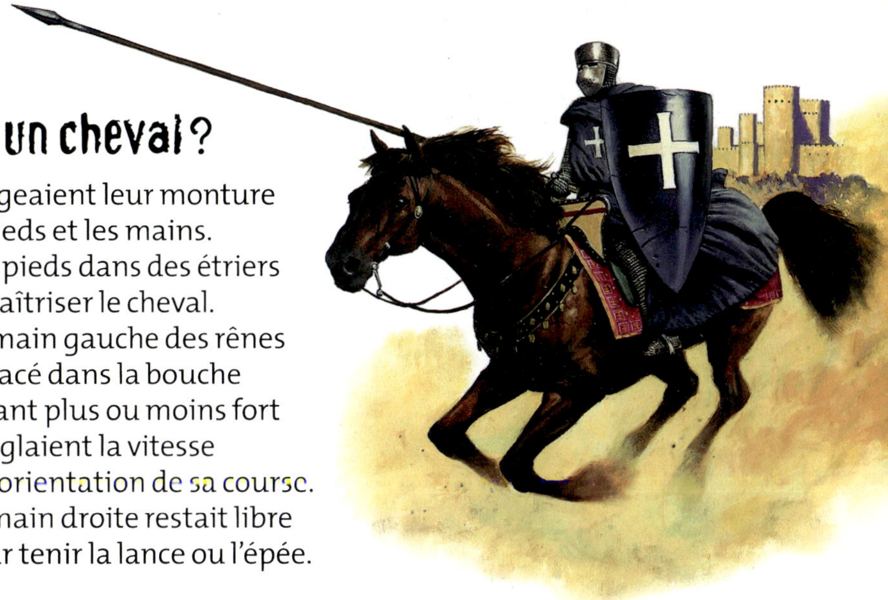

Les chevaliers dirigeaient leur monture à la fois avec les pieds et les mains. Ils plaçaient leurs pieds dans des étriers pour se caler et maîtriser le cheval. Ils tenaient de la main gauche des rênes reliées au mors placé dans la bouche de l'animal. En tirant plus ou moins fort sur les rênes, ils réglaient la vitesse et l'orientation de sa course. La main droite restait libre pour tenir la lance ou l'épée.

Étrier

À quoi servaient les éperons ?

Pourvus d'une pointe ou d'une molette dentelée, ils n'étaient utilisés que pour forcer le cheval à opérer, sous l'effet de la douleur, une manœuvre d'urgence ou une accélération brutale.

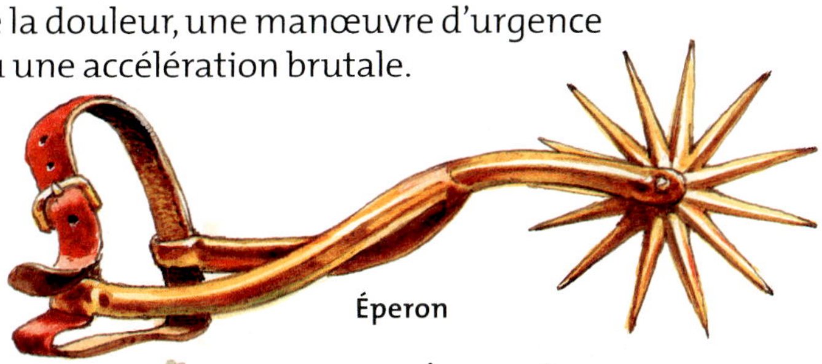

Éperon

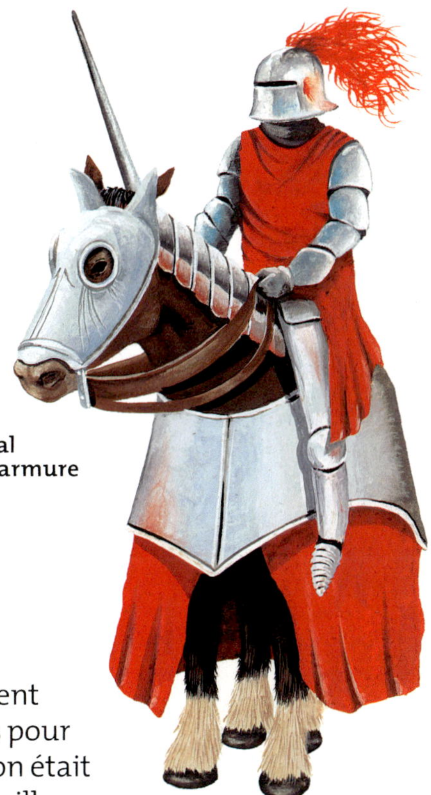

Cheval avec armure

Les chevaux étaient-ils protégés ?

Certains chevaliers fortunés faisaient fabriquer des armures spéciales pour leurs chevaux. Cette protection était assurée par une cotte de mailles complétée par des pièces de métal : le chanfrein pour la tête, plus diverses bardes pour le cou (la « barde de crinière ») et le corps. Mais ces armures étant très coûteuses, beaucoup de chevaux n'étaient pas protégés.

1. Le destrier était un cheval réservé :
a) à la guerre
b) au transport
c) à la chasse

2. La chausse-trappe avait :
a) trois pointes
b) quatre pointes
c) cinq pointes

3. Les meilleurs chevaux de guerre venaient :
a) de Hollande et d'Allemagne
b) d'Angleterre et d'Irlande
c) d'Italie et d'Espagne

4. La tête du cheval était protégée :
a) par un casque
b) par un chanfrein
c) par un bouclier

L'armement

Il était peu de spectacles aussi effrayants que celui d'une ligne de chevaliers, tout de fer vêtus, chargeant la lance en avant… Le premier choc passé, la ligne ennemie enfoncée, le moment était venu d'abandonner la lance et de tirer l'épée. Et c'est alors, au corps à corps, que les longues années d'entraînement trouvaient toute leur justification !

Quand frappait-on d'estoc ou de taille ?

Les grandes épées d'acier à double tranchant servaient surtout, au début du Moyen âge, à frapper « de taille », le but étant de frapper l'adversaire avec le tranchant pour disloquer son armure. C'est à partir du XIVe siècle que l'on a utilisé l'estoc, longue épée à lame acérée conçue pour donner des coups de pointe sur les points sensibles : c'était frapper « d'estoc ».

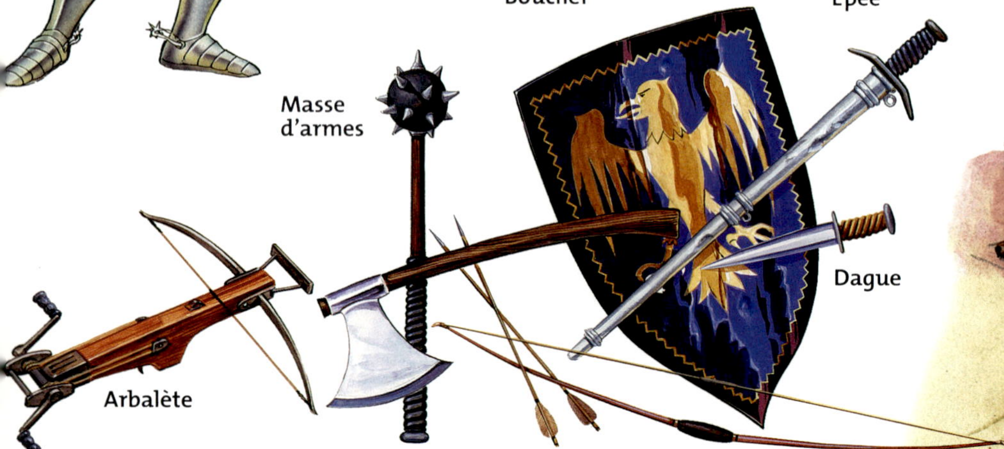

Quelles autres armes étaient utilisées ?

Outre la lance et l'épée, les chevaliers se servaient de haches et de masses d'armes pour le combat rapproché. Les masses d'armes étaient particulièrement redoutables : se terminant par une boule de fer hérissée de pointes d'acier, elles étaient capables, bien maniées, de fracasser la tête de l'adversaire.

Comment résistait-on à l'assaut des chevaliers ?

L'infanterie médiévale était pourvue de grands boucliers derrière lesquels elle pouvait se protéger. Serrés les uns contre les autres, les soldats formaient ainsi un écran de boucliers susceptible de résister au choc de la cavalerie et sur lequel les lances se brisaient.

Qui maniait le fléau ?

Apparu au début du Moyen Âge, le fléau d'armes était constitué d'une boule de fer hérissée de pointes, reliée à un manche par une chaîne. Il était utilisé par les soldats pour briser les armures.

Comment percer les cottes de mailles ?

Avant la mode des lourdes armures, les chevaliers portaient des cottes de mailles : c'était des robes faites de mailles de métal très bien ajustées. On pouvait toutefois les transpercer avec des dagues (courtes épées à lames fines et pointues) ou avec des flèches à pointe effilée.

LES CHEVALIERS DONNAIENT-ILS UN NOM À LEUR ÉPÉE ?

L'épée, précieuse et coûteuse, était la véritable compagne du chevalier à la guerre. Aussi, au début du Moyen Âge, a-t-on pris l'habitude de lui donner un nom. Ainsi, l'épée de Charlemagne s'appelait « Joyeuse » et celle de Roland, « Durandal ». L'épée légendaire du roi Arthur était « Excalibur ».

Comment se battait-on à pied ?

Lorsqu'ils s'affrontaient à terre, après avoir été désarçonnés, les chevaliers empoignaient leur épée à deux mains et échangeaient des coups de taille jusqu'à ce que l'un des deux succombe.

QUIZ

1. Au combat à l'épée, on frappait de taille avec :
a) la pointe
b) le tranchant
c) la poignée

2. L'épée de Charlemagne s'appelait :
a) Excalibur
b) Durandal
c) Joyeuse

3. La masse d'arme servait à :
a) frapper à la tête
b) planter des pieux
c) ferrer les chevaux

4. Les cottes de maille pouvaient être transpercées :
a) par des pierres
b) par une dague
c) par le plat de l'épée

L'armure

Quand la cotte de maille s'est révélée insuffisante pour se protéger, les chevaliers se sont bardés de plaques de fer ou d'acier appelées « plates ». L'ensemble des plates constituait l'armure. Celle-ci se perfectionna de plus en plus jusqu'à devenir une sorte de carapace recouvrant le corps entier : c'était le « harnois plain ».

Comment fabriquait-on une cotte de mailles ?

Avant l'arrivée des premières armures, les chevaliers étaient protégés par des cottes de mailles. Les mailles étaient de petits anneaux de métal entrelacés et rivés. Il en fallait des milliers pour une cotte complète. C'était une technique bien connue dans le monde antique et en Orient.

Fabriquer des armures était-il un métier ?

En France, les artisans qui fabriquaient des armures et des casques s'appelaient les armuriers. Leur métier fut officiellement reconnu en 1409. Ils formèrent une corporation dont le patron était saint Georges. Les plus belles armures ont été fabriquées par des armuriers allemands et italiens.

Casque conique

Grand Bassinet

Heaume

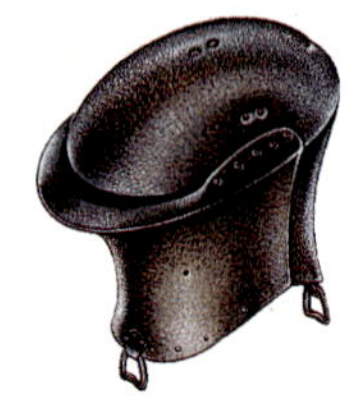
Heaume à tête de crapaud

Barbute

Pourquoi y avait-il tant de sortes de casques ?

Dans les premiers temps de la chevalerie, le casque était une simple coiffe de métal conique, avec un nasal vertical pour protéger le nez. Plus tard, les artisans fabriquèrent des casques de plus en plus sophistiqués, que ce soit pour la guerre (comme le grand bassinet) ou pour les tournois (comme les heaumes). Au XVe siècle, les barbutes s'imposèrent par leur légèreté.

QUE PORTAIENT LES CHEVALIERS SOUS L'ARMURE ?

Ils portaient un pourpoint matelassé, le « doublet », pour éviter d'être blessés par les plaques de métal constituant l'armure. Au doublet s'ajoutaient certaines pièces en mailles pour protéger les parties du corps que ne pouvait recouvrir l'armure, comme l'entrejambe.

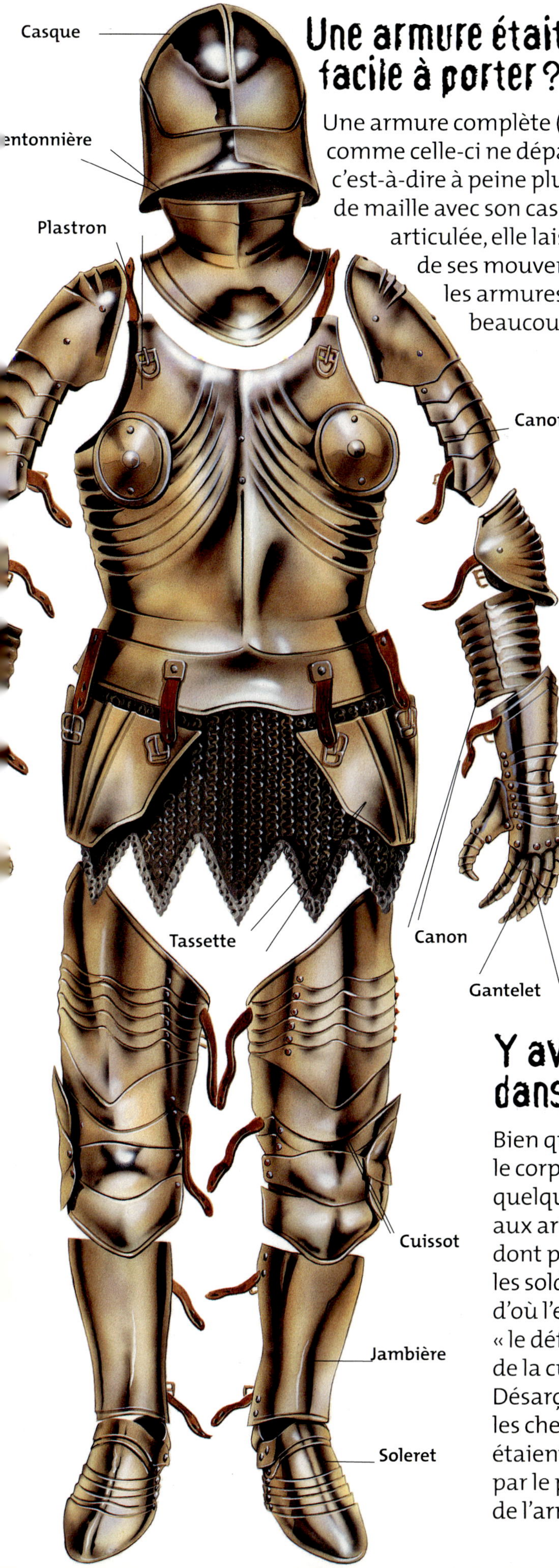

Une armure était-elle facile à porter ?

Une armure complète (ou « harnois plain ») comme celle-ci ne dépassait guère 20 kg, c'est-à-dire à peine plus qu'une grande cotte de maille avec son casque. Parfaitement articulée, elle laissait le chevalier libre de ses mouvements. En revanche, les armures de tournoi étaient beaucoup plus lourdes.

Comment les écuyers attachaient-ils l'armure de leur seigneur ?

Les différents éléments de l'armure, fixes ou articulés, étaient ajustés au corps par des courroies de cuir passées dans une boucle. Il était évidemment impossible de mettre seul son armure. Cette tâche était le privilège de l'écuyer.

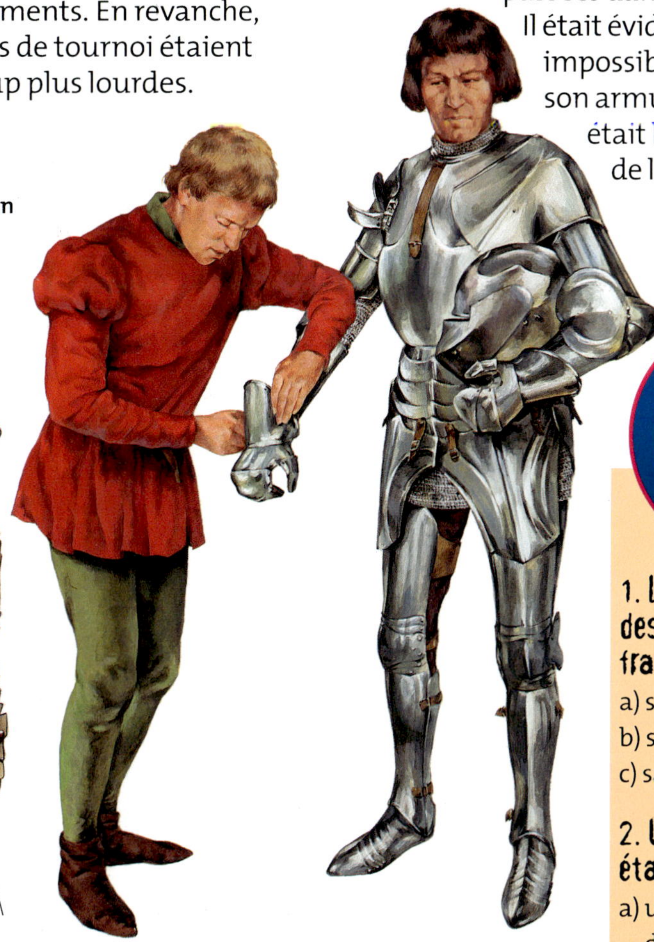

Y avait-il des défauts dans les cuirasses ?

Bien que conçues pour protéger entièrement le corps, les armures laissaient nécessairement quelques vides aux articulations, dont profitaient les soldats à pied : d'où l'expression « le défaut de la cuirasse ». Désarçonnés, les chevaliers étaient gênés par le poids de l'armure.

1. Le patron des armuriers français était :
a) saint Michel
b) saint Georges
c) saint Jacques

2. Une barbute était :
a) une partie de l'armure
b) une arme
c) un casque

3. Une armure complète pesait :
a) un peu plus de 20 kg
b) un peu plus de 30 kg
c) un peu plus de 40 kg

4. Les solerets protégeaient :
a) les mains
b) les pieds
c) les épaules

Le siège

Le siège d'un château fort exigeait la mise en œuvre de machines de guerre, que ce soit pour ouvrir des brèches dans les murailles, toucher à distance les défenseurs, ou passer à l'assaut. Certaines de ces machines ont été perfectionnées pendant les croisades, en s'inpirant de celles, plus efficaces, qu'utilisaient les Arabes.

À QUOI SERVAIENT LES ARCHERS DANS UN SIÈGE ?

Capables de décocher 12 flèches par minutes et d'atteindre une cible à 300 m, les archers avaient pour rôle principal d'empêcher les assiégés de se présenter aux créneaux. Dans les batailles rangées, ils firent quelquefois la décision, notamment à Crécy où les archers anglais décimèrent les chevaliers français, en 1346.

Quelle artillerie était employée ?

Pour lancer des boulets, les artilleurs disposaient de deux sortes de machines. Les machines à balancier, comme la pierrière ou la bricole, lançaient des charges assez faibles. Les machines à contrepoids, comme le mangonneau ou le trébuchet, pouvaient propulser à 200 m des boulets de plus de 100 kg. Le dessin ci-dessous rappelle une erreur longtemps répandue : il n'y avait pas de catapulte au Moyen Âge (ici au second plan) ! Les premiers canons (bombardes) sont apparus au XIVe siècle.

Comment pénétrait-on dans une forteresse ?

Le bélier servait à enfoncer les portes ou les murs les moins solides. Cette machine roulante était servie par des hommes qui actionnaient une poutre suspendue. Ils étaient protégés par un toit recouvert de matériaux peu inflammables. Les mêmes matériaux recouvraient le beffroi, une tour roulante qui permettait aux assaillants d'accéder au sommet des remparts et de pénétrer dans la forteresse.

Comment minait-on un château ?

Les assaillants creusaient un souterrain sous les murs du château. Ils le fortifiaient au fur et à mesure avec des poutres de soutènement. Lorsqu'ils étaient parvenus au point estimé le plus faible de l'édifice, ils allumaient un incendie puis se retiraient. Le feu embrasait alors les poutres qui, en se brisant, entraînaient l'effondrement des murs, ceux-ci n'ayant plus de fondation. Quand les assiégés s'apercevaient du percement d'une mine, ils pouvaient creuser une contre-mine et tenter de rejoindre les assaillants pour les chasser.

Se servait-on d'arbalètes ?

Les arbalètes de siège étaient des arbalètes dites « à tour » ou « à treuil ». Utilisées à partir du XIe siècle, elles lançaient avec une efficacité redoutable des carreaux de 1 m de long jusqu'à près de 400 m.

QUIZ

1. Les trébuchets pouvaient lancer des boulets de :
a) plus de 30 kg
b) plus de 50 kg
c) plus de 100 kg

2. Un archer pouvait décocher par minute :
a) 2 flèches
b) 12 flèches
c) 22 flèches

3. La munition lancée par une arbalète s'appelle :
a) le carreau
b) la flèche
c) la balle

4. Les premiers canons sont apparus :
a) au XIIIe siècle
b) au XIVe siècle
c) au XVe siècle

La défense

Le château fort du Moyen Âge est conçu pour résister à toutes les attaques : ses murailles arrêtent les engins lancés par les machines de siège, tandis que ses fenêtres réduites à des fentes protègent des jets de flèches.

Pourquoi creusait-on des douves ?

Les douves, larges fossés remplis d'eau qui ne peuvent se franchir que par le pont-levis, empêchent les assaillants d'approcher des murs d'enceinte. Ainsi, ils ne peuvent y adosser échelles et engins de siège ni creuser des tunnels à leur base. Quand le château fort est proche d'un cours d'eau, il suffit de percer un canal de dérivation (comme ci-dessus à gauche) pour remplir les douves.

COURTINES, CRÉNEAUX ET MERLONS

Au sommet des courtines (murs d'enceinte reliant les tours) court un chemin de ronde. Côté extérieur, les défenseurs y sont protégés par les merlons : ce sont des pans de mur carrés derrière lesquels ils peuvent s'abriter et qui alternent avec des espaces vides appelés créneaux.

À quoi servaient les meurtrières ?

Étroites fentes verticales vues de l'extérieur, les meurtrières (ou archières) s'évasaient en entonnoir à l'intérieur des murs. L'archer pouvait ainsi faire pivoter son arme pour mieux diriger son tir tout en restant invisible. Certaines meurtrières étaient munies d'une fente horizontale pour les arbalètes.

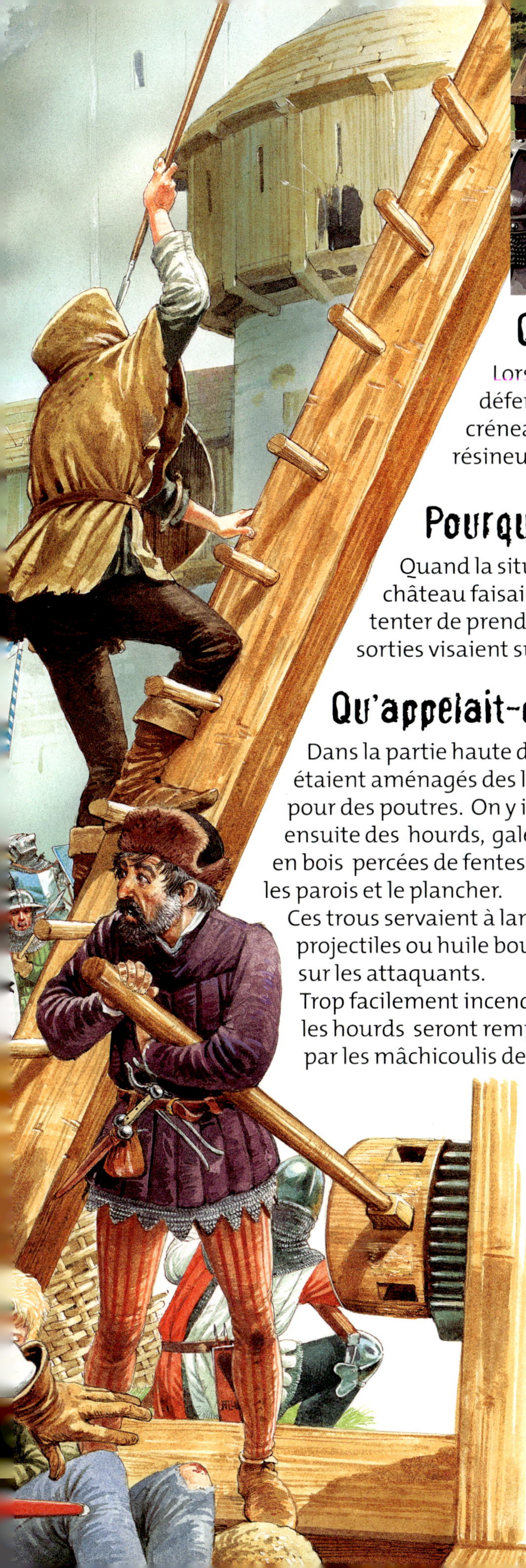

Que versait-on sur les attaquants ?

Lorsque les assaillants commençaient à escalader les murailles, les défenseurs obtenaient un répit en déversant de l'huile bouillante par les créneaux, ou bien en faisant couler du plomb fondu ou de la poix (goudron résineux) par les orifices ménagés à la base des mâchicoulis.

Pourquoi tentait-on une sortie ?

Quand la situation devenait critique, les occupants du château faisaient parfois irruption par le pont-levis pour tenter de prendre les attaquants par surprise. Ces courtes sorties visaient surtout à détruire les machines de siège.

Qu'appelait-on des hourds ?

Dans la partie haute des murs étaient aménagés des logements pour des poutres. On y installait ensuite des hourds, galeries en bois percées de fentes dans les parois et le plancher. Ces trous servaient à lancer projectiles ou huile bouillante sur les attaquants. Trop facilement incendiés, les hourds seront remplacés par les mâchicoulis de pierre.

Où était la herse ?

Cette lourde grille relevable, actionnée par des poulies et des cordes, défendait l'entrée de l'enceinte, juste derrière le pont-levis. En cas d'urgence, on tranchait les cordes pour la laisser tomber sur les assaillants.

QUIZ

1. La herse était :
a) une échelle repliable
b) une sorte d'arbalète
c) une grille relevable

2. Les mâchicoulis servaient :
a) à la ventilation
b) à laisser entrer la lumière
c) à jeter de l'huile bouillante sur les attaquants

3. Les hourds étaient bâtis :
a) en bois
b) en cuir
c) en pierre

4. Les douves étaient :
a) des tunnels
b) des tranchées remplies d'eau
c) des ponts mobiles

Les croisades

Depuis le VIIe siècle, les Arabes laissaient les chrétiens libres d'aller se recueillir sur le tombeau du Christ, à Jérusalem. Mais au XIe siècle, les Turcs en interdirent l'accès. C'est la raison pour laquelle le pape Urbain II lança en 1095 la première croisade.

Que veut dire le mot « croisade » ?

Le pape Urbain II avait demandé aux chrétiens de prendre les armes pour combattre les musulmans et s'emparer de Jérusalem. Il les avait invités à « se croiser », c'est-à-dire à coudre une croix sur leurs vêtements. C'est pourquoi on a appelé ces guerres les « croisades ».

Qui allait à la croisade ?→

Les tout premiers « croisés » à partir furent des gens du peuple, sous la conduite de religieux comme Pierre l'Ermite. Mal armés, ils furent écrasés en 1096 par les Turcs. Mais en 1099, une armée de chevaliers français et normands commandée par Godefroi de Bouillon réussit à prendre Jérusalem, à y créer un royaume chrétien et à dominer le Proche-Orient.

Des enfants se sont-ils croisés ?

La reprise de Jérusalem par les musulmans en 1187 entraîna de nouvelles croisades. La plus désastreuse fut menée en 1212 par des milliers d'enfants français et allemands. Ils ne virent jamais Jérusalem, et la plupart des participants à cette « croisade des enfants » moururent en cours de route ou furent capturés et vendus comme esclaves.

Qui étaient les moines-soldats ?

La protection des territoires conquis a suscité la création d'ordres religieux militaires. Ces moines-soldats étaient des chevaliers. Ils jouèrent un rôle déterminant dans certaines batailles, comme celle d'Arsouf que remporta en 1191 Richard Cœur de Lion, le roi d'Angleterre, contre Saladin. Les plus puissants étaient les Hospitaliers, les Teutoniques et les Templiers.

QU'EST CE QU'UN KRAK ?

Ce mot d'origine arabe désigne une forteresse. Les croisés en ont bâti plusieurs, dont la plus célèbre et la plus grande était le krak des Chevaliers, en Syrie. Construit par les Hospitaliers, il abritait une garnison de 2 000 hommes. Les musulmans ne réussirent à s'en emparer qu'en 1271, après un an de siège. Ses ruines restent aujourd'hui impressionnantes.

Qui était Saladin ?

Saladin est le nom francisé du sultan Salah al-Din, qui régnait sur l'Égypte et la Syrie. Après avoir unifié les forces musulmanes pour chasser les croisés, il reprit Jérusalem en 1187. Bien que battu par Richard Cœur de Lion à Arsouf, il réduisit considérablement les territoires contrôlés par les chevaliers chrétiens.

Saladin

Combien de croisades y a-t-il eu ?

Il y en eut neuf au total. La troisième, menée contre Saladin, fut conduite conjointement par Richard Cœur de Lion, le roi de France Philippe Auguste et l'empereur germanique Frédéric Barberousse. La dernière s'acheva par la perte de Saint-Jean d'Acre, qui consacra en 1291 la victoire finale des musulmans.

QUIZ

1. La première croisade a été lancée :
a) en 1095
b) en 1195
c) en 1295

2. Saladin a été battu à la bataille d'Arsouf par :
a) Philippe Auguste
b) Richard Cœur de Lion
c) Godefroi de Bouillon

3. Les Templiers étaient :
a) des commerçants
b) des guerriers arabes
c) des moines-soldats

4. Le krak des Chevaliers était :
a) une forteresse
b) une église
c) une ville

Le domaine féodal

Au Moyen Âge, il y avait deux catégories de domaines seigneuriaux. Les fiefs étaient concédés à titre héréditaire par un suzerain qui en restait le propriétaire. En revanche, les francs-alleux appartenaient en pleine propriété au seigneur.

Qui faisait les comptes ?

La gestion du domaine seigneurial était confiée à un intendant. C'était nécessairement un homme instruit et capable de tenir les comptes de son maître. Au début, la comptabilité était assez rudimentaire. Mais elle s'est perfectionnée au XVe siècle, sous l'influence des marchands et des banquiers italiens qui instaurèrent la double comptabilité, le crédit et même les systèmes d'assurance.

QUELLES ÉTAIENT LES FONCTIONS DES BAILLIS AU MOYEN ÂGE ?

Les baillis étaient des hauts fonctionnaires nommés par le roi pour renforcer son autorité judiciaire, administrative et fiscale. Ils étaient attachés à une circonscription appelée « baillage ». Les baillis contribuèrent largement à réaliser l'unité de la France et à réduire l'indépendance des grands seigneurs. Mais quand ils commettaient des abus de pouvoir ou se laissaient corrompre, ils pouvaient être révoqués et châtiés par la justice royale.

En quelles occasions se retrouvaient les paysans et les villageois ?

La vie était très dure au Moyen Âge pour le peuple. Pourtant, les paysans et les villageois avaient la possibilité de se retrouver pour se détendre et se divertir. C'était le cas les jours de marché et surtout à l'occasion des très nombreuses fêtes religieuses, où le travail était en principe interdit par l'Église.

Les paysans étaient-ils libres ?

Il y avait très peu de paysans libres au début du Moyen Âge. La plupart étaient des serfs, faisant partie du domaine seigneurial au même titre que la terre ou les animaux. Le mot « serf » vient d'ailleurs du latin « servus » qui signifie « esclave ». La condition des serfs s'est toutefois améliorée sous l'influence de l'Église. À la fin du Moyen Âge, leurs droits étaient pratiquement égaux à ceux des paysans libres.

Comment cultivait-on la terre ?

Le domaine cultivable était divisé en trois parcelles. La première était ensemencée à l'automne avec des céréales ; au printemps, la deuxième était consacrée aux légumes ; la troisième était au repos (en « jachère »). On recommençait tous les ans, en procédant à une rotation des cultures et de la jachère.

Qui exerçait la justice ?

Les grands seigneurs rendaient la « haute justice » pour les crimes. Les seigneurs moins importants ne rendaient que la « basse justice », qui concernait les petits délits. Mais la justice royale prévalait sur celle des seigneurs, et elle a fini par se substituer à elle. Ce fut un grand progrès pour les droits des accusés.

Combien de victimes a fait la Mort noire ?

La médecine était impuissante face à la plupart des maladies, et peu de progrès ont été réalisés au Moyen Âge. Le cas le plus dramatique a été la grande épidémie de peste qui a frappé les campagnes et les villes d'Europe au XIVe siècle. On l'appelait la Mort noire. Venue d'Asie en 1347, cette épidémie s'est répandue jusqu'en Russie, causant la mort de 20 à 25 millions de personnes.

QUIZ

1. La double comptabilité a été inventée par :
a) les Anglais
b) les Italiens
c) les Allemands

2. Le bailli était :
a) un prêtre
b) un marchand
c) un fonctionnaire royal

3. Le mot serf vient du latin « servus » qui signifie :
a) esclave
b) paysan
c) soldat

4. La grande peste du XIVe siècle venait :
a) d'Amérique
b) d'Asie
c) d'Afrique

Les divertissements

Jouer, chasser, écouter des histoires, tels étaient les principaux loisirs des seigneurs lorsqu'ils n'étaient pas à la guerre. Mais les divertissements n'étaient pas réservés à la noblesse. Les paysans aussi avaient les leurs, plus frustes sans doute, mais aussi plus naturels et plus savoureux.

Quels étaient les jeux de société ?

Certains jeux venaient de l'Antiquité, comme les dés ou les osselets. Les échecs étaient aussi très appréciés : inventés en Inde, ils sont apparus en Europe au IXe siècle. Le jeu de l'oie, lui, est devenu populaire au XIIe siècle. On a commencé à jouer aux cartes au XIVe siècle.

Pourquoi le Moyen Âge est-il aussi appelé âge de la chevalerie ?

L'idéal de la chevalerie a imprégné toute la civilisation européenne. Il a par exemple durablement influencé la morale sportive et donné aux enfants des thèmes de jeu toujours actuels.

À quoi jouaient les enfants ?

Les jeux des petits enfants n'étaient pas très différents de ceux d'aujourd'hui : colin-maillard, chat perché, marelle ou saute-mouton. Et les jouets les plus populaires étaient déjà le cerceau, les quilles ou la corde à sauter, sans oublier les poupées !

Comment chassait-on au faucon ?

Posé sur le poing du fauconnier, le faucon avait la tête couverte d'un capuchon. Dès qu'une proie était en vue, on retirait le capuchon, et l'oiseau se précipitait sur elle, l'attaquant avec son bec et ses serres. Quand la proie succombait, le faucon revenait sur le poing de son maître.

QUE RACONTAIENT LES MYSTÈRES ?

Les mystères étaient des drames d'inspiration religieuse représentés sur le parvis des églises ou sur la place juste devant. Apparus au xe siècle, ils prirent une ampleur considérable, avec des œuvres de plus de 20 000 vers mêlant poésie et musique. Ce genre théâtral a trouvé son apothéose avec le *Mystère de la Passion* d'Arnoul Gréban (1450).

Quelles histoires écoutait-on ?

Les contes de fées faisaient la joie des gens du peuple, dont l'âme naïve s'émerveillait des histoires d'ogres ou de géants. Les nobles, eux, avaient une prédilection pour les légendes illustrant l'idéal de la chevalerie, comme l'histoire du roi Arthur et de son épée magique Excalibur, celle de Perceval ou de Lancelot, ou bien les amours de Tristan et Iseult.

La chasse était-elle réglementée ?

Loisir favori de la chevalerie, la chasse au gros gibier (cerfs, daims, sangliers, ours) était un sport dangereux jusqu'à l'apparition des premières armes à feu à la fin du xve siècle. C'est au Moyen Âge que l'art de la chasse à courre a été codifié sous le nom de vénerie, les veneurs étant les hommes chargés d'organiser les chasses de leurs seigneurs. L'un des plus grands chasseurs fut Gaston Phœbus, comte de Foix, qui vécut au xive siècle et écrivit un célèbre « Livre de la chasse », richement illustré.

QUIZ

1. Les premiers jeux de cartes sont apparus :
a) au xiiie siècle
b) au xive siècle
c) au xve siècle

2. Gaston Phœbus a écrit :
a) le Livre de la guerre
b) le Livre des échecs
c) le Livre de la chasse

3. Le veneur était chargé d'organiser :
a) la chasse à courre
b) les banquets
c) les spectacles

4. Les mystères représentaient :
a) des contes de fées
b) la légende du roi Arthur
c) des drames religieux

Les tournois

Spectacle apprécié par le peuple et la noblesse, les tournois étaient des jeux guerriers apparus au XIe siècle. À l'origine combats sanglants, auxquels participaient également des soldats à pied, les tournois furent plus tard réservés aux chevaliers et strictement réglementés. L'Église tenta en vain de les interdire, et il y en eut jusqu'au XVIe siècle.

Comment se déroulait un tournoi ?

Le combat se passait sur un terrain appelé la « lice ». Revêtus de lourdes armures et armés de lances dont le bout n'avait pas de pointe, les deux cavaliers fonçaient l'un vers l'autre dans le but de se désarçonner. Quand un cavalier tombait, le combat (ou « joute ») se poursuivait à terre, à l'épée. Le vainqueur était celui qui tenait son adversaire à sa merci. Les « juges diseurs » vérifiaient auparavant la conformité des armes, tandis que les hérauts d'armes contrôlaient les titres de noblesse et les armoiries des participants.

COMMENT S'ENTRAÎNAIT-ON ?

Pour s'entraîner, les chevaliers et leurs écuyers disposaient d'un petit appareil simple et efficace. C'était un tourniquet monté en haut d'un poteau. À l'une des extrémités était accrochée une planchette figurant un bouclier. Le cavalier devait la toucher avec sa lance et s'esquiver au plus vite car, en tournant sous l'effet du choc, le tourniquet rabattait à hauteur de sa tête le lourd poids attaché à l'autre extrémité. Il valait mieux ne pas le prendre en pleine figure !

Y avait-il des jeux pour les archers ?

Les archers, constitués en corporation au XIVe siècle, pouvaient se mesurer dans des concours de tir. En France, le corps militaire des archers fut supprimé au XVIe siècle sous François Ier, alors que les Anglais continuèrent d'en employer jusqu'au siècle suivant.

Portait-on son blason dans les tournois ?

Le déploiement des armoiries des chevaliers « entrant en lice » pour « rompre des lances », comme on disait à l'époque, était un élément essentiel du spectacle. Les armoiries figuraient sur le bouclier, sur le caparaçon (la housse dont on revêtait le cheval) ou sur une oriflamme montée en haut d'un mât. Chacun pouvait reconnaître celui qu'il avait choisi comme « champion ».

QUIZ

1. On appelait « lice » :
a) une cible
b) un terrain
c) un drapeau

2. Les armes des participants étaient vérifiées par :
a) un héraut d'armes
b) un bailli
c) un juge diseur

3. Le roi de France tué dans un tournoi est :
a) Philippe Auguste
b) François Ier
c) Henri II

4. La corporation des archers a été créée :
a) au XIIe siècle
b) au XIIIe siècle
c) au XIVe siècle

Les tournois etaient-ils dangereux ?

Lorsque les tournois étaient encore de véritables mêlées, il y avait souvent mort d'homme. Mais même lorsque les joutes furent réglementées, avec utilisation d'armes « courtoises » moins dangereuses, des accidents mortels pouvaient se produire. C'est ainsi que le roi de France Henri II fut tué dans un tournoi en 1559.

La fin d'une époque

Les progrès de l'artillerie ayant rendu les châteaux forts vulnérables, ceux-ci n'avaient plus de raison d'être, d'autant que le pouvoir royal avait pratiquement aboli le système féodal. Quant à la noblesse, émerveillée par l'exemple de l'Italie, elle aspirait à vivre dans des demeures plus luxueuses et plus confortables.

Les canons étaient-ils efficaces ?

Les premières « bouches à feu », appelées « bombardes » ou « veuglaires », ont été employées au XIVe siècle. Elles tiraient des boulets de pierre à 50 ou 60 m et faisaient plus de bruit que de mal ! Il faudra attendre le siècle suivant pour voir apparaître de vrais canons, capable de tirer des boulets en fer avec assez de puissance pour percer des murailles.

Pourquoi a-t-on abandonné l'armure ?

Au XVIIe siècle, la lourde armure médiévale avait totalement disparu, car les armes à feu étaient de plus en plus efficaces et la tactique militaire avait évolué. On vit naître alors deux cavaleries distinctes : la cavalerie légère, très rapide, et la cavalerie lourde, qui conservera une cuirasse et un casque jusqu'au début du XXe siècle et s'illustrera dans l'armée de Napoléon Ier.

LES ARMURES POUVAIENT-ELLES PROTÉGER DES BALLES ?

Les premières armes à feu individuelles tiraient des balles d'une puissance trop faible pour transpercer les cuirasses. D'ailleurs, avant de livrer une armure à un client, les artisans armuriers la mettaient à l'épreuve : la légère trace d'impact laissée par la balle était la preuve que l'armure était sûre. Les choses changeront au XVIIe siècle et l'armure sera abandonnée.

Pourquoi la chute de Constantinople a-t-elle marqué un tournant dans l'histoire ?

La prise de Constantinople par les Turcs, en 1453, n'a pas seulement marqué la fin de l'Empire romain d'Orient, mais a aussi consacré l'avènement d'une ère nouvelle, celle de l'artillerie. C'est en effet grâce à ses canons que Mehmet II est venu à bout des murailles de la ville : ses 60 000 soldats ont pu ainsi y entrer et ne faire qu'une bouchée des 6 000 défenseurs conduits par l'empereur Constantin Paléologue, qui sera tué lors de ces ultimes combats.

Quand la mode du château médiéval est-elle revenue ?

Au XIXe siècle, la redécouverte du Moyen Âge a suscité une nostalgie de la chevalerie. Des châteaux de style « gothique » furent alors édifiés, tel celui de Neuschwanstein, en Bavière.

Pourquoi tant de ruines ?

Beaucoup de châteaux forts appartenant à de grands seigneurs trop indépendants furent détruits sur l'ordre du roi. D'autres, laissés à l'abandon, servirent de carrière. Les habitants de la région y prenaient des pierres déjà taillées pour construire leurs maisons.

Comment les châteaux ont-ils évolué ?

Dès la fin du XVe siècle les anciens châteaux forts ont été abandonnés ou transformés en résidences percées de fenêtres et agréablement aménagées. On a notamment lambrissé les pièces d'habitation en recouvrant les murs de panneaux de stuc ou de bois richement décorés, ouvert des esplanades et créé des jardins d'agrément.

1. Les bombardes étaient :
a) des pistolets
b) des fusils
c) des canons

2. Les armures étaient testées :
a) avec du feu
b) avec une balle
c) avec un marteau

3. Les premiers boulets en fer sont apparus :
a) au XVe siècle
b) au XVIe siècle
c) au XVIIe siècle

4. Le sultan turc Mehmet II s'est emparé :
a) de Vienne
b) de Constantinople
c) de Venise

Chronologie

Le Moyen Âge est compris entre la fin de l'Empire romain et le début de la Renaissance. Cette période est marquée par l'avènement du système féodal et de la chevalerie, par la construction des châteaux forts, par les croisades, mais aussi par l'apparition des canons. Au XIXe siècle, les romantiques manifesteront une véritable passion pour cette époque où la violence s'alliait à une grande foi religieuse.

De l'an 1 à 800

1–500 Les Romains utilisent des formations de cavalerie légère pour appuyer les légions et construisent des forts dans toute l'Europe.
350–550 Chute de l'Empire romain d'Occident.
410 Les Goths pillent Rome.
496 Clovis, roi des Francs, se convertit au christianisme.
622 Début de l'islam.
634 Le calife Omar Ier conquiert la Terre sainte.
768 Charlemagne devient roi des Francs.
790 Début des raids vikings en Grande-Bretagne et sur le continent européen.

De 800 à 1000

800 Charlemagne est couronné empereur d'Occident à Rome par le pape Léon III, le jour de Noël.
843 Le traité de Verdun divise l'empire créé par Charlemagne. La France est définitivement séparée de l'Allemagne.
800–1000 En concédant des terres à la noblesse en échange de services, les rois d'Europe occidentale posent les bases du système féodal.
800-1150 Développement dans l'architecture religieuse européenne du style roman, caractérisé par des voûtes rondes, des murs épais et une décoration expressive.

911 Le chef viking Rollon s'établit dans la vallée de la Seine et devient ainsi le premier duc de Normandie.
987 Hugues Capet est élu roi des Francs et fonde la dynastie française des Capétiens.

De 1000 à 1100

1000 Les Normands construisent les premiers châteaux forts, d'abord en bois, puis en pierre.
1000-1200 De nombreuses villes italiennes deviennent des États indépendants.
1066 Guillaume le Conquérant, duc de Normandie, envahit l'Angleterre et bat le roi Harold II à la bataille d'Hastings. La noblesse normande s'établit dans tout le territoire et impose sa loi à la population.
1071 Naissance de Guillaume de Poitiers, duc d'Aquitaine. Il est considéré comme le premier troubadour, c'est-à-dire le premier poète méridional écrivant et composant des chansons en langue d'oc (par opposition à la langue d'oïl parlée dans le nord de la France).
1075-1122 Longue querelle entre la papauté et le Saint Empire romain germanique, marquée par l'humiliation de l'empereur Henri IV à Canossa, en 1077.
1090 Le clergé établit les règles de la chevalerie et fixe le cérémonial d'adoubement.
1095 Le pape Urbain II prêche la première croisade pour délivrer le tombeau du Christ, occupé par les musulmans.
1099 Les chevaliers européens commandés par Godefroi de Bouillon s'emparent de Jérusalem et fondent des royaumes chrétiens en Palestine et en Syrie.

De 1100 à 1200

1119 Fondation de l'ordre du Temple. Les Templiers sont des moines soldats chargés de protéger les pèlerins en Terre sainte.

1122 Début des travaux de rénovation de la basilique de Saint-Denis, qui marque l'apparition du style gothique (dit aussi ogival) dans l'architecture religieuse européenne.

1142 En Syrie, les Hospitaliers s'installent dans le krak des Chevaliers et en font une gigantesque forteresse.

1187 Le sultan Saladin s'empare de Jérusalem.

1189-1192 Troisième croisade, conduite par le roi de France Philippe Auguste, le roi d'Angleterre Richard Cœur de Lion et l'empereur Frédéric Barberousse.

1190 Le pape Clément III approuve la création de l'ordre des chevaliers Teutoniques. Ils combattront en Terre sainte, puis à l'est de l'Europe où ils tenteront d'imposer leur domination aux Slaves.

1196 Richard Cœur de Lion commence la construction en Normandie de Château-Gaillard. Ce château fort sera pris par Philippe Auguste en 1204, après un siège de huit mois.

De 1200 à 1300

1200 Généralisation en Europe des châteaux forts à tours rondes.

1214 Victoire de Philippe Auguste à Bouvines contre le Saint Empire romain germanique, l'Angleterre et la Flandre.

1220 Frédéric II de Hohenstauffen devient empereur germanique. Il fera de sa cour, à Palerme, un centre de rencontre entre les civilisations européenne, arabe et juive.

1244 Chute de Montségur, dernier château fort cathare, dans les Pyrénées, et fin de la croisade contre les Albigeois.

1270 Mort à Tunis, lors de la huitième et dernière croisade, du roi de France Louis IX (saint Louis).

1291 La forteresse de Saint-Jean-d'Acre est prise par les musulmans.

De 1300 à 1350

1302 Les chevaliers français sont écrasés par les milices populaires flamandes à Courtrai.

1312 Suppression par le pape Clément V de l'ordre du Temple, à l'instigation du roi de France Philippe le Bel.

1320-1350 Apparition des premiers canons.

1330 Apparition des premières armures constituées de plaques de métal assemblées.

1337 Début de la guerre de Cent Ans.

1347-1351 La peste entraîne la mort d'un tiers de la population en Europe.

1370 Du Guesclin est fait connétable par le roi Charles V.

De 1350 à 1480

1389 Les Serbes sont vaincus au Champ des Merles (Kosovo) par les Turcs.

1415 Le roi d'Angleterre Henri V, prétendant au trône de France, écrase la chevalerie française à Azincourt.

1429 Jeanne d'Arc délivre Orléans, assiégée par les Anglais.

1431 Jeanne d'Arc est brûlée vive le 30 mai à Rouen.

1453 Grâce à leur artillerie, les Turcs s'emparent de Constantinople. C'est la fin de l'Empire romain d'Orient (appelé aussi Empire byzantin).

1462 François Villon compose les vers du *Testament*.

1477 Mort du duc de Bourgogne Charles le Téméraire, rival du roi de France Louis XI. La Bourgogne est rattachée au royaume.

De 1480 à 1520

1492 Christophe Colomb aborde aux Antilles et ouvre la voie à la conquête du Nouveau Monde.

1498 Début des guerres d'Italie.

1500 Sous l'influence italienne, début de la Renaissance en France et transformation des châteaux forts en résidences confortables.

1515 Victoire du roi de France François Ier à Marignan. Il est fait chevalier par Bayard.

Étonnant !

Qui était le roi Arthur ?

Arthur (ou Artus) était un roi celte d'Angleterre qui, vers l'an 500, lutta contre l'invasion saxonne. Son histoire est devenue une légende fabuleuse, chantée d'abord par des bardes gallois, puis, au Moyen Âge, par des historiens comme Geoffroi de Monmouth ou des poètes comme Chrétien de Troyes. Selon cette légende, Arthur réunissait chaque année ses chevaliers autour d'une table ronde, d'où leur nom traditionnel de « chevaliers de la Table Ronde ». Leurs aventures ont beaucoup contribué à diffuser l'idéal de la chevalerie en Europe.

Richard Cœur de Lion parlait-il anglais ?

Eh bien non ! Aussi surprenant que cela puisse paraître, ce célèbre roi d'Angleterre ne connaissait pas la langue de son pays. Il séjourna d'ailleurs très peu dans son royaume. En fait, Richard Cœur de Lion parlait français (la langue d'oïl) et écrivait des poèmes en provençal (la langue d'oc). Seuls deux de ses poèmes nous sont parvenus, dont l'un avec sa musique. Le premier est une pièce politique, l'autre une complainte probablement écrite lorsqu'il fut fait prisonnier en Autriche.

Qui a tué Roland à Roncevaux ?

La légende veut que Roland, le preux chevalier de Charlemagne, ait été tué au col de Roncevaux par les Arabes, qui occupaient alors une grande partie de l'Espagne. La réalité est très différente. En fait, si Roland semble bien avoir existé, il n'a pas été tué par des musulmans, mais par des Basques. Roland se trouvait alors avec l'arrière-garde de Charlemagne, tombée dans une sanglante embuscade le 15 août 778. Le futur empereur d'Occident rentrait d'Espagne. Il y avait certes combattu des Arabes… mais pour soutenir d'autres Arabes qui s'étaient soulevés contre l'émir de Cordoue ! La légende a été fixée vers 1100 par *la Chanson de Roland,* que l'on peut considérer comme la première épopée française.

Pourquoi l'Église a-t-elle condamné l'arbalète ?

Connue dans l'Antiquité et réapparue au Moyen Âge, l'arbalète fut interdite par le concile de Latran en 1189. Cette arme était en effet « perfide » aux yeux de l'Église. Respectée pendant quelque temps, l'interdiction tombera bientôt dans l'oubli. L'arbalète restera en usage jusqu'au XVe siècle.

Pourquoi l'artillerie française était-elle la meilleure ?

C'est grâce aux canons fondus par les frères Jean et Gaspard Bureau que Charles VII a pu terminer la guerre de Cent Ans victorieusement. En effet, leurs canons n'étaient pas en fer forgé, mais en fonte de fer. Ensuite, les frères Bureau imposèrent la poudre grenée, qui permettait de réduire l'épaisseur, donc le poids des pièces. Enfin, ils établirent des calibres fixes afin de rationaliser la fabrication et l'emploi des boulets (également en fonte de fer). Ces calibres étaient de 2, 4, 8, 16, 32 et 64 livres. Les frères Bureau avaient créé l'artillerie moderne.

Quel roi a été fait chevalier sur le champ de bataille ?

Il est d'usage de faire finir le Moyen Âge à la fin du XVe siècle. Mais la tradition de la chevalerie s'est poursuivie un peu au-delà. En 1515, le roi de France François Ier a remporté une victoire éclatante à Marignan. Au soir de cette bataille, il a tenu à être adoubé par le plus valeureux de ses lieutenants, Bayard, surnommé « le chevalier sans peur et sans reproche ».

Quiz Solutions

Page 167 La chevalerie
1. c 2. b 3. a 4. c

Page 169 Bâtir un château
1. c 2. b 3. b 4. c

Page 171 Le plan général
1. b 2. a 3. c 4. b

Page 173 De la cave au grenier
1. c 2. b 3. a 4. c

Page 175 La vie au château
1. c 2. b 3. a 4. c

Page 177 Devenir chevalier
1. b 2. c 3. a 4. b

Page 179 Héraldique
1. a 2. c 3. c 4. b

Page 181 Les chevaux
1. a 2. b 3. c 4. b

Page 183 L'armement
1. b 2. c 3. a 4. b

Page 185 L'armure
1. b 2. c 3. a 4. b

Page 187 Le siège
1. c 2. b 3. a 4. b

Page 189 La défense
1. a 2. c 3. a 4. b

Page 191 Les croisades
1. a 2. b 3. c 4. a

Page 193 Le domaine féodal
1. b 2. c 3. a 4. b

Page 195 Les divertissements
1. b 2. c 3. a 4. c

Page 197 Les tournois
1. b 2. c 3. c 4. c

Page 199 La fin d'une époque
1. c 2. b 3. a 4. b

les inventions

Les inventions

Écriture et imprimerie

Le premier système d'écriture fut inventé par les Sumériens voici 5 000 ans environ. Ils se servaient de symboles graphiques, appelés pictogrammes, pour exprimer des idées ou représenter des choses.

Qui a inventé l'imprimerie ?

Ce sont les Chinois qui ont inventé les caractères d'imprimerie au XIe siècle. En Occident, Gutenberg est le véritable inventeur de l'imprimerie moderne, grâce à trois éléments essentiels : des matrices pour fondre les caractères en fonction des besoins, des formes pour les caler aux dimensions de la page et une presse à bras pour les imprimer sur le papier après encrage.

Qui a inventé la ponctuation ?

Le premier système de ponctuation fut inventé par Aristophane de Byzance, directeur de la bibliothèque d'Alexandrie, au IIe siècle av. J.-C. Par la suite, les moines copistes du Moyen Âge firent un usage plutôt fantaisiste de la ponctuation, qui ne deviendra vraiment rationnelle qu'avec les imprimeurs de la Renaissance.

. ,

De quand date la première machine à écrire à clavier ?

Elle fut inventée en 1873 par le journaliste américain Christopher Latham Sholes. Il en vendit le brevet au fabricant d'armes Remington, qui la commercialisa en 1874 en y apportant des perfectionnements comme le retour du chariot et le saut de ligne, et en introduisant un peu plus tard la touche majuscule. La première machine portative verra le jour en 1877.

QUI A INVENTÉ LE TROMBONE ?

Cette attache à ressort est si simple dans son principe qu'on est étonné d'apprendre que son invention, due au Norvégien Johan Vaalar, ne date que de 1900 ! Auparavant, quand on voulait attacher ensemble plusieurs feuilles de papier, on se servait d'épingles. C'est seulement en France que ce petit accessoire a reçu le nom de trombone, parce que sa forme évoque l'instrument de musique du même nom.

Qui était Monsieur Biro ?

Ladislao Biro, journaliste d'origine hongroise vivant en Argentine, a mis au point en 1938 le premier stylo-bille fonctionnant efficacement. Son invention sera achetée par le baron Bich, qui la commercialisera avec le succès que l'on sait sous le nom de pointe Bic.

Quelle est la plus ancienne petite annonce ?

C'est un papyrus égyptien vieux de 5 000 ans, écrit en hiéroglyphes, qui offre une récompense à qui aidera à retrouver un esclave en fuite.

De quoi est faite la mine des crayons ?

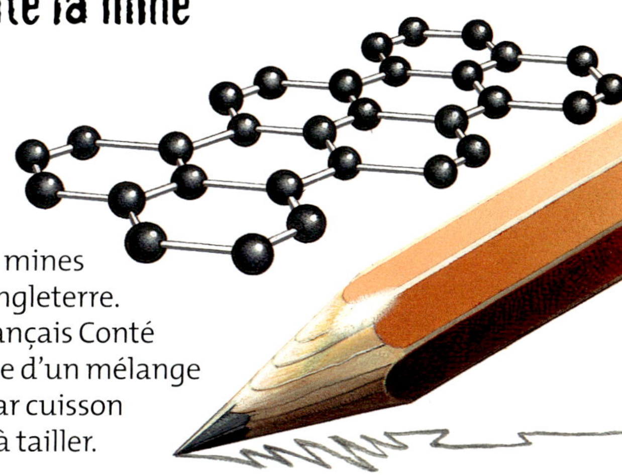

La mine des crayons était d'abord faite de plombagine, un graphite naturel que l'on extrayait dans les mines du Cumberland, en Angleterre. En 1795, le chimiste français Conté inventa une mine faite d'un mélange de graphite obtenu par cuisson et d'argile, plus facile à tailler.

1. La première presse d'imprimerie a été inventée par :
a) les Égyptiens
b) les Chinois
c) Gutenberg

2. La machine à écrire a été inventée en :
a) 1863
b) 1873
c) 1883

3. La mine des crayons est en :
a) plomb
b) graphite
c) cire

4. Ladislao Biro a inventé :
a) le stylo-feutre
b) le porte-plume à réservoir
c) le stylo-bille

À quoi sert la souris ?

La souris d'un ordinateur permet de déplacer le pointeur (ou curseur) sur l'écran avec plus de souplesse et de rapidité qu'en se servant des touches du clavier. Toutefois, pour dessiner avec un maximum de précision, les graphistes préfèrent le stylet, qui trace des traits dont l'épaisseur varie selon la pression.

À quoi était destiné le stylo-feutre ?

Le stylo-feutre à pointe acrylique a fait son apparition en 1962. Son inventeur, un Japonais, voulait que les utilisateurs retrouvent la grâce et l'élégance de la calligraphie traditionnelle au pinceau

Médecine

La médecine moderne a débuté sous la Renaissance, avec la volonté de comprendre le fonctionnement du corps humain. Les progrès, lents jusqu'au XIXe siècle, seront favorisés par l'invention du microscope.

Quelles opérations pratiquaient les Égyptiens ?

Les chirurgiens de l'ancienne Égypte étaient réputés dans tout le monde méditerranéen. Ils savaient notamment opérer de la cataracte (ils se servaient pour cela d'une très fine aiguille) et ils pratiquaient la trépanation.

QUI A LE PREMIER VU DES BACTÉRIES ?

Apprenti drapier, le Hollandais Anton Van Leeuwenhoek (1632-1723) avait mis au point un système de lentilles biconvexes, dont il garda le secret, pour obtenir des loupes à très fort grossissement (jusqu'à 300 fois), qui sont les ancêtres du microscope. Il fut ainsi l'un des premiers à observer des bactéries (de la levure de bière), dont il publia des dessins en 1683. Esprit curieux et sans préjugés, il s'opposa à la thèse de la génération spontanée.

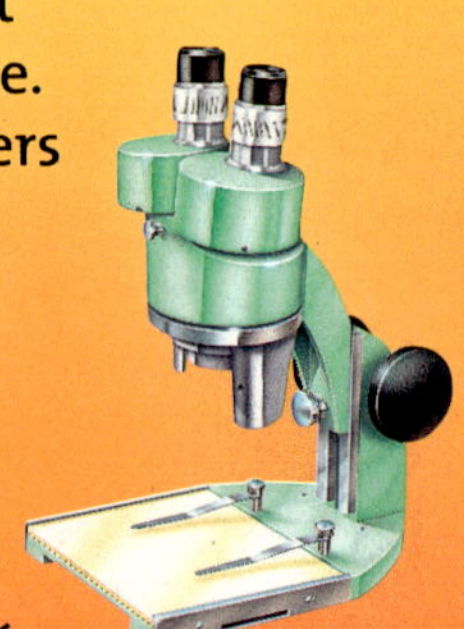

Microscope moderne

Qui a découvert le principe de la circulation sanguine ?

C'est le médecin anglais William Harvey qui a découvert les grands principes de la double circulation veineuse et artérielle. Il exposa ses vues dans un ouvrage publié en 1628.

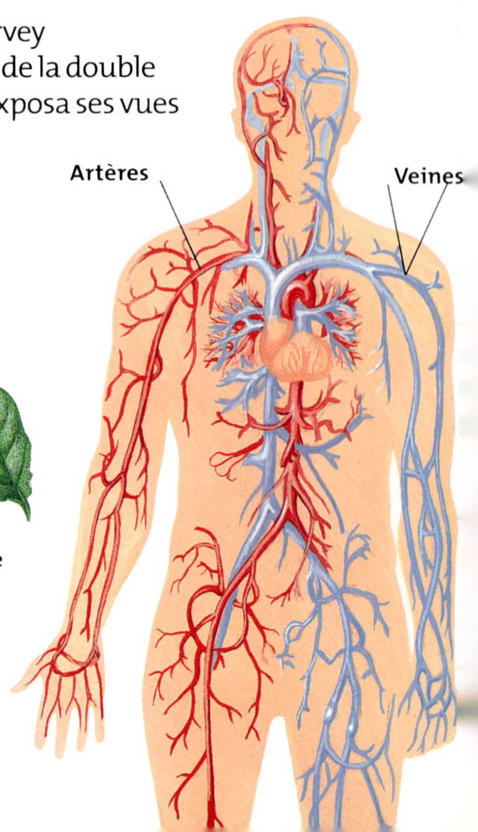

Les médicaments sont-ils faits avec des plantes ?

Même si beaucoup de médicaments sont à base de produits de synthèse, les extraits de plantes restent très utilisés : la quinine, extraite du quinquina, sert traditionnellement à traiter le paludisme, et la digitaline (extraite de la digitale) est un puissant tonique cardiaque.

Digitale

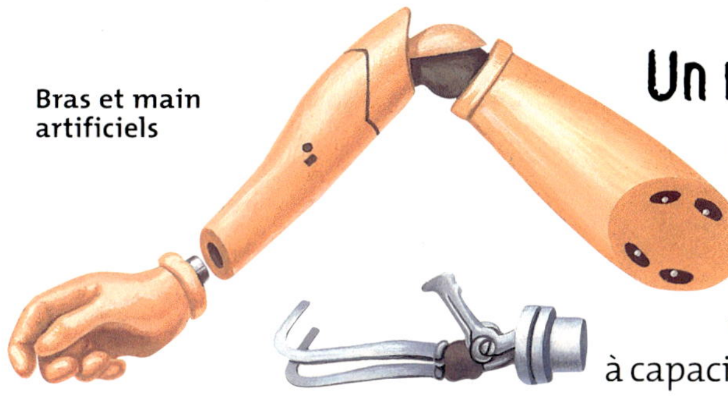

Un membre artificiel peut-il bouger ?

Dès le XVIe siècle, le chirurgien français Ambroise Paré avait mis au point un système de ressorts et de poulies pour actionner des membres artificiels. La chirurgie moderne a recours aux microprocesseurs pour développer des prothèses à capacité sensorielle qui captent les impulsions nerveuses émises par le moignon à destination du membre absent.

Pouvons-nous voir nos os ?

Nous pouvons les voir sur une radiographie grâce aux rayons X, dont les propriétés furent découvertes par l'Allemand Wilhelm Roentgen en 1895. Ils traversent le bois et les chairs mais sont arrêtés par les os ou le métal. La radiographie systématique des poumons a permis de dépister les tuberculoses à un stade précoce.

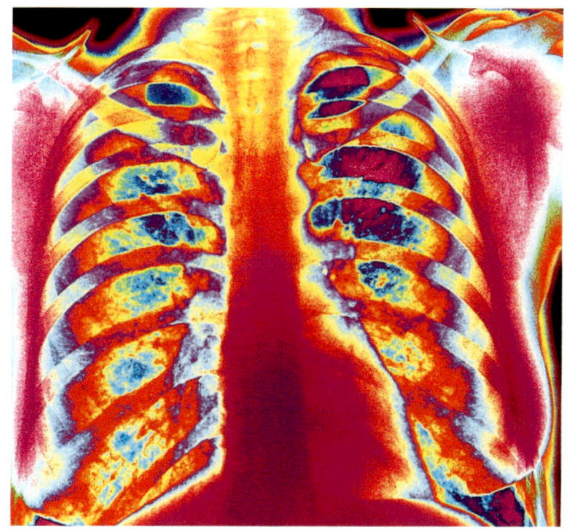

Qu'est-ce qu'un scanner ?

Mis au point en 1972, le scanner est un procédé d'imagerie médicale basé sur un faisceau rotatif de rayons X de faible puissance, qui balaie le corps sous tous les angles. Un ordinateur synthétise les résultats et construit une image en trois dimensions.

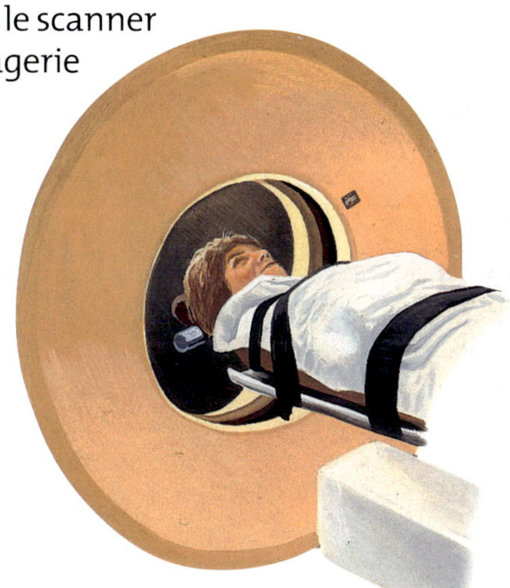

Qui a introduit l'antisepsie dans la salle d'opération ?

Disciple de Pasteur, le chirurgien écossais Joseph Lister fut le premier, en 1867, à utiliser un antiseptique (du phénol) pendant une opération. Il réussit ainsi à faire diminuer considérablement les cas de gangrène. En 1847, à Vienne, le Hongrois Semmelweiss avait obtenu des résultats semblables en obligeant les médecins à se laver les mains avant d'examiner les patients.

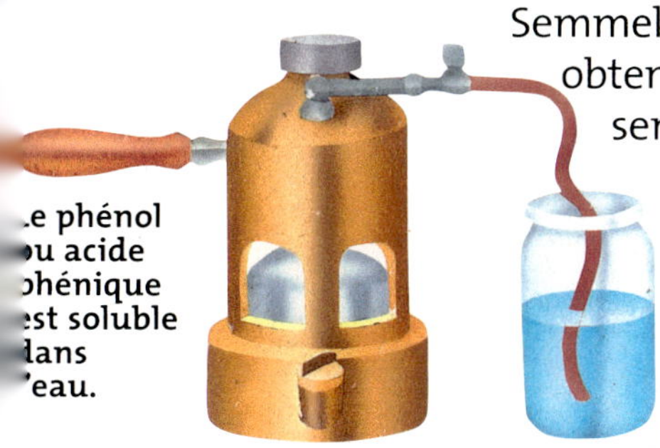

Le phénol ou acide phénique est soluble dans l'eau.

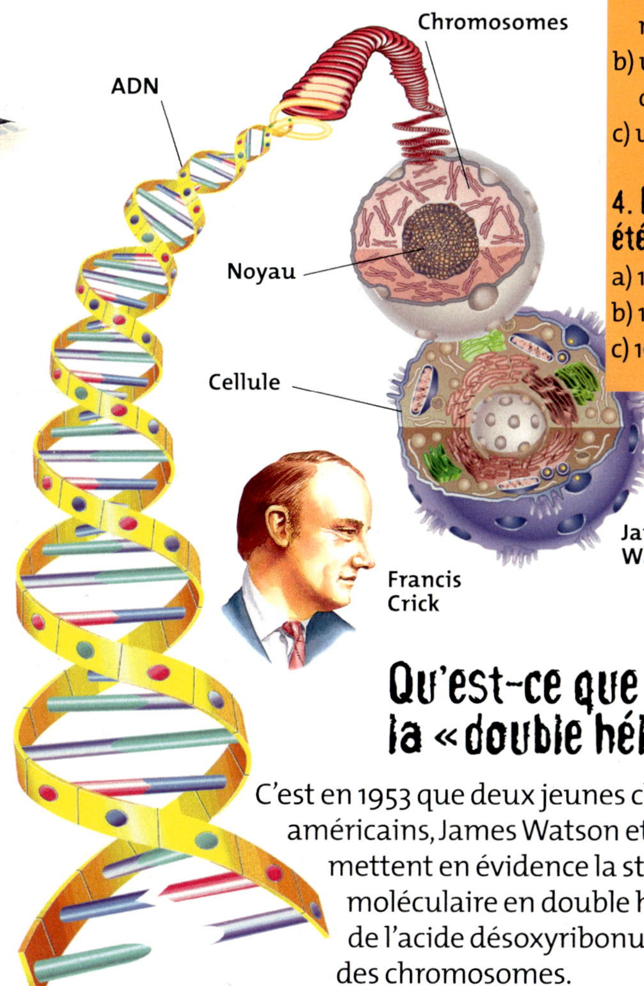

Qu'est-ce que la « double hélice » ?

C'est en 1953 que deux jeunes chercheurs américains, James Watson et Francis Crick, mettent en évidence la structure moléculaire en double hélice de l'acide désoxyribonucléique (ADN) des chromosomes.

1. William Harvey a découvert :
a) la circulation sanguine
b) les rayons X
c) les bactéries

2. Le premier dessin d'une bactérie a été publié en :
a) 1583
b) 1683
c) 1783

3. Le scanner est :
a) un procédé d'imagerie médicale
b) un instrument de chirurgie
c) un microscope

4. Les rayons X ont été découverts en :
a) 1875
b) 1895
c) 1905

Construction

Les premières constructions permanentes sont apparues voici plus de 10 000 ans. Les bâtisseurs ont d'abord utilisé des matériaux traditionnels tels que le bois, la pierre taillée et les briques, mais l'architecture moderne a imposé le béton, le verre et l'acier.

Comment travaillaient les bâtisseurs des cathédrales ?

Au XIIe siècle, l'Europe se couvre de cathédrales gothiques. Ces grands vaisseaux de pierre qui défient la pesanteur en élevant leurs voûtes à des hauteurs vertigineuses (plus de 40 m à Amiens) posent aussi de nouveaux problèmes aux bâtisseurs, qui ne disposent pas de grues mais seulement d'échafaudages de bois et de palans rudimentaires.

À quoi servaient les cercles de pierre de Stonehenge ?

Ce monument mégalithique édifié voici 5 000 ans dans la plaine de Salisbury, au sud de l'Angleterre, était peut-être une sorte d'horloge astronomique, mais l'assemblage des trilithes (portiques) de grès révèlent en tout cas l'habileté des tailleurs de pierre.

Qu'est-ce qu'un aqueduc ?

Les premiers aqueducs (ponts abritant une conduite d'eau) furent construits par les Assyriens, au VIIIe siècle avant J.-C. Puis les Romains ont bâti un immense réseau d'aqueducs pour amener l'eau vers leurs villes. Certains sont encore debout, comme le célèbre pont du Gard.

POURQUOI UN TOIT SEMBLABLE AUX VOILES D'UN NAVIRE ?

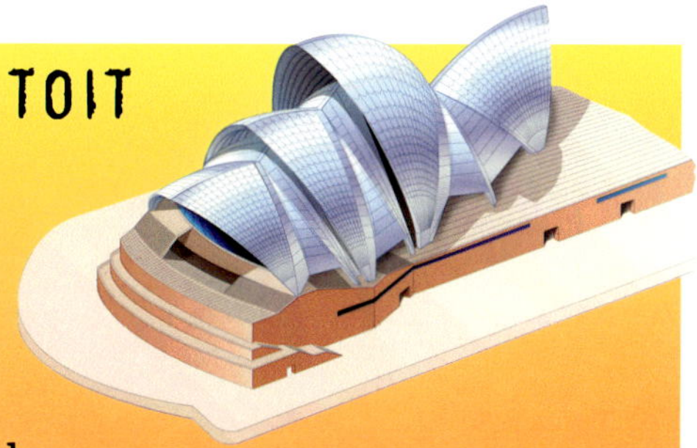

L'Opéra de Sydney, en Australie, (1957-1973) reste un bel exemple de l'architecture d'avant-garde, aux lignes audacieuses, du milieu du XXe siècle. Comme le bâtiment est construit sur un promontoire avançant sur la mer, l'architecte, le Danois Jorn Utzon, a voulu que les toits revêtus de céramique blanche ressemblent aux voiles d'un navire gonflées par le vent.

Quel âge ont les pyramides ?

La première pyramide fut édifiée vers 2575 av. J.-C. Il fallait environ vingt ans pour bâtir chacune de ces tombes monumentales destinées à abriter les momies des pharaons. Les énormes blocs de pierre étaient hissés rangée par rangée le long de plans inclinés en terre battue, détruits ensuite.

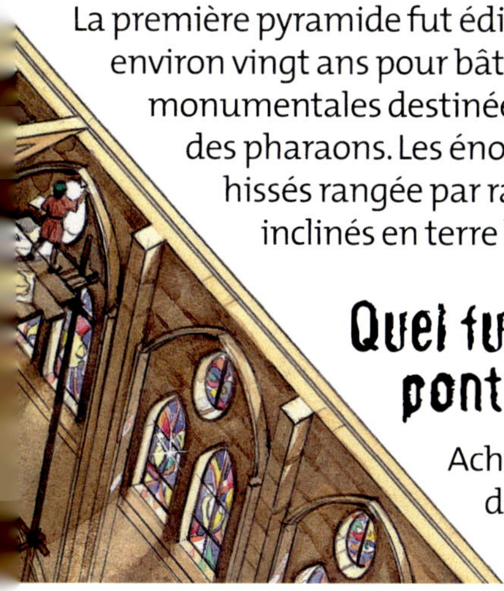

Quel fut le premier pont suspendu ?

Achevé en 1883, le pont de Brooklyn, à l'entrée du port de New York, fut le premier pont suspendu capable de supporter de très lourdes charges. Sa construction a demandé près de 2 000 km de fils d'acier, tressés en câbles, et quelque 90 000 tonnes de maçonnerie.

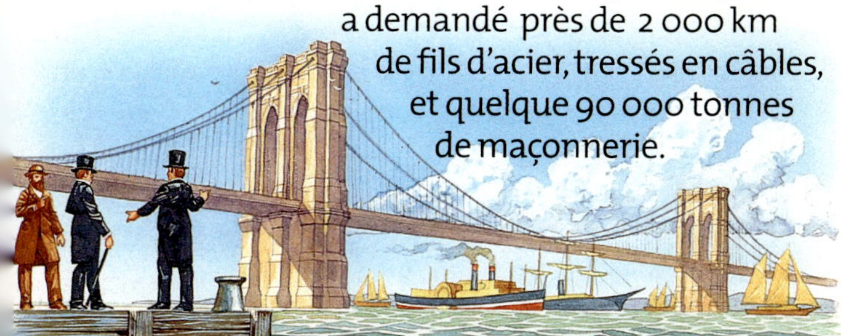

Quand construit-on un pont à haubans ?

Le pont à haubans est une combinaison du pont classique et du pont suspendu, qui a l'avantage de se construire rapidement, car deux piles suffisent pour une très longue portée. La charge est répartie régulièrement entre les mâts et les points d'ancrage des rives.

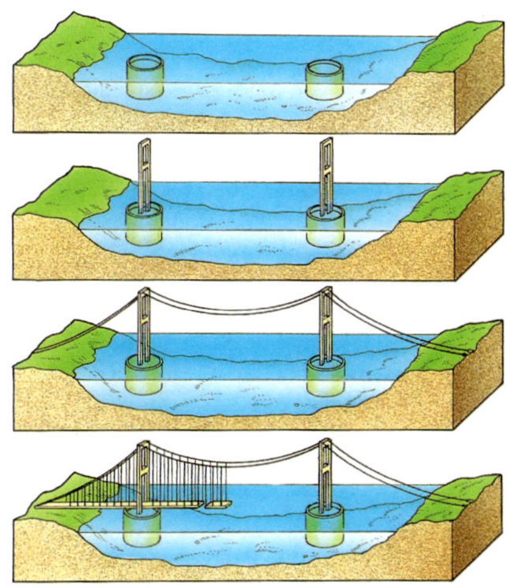

Qu'appelle-t-on ossature d'un bâtiment ?

Nos modernes gratte-ciel ont des poids si considérables que de simples murs porteurs ne suffiraient pas à en assurer la solidité. Il faut donc les doter de structures portantes rigides, en béton armé, en béton précontraint ou bien en poutrelles ou en tubes métalliques. Les murs extérieurs sont ajoutés en dernier.

1. Stonehenge date :
a) de 20 000 ans
b) de 10 000 ans
c) de 5 000 ans

2. Le plus ancien pont suspendu est :
a) le Golden Gate de San Francisco
b) le pont de Brooklyn
c) le pont de Tancarville

3. Le pont du Gard est :
a) un viaduc
b) un pont suspendu
c) un aqueduc

4. Les cathédrales gothiques ont été bâties au :
a) Xe siècle
b) XIIe siècle
c) XIIIe siècle

Agriculture

De la première araire mésopotamienne au clonage du bétail, l'agriculture a connu bien des révolutions technologiques. Certaines ont été très positives. D'autres ont été au contraire extrêmement contestées, et parfois même abandonnées.

Qui a inventé la trayeuse ?

Pour accélérer la traite de vaches, opération longue et fastidieuse, l'Américain Lee Corvin eut en 1860 l'idée de la mécaniser en utilisant des seringues pour aspirer le lait. Mais son invention fut supplantée par la trayeuse électrique, qui tire le lait par un système pneumatique beaucoup plus efficace.

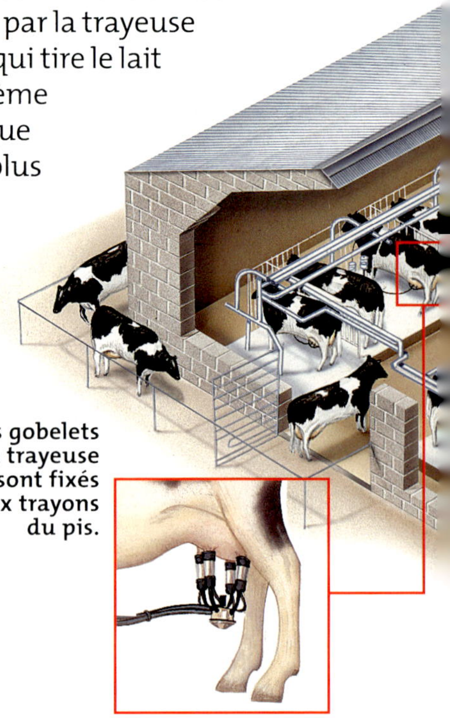

Les gobelets de la trayeuse sont fixés aux trayons du pis.

Les premiers agriculteurs utilisaient-ils la charrue ?

En Mésopotamie, voici plus de 5 500 ans, on utilisait l'araire, qui n'entamait le sol qu'en surface. La charrue, qui retourne la terre en profondeur, n'a été employée en Europe à partir du VIe siècle. Elle nécessite l'emploi d'animaux de trait.

Qu'est-ce que l'agriculture biologique ?

Si les fertilisants chimiques ont considérablement augmenté le rendement, ils ont aussi pollué les sols et nui à la qualité des récoltes. L'agriculture biologique, qui n'utilise que des engrais naturels, est considérée comme un retour à la sagesse.

De quand datent les moulins à vent ?

Les moulins à vent sont apparus vers le XIIe siècle en Europe occidentale, et ce sont les Croisés qui en ont répandu l'usage au Moyen-Orient. Ils servaient à pomper l'eau ou à moudre le grain. Le moulin à pivot, qui tourne pour mieux prendre le vent, a représenté un important progrès.

Qu'est-ce qui a facilité les moissons ?

Inventée au XIXe siècle par l'Américain Hyram Moore, la moissonneuse-batteuse-lieuse est une machine qui moissonne, bat les épis, engrange le grain et rassemble la paille en gerbes ou en rouleaux .

Pulvérise-t-on encore des insecticides ?

La destruction des insectes nuisibles a été pratiquée sur une grande échelle grâce au DDT. Sa formule fut découverte en 1874 par l'Autrichien Othmar Zeidler, mais n'a été appliquée à l'agriculture qu'en 1939. Ce produit miracle s'est hélas révélé désastreux pour l'environnement. La pulvérisation au DDT est aujourd'hui interdite dans la plupart des pays.

1. Les moulins à vent sont apparus :
a) en Chine
b) en Europe
c) en Mésopotamie

2. Le DDT est :
a) un engrais
b) un insecticide
c) une machine

3. Jethro Tull a inventé :
a) une machine à semer
b) une moissonneuse
c) une trayeuse

4. La première brebis clonée s'appelait :
a) Suzy
b) Jenny
c) Dolly

Qui était Jethro Tull ?

C'était un fermier anglais. En 1701, il inventa une machine qui creusait des sillons parallèles et y déposait les graines au fur et à mesure. Sa machine révolutionnait les semailles, mais elle ne connut aucun succès à l'époque.

LE CLONAGE EST-IL L'AVENIR ?

Le clonage consiste à reproduire un être vivant à l'identique à partir d'une de ses cellules. On avait pensé que cette technique, appliquée au bétail, serait très rentable. C'est ainsi que la brebis Dolly est « née » en Grande-Bretagne, au mois de février 1997. Puis des veaux ont été clonés aux États-Unis et au Japon. Mais Dolly a dû être euthanasiée en février 2003 pour cause de vieillissement précoce...

Arts ménagers

Eau courante et chauffage central étaient déjà connus sous l'Antiquité. Mais autrefois, seuls les plus riches pouvaient bénéficier des aménagements qui rendent la vie facile, car il fallait des esclaves ou de nombreux domestiques pour les faire fonctionner. Au XXe siècle, l'électricité a mis le confort à la portée de tous.

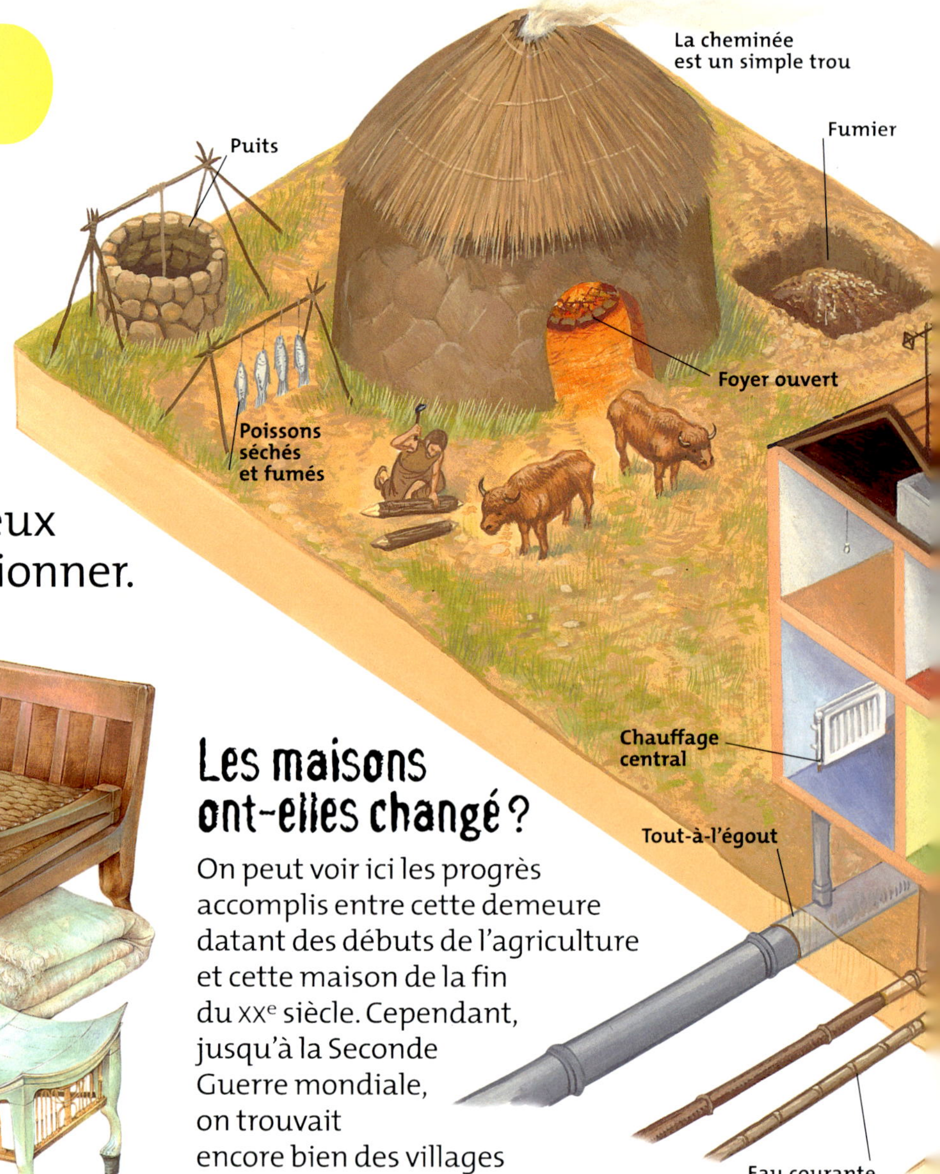

Les maisons ont-elles changé ?

On peut voir ici les progrès accomplis entre cette demeure datant des débuts de l'agriculture et cette maison de la fin du XXe siècle. Cependant, jusqu'à la Seconde Guerre mondiale, on trouvait encore bien des villages sans eau courante et des hameaux ou des maisons isolées sans électricité.

De quand datent les premiers meubles ?

Les meubles essentiels (lit, coffre, table, sièges) existent depuis très longtemps, comme en témoigne ce mobilier de bois sculpté datant de 3 500 ans, retrouvé dans la tombe d'un pharaon. Les meubles plus spécialisés (penderies, secrétaires, étagères, commodes, consoles…) ne se sont guère répandus avant les XVIIe et XVIIIe siècles.

DE QUAND DATE LE PREMIER RÉFRIGÉRATEUR ?

Les peuples de l'Antiquité savaient déjà conserver neige et glace dans des grottes ou des caves profondes. Dès le Moyen Âge, on connaissait le secret des sorbets, qui feront à Paris la fortune du café Procope, ouvert en 1686. Mais avec la machine à glace artificielle de Ferdinand Carré (1859), le froid entre dans l'âge industriel.

Le premier appareil domestique à produire du froid, dû à l'Allemand Karl von Linde, fonctionnait par compression du gaz ammoniac. Le premier réfrigérateur électrique (à gauche) a vu le jour en 1925.

Quand le fer à repasser est-il devenu électrique ?

L'Américain Henry Seely a conçu le premier fer à repasser électrique en 1882, et il en lança la fabrication trois ans plus tard. Avant cela, les ménagères faisaient chauffer leurs fers sur le feu.

De quand date la chasse d'eau ?

Le premier water-closet à évacuation fut inventé en 1596 par l'Anglais Sir John Harrington, qui l'installa dans le cabinet de toilette de la reine Élisabeth. La chasse d'eau fut ensuite perfectionnée par divers inventeurs et plombiers londoniens, sans pour autant résoudre les problèmes de vidange et d'insalubrité qui se posaient dans les villes. Il faudra pour cela attendre l'invention de la fosse septique, en 1881, par le Français Jean-Louis Mouras.

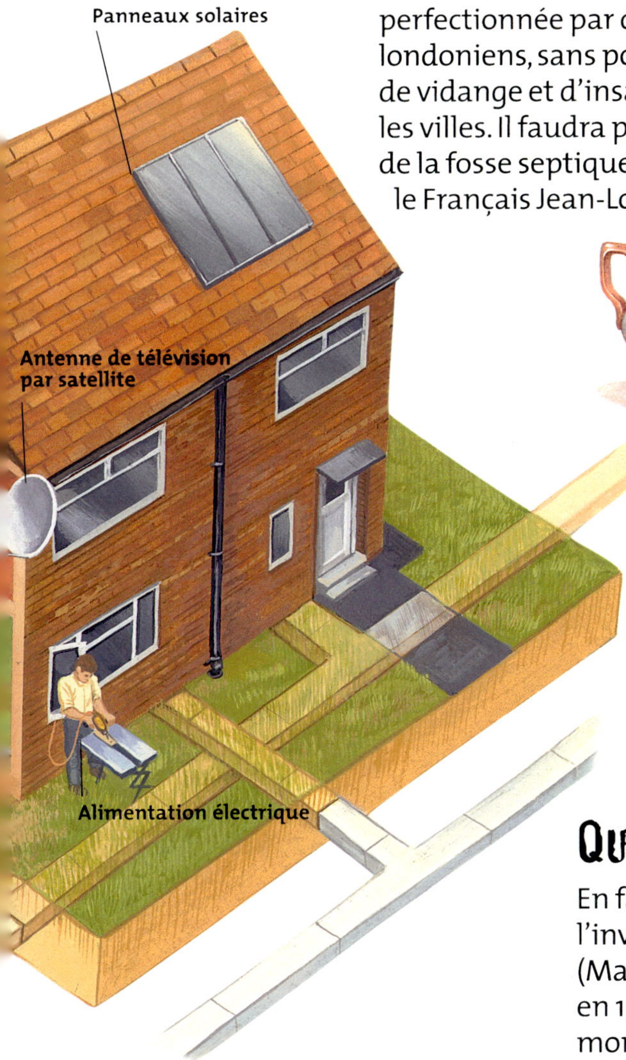

Pot de chambre

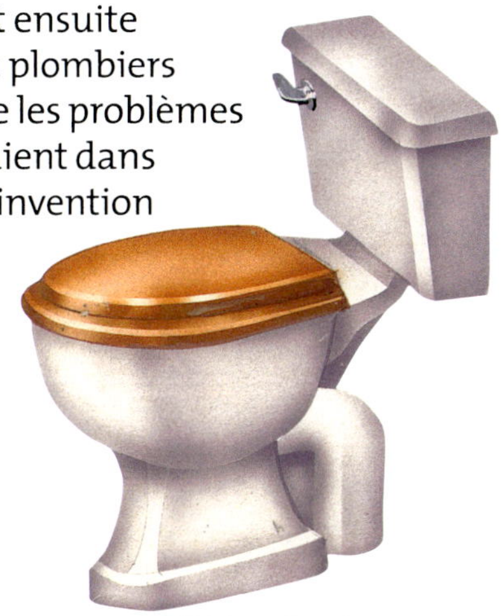
Water-closet

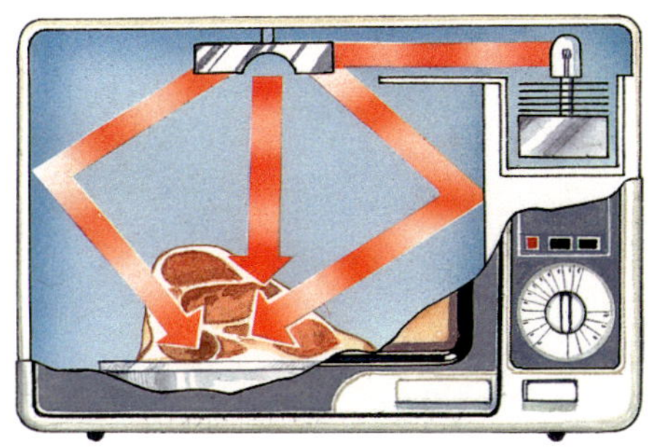

Qui a inventé le four à micro-ondes ?

En fait, on ne sait pas très bien. Certains en attribuent l'invention à Percy Spencer, chercheur au fameux MIT (Massachusetts Institute of Technology), qui étudiait en 1945 les ondes radar. Il aurait constaté qu'un morceau de chocolat, placé sur le chemin d'un faisceau d'ondes, avait fondu. Le procédé, jugé intéressant, aurait été appliqué aux réchauffe-plats des cantines.

QUIZ

1. La fabrication industrielle des ampoules électriques débuta en :
a) 1878
b) 1883
c) 1901

2. Le premier fer à repasser électrique fut inventé par :
a) Thomas Edison
b) Joseph Swan
c) Henry Seely

3. La machine à glace artificielle a été inventée par :
a) un Français
b) un Américain
c) un Anglais

4. La première fosse septique date de :
a) 1596
b) 1781
c) 1881

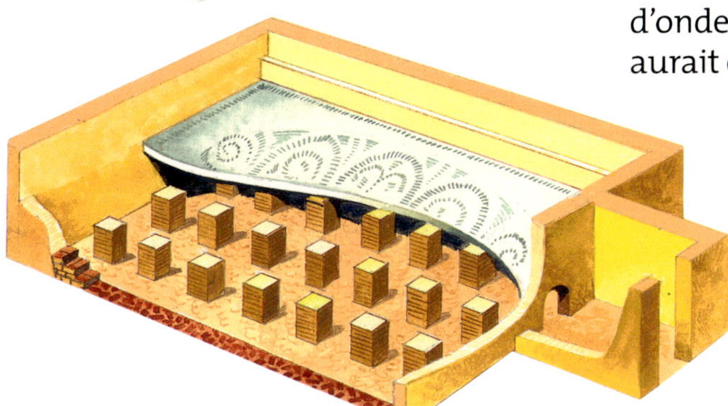

Le chauffage central existe-t-il depuis longtemps ?

Les demeures romaines disposaient d'un système de chauffage central à air chaud appelé hypocauste. Un esclave surveillait le foyer allumé dans le sous-sol, et l'air chaud circulait dans les doubles planchers et à l'intérieur des murs.

Qui conçut la première ampoule électrique ?

Le Britannique Joseph Swan a fait fonctionner pour la première fois, en 1878, une vraie ampoule électrique. L'Américain Thomas Edison n'y parvint qu'en 1879, mais ce redoutable homme d'affaires tenta comme à son habitude de s'approprier l'invention de Swan. Il n'y réussira pas et devra se résoudre à en faire son associé pour lancer la première usine de fabrication en 1883.

Étoffes et vêtements

Il y a 20 000 ans, on cousait des peaux de bête avec des aiguilles en os. Il y a 7 000 ans, on utilisait le métier à tisser. Il y a 5 000 ans, on tannait des peaux en Mésopotamie pour en faire du cuir. Depuis, inventions et techniques nouvelles n'ont cessé de se succéder.

Qui utilisait déjà des épingles de sûreté ?

Ce sont les Égyptiens qui ont inventé l'épingle de sûreté, dont ils faisaient une broche. Cet objet fut « réinventé » en 1849 par l'Américain Walter Hunt. Endetté, il céda son brevet pour 15 dollars !

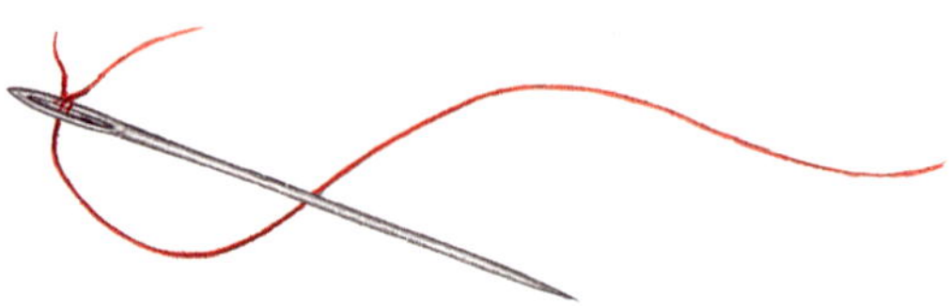

Qui a inventé l'aiguille ?

On l'ignore. Les plus anciennes que nous connaissions datent du Solutréen (– 23 000/–18 000 ans) et ont été découvertes en France. Taillées dans des os, elles servaient sans doute à coudre des peaux de bête.

Comment fonctionne la fermeture à glissière ?

La fermeture à glissière est un système formé de deux petites chaînes de dents que l'on peut encastrer les unes dans les autres au moyen d'un curseur. La première fut inventée en 1892 par l'ingénieur américain Whitcomb Judson, pour fermer des chaussures.

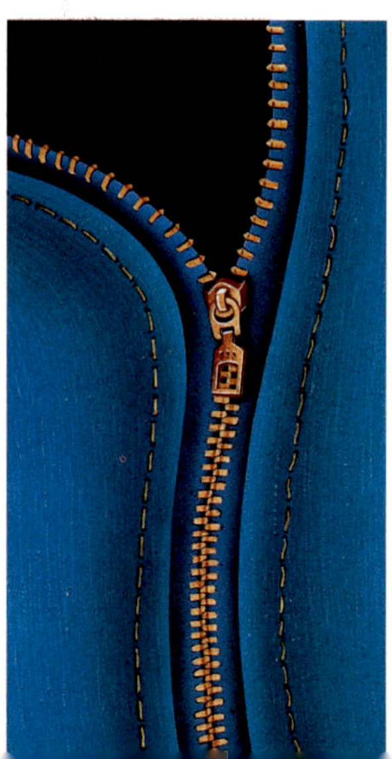

Métier à tisser égyptien

Quel est le plus ancien métier à tisser ?

Les premiers métiers à tisser ont été utilisés en Turquie, il y a environ 7 000 ans. Ils entrelaçaient des fils de trame et de chaîne perpendiculaires, exactement comme les métiers à main d'aujourd'hui !

LES CHAUSSURES ONT-ELLES TOUJOURS ÉTÉ FABRIQUÉES DANS DES USINES ?

La fabrication industrielle des chaussures ne date que du milieu du XIXe siècle. Jusque-là, elles étaient faites artisanalement, à la main. Ces mocassins sont un superbe exemple de l'artisanat des Indiens d'Amérique du Nord. Ils sont en peau de daim et brodés de perles faites avec des épines de porc-épic teintes de couleurs vives.

Quels furent les premiers tanneurs ?

Les vêtements et les chaussures en cuir étaient portés il y a plus de 5 000 ans en Mésopotamie. Les peaux étaient tannées avec des extraits d'écorces riches en tanin (d'où viennent les mots « tanner » et « tanneur »). Le tanin a la propriété de rendre les peaux imputrescibles et de les transformer en cuir.

Pourquoi a-t-on cassé la machine à coudre ?

En 1830, le tailleur français Barthélemy Thimonnier fit breveter la première machine à coudre, construite en bois. Il voulut en lancer la fabrication l'année suivante, mais des ouvriers détruisirent ses machines, par crainte de perdre leur travail.

Ancienne machine à coudre

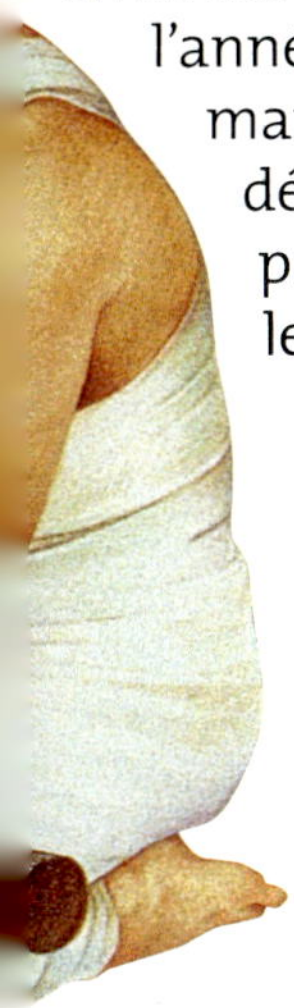

Quel progrès a apporté la jenny ?

Inventée par l'Anglais James Heargraves en 1764, la jenny était une machine à filer le coton qui enroulait huit bobines à la fois. C'était un progrès considérable pour l'industrie textile.

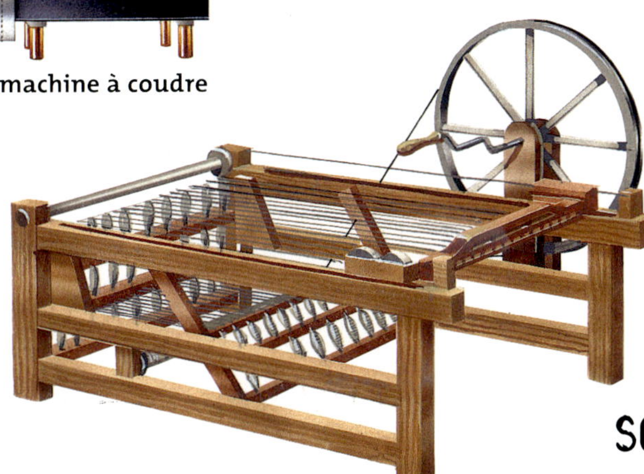

Qu'est-ce que le Velcro ?

C'est un système de fermeture formé de deux bandes de tissu adhérant l'une à l'autre par de minuscules crochets. Le Velcro fut breveté en 1951 par le Suisse Georges de Mestral. Il s'était inspiré des petites capsules velues de la bardane qui s'accrochaient à ses vêtements.

Quel était le grand secret des Chinois ?

Les Chinois ont commencé à élever des vers à soie vers 2500 av. J.-C. Ils exportaient les tissus de soie, mais le secret de leur fabrication était jalousement gardé. Il ne fut connu en Europe qu'au VIe siècle, grâce à des moines revenus de Chine.

1. Les premiers fabricants de soie ont été :
a) les Égyptiens
b) les Chinois
c) les Romains

2. La fermeture à glissière a été inventée en :
a) 1692
b) 1792
c) 1892

3. Le Velcro a été breveté par :
a) James Heargraves
b) Georges de Mestral
c) Barthélemy Thimonnier

4. Les peaux sont transformées en cuir grâce :
a) au tanin
b) à l'alcool
c) à l'eau de mer

Matériaux utiles

De la découverte du verre à l'invention de matières plastiques très résistantes comme le Kevlar, la chimie a permis depuis la plus haute Antiquité de produire des matériaux de plus en plus sophistiqués, et utiles à la vie quotidienne.

Atelier de potier dans l'ancienne Chine

Le verre est-il du sable ?

Le verre, déjà fabriqué en Égypte il y a 4 000 ans, a comme composant de base la silice du sable. On y ajoute du sodium et de la chaux et on porte le tout à très haute température, ce qui donne de la pâte de verre. Le verre peut se tailler, se souffler et se colorer pour servir par exemple à fabriquer des vitraux comme au Moyen Âge.

Comment empêcher la rouille ?

Dans l'air humide ou au contact de l'eau, l'acier rouille parce qu'il se change en oxyde de fer (un composé de fer et d'oxygène). En 1913, l'Anglais Harry Brearley eut l'idée d'allier du chrome à l'acier pour obtenir un métal inoxydable (comme l'or).

Qu'est-ce que l'acier ?

En mélangeant du fer et du carbone, on obtient de la fonte et, à très haute température, de l'acier. Les premiers aciers ont été produits il y a 3 000 ans. En 1856, l'Anglais Henry Bessemer inventa un convertisseur pour transformer la fonte en acier en l'épurant avec de l'air chaud ou avec de l'oxygène.

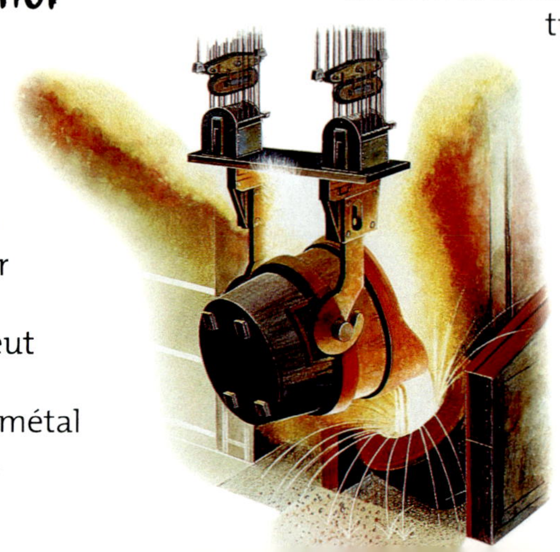

Convertisseur Bessemer

Où la porcelaine était-elle fabriquée ?

Les premières poteries ont été fabriquées il y a environ 9 000 ans. La porcelaine, qui doit sa finesse au kaolin, n'apparaîtra qu'au VIe siècle en Chine. Ce n'est qu'au XVIIe siècle qu'on réussira à en maîtriser la fabrication en Europe.

QUELS SONT LES MATÉRIAUX LES PLUS RÉSISTANTS ?

Ce sont les aramides, fibres synthétiques avec lesquelles on fabrique notamment le Kevlar et le Nomex. À la fois souple et très solide, le Kevlar est utilisé pour fabriquer des gilets pare-balles ou des casques. Le Nomex a pour propriété d'être très résistant à la chaleur. Le mélange de Kevlar et de Nomex est utilisé pour fabriquer les vêtements des pompiers.

Avec quoi fait-on du plastique ?

Les matières plastiques, comme le polychlorure de vinyle (PVC), le polyéthylène, le nylon ou certaines peintures, sont des matériaux extraits chimiquement du pétrole, du gaz naturel ou du charbon. Le polyéthylène a été obtenu par hasard en 1933 par des chimistes anglais. Le nylon est dû à l'Américain Wallace Carothers (1935).

1. La porcelaine a été inventée :
a) en Mésopotamie
b) en Chine
c) en Égypte

2. Le polyéthylène a été découvert :
a) en 1733
b) en 1833
c) en 1933

3. La fonte a été convertie en acier par :
a) Bessemer
b) Brearley
c) Carothers

4. Le Nomex est particulièrement résistant :
a) au froid
b) à la chaleur
c) à l'humidité

La fibre de verre est-elle solide ?

Canoë en fibre de verre

En mélangeant de la fibre de verre avec des matières plastiques, on obtient des matériaux légers et résistants, utilisés pour les carrosseries ou les coques de bateaux. Développée aux États-Unis dans les années 1930, la fibre de verre est aussi employée pour l'isolation.

Poste de radio en Bakélite

Qui a inventé la Bakélite ?

Inventée en 1909 par Leo Hendrik Baekeland, un chimiste américain d'origine belge, la Bakélite a été la première matière plastique de l'histoire.

Le caoutchouc est-il liquide ?

Le caoutchouc naturel est fabriqué à partir du latex, substance liquide extraite de certains arbres tropicaux comme l'hévéa et coagulée avec des acides. Le latex a été découvert au début du XIXe siècle au Brésil et a d'abord servi à imperméabiliser.
La plupart des caoutchoucs sont désormais synthétiques.

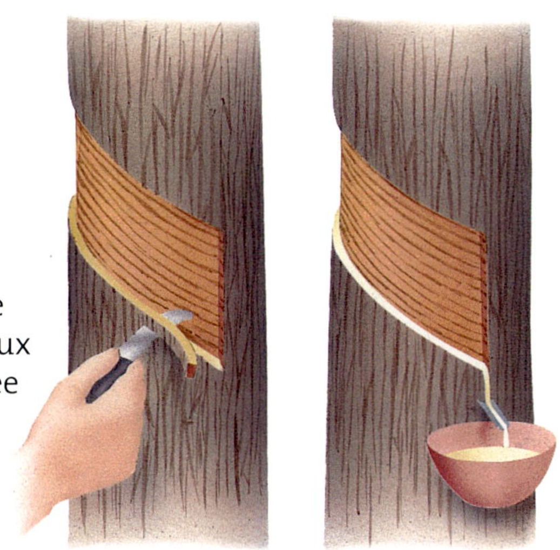

Énergie

L'énergie nécessaire à toute forme d'activité industrielle a des sources multiples. L'eau, le vent, le charbon, le pétrole, l'atome et le soleil peuvent ainsi produire de l'électricité. Mais certaines sources s'épuisent.

Un moulin à eau de type Arkwright

Les moulins à eau peuvent-ils servir à l'industrie ?

Dès le Moyen Âge, on les utilisait pour fouler le feutre. En 1771, le mécanicien anglais Richard Arkwright eut l'idée d'adapter ces « moulins à foulon » aux jennys, les machines à filer mécaniques inventées par James Heargraves.

Qu'est-ce qu'une éolienne ?

Expérimentées dès la fin du XIXe siècle au Danemark, les éoliennes convertissent en électricité l'énergie produite par le vent. La première grande éolienne a été construite par l'Américain Palmer Putnam en 1940.

Qui a industrialisé la machine à vapeur ?

Inventée par le Français Denis Papin en 1690, la machine a vapeur a été rendue utilisable par l'Anglais Thomas Newcomen en 1712. En 1780, l'Écossais James Watt la perfectionna par l'action alternative sur le piston.

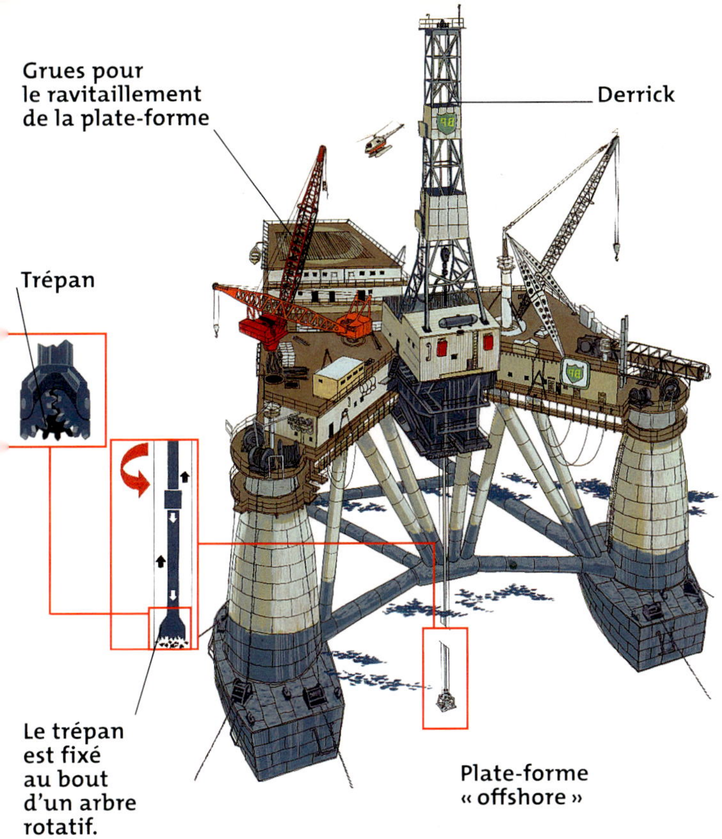

Comment utilise-t-on l'énergie solaire ?

Le chauffe-eau solaire est aujourd'hui au point. Des panneaux vitrés captent les rayons visibles et une partie des infrarouges, transmettant la chaleur à un liquide thermoconducteur. Le grand précurseur fut le Français Augustin Mouchot qui, en 1878, présenta à l'Exposition universelle de Paris une machine mue par l'énergie solaire.

QUIZ

1. Le plus grand barrage du monde est construit :
a) aux États-Unis
b) en Chine
c) en Inde

2. Le physicien Enrico Fermi a construit :
a) une pile atomique
b) des éoliennes
c) un barrage

3. La première machine à vapeur utilisable a été conçue par :
a) Augustin Mouchot
b) Thomas Newcomen
c) Richard Arkwright

4. L'hydroélectricité est produite par :
a) des centrales nucléaires
b) des barrages
c) des éoliennes

Y a-t-il du pétrole sous la mer ?

Dans les années 1970, on a découvert des gisements de pétrole en mer du Nord, à 200 m de profondeur. On a alors construit des plates-formes de forage en mer, appelées « offshore ». Ces plates-formes peuvent être soit flottantes, soit installées sur pilotis, soit ancrées par des piliers télescopiques.

COMMENT LIBÈRE-T-ON L'ÉNERGIE NUCLÉAIRE ?

Le noyau atomique d'éléments radioactifs comme l'uranium est rendu instable et se désintègre sous le choc d'un neutron : c'est la fission nucléaire qui entraîne une réaction en chaîne, laquelle libère une prodigieuse énergie. En 1942, le physicien italien Enrico Fermi a été le premier à construire une pile atomique, à Chicago.

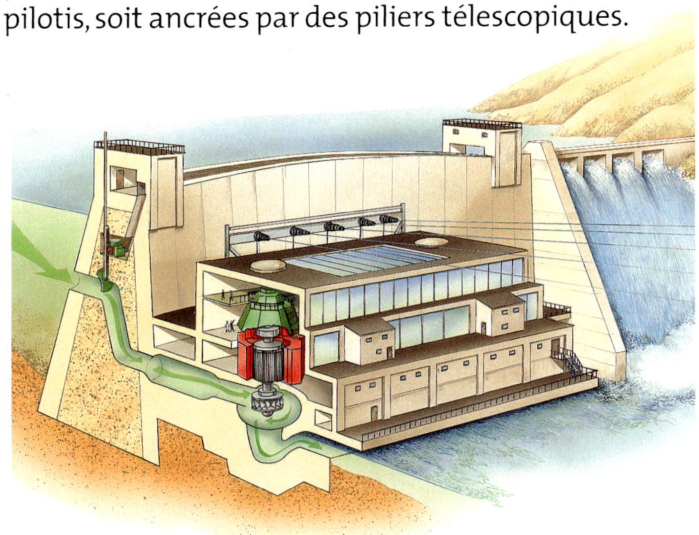

Qu'est-ce que l'hydroélectricité ?

C'est l'électricité produite par les barrages : l'eau accumulée dans une retenue est déversée sur une turbine qui, ainsi mise en mouvement, actionne un arbre relié à un générateur. Le plus grand barrage du monde est le barrage des Trois Gorges, en Chine, qui doit être achevé en 2009.

D'où viennent le charbon et le pétrole ?

Le charbon est une roche fossile d'origine végétale, dont la transformation, sous l'effet de la chaleur et de la pression, a duré au moins 100 millions d'années. Le pétrole a la particularité d'avoir une origine à la fois végétale et animale (de minuscules animaux marins).

Calculs et mesures

Quand les hommes ont commencé à compter, ils se servaient de leurs doigts ou traçaient des bâtons. Mais ils ont très vite eu besoin de systèmes plus complexes. Cependant, à l'âge des ordinateurs, nos calculs et nos mesures restent basés sur les chiffres qui nous viennent des Arabes.

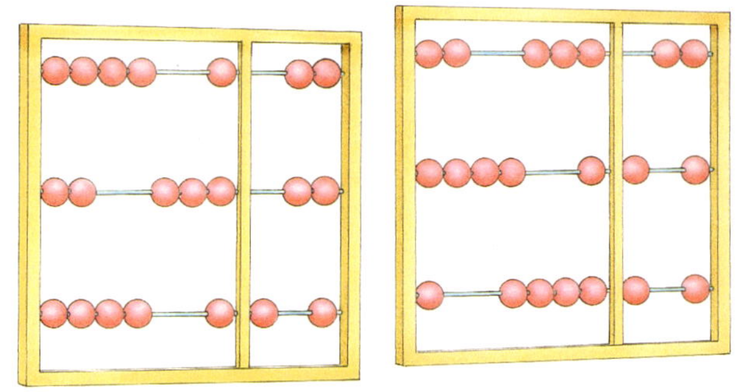

Qu'est-ce que l'abaque ?

L'abaque est le nom donné par les Romains au boulier, appareil qui remonte à la plus haute Antiquité et qui permet de calculer très rapidement sans papier ni crayon.
Les Chinois sont particulièrement experts dans l'art du boulier, qui leur est enseigné dès la plus tendre enfance.

Qu'était l'astrolabe ?

Probablement conçu par le grand astronome grec Hipparque au IIIe siècle avant notre ère, l'astrolabe était un diagramme du ciel, une sorte de projection plane de la sphère armillaire qui représentait les trajectoires des astres dans la sphère céleste.
Perfectionné par les Arabes, l'astrolabe servait au Moyen Âge d'instrument de navigation.

Un savant arabe enseigne le maniement de l'astrolabe.

Qui frappa les premières pièces de monnaie ?

Les anciens rois de Lydie (actuelle Turquie) furent les premiers à fabriquer une monnaie dont ils garantissaient la valeur.
Leurs pièces étaient d'abord en électrum (alliage d'argent et d'or), puis le roi Crésus les remplaça par des pièces d'or et d'argent.

Qui a utilisé les premiers poids ?

Les plus anciens poids étalonnés connus sont babyloniens et datent d'environ 4 600 ans.
Les anciens Égyptiens connaissaient eux aussi la balance.

Les Babyloniens utilisaient trois formats de poids.

QUI CONÇUT LA PREMIÈRE MACHINE À CALCULER ?

La première calculatrice mécanique fut inventée en 1642 par le philosophe et mathématicien français Blaise Pascal, alors âgé de 19 ans. Elle consistait en une série de roues dentées, numérotées de 0 à 9, et solidaires entre elles de manière que la rotation complète de l'une fasse avancer la suivante d'un cran. On les manipulait comme des cadrans pour saisir les nombres à additionner ou à soustraire et le résultat s'affichait au-dessus dans les fenêtres.

Qu'appelait-on une coudée ?

Les Égyptiens, les Grecs et les Romains se servaient des parties du corps comme étalons pour leurs unités de mesure. La coudée correspondait à la longueur moyenne de l'avant-bras, du coude au bout des doigts tendus. Les dimensions des pyramides étaient toujours données en coudées.

1. Un cadran solaire mesure :
a) le temps
b) la distance
c) le poids

2. Les premières pièces de monnaie ont circulé en :
a) Égypte
b) Chine
c) Turquie

3. Blaise Pascal a inventé :
a) un abaque
b) une calculatrice
c) une horloge

4. Fahrenheit a mis au point son thermomètre en :
a) 1614
b) 1714
c) 1814

Quelles furent les premières horloges ?

Le cadran solaire, qui se base sur les positions successives du soleil dans le ciel aux différents moments de la journée, a été le premier instrument de mesure du temps. Le sablier a sur le cadran l'avantage d'être mobile et de pouvoir s'utiliser sans soleil. L'horloge atomique est si précise qu'elle varie de moins d'une seconde en un million d'années.

Cadran solaire

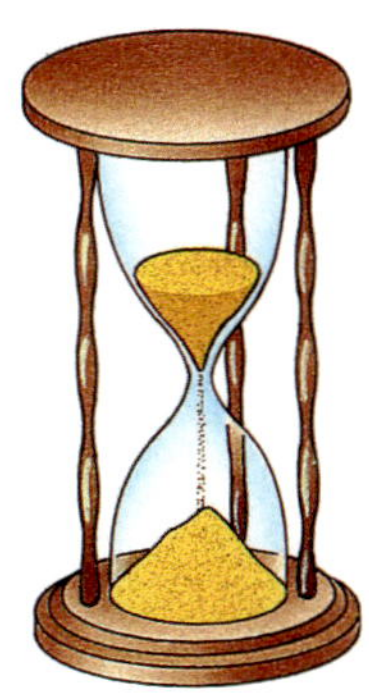

Sablier

Horloge atomique

Comment mesure-t-on la température ?

Le thermomètre est basé sur la propriété qu'ont les corps de se dilater sous l'effet de la chaleur. Au thermomètre à alcool, qui date de 1660, a succédé en 1714 le thermomètre à mercure de Fahrenheit, beaucoup plus précis.

Thermomètre à alcool

Qui était Einstein ?

Albert Einstein (1879-1955) était un physicien allemand. Il a profondément influencé la science moderne en formulant dès 1915 la théorie de la relativité, qui remettait en question beaucoup d'idées reçues à propos du temps et de l'espace. Il est l'auteur de la célèbre équation $E = mc^2$ qui établit l'équivalence de la masse et de l'énergie.

Ordinateurs

Hier machine compliquée réservée aux spécialistes, l'ordinateur sait aujourd'hui tout faire : nous lui confions notre courrier, nos agendas, nos photographies de famille. Il nous sert aussi à écouter de la musique ou à regarder des vidéos.

Pourquoi les premiers ordinateurs occupaient-ils des pièces entières ?

ENIAC, premier ordinateur multifonctions entièrement numérique, mis au point par John Prosper Eckert et John William Mauchly en 1945, pouvait lire 120 cartes perforées à la minute. Mais il pesait 30 tonnes et occupait 72 mètres carrés.

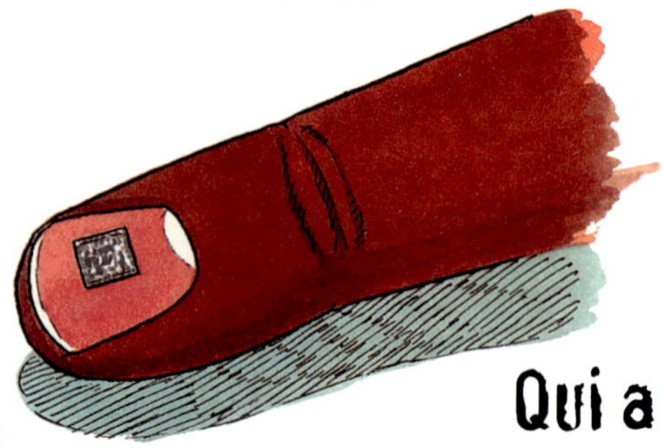

Qu'est-ce que les puces ?

Depuis l'invention des circuits intégrés à la fin des années 1950, on a pris l'habitude d'appeler le microprocesseur puce. Cette minuscule lamelle de silicium peut contenir plusieurs dizaines de circuits dans son épaisseur grâce à l'extrême miniaturisation de la gravure.

Qui a inventé l'ordinateur personnel ?

L'ordinateur personnel (en anglais *personal computer* ou PC) a été inventé en 1978 par Steve Wozniak et Steve Jobs, qui allaient fonder la société Apple. À l'époque, rares étaient ceux qui pouvaient s'offrir un ordinateur personnel, mais aujourd'hui le PC équipe des dizaines de millions de foyers.

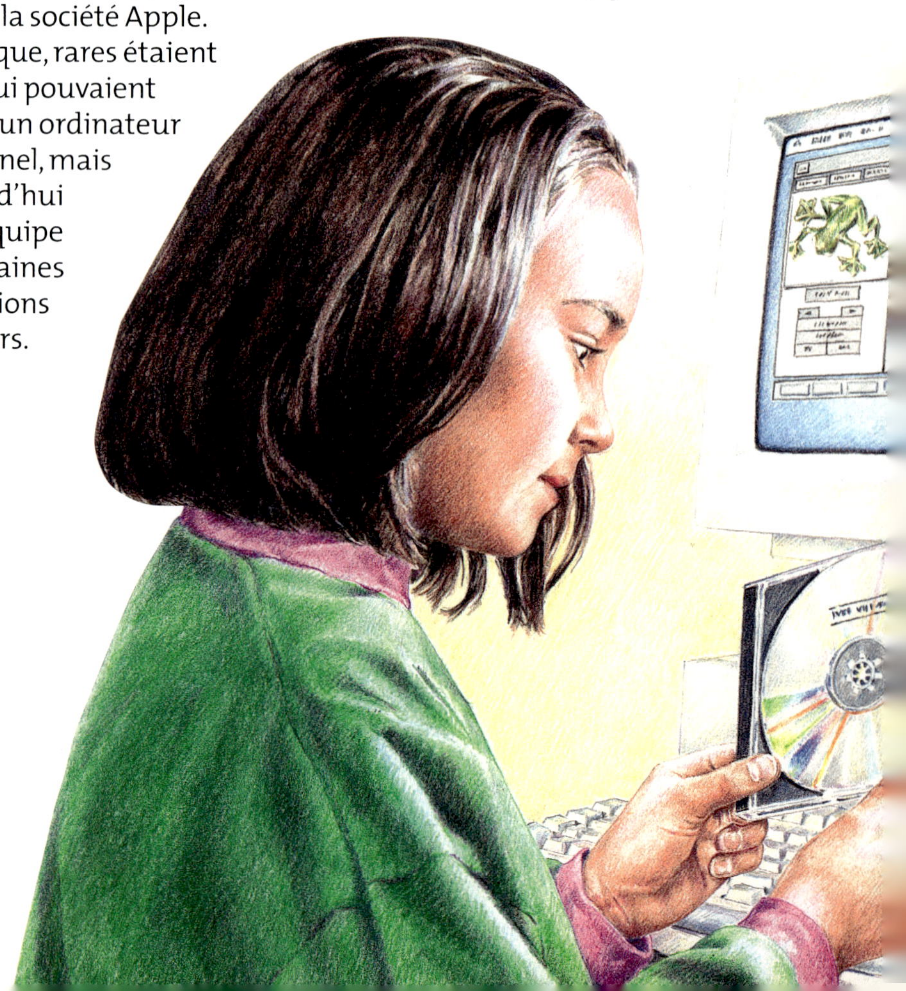

Qui était M. Babbage ?

En 1834, le mathématicien britannique Charles Babbage a conçu le premier ordinateur mécanique pouvant être programmé, mais il n'avait alors pas les moyens – financiers et techniques – de le mettre en application. Mais un appareil fut construit selon ses plans en 1991, et il a fonctionné !

COMMENT FONCTIONNE UN ORDINATEUR ?

Un ordinateur convertit toutes les instructions et les données qui lui sont fournies en chiffres, enregistrés en tant que signaux électriques. Ces signaux se réduisent à deux : « on », c'est-à-dire le chiffre 1, et « off », c'est-à-dire zéro. Tous les mots, toutes les images ou tous les sons sont ainsi convertis dans ce langage à base d'unités binaires ou bits. Les données de base telles que les lettres du clavier sont représentés par des groupes de 8 bits appelés octets.

1. L'ordinateur ENIAC fut construit en :
a) 1935
b) 1945
c) 1955

2. Les puces sont gravées dans du :
a) cuivre
b) plastique
c) silicium

3. L'abréviation anglaise PC signifie littéralement :
a) personal computer
b) private computer
c) plastic computer

4. Qui a inventé un ordinateur mécanique :
a) Eckert
b) Wozniak
c) Babbage

Où l'ordinateur stocke-t-il ses données ?

Programmes (logiciels) et données sont inscrits sous forme de pulsions électriques sur des supports magnétiques internes (disques durs) ou externes, disques durs externes, clefs USB, cartes mémoire, cartouches, CD (Compact Discs), DVD (Digital versatile Discs)... Les ordinateurs sont équipés de graveurs de DVD.

Les robots peuvent-ils voir ?

Le premier robot industriel, une machine contrôlée par ordinateur et programmée pour exécuter certaines tâches précises, fut fabriqué aux États-Unis en 1962. En 1980 apparut le premier robot qui pouvait « voir » par l'intermédiaire de caméras électroniques.

Qu'appelle-t-on réalité virtuelle ?

On appelle réalité virtuelle un ensemble d'images en trois dimensions et de sons qui donnent à celui qui se trouve devant l'écran l'illusion qu'il est au milieu des objets représentés. C'est le cas, par exemple, de jeux ou de simulateurs de pilotage.

Le site internet de la Nasa

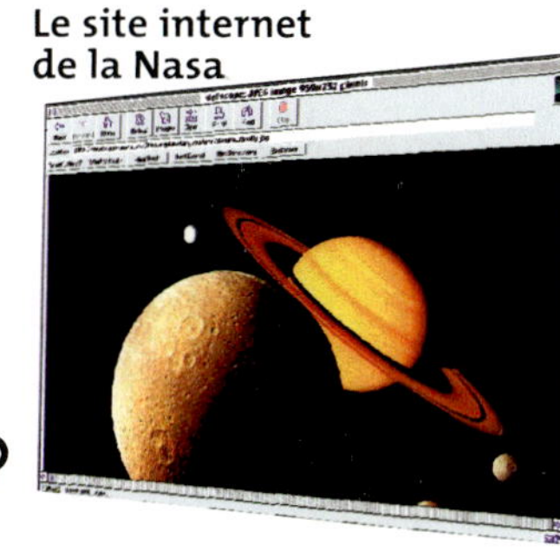

Qu'est-ce qu'internet ?

On appelle internet le réseau mondial formé par l'interconnexion de milliers de réseaux d'ordinateurs. Chaque machine se connecte par l'intermédiaire des fils du téléphone, de câbles en fibre optique, d'une liaison par satellite, par ondes radio, ou par les fils du réseau d'électricité.

Télécommunications

Les communications à distance étaient utilisées par les Romains : ils envoyaient des messages codés grâce à un réseau de « tours à feux ». Mais c'est avec le téléphone et la radio que sont nées les télécommunications.

Qui a inventé le phonographe ?

En 1877, l'Américain Thomas Edison a perfectionné des inventions antérieures en mettant au point le phonographe, capable d'enregistrer les sons sur un cylindre enduit de cire et de les restituer avec un écouteur en forme de cornet acoustique.

Qui a inventé le téléphone ?

En 1876, le physicien américain d'origine écossaise Graham Bell réussit à transmettre la voix à distance en reliant par un fil deux appareils formés chacun d'une membrane fixée à une bobine aimantée. Son téléphone mit du temps à s'imposer.

Les fibres optiques parlent-elles ?

Réunies dans une gaine, les fibres optiques sont capables de transmettre la lumière. En 1966, Charles Kao et George Hockman les utilisèrent pour établir des liaisons téléphoniques à la vitesse de la lumière. Le premier réseau à fibres optique fut établi en 1977.

QUI A ÉTABLI LA PREMIÈRE LIAISON RADIO ?

Ayant pris connaissance des travaux de l'Allemand Heinrich Hertz qui, en 1887, avait constaté que l'on pouvait émettre et recevoir des ondes radioélectriques portant un message sonore, l'Italien Guglielmo Marconi (ci-dessous) réussit à transmettre sans fil des signaux en morse en 1895. En 1901, il devait émettre le premier message sonore à travers l'Atlantique. Il reçut le prix Nobel de physique en 1909.

Quelle était la fonction des demoiselles du téléphone ?

Au début, on ne pouvait atteindre la ligne de son correspondant que par un standard où des opératrices (les « demoiselles du téléphone », comme elles étaient appelées alors), établissaient la liaison.

L'alphabet de Morse

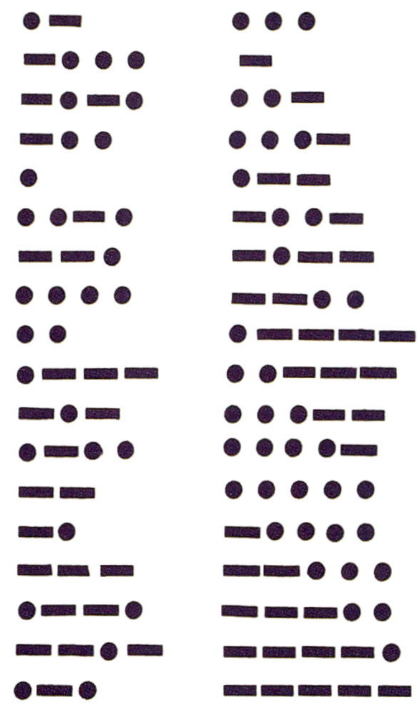

Ancien télégraphe Morse

1. « Telstar » était :
a) une radio
b) un satellite
c) un téléphone

2. Marconi a inventé :
a) le téléphone
b) la télévision
c) la radio

3. Les fibres optiques sont fabriquées :
a) en cuivre
b) en verre
c) en nylon

4. Le téléphone a été mis au point en :
a) 1776
b) 1876
c) 1976

Quand le téléphone est-il devenu mobile ?

Le téléphone cellulaire mobile a été lancé en 1979 par la firme suédoise Ericsson. Les appels sont transmis par un réseau de stations (les « cellules ») connectées par ordinateur.

Qu'est-ce que le morse ?

En 1837, le peintre américain Samuel Morse mit au point un télégraphe émettant des signaux électriques retranscrits sur papier. Il créa pour cela un alphabet spécial, constitué de tirets et de points, le morse.

À quoi servent les satellites ?

Le premier satellite de télécommunications vraiment opérationnel fut « Telstar », lancé en 1962. Sa capacité était limitée à 60 appels téléphoniques simultanés ou à une émission de télévision. Aujourd'hui, les satellites géostationnaires peuvent relayer simultanément des milliers d'appels et plusieurs chaînes de télévision.

Photo et cinéma

Des premières photographies de Niépce aux appareils numériques, des premiers films des frères Lumière à la télévision en couleurs, l'art des images fixes ou animées a bénéficié de progrès technologiques foudroyants. Mais ce n'est pas seulement un art. C'est aussi une industrie !

Qui a pris la première photo ?

Le physicien français Nicéphore Niépce effectua en 1816 ses premiers essais de fixation d'une image, mais c'est en 1821 qu'il réussit à impressionner des images positives sur des plaques de métal enduites de bitume de Judée. Ces épreuves étaient uniques.

Qui a inventé le Polaroid© ?

Le Polaroid© est un appareil photo dont les épreuves sont développées et tirées en 60 secondes. Inventé par l'Américain Edwin H. Land en 1947, cet appareil utilise de minces enveloppes comportant la pellicule et les agents chimiques nécessaires au développement.

Les premiers appareils utilisaient-ils des rouleaux de pellicule ?

Sur les premiers appareils photo, l'image était impressionnée sur une plaque de métal ou de verre. En 1884, l'Américain George Eastman mit au point la pellicule sur support souple en papier et, en 1888, lança l'appareil adéquat : le Kodak.

QUAND EST APPARUE LA PHOTO NUMÉRIQUE ?

Les appareils photo numériques, qui convertissent les images en fichiers informatiques, ont leur origine dans un appareil encore hybride, présenté par Sony en 1981. Ce n'est toutefois qu'en 1996 que les premiers véritables appareils numériques s'imposeront sur le marché. Les fichiers-images peuvent être ouverts sur écran, stockés sur disque et acheminés par Internet.

Quand est née la télévision ?

Le principe de la télévision, découvert à la fin du XIXe siècle par les Allemands Paul Nipkow et Karl Ferdinand Braun, a été appliqué pour la première fois en 1925 par l'Écossais John Logie Baird. Sa caméra analysait les images avec un disque rotatif pourvu de lentilles.

Téléviseur de Baird (1930)

Mais la télévision moderne naîtra en 1931 quand l'Américain Vladimir Zworykin, s'inspirant des travaux de Braun, utilisera le tube cathodique.

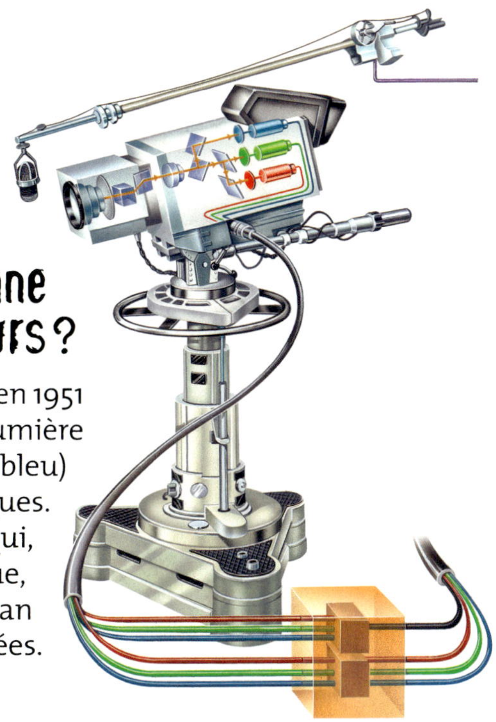

Comment fonctionne la télévision en couleurs ?

La télévision en couleurs est apparue en 1951 aux États-Unis. La caméra décompose la lumière en trois couleurs (le rouge, le vert et le bleu) et les convertit en signaux électroniques. Ces signaux sont envoyés au téléviseur qui, par l'intermédiaire du tube cathodique, les renvoie sur la paroi interne de l'écran où les couleurs sont alors reconstituées.

QUIZ

1. La télévision a été expérimentée par :
a) Thomas Edison
b) George Eastman
c) John Logie Baird

2. Edwin H. Land a inventé :
a) le magnétoscope
b) le Polaroid©
c) la photo numérique

3. Le premier film a été projeté :
a) en 1885
b) en 1895
c) en 1905

4. La première photographie a été prise par :
a) Nicéphore Niépce
b) Auguste Lumière
c) Vladimir Zworykin

Qui a tourné le premier film ?

Thomas Edison a été le premier à tourner un film avec une caméra. Mais ce sont les Français Louis et Auguste Lumière qui, en 1895, inventèrent véritablement le cinéma en mettant au point un appareil capable à la fois de filmer des images et, surtout, de les projeter en public sur un écran.

Quelle est l'histoire de la vidéo ?

Le magnétoscope avec bande magnétique a été lancé en 1956, aux États-Unis. La première cassette vidéo, de fabrication japonaise, a été mise sur le marché en 1969. Quant au premier Caméscope, caméra à magnétoscope incorporé, il date de 1982.

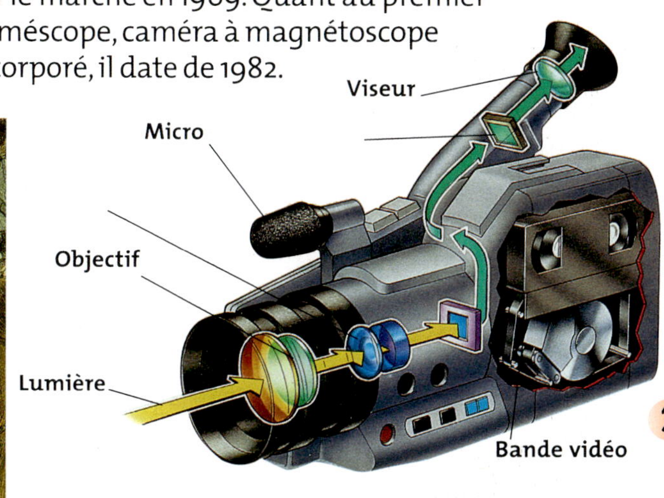

Transports terrestres

La roue a été depuis plus de 5 000 ans l'invention qui a permis les moyens de transport terrestres, du premier chariot mésopotamien au TGV. Mais de nouvelles solutions d'avenir se préparent, comme les trains circulant sur un champ magnétique.

Quand a été inauguré le TGV ?

Le train à grande vitesse (TGV) a été inauguré sur la ligne Paris-Lyon le 22 septembre 1981, avec à bord le président de la République François Mitterrand. Le 5 décembre 1989, le TGV Atlantique a roulé à la vitesse de 482,4 km/h. Le TGV a été adopté aux États-Unis.

Y a-t-il eu des voitures à vapeur ?

Les toutes premières automobiles étaient propulsées par un moteur à vapeur. Elles n'allaient pas très vite, et un homme les précédait à pied pour ouvrir la route ! En 1873, le Français Amédée Bollée présenta sa « Mancelle » et accomplit avec elle le trajet Paris-Bordeaux.

OÙ A-T-ON COMMENCÉ À ROULER ?

C'est probablement en Mésopotamie, il y a 5 500 ans, que la roue a été inventée pour faire tourner les tours des potiers. Mais trois siècles plus tard, la roue fut appliquée au transport terrestre. Construites en bois, les roues pleines des tout premiers chariots mésopotamiens tournaient sur un essieu également en bois, et avec lequel elles faisaient corps. Certaines civilisations ont ignoré la roue, comme les Indiens d'Amérique qui ne l'ont découverte qu'avec l'arrivée des conquérants européens.

De quand date la bicyclette ?

Après des essais infructueux réalisés en France à la fin du XVIIIe siècle, le baron allemand Karl Drais présenta en 1817 à Paris, dans les jardins de Tivoli, la « draisienne ». Bien que mue par le frottement alternatif des pieds sur le sol, elle avait une roue avant orientable, ce qui était un grand progrès.

Les voitures solaires ont-elles un avenir ?

Dotées d'un moteur électrique alimenté par l'énergie solaire, ces voitures sont écologiques par excellence. Certains modèles peuvent atteindre la vitesse de 140 km/h, et des compétitions ont été organisées en Australie.

Qu'est-ce que la lévitation magnétique ?

Les Japonais et les Allemands expérimentent depuis 1981 le Maglev. Ce curieux monorail circule en « lévitation » sur un champ magnétique à plus de 500 km/h.

Quelle fut la première voiture moderne ?

Après les voitures à trois roues de Carl Benz, la première automobile moderne fut construite en 1891 par les Français René Panhard et Émile Levassor avec un moteur de 2 ch.

Pourquoi la Ford T a-t-elle eu du succès ?

Lancé en 1908 par le constructeur américain Henry Ford, le Model T a été la première voiture produite en série, d'où son coût relativement peu élevé. En 1919, trois millions et demi d'exemplaires avaient été vendus !

Qui était Stephenson ?

En 1803, l'ingénieur britannique Richard Trevithick avait conçu la première locomotive à vapeur sur rail. Mais elle fut supplantée par la « Rocket » (ci-dessous), dont ont été ensuite dérivées toutes les locomotives à vapeur. Construite par l'Anglais George Stephenson en 1829, elle utilisait la chaudière tubulaire, conçue par le Français Marc Seguin en 1827.

1. La Ford T était :
a) une locomotive
b) une automobile
c) une bicyclette

2. La première locomotive moderne a été construite par :
a) Henry Ford
b) George Stephenson
c) Marc Seguin

3. Le train Maglev se déplace :
a) sur roues
b) sur un coussin d'air
c) sur un champ magnétique

4. La draisienne a été présentée :
a) à Paris
b) à Berlin
c) à Londres

Navigation

Pour voyager sur les mers, les hommes n'ont jamais cessé de rivaliser d'inventions. Ils ont même trouvé le moyen de faire naviguer des navires sous l'eau. Le premier sous-marin a été expérimenté dès 1624.

Qu'est-ce qu'une trirème ?

Les trirèmes étaient des navires rapides dont la locomotion était assurée par trois rangs de rameurs de chaque côté. Les Grecs en utilisèrent dès 650 av. J.-C. Certaines trirèmes avaient des éperons pour aborder les bateaux ennemis.

Quel a été le premier bateau à vapeur réellement fonctionnel ?

Le *Pyroscaphe*, construit en 1775 par le marquis Jouffroy d'Abbans. Long de 46 m, ce bateau mû par des roues à aubes (à ailettes) remonta la Saône sur plusieurs kilomètres en 1783.

Comment les navigateurs déterminaient-ils leur position en mer ?

Grâce à deux inventions dues à des Britanniques : le chronomètre de marine, inventé par John Harrison (1736), détermine la longitude ; le sextant, conçu par John Campbell (1757), donne la latitude.

Sextant

Comment sont équipés les plongeurs ?

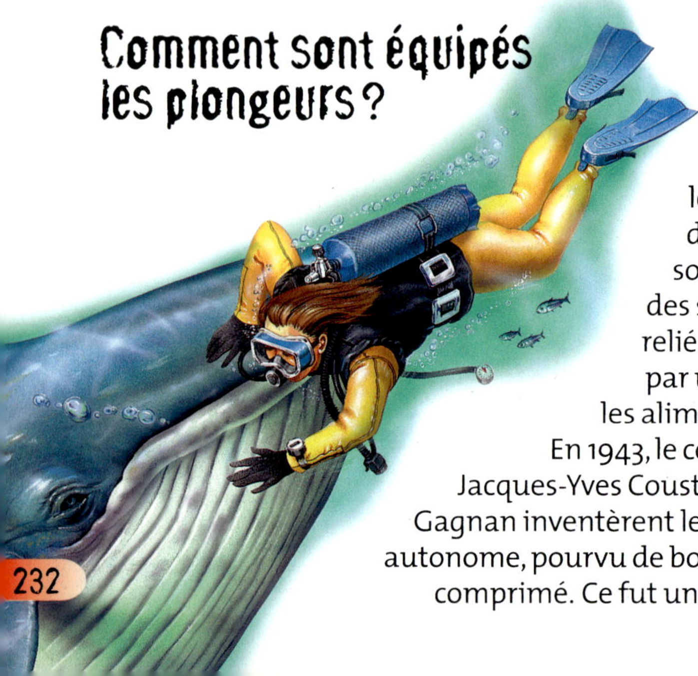

Autrefois, les plongeurs descendaient sous l'eau avec des scaphandres reliés à la surface par un tuyau qui les alimentait en air. En 1943, le commandant Jacques-Yves Cousteau et Émile Gagnan inventèrent le scaphandre autonome, pourvu de bouteilles d'air comprimé. Ce fut une révolution.

Quelle est l'origine des clippers ?

Quand la traite des Noirs fut interdite en Europe, au XIXe siècle, les « négriers » firent appel à des navires rapides pour échapper aux bateaux de guerre. Ainsi sont nés les clippers, qui croisaient à 37 km/h.

QUIZ

1. Le premier porte-avions était :
a) américain
b) britannique
c) japonais

2. Les trirèmes avaient des rameurs répartis en :
a) 1 rang
b) 2 rangs
c) 3 rangs

3. L'aéroglisseur a fait sa première croisière à :
a) l'île de Wight
b) l'île d'Ouessant
c) l'île de Skye

4. Le sextant a été inventé par :
a) Jouffroy d'Abbans
b) John Campbell
c) David Bushnell

Qui a inventé le sous-marin ?

Construit par l'ingénieur hollandais Cornelis Drebbel en 1624, le premier sous-marin a navigué plusieurs kilomètres sous la Tamise, à Londres, manœuvré par douze rameurs. Mais le premier sous-marin opérationnel fut le *Turtle* (« tortue »), inventé par l'Américain David Bushnell en 1776 et utilisé pendant la guerre d'Indépendance américaine.

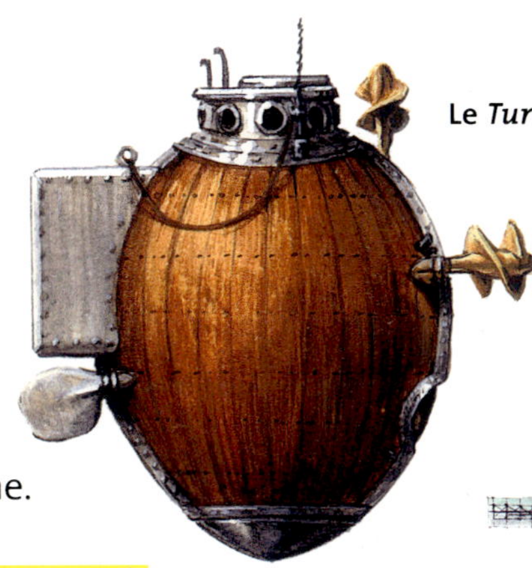

Le *Turtle*

Le porte-avions américain *Forrestal* (1955)

QUAND A DÉBUTÉ LA CARRIÈRE DE L'AÉROGLISSEUR ?

L'aéroglisseur (ou hovercraft) de Christopher Cockerell a effectué sa première croisière en 1959, à l'île de Wight. Mais ce navire glissant sur coussin d'air ne devint opérationnel que lorsque son créateur y adapta les « jupes » inventées par l'ingénieur français Jean Bertin.

Quel a été le premier porte-avions ?

En 1917, les Britanniques transformèrent le croiseur *Furious* en porte-avions en installant un pont d'envol à la place de l'une de ses deux tourelles. Le 19 juillet 1918, les sept avions embarqués à bord menèrent un raid victorieux contre une base de dirigeables allemands, en mer du Nord.

Voyager dans les airs

Des hommes ont quitté le sol et se sont élevés dans les airs pour la première fois en 1783. C'était avec une montgolfière. Ensuite sont venus les ballons gonflés au gaz, les avions et les hélicoptères... Et l'histoire n'est pas finie !

Qui a conçu le vol libre ?

En 1853, l'inventeur anglais George Cayley a été le premier à concevoir une aile capable d'évoluer en fonction des vents. Ses travaux sont directement à l'origine des deltaplanes modernes . Cayley avait également prévu l'emploi du moteur pour la propulsion.

Qui a volé le premier ?

François Pilâtre de Rozier et le marquis d'Arlandes ont volé pour la première fois à Paris, le 21 novembre 1783, à bord d'un ballon gonflé à l'air chaud conçu par les frères Joseph et Étienne de Montgolfier. Depuis, ces ballons sont appelés des « montgolfières ».

Lilienthal a-t-il inventé le deltaplane ?

L'Allemand Otto Lilienthal a inauguré le vol plané en expérimentant plus de quinze appareils auxquels il s'accrochait et avec lesquels il se lançait d'une hauteur. Il s'est tué en 1896 à la suite d'un accident de vol.

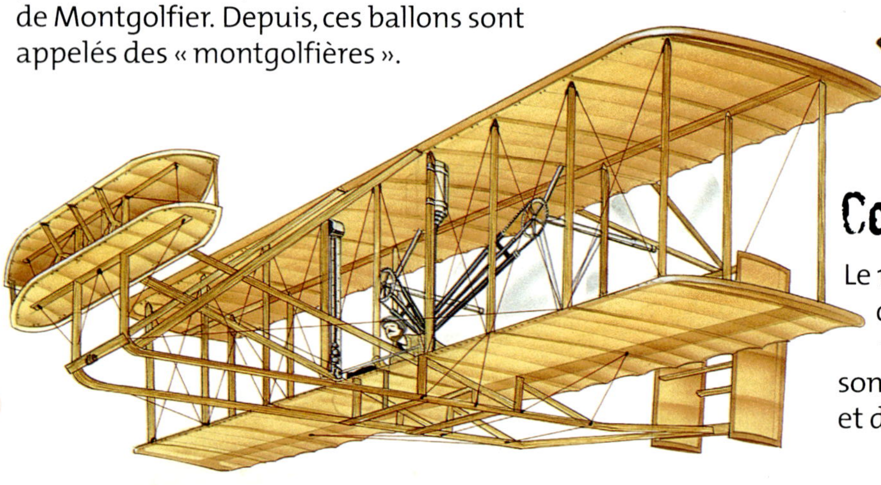

Comment décollait le « Flyer 1 » ?

Le 17 décembre 1903, aux États-Unis, Orville Wright décollait avec le premier avion à moteur à essence, pour un vol de 12 secondes sur 36,5 m. Construit avec son frère Wilbur, le « Flyer 1 » n'avait pas de roues et décollait à l'aide d'une rampe de lancement en bois.

Qui a construit le premier hélicoptère vraiment fiable ?

C'est Igor Sikorsky, constructeur américain d'origine russe. Le 14 septembre 1939, il fit décoller lui-même son VS-300, qui préfigurait les hélicoptères modernes comme celui-ci.

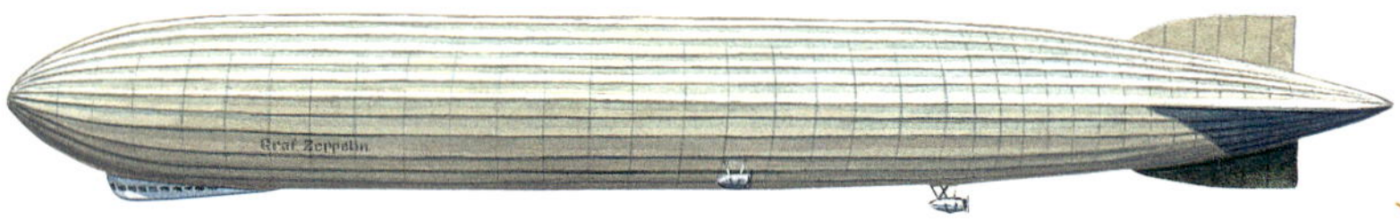

Où a volé le premier zeppelin ?

Le premier dirigeable à carcasse rigide construit par le comte allemand Ferdinand von Zeppelin a volé le 2 juillet 1900 au-dessus du lac de Constance. Il était doté de deux moteurs de 14,2 ch. Par la suite, le constructeur produira des « zeppelins » géants, de plus de 240 m de long.

QUEL FUT LE PREMIER AVION À RÉACTION ?

Le Gloster E.28/39

Une course de vitesse s'est engagée, avant la Première Guerre mondiale, entre les Anglais et les Allemands pour la mise au point de l'avion à réaction. Ce sont les Allemands qui sont arrivés les premiers. Le 27 août 1939, le Heinkel He 178 propulsé par un réacteur de 500 kg de poussée, effectuait son premier vol et atteignait les 700 km/h. En Angleterre, le premier « jet » ne décolla que le 15 mai 1941, pour un vol de 17 minutes. Construit par la firme Gloster, le E.28/39 était équipé du réacteur Gyrone conçu par l'ingénieur Frank Whittle, et piloté par Gerry Sayer.

Peut-on atterrir automatiquement ?

Les avions de ligne modernes disposent d'un système de pilotage automatique qui permet aux pilotes de se poser sans aucune visibilité. Le premier atterrissage automatique a eu lieu à Heathrow (Londres) en 1965.

Quel est l'ancêtre de l'hélicoptère ?

L'hélicoptère dessiné par Léonard de Vinci (ci-dessus) ne fut jamais réalisé. Mais dès les premières années de l'aviation, les voilures tournantes suscitèrent de l'intérêt. Le premier à voler en hélicoptère fut le Français Paul Cornu. C'était le 13 novembre 1907. Son engin avait un moteur Antoinette de 24 ch qui actionnait deux grandes hélices horizontales. Paul Cornu réussit à se maintenir en l'air pendant 20 secondes, à 30 cm d'altitude.

L'hélicoptère de Paul Cornu

1. Le premier avion à réaction était :
a) américain
b) allemand
c) anglais

2. Le premier hélicoptère était piloté par :
a) Paul Cornu
b) Igor Sikorsky
c) Gerry Sayer

3. Le premier vol d'Orville Wright a duré :
a) 10 secondes
b) 12 secondes
c) 14 secondes

4. Le premier vol en montgolfière a eu lieu en :
a) 1773
b) 1783
c) 1793

Conquérir l'espace

Les fusées, les navettes, les sondes interplanétaires et les stations spatiales habitées font désormais partie de la vie quotidienne. On ne peut cependant oublier le coup de tonnerre que fut le lancement dans l'espace du premier cosmonaute, Youri Gagarine, le 12 avril 1961.

Qui a inventé le télescope ?

C'est en 1668 que le grand savant anglais Isaac Newton construisit le premier télescope, qui fit progresser de façon décisive l'étude du ciel. Ses travaux sur la gravitation seront à la base de l'astronomie et de la physique modernes.

Que découvrent les radiotélescopes ?

C'est l'ingénieur américain d'origine tchèque Karl Jansky qui, en 1931, découvrit que des ondes radio provenaient d'autres étoiles. Pour les capter, on construisit un radiotélescope aux États-Unis, en 1937. Depuis, d'autres ont été mis en service et captent les ondes des galaxies les plus lointaines.

QUAND LA FRANCE S'EST-ELLE LANCÉE DANS L'AVENTURE SPATIALE ?

Deux mois avant le lancement dans l'espace, le 12 avril 1961, du premier cosmonaute, le Soviétique Youri Gagarine, la France testait au Sahara sa première fusée, *Véronique*.
Ces débuts timides n'en étaient pas moins prometteurs. Le 26 novembre 1965, la fusée *Diamant* mettait sur orbite son premier satellite.
L'aventure spatiale française s'est poursuivie avec *Ariane*, devenue fusée européenne et concurrente des navettes spatiales américaines pour le lancement des satellites.

Mariner 9

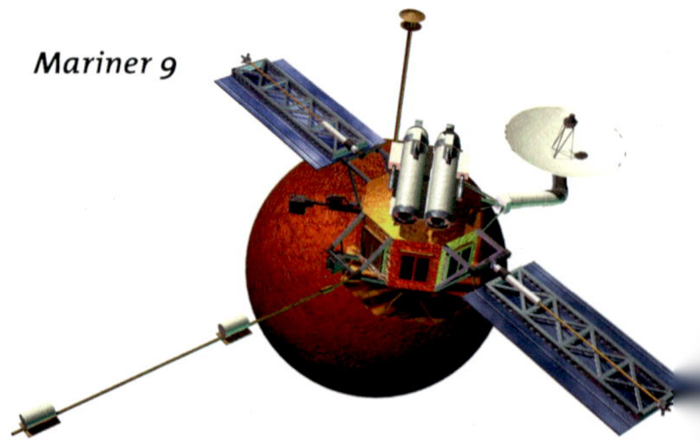

Jusqu'où voyagent les sondes ?

Le système solaire est désormais systématiquement étudié par des sondes. Certaines reçoivent une seule mission, telle *Mariner 9* qui, en 1971, recueillit de précieux renseignements sur Mars. D'autres peuvent visiter différentes planètes. Ainsi, en 1974, *Mariner 10* effleura Vénus avant de survoler Mercure.

Qui a marché le premier sur la Lune ?

Le 21 juillet 1969, le module lunaire LEM s'est séparé de la capsule américaine *Apollo 11* et s'est posé sur la Lune. Le premier à en descendre et à marcher sur le sol lunaire fut Neil Armstrong, suivi peu après par Edwin Aldrin.

Qui est sorti le premier dans l'espace ?

Le 18 mars 1965, le cosmonaute soviétique Alexeï Leonov est sorti du vaisseau *Voskhod 2* pour une petite promenade de dix minutes dans l'espace. Il était relié au vaisseau par un « cordon ombilical ». La première sortie libre aura lieu en février 1984, à partir de la navette américaine *Challenger*.

Quels ont été les débuts de la navette spatiale ?

Le premier vol de la navette spatiale américaine a eu lieu le 20 mars 1970. Ce n'était qu'un tout premier essai dans l'atmosphère, la navette ayant été larguée par un B-52. Elle a effectué sa première mission spatiale le 14 avril 1981.

Quand les stations spatiales ont-elles été lancées ?

La première, *Saliout 1*, était soviétique. Lancée le 19 mars 1971, elle a été suivie par la station américaine *Skylab* le 14 mai 1973. La construction de la grande station soviétique *Mir* a commencé le 20 février 1986. Celle de la Station spatiale internationale, l'ISS, a débuté le 20 novembre 1998, avec le lancement de son premier élément.

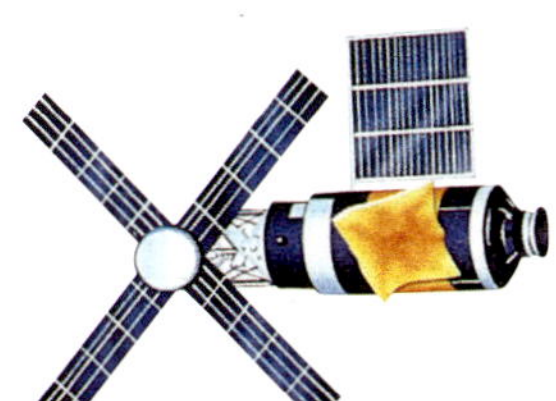

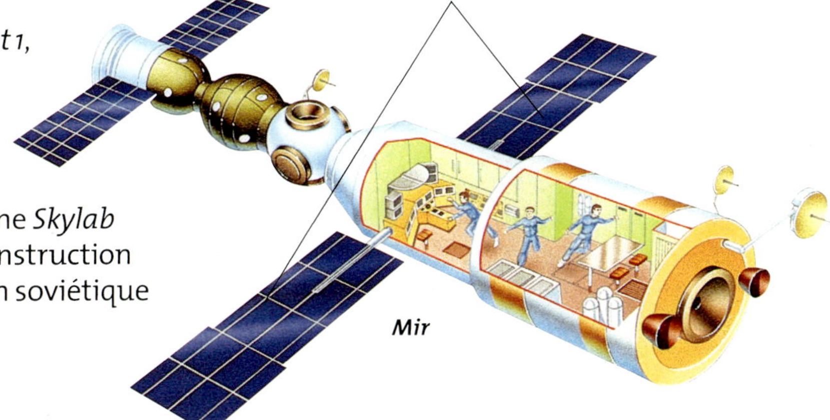

QUIZ

1. Le premier homme à marcher sur la Lune était :
a) Edwin Aldrin
b) Youri Gagarine
c) Neil Armstrong

2. La première fusée française à lancer un satellite était :
a) « Véronique »
b) « Ariane »
c) « Diamant »

3. Newton a inventé le télescope en :
a) 1668
b) 1678
c) 1688

4. « Saliout 1 » était :
a) une fusée
b) une sonde
c) une station spatiale

Chronologie

De l'âge de la pierre à la conquête de l'espace, des milliers d'inventions ont radicalement changé la manière de vivre des hommes. Beaucoup sont le fruit de lents perfectionnements, d'autres ont été trouvées par hasard...

De 25 000 à 2000 av. J.-C.

23 000-18 000 av. J.-C. Premières aiguilles à coudre.
10 000 av. J.-C. Premières habitations permanentes.
4000-3000 av. J.-C. Premières formes d'écriture (cunéiforme) à Sumer.
3500 av. J.-C. L'araire se généralise en Mésopotamie et remplace le bâton à fouir recourbé.
3200 av. J.-C. Le principe de la roue, qui actionne depuis trois siècles les tours des potiers en Mésopotamie, est appliqué aux chariots.
3000 av. J.-C. Premières perles de verre en Égypte.
2800 av. J.-C. Site de Stonehenge, en Angleterre ; premières pyramides à degrés en Égypte.

De 2000 av. J.-C. au début de notre ère

v. 1900 av. J.-C. Début de la métallurgie du fer, extraction de minerai dans des galeries souterraines. L'acier est obtenu vers 1200 av. J.-C.
1000 av. J.-C. Premiers cadrans solaires en Égypte.
700 av. J.-C. Division du cadran solaire en 12 heures.
725-690 av. J.-C. Premiers aqueducs qui distribuent l'eau dans les cités d'Assyrie.
620 av. J.-C. Premières monnaies en Lydie (Asie Mineure). Elles sont en alliage d'or et d'argent.
85 av. J.-C. Les moulins à eau se multiplient en Grèce : ils servent à moudre les grains.

Du début de notre ère à 1400

105 Invention de la pâte à papier en Chine.
v. 600 le jeu d'échecs se répand en Inde. Il fera son apparition en Europe deux siècles plus tard.
829 Le mathématicien arabe Mohammad Ibn Moussa publie un traité d'algèbre où il préconise l'usage d'une notation numérique venue de l'Inde : ces chiffres dits « arabes » deviendront vite universels.
1090-1100 Les Chinois inventent une boussole faite d'une aiguille de fer aimanté flottant sur un liquide.

De 1401 à 1700

v. 1440 Gutenberg met au point une presse à imprimer qui utilise des caractères mobiles. Le premier livre des temps modernes est imprimé vers 1450.
1590 En Hollande, Janssen réalise le premier microscope.
1592 En Italie, Galilée invente le premier thermomètre (à gaz).
1608 Hans Lippershey, fabricant de lunettes hollandais, met au point la première lunette d'approche.
1609 Galilée perfectionne cette lunette et découvre les anneaux de Saturne.
1642 Blaise Pascal construit la première machine à calculer.

De 1701 à 1800

1712 En Angleterre, Thomas Newcomen conçoit une machine à vapeur pour pomper l'eau au fond des mines.
1752 Dans les colonies américaines, Benjamin Franklin met au point le paratonnerre.
1764 James Hargreaves invente la « jenny », qui multiplie par huit le rendement du rouet.
1765 L'Écossais James Watt améliore la machine à vapeur en y introduisant le condenseur.
1780 En France, le marquis Jouffroy d'Abbans construit le premier bateau à vapeur mû par des roues à aubes, qui assure un service de navigation sur la Saône.
1783 En France, les frères Montgolfier font voler un ballon gonflé d'air chaud. Dans la nacelle ont pris place Pilâtre de Rozier et le marquis d'Arlandes.

De 1801 à 1900

1803 En Grande-Bretagne, Richard Trevethick fait rouler la première locomotive à vapeur, qui tracte 5 wagons de minerai et transporte quelque 70 hommes entre deux mines du pays de Galles.

1821 Premières photographies prises par le physicien français Niépce (France).

1829 En Angleterre, la *Rocket*, locomotive à vapeur de George Stephenson, atteint la vitesse de 47 km/h.

1830 Première machine à coudre de Barthélemy Thimonnier.

1837 Le télégraphe de l'Américain Samuel Morse envoie ses premiers signaux, transcrits dans le code qui portera son nom.

1856 En Angleterre, Henry Bessemer met au point un procédé rapide et économique pour transformer la fonte en acier : c'est le convertisseur Bessemer.

1865 Utilisation des antiseptiques par le chirurgien britannique Joseph Lister.

1867 Le Français Joseph Monier dépose un brevet pour le béton armé.

1876 Le physicien américain d'origine écossaise Alexander Graham Bell invente le téléphone, qui dans son esprit doit surtout servir à écouter des concerts à distance.

1877 L'Américain Thomas Alwa Edison invente le phonographe.

1878 Joseph Swan, en Grande-Bretagne, puis Edison, l'année suivante aux États-Unis, font fonctionner une ampoule électrique de leur invention.

1882 Aux États-Unis, Henry Seely met au point le premier fer électrique, commercialisé trois ans plus tard.

1885 En Allemagne, Carl Benz construit un véhicule à trois roues mû par un moteur à quatre temps : c'est la première vraie voiture.

1895 Découverte des rayons X par l'Allemand Wilhelm Röntgen.

1895 L'Italien Guglielmo Marconi réalise la première liaison radio.

1895 À Paris, première séance publique de cinéma des frères Auguste et Louis Lumière.

De 1901 à 2000

1903 Aux États-Unis, les frères Wright effectuent le premier vol en avion (12 secondes).

1907 Premier hélicoptère construit par le Français Paul Cornu.

1909 L'ingénieur français Louis Blériot effectue la première traversée de la Manche en avion.

1926 l'Écossais John Logie Baird invente le principe de la télévision.

1935 Invention du Nylon® par l'Américain Wallace Carothers.

1936 L'Allemand Focke construit le premier hélicoptère opérationnel.

1942 Aux États-Unis, Enrico Fermi construit le premier réacteur nucléaire.

1947 Edwin Land invente l'appareil photo Polaroïd®.

1947 Première horloge atomique aux États-Unis.

1953 La structure en double hélice de l'ADN est mise en évidence par les Britanniques Crick et Wilkins et par l'Américain Watson.

1957 Lancement et mise en orbite par les Soviétiques de *Spoutnik*, premier satellite artificiel.

1959 Première transplantation d'un rein.

1961 Premier homme dans l'espace (le Soviétique Youri Gagarine).

1964 Invention de la souris pour ordinateur par l'Américain Douglas Engelhart.

1967 En Afrique du Sud, première transplantation cardiaque par Christiaan Barnard.

1969 Premiers pas des hommes sur la Lune.

1970 Aux États-Unis, IBM met au point la disquette.

1970 Intel dépose un brevet de microprocesseur.

1978 En Californie, Steve Jobs et Steve Wozniak construisent le premier ordinateur personnel (Personal Computer ou PC).

1979 Sony et Philips mettent au point le Compact Disk (CD).

1980 Développement de l'échographie.

1984 Technique des empreintes génétiques mise au point en Grande-Bretagne.

1989 Au Japon, Nintendo lance sa console de jeux Game Boy™.

1994 Ouverture du tunnel sous la Manche (50 km), entre la France et l'Angleterre.

1997 Premier clonage réussi d'un animal en Grande-Bretagne (la brebis Dolly).

2001 Premier séquençage du génome humain.

Étonnant !

Le couteau suisse a-t-il été créé pour l'armée ?

Comme le chocolat ou les montres, ce robuste couteau multilames estampillé de la croix blanche sur fond rouge est un emblème de la Suisse. Le modèle a été commandé par l'armée helvétique en 1909, et il est toujours fabriqué depuis. Il existe aujourd'hui plus de 90 types de lames et accessoires divers.

Pourquoi parle-t-on de champignons de Paris ?

Parce que c'est à Paris, dans d'anciennes carrières du XIVe arrondissement, qu'un horticulteur tenta avec succès, vers 1810, la culture des champignons des prés appelés « rosés ». À son exemple, d'autres cultivèrent un peu partout les champignons dans les caves et les souterrains, mais le nom de champignon de Paris resta.

Qui inventa la première tondeuse à gazon ?

Un Britannique nommé Ferrabee. Le premier modèle, qui était tracté par un cheval aux sabots emmaillotés (afin de ne pas abîmer la pelouse) fut expérimenté pour la première fois en 1831.

De quand datent les premiers sachets de thé ?

En 1904, mais de manière tout à fait imprévue. Thomas Sullivan, un négociant new-yorkais, démarchait les restaurants pour placer ses produits, et il avait eu l'idée de placer ses échantillons de thé dans des petits sachets de soie. Non prévenus, ses clients mirent le sachet dans la théière et découvrirent une nouvelle manière de faire le thé !

Qui a inventé la poêle à revêtement antiadhérent ?

C'est un ingénieur français, Marc Grégoire, qui mit au point cette poêle à la demande de son épouse, en 1954. En réalité ses recherches n'étaient pas destinées à des articles culinaires, mais à l'amélioration de son matériel de pêche à la ligne. Personne au début ne croyait à l'avenir de ce revêtement miracle, appelé PTFE (polytétrafluoréthylène), et le succès fut plutôt long à venir. Mais, en 1961, une acheteuse célèbre fait une fantastique publicité à la poêle Téfal : c'est Jackie Kennedy, la femme du président des États-Unis.

Pourquoi la clémentine s'appelle-t-elle ainsi ?

La clémentine a vu le jour en Algérie en 1902. Son inventeur est un religieux, le père Clément, qui fit un croisement entre un bigaradier (arbre donnant des oranges amères) et un mandarinier. Douce et parfumée, la clémentine connut très vite le succès, supplantant même rapidement la mandarine, car elle a beaucoup moins de pépins.

Quand le sécateur a-t-il été inventé ?

À la Révolution, le marquis de Moleville, ancien ministre de Louis XVI, n'avait le choix qu'entre l'exil et la guillotine. Il vécut donc en Angleterre jusqu'à la Restauration. C'est là que cet amateur de jardins inventa vers 1810 le sécateur, outil qui, après diverses améliorations, allait révolutionner la taille de la vigne et les vendanges.

De quand date le premier traitement de texte moderne ?

De 1979 : il s'agissait de Wordstar, logiciel développé par Rob Barnaby et édité par la société Micropro.

Quiz Solutions

Page 207 Écriture et imprimerie
1. c 2. b 3. b 4. c

Page 209 Médecine
1. a 2. b 3. a 4. b

Page 211 Construction
1. c 2. b 3. c 4. b

Page 213 Agriculture
1. b 2. b 3. b 4. c

Page 215 Arts ménagers
1. b 2. c 3. a 4. c

Page 217 Étoffes et vêtements
1. b 2. c 3. b 4. a

Page 219 Matériaux utiles
1. b 2. c 3. b 4. a

Page 221 Énergie
1. b 2. a 3. b 4. b

Page 223 Calculs et mesures
1. a 2. c 3. b 4. b

Page 225 Ordinateurs
1. b 2. c 3. a 4. c

Page 227 Télécommunications
1. b 2. c 3. b 4. b

Page 229 Photo et cinéma
1. c 2. b 3. b 4. a

Page 231 Transports terrestres
1. b 2. c 3. c 4. a

Page 233 Navigation
1. b 2. c 3. a 4. b

Page 235 Voyager dans les airs
1. a 2. a 3. b 4. b

Page 237 Conquérir l'espace
1. c 2. a 3. a 4. c

les transports

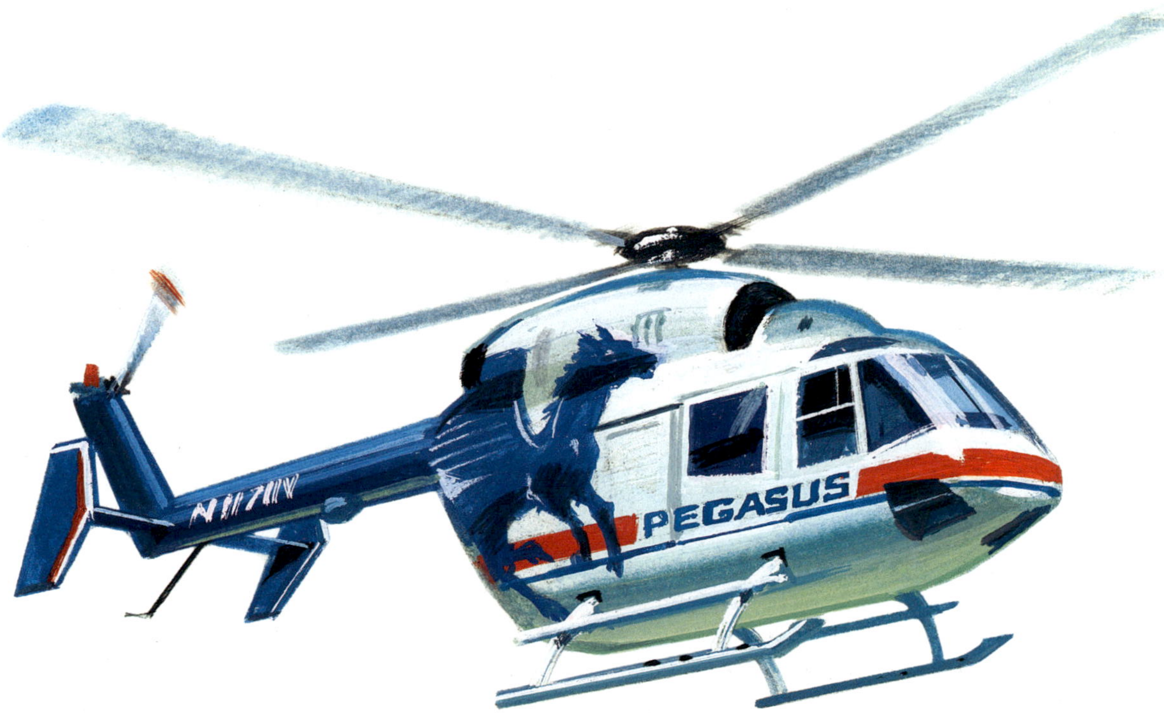

Les transports

Les premiers transports

Les hommes n'ont pas attendu l'invention de la roue pour voyager ou transporter de lourdes charges. Très tôt, ils ont su domestiquer des animaux de bât ou inventer des véhicules très simples, comme le travois des Indiens d'Amérique du Nord. Mais c'est incontestablement la roue qui a fait faire un bond en avant à la civilisation.

Comment les premiers bâtisseurs transportaient les blocs de pierre ?

La construction d'édifices aussi anciens que les pyramides d'Égypte ou le site mégalithique de Stonehenge a exigé le transport de blocs de pierre de plusieurs tonnes. On ignore de façon précise comment ces pierres étaient acheminées. Peut-être les faisait-on glisser sur des rondins que l'on mettait dessous, au fur et à mesure de leur déplacement. Ou peut-être créait-on de véritables chemins de rondins...

QUEL ANIMAL ÉTAIT APPELÉ LE « VAISSEAU DU DÉSERT » ?

C'est le chameau, utilisé depuis la plus haute Antiquité, aussi bien en Afrique qu'en Asie, où il était (et reste !) apprécié pour sa résistance à la faim et à la soif dans le désert, et pour sa capacité à porter de lourdes charges. Originaire du Sahara, le chameau à une bosse, appelé dromadaire, s'est répandu au Moyen-Orient. Le chameau à deux bosses, ou chameau de Bactriane, vient d'Asie centrale.

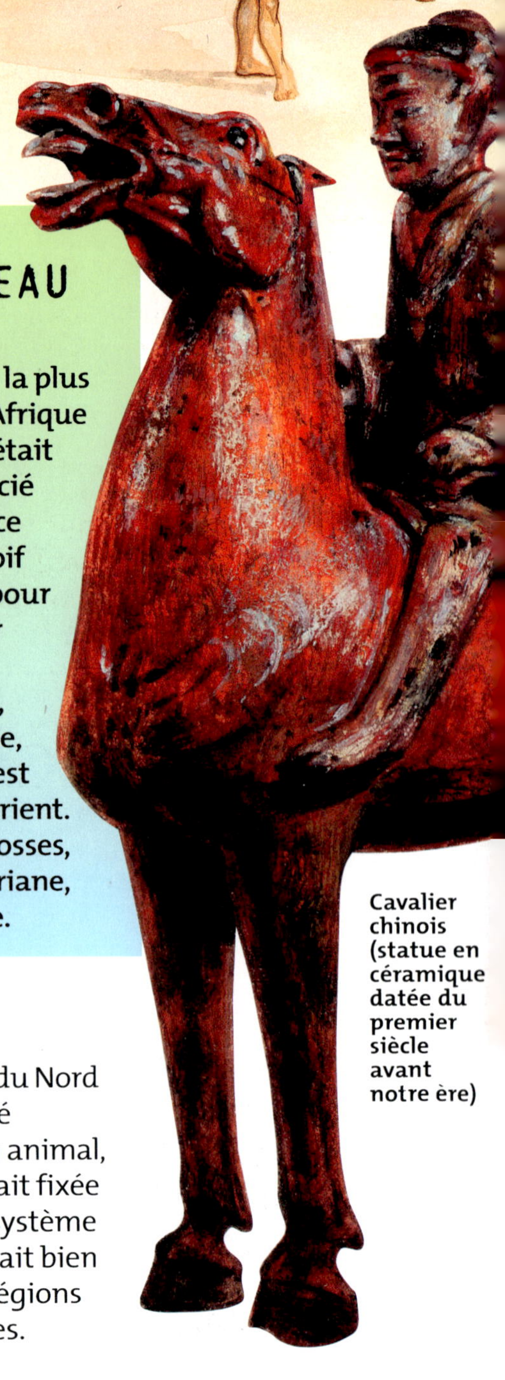

Cavalier chinois (statue en céramique datée du premier siècle avant notre ère)

Qu'est-ce qu'un travois ?

Utilisé par les anciens peuples d'Amérique du Nord ou de Sibérie, le travois est constitué de deux perches attachées à un animal, et entre lesquelles était fixée une charge. Ce système très simple était bien adapté aux régions marécageuses.

Comment se déplaçait-on avant l'invention de la roue ?

Les plus riches se déplaçaient sur des chaises à porteurs. Quant aux provisions, elles étaient chargées sur le dos d'animaux de bât, comme le lama en Amérique du Sud ou l'âne en Europe.

Pourquoi l'invention du collier a changé la vie des chevaux ?

Dans les temps anciens, les chevaux de trait étaient attachés par un harnachement disposé autour du cou, ce qui rendait leur travail particulièrement pénible et leur respiration difficile. Les Chinois ont résolu le problème en inventant le collier, qui fait porter les efforts de l'animal sur les épaules et, ainsi, multiplie ses capacités.

Peut-on monter à cheval sans étriers ?

La réponse est oui ! Les premiers cavaliers se servaient de leurs jambes et de leurs genoux pour contrôler leur monture. Les étriers ont probablement été inventés en Inde, 200 ans avant Jésus-Christ. Ces arceaux de fer, accrochés à la selle et sur lesquels les pieds du cavalier prennent appui, ont été pour l'équitation un progrès considérable. Le cavalier, plus stable et plus libre de ses mouvements, pouvait manœuvrer de ce fait plus aisément.

Qui a inventé la roue ?

La roue est probablement apparue vers 3 200 av. J.-C. en Mésopotamie, région du Moyen-Orient située entre le Tigre et l'Euphrate (l'actuel Irak). Les premières roues étaient formées de grosses planches de bois chevillées entre elles. Les roues à rayons ont été inventées beaucoup plus tard.

À quoi servaient les premières brouettes ?

Ce sont les Chinois qui ont inventé la brouette, mais ils s'en servaient pour transporter des passagers. La brouette moderne est conçue très exactement selon le même principe : une caisse, une roue à l'avant, deux brancards à l'arrière pour la soulever et la pousser, et deux pieds pour la poser à terre.

1. L'animal de bât utilisé en Amérique du Sud avant l'arrivée des Européens était :
a) le cheval
b) le lama
c) le dromadaire

2. Les premières roues étaient fabriquées :
a) en bois
b) en métal
c) en pierre

3. Les brouettes ont :
a) 1 roue
b) 2 roues
c) 3 roues

4. Les travois étaient utilisés :
a) en Australie
b) en Afrique
c) en Amérique du Nord

Les automobiles

Le premier véhicule roulant « automobile », c'est-à-dire capable de se déplacer par ses propres moyens, sans recourir à la traction animale, a été expérimenté en 1770 par l'ingénieur français Joseph Cugnot : il était propulsé par une petite machine à vapeur. Mais il faudra attendre l'invention du moteur à essence, à la fin du XIXe siècle, pour que l'automobile prenne son essor définitif.

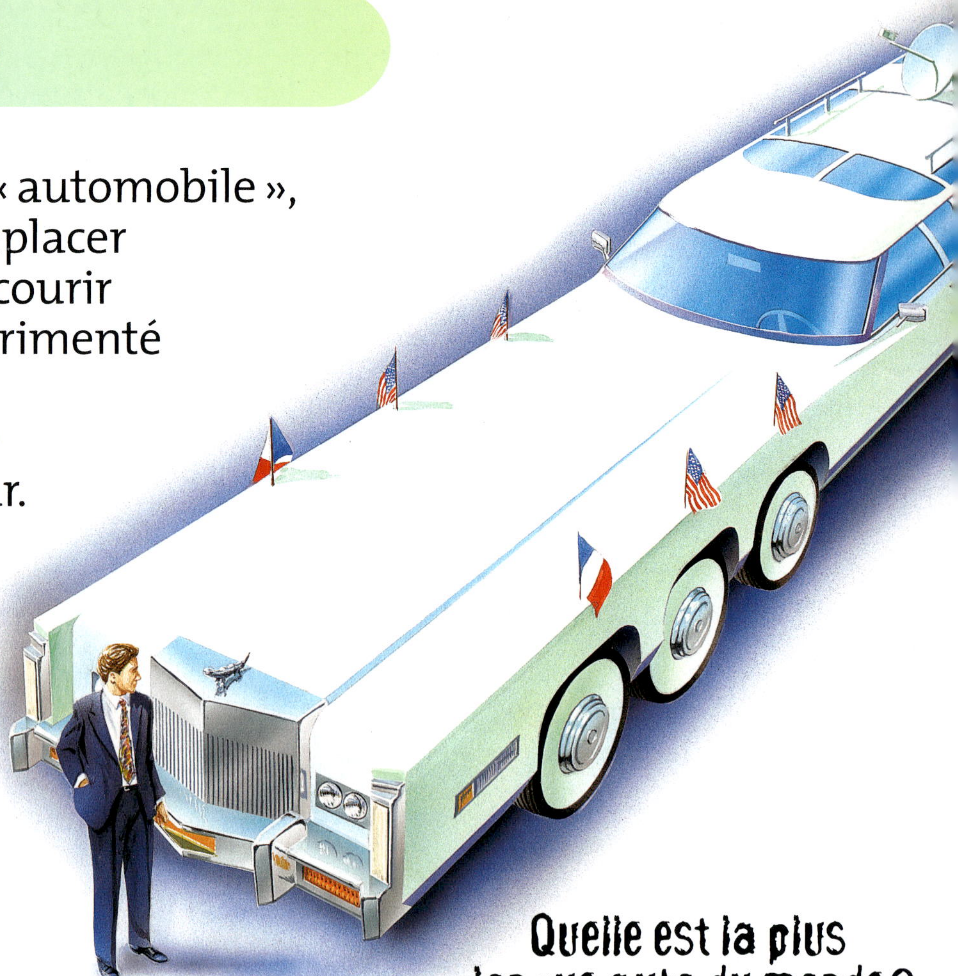

Quelle est la plus longue auto du monde ?

Les milliardaires américains s'offrent volontiers des automobiles de longueur démesurée, construites spécialement pour eux. Mais le record appartient à Jay Ohrberg, qui possède une Cadillac à 16 roues et deux moteurs. D'une longueur de 18 mètres et pesant 10 tonnes, cette extravagante limousine a la particularité d'être équipée d'une piscine et d'une chambre à coucher !

Quelle a été la première voiture ?

La première véritable automobile a roulé pour la première fois en 1886. Construite par l'ingénieur allemand Carl Benz, c'était une voiture à trois roues, dotée d'un petit moteur à essence à quatre temps et à une seule vitesse. Installé sous le siège des passagers, le moteur était relié aux roues motrices par une courroie.

EXISTE-T-IL DES AUTOMOBILES NON POLLUANTES ?

La pollution dégagée par les gaz des moteurs à essence a conduit les constructeurs à développer la propulsion électrique. Malheureusement, les voitures électriques sont handicapées par la taille et le poids de la batterie, et par une faible autonomie. Des solutions plus révolutionnaires, ont été expérimentées, comme la GM Sunrayer à énergie solaire. Sur ce dessin, on peut distinguer les deux petits panneaux capteurs d'énergie.

Qu'est-ce que la zone de déformation ?

Pour assurer au maximum la sécurité, les constructeurs ont aménagé certaines zones sensibles de leurs véhicules de façon à ce que, en cas de collision, leur déformation soit contrôlée. Ceci afin d'absorber le choc et de limiter la décélération à laquelle sont soumis les passagers.

Une voiture a-t-elle franchi le mur du son ?

Construite par le Britannique Richard Noble et pilotée par un ancien pilote de la RAF, Andy Green, la Thrust SSC propulsée par deux turboréacteurs a passé Mach 1 et atteint la vitesse de 1 220,86 km/h dans le désert du Nevada.

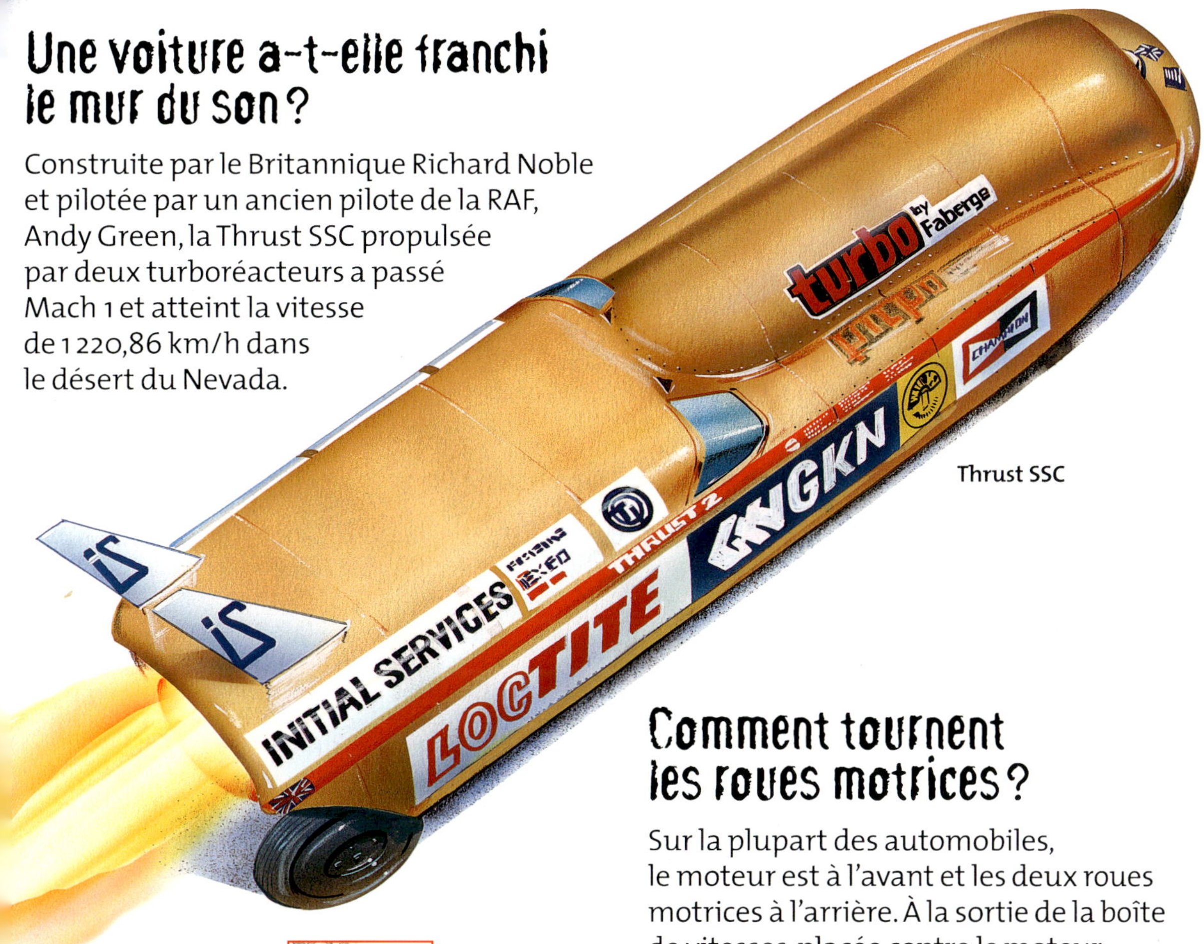

Thrust SSC

Comment tournent les roues motrices ?

Sur la plupart des automobiles, le moteur est à l'avant et les deux roues motrices à l'arrière. À la sortie de la boîte de vitesses, placée contre le moteur, le mouvement est transmis aux roues par une longue tige appelée « arbre de transmission ».

Qu'est-ce qui empêche les pneus de glisser ?

Les pneus des automobiles sont constitués d'une carcasse interne et d'une enveloppe externe en caoutchouc synthétique appelée « bande de roulement ». Celle-ci n'est pas lisse, mais ciselée de façon à évacuer l'eau de pluie. Des pneus lisses ont été en revanche longtemps utilisés en Formule 1.

QUIZ

1. La première automobile construite par l'ingénieur Carl Benz avait :

a) 2 roues
b) 3 roues
c) 4 roues

2. La Thrust SSC était propulsée par deux moteurs :

a) à essence
b) Diesel
c) à réaction

3. La voiture la plus longue du monde est :

a) une Cadillac
b) une Rolls-Royce
c) une Mercedes

4. Quelle est la source d'énergie la moins polluante :

a) l'hydrogène
b) l'essence
c) le soleil

Le sport automobile

Le sport automobile est né au tout début du XXe siècle, avec la création des premiers Grands Prix et la conception de véhicules rapides, spécialement adaptés à la compétition. Aujourd'hui, c'est un univers essentiellement médiatique, avec ses stars et ses drames.

Qu'est-ce que la pole position ?

Expression anglaise passée dans le langage courant, la « pole position » est la position de tête occupée par une voiture au départ d'un Grand Prix. Cette position est obtenue par celui qui a réalisé le meilleur temps sur un tour du circuit pendant les séances de qualification précédant la course.

Comment réduire la résistance à l'air ?

Beaucoup plus basses et aérodynamiques que les automobiles ordinaires, les carrosseries des voitures de Formule 1 sont étudiées pour avoir le meilleur Cx possible, le Cx étant le symbole désignant le coefficient de pénétration dans l'air. Les Formule 1 sont dotées à l'avant et à l'arrière d'ailerons qui, grâce à la pression exercée par l'air, permettent une bonne adhésion au sol.

Quels pneus sont utilisés en Formule 1 ?

Très dangereux sur piste glissante, mais offrant une parfaite adhésion au sol et permettant de grandes performances en cas de piste sèche, les pneus lisses ont été interdits en Formule 1 en 1998. Ils ont alors été systématiquement remplacés par les pneus à rainures.

Quelle puissance ont les moteurs ?

Les voitures familiales sont, pour la plupart, équipées de petits moteurs à quatre cylindres. Il en va tout autrement pour les véhicules de sport et de compétition. Les Formule 1 sont en effet dotées de moteurs à douze cylindres (les V12) extrêmement puissants, qui leur permettent de dépasser les 320 km/h.

POURQUOI LE PILOTE ENLÈVE-T-IL LE VOLANT ?

L'habitacle d'une voiture de Formule 1 ressemble beaucoup à celui d'un avion de chasse : exigu et strictement ajusté, il ne laisse pratiquement aucun espace inutilisé. Pour y pénétrer ou en sortir, le pilote est même obligé d'enlever le volant de direction. Sinon, il ne pourrait pas mettre ou retirer ses jambes du nez de sa voiture, où elles sont étroitement logées.

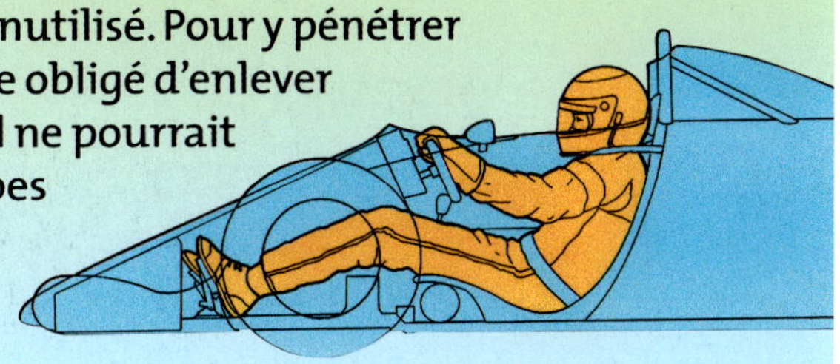

1. Le symbole Cx désigne :
a) la puissance du moteur
b) le coefficient de pénétration dans l'air
c) le type de pneu

2. On appelle pole position :
a) la dernière place à l'arrivée
b) la première position au départ
c) la première place à l'arrivée

3. Les pneus lisses sont utiles sur piste :
a) sèche
b) mouillée
c) enneigée

4. Les moteurs les plus puissants ont :
a) 4 cylindres
b) 8 cylindres
c) 12 cylindres

Pourquoi les voitures rentrent-elles dans leur stand ?

Pendant un Grand Prix, les voitures rentrent dans leur stand pour deux raisons principales : le changement de pneus et le ravitaillement en carburant. Ces opérations durent en général moins de 10 secondes. Les voitures peuvent aussi rentrer en cas d'incident mécanique.

Comment les ingénieurs automobiles étudient-ils un nouveau modèle ?

Avant que ne soit construit un prototype, les ingénieurs procèdent à toutes sortes de simulations par ordinateur. Celles-ci concernent notamment le meilleur rapport possible entre la puissance, le poids, l'aérodynamique, la sécurité et le volume de l'habitacle. Et des études très poussées sont menées sur les nouveaux matériaux.

Les camions

Les premiers camions sont apparus dès la fin du XIXe siècle. Utilisés massivement pendant la Première Guerre mondiale, ils sont devenus un instrument indispensable de l'activité économique, non sans poser des problèmes de nuisance.

Combien de voitures peuvent-ils transporter ?

Les camions peuvent transporter jusqu'à neuf automobiles dans leur remorque. Celle-ci est constituée de deux ponts. Au moment du chargement, le pont supérieur est abaissé pour y installer les véhicules, après quoi il est relevé pour charger le pont inférieur. L'opération inverse est réalisée au déchargement.

Comment fonctionne une benne basculante ?

La benne est un caisson qui, lors du déchargement, est relevé à l'avant au moyen de puissants vérins hydrauliques. Alors la benne se vide naturellement vers l'arrière.

Pourquoi les conteneurs sont-ils normalisés ?

Les conteneurs sont normalisés de façon à pouvoir être transférés facilement d'un wagon de chemin de fer à un camion, ou d'un camion à un cargo grâce à des grues répondant aux mêmes normes.

LES CAMIONS SONT-ILS DANGEREUX ?

En cas d'accident, les camions transportant des matériaux inflammables ou explosifs peuvent provoquer des catastrophes, comme celle qui a entraîné la mort de 39 personnes dans le tunnel du Mont-Blanc, le 24 mars 1999. C'est la raison pour laquelle beaucoup réclament la limitation du transport routier en faveur du ferroutage (le transport par chemin de fer).

Qu'est-ce qu'un camion articulé ?

Les camions articulés sont des tracteurs tirant plusieurs remorques. Ces énormes ensembles sont de véritables trains de la route, qui ne peuvent circuler que dans les pays pourvus de longues routes sur des étendues plates et peu habitées. Les camions articulés n'existent pratiquement pas en Europe. Ils sont, en revanche, d'un usage courant dans des pays comme l'Australie ou les États-Unis.

Les semi-remorques sont-ils limités ?

Pour des raisons de sécurité et pour éviter au maximum la dégradation du réseau routier, le poids en charge des semi-remorques a été limité. En France, cette limite a été fixée à 38 tonnes par camion.

Quel carburant utilisent les camions ?

Les camions sont équipés de moteurs Diesel alimentés par du gazole (ou gas-oil) et fonctionnant sans bougies. Ce type de moteur a été mis au point en 1897 par l'ingénieur allemand Rudolph Diesel.

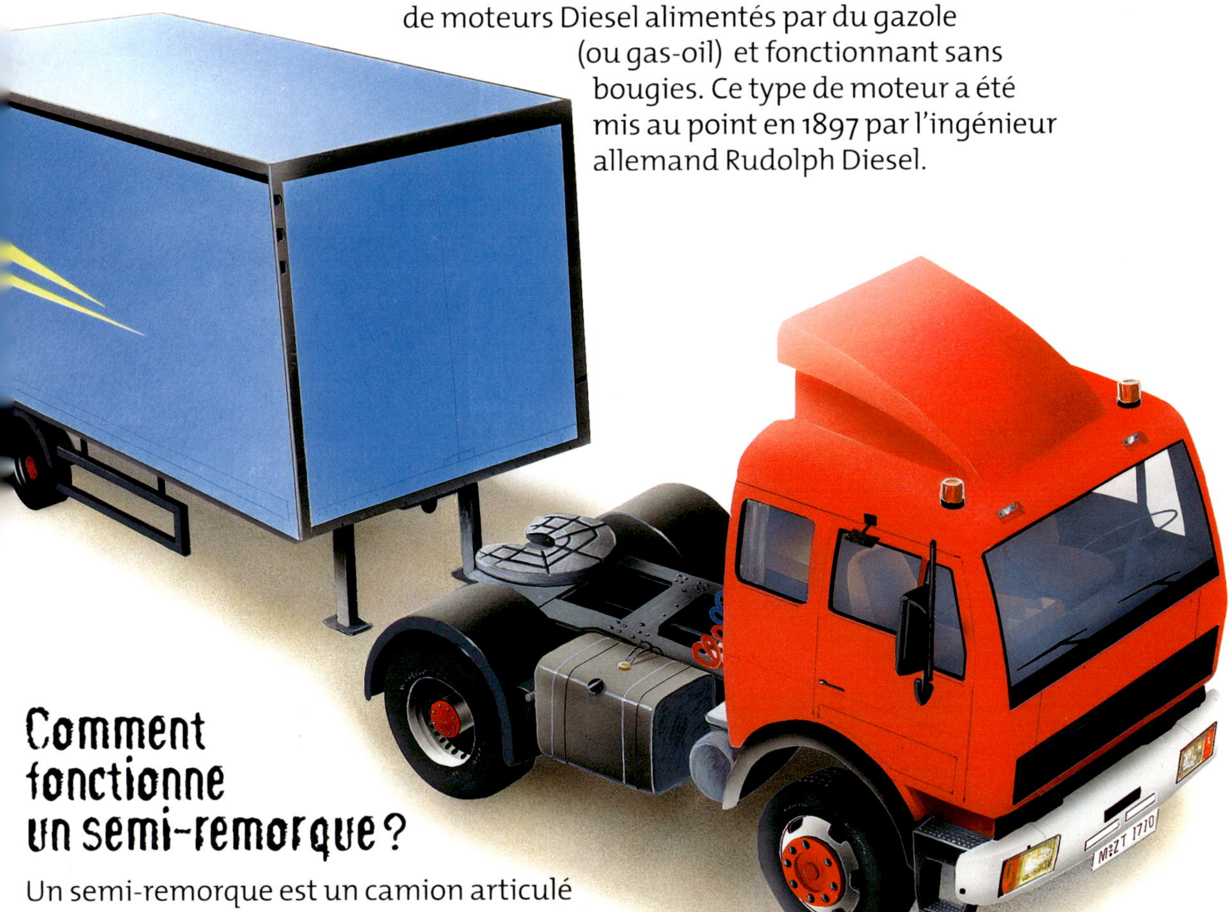

Comment fonctionne un semi-remorque ?

Un semi-remorque est un camion articulé constitué d'un tracteur auquel est accrochée une seule remorque. Le tracteur comprend le moteur, les réservoirs, les roues motrices, la cabine du conducteur et tous les équipements. La remorque n'a pas de roues avant et est fixée au tracteur sur un pivot.

QUIZ

1. Les bennes basculantes fonctionnent avec un système :

a) à ressort
b) hydraulique
c) manuel

2. Les camions articulés à plusieurs remorques sont utilisés :

a) en Suisse
b) aux Pays-Bas
c) en Australie

3. Le moteur Diesel a été mis au point :

a) en 1897
b) en 1907
c) en 1917

4. En France, la charge des semi-remorques est limitée :

a) à 28 tonnes
b) à 38 tonnes
c) à 48 tonnes

Les véhicules spéciaux

Les constructeurs ont adapté les principes mécaniques de l'automobile à un très grand nombre de types de véhicules, spécialement conçus pour remplir des tâches particulières. C'est ainsi que les tracteurs ont révolutionné l'agriculture, tandis que les chars d'assaut ont remplacé la cavalerie et totalement changé la stratégie et la tactique dans les guerres modernes.

Quels sont les équipements des voitures de police ?

Les voitures de police ne se distinguent des automobiles familiales que par leurs équipements spécifiques. Elles sont en particulier pourvues de sirènes, de rampes lumineuses ou de gyrophares, et de liaisons radio. Elles peuvent aussi être blindées.

De quels moyens disposent les ambulances ?

Les premières ambulances ne servaient qu'à transporter des blessés vers un hôpital. Mais ce sont maintenant de véritables petites unités médicales, équipées de matériels de réanimation sophistiqués. Beaucoup de vies peuvent être ainsi sauvées pendant le transport, facilité par l'utilisation de sirènes et de feux semblables à ceux des voitures de police.

Pourquoi les tracteurs ont-ils de grandes roues ?

Hautes, larges et pourvues de larges et profondes rainures, les roues des tracteurs permettent de travailler dans les terres les plus grasses sans risque de rester embourbé. Certains tracteurs sont dotés de chenilles semblables à celles des chars d'assaut. Elles remplissent d'ailleurs exactement les mêmes fonctions.

AVEC QUELS ENGINS PERCE-T-ON UN TUNNEL ?

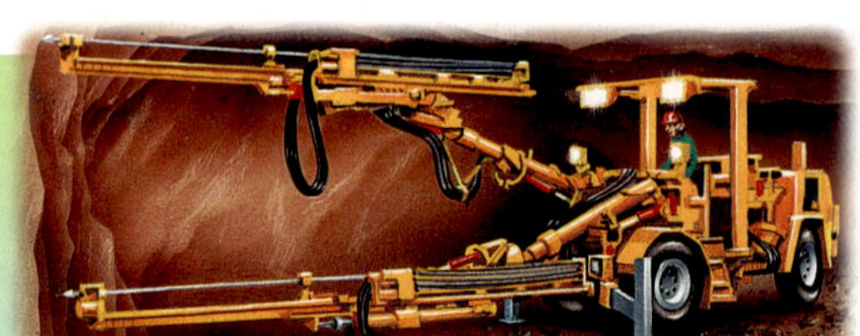

Le brise-roche est un engin dont le bras articulé fait office de marteau pour attaquer la roche. Lorsque celle-ci est trop dure, on utilise un engin comme celui-ci, dont les bras percent des petits trous dans lesquels seront placées des charges explosives. Le percement peut également être effectué par des foreuses rotatives.

Comment interviennent les pompiers ?

Pour lutter contre les incendies, les pompiers disposent de véhicules équipés d'échelles télescopiques pouvant dépasser 30 mètres de longueur. Certains ont des pompes capables de débiter 3 000 litres d'eau à la minute.

Quand les chars d'assaut sont-ils entrés en scène ?

Engins offensifs blindés, chenillés et armés d'un ou plusieurs canons, les chars d'assaut ont été inventés simultanément en France et en Angleterre, au début de la Première Guerre mondiale. Ils ont été engagés pour la première fois le 15 septembre 1916 par les Anglais dans la bataille de la Somme.

Quelle est l'énergie utilisée par les trolleybus ?

Les trolleybus sont des véhicules de transport en commun dont le moteur électrique est alimenté par deux perches raccordées à un réseau de fils aériens. Les perches sont suffisamment mobiles pour permettre aux trolleybus de manœuvrer dans la circulation.

Avec quel engin creuse-t-on ?

Les pelleteuses sont de puissants engins de terrassement automoteurs, utilisés dans le bâtiment et les travaux publics (BTP) pour creuser des fondations, des tranchées, des trous, ou pour déblayer un terrain. Elles fonctionnent avec un bras articulé, actionné par des vérins hydrauliques. Ces engins sont également appelés chargeuses-pelleteuses parce qu'ils déposent les débris directement dans un camion ou dans des bennes déposées sur le chantier et qui seront enlevées, une fois remplies.

QUIZ

1. Les tracteurs ont de grandes roues :
a) pour aller plus vite
b) pour éviter d'être embourbé dans les terres grasses
c) pour franchir les cours d'eau

2. Les trolleybus ont des moteurs :
a) Diesel
b) électriques
c) à essence

3. Les chars d'assaut ont été employés pour la première fois :
a) en 1915
b) en 1916
c) en 1917

4. Le brise-roche sert :
a) à creuser des fondations
b) à percer un tunnel
c) à déblayer un chantier

Les trains

La première ligne de chemin de fer fut ouverte en Angleterre en 1825, exemple bientôt suivi dans le monde entier. Les réseaux ferroviaires ont été un facteur essentiel du développement économique au XIXe siècle. Aujourd'hui le train, qui reste le moyen de transport le plus sûr, a encore un beau rôle à jouer dans la lutte contre la pollution.

Quelle locomotive a été baptisée « Big Boy » ?

Il s'agit de la plus grosse locomotive à vapeur jamais construite, mise en service aux États-Unis en 1940 sur la ligne franchissant les montagnes Rocheuses. Ce colosse d'acier de 40 m de long, capable de tirer d'énormes trains de marchandises sur les plus fortes pentes, avait aussi un appétit d'ogre et consommait de fabuleuses quantités de charbon.

Y avait-il des trains avant la machine à vapeur ?

Oui, si le mot train s'applique à la traction sur rails : dès 1550, des wagons tirés par des chevaux (ou les mineurs eux-mêmes) étaient utilisés dans les mines d'Allemagne pour transporter charbon et minerai.

Comment la locomotive reçoit-elle l'électricité ?

Le courant électrique est transmis aux roues par l'intermédiaire du pantographe, sorte de bras articulé à ressort ou à suspension pneumatique fixé sur le toit de la locomotive et frottant sur la caténaire (câble d'alimentation).

Quelle est la vitesse des TGV ?

Le Shinkansen, ou « train-obus » japonais, roule à 300 km/h, comme son homologue et principal concurrent le TGV français. Mais sa fréquence serait plutôt comparable à celle du métro, puisqu'on compte environ 230 liaisons par jour sur la ligne Tokyo-Osaka.

QU'EST-CE QUE LA SUSTENTATION MAGNÉTIQUE ?

Il s'agit sans doute de la technologie ferroviaire du futur. Ici, les trains n'ont plus de contact avec le rail mais sont suspendus juste au-dessus par la force magnétique : on ne sent aucune secousse dans cette rame silencieuse, qui a atteint 552 km/h lors d'essais au Japon. Des projets analogues ont été mis à l'étude en Allemagne.

Qu'est-ce que la « Rocket » avait de spécial ?

La Rocket (« Fusée ») était la célèbre locomotive conçue par l'ingénieur britannique George Stephenson en 1829. Elle remporta le concours de la machine la plus rapide entre les gares de Liverpool et de Manchester, à la vitesse tout à fait remarquable de 47 km/h.

Dans quel pays circulait le Fliegender Hamburger ?

En 1933, de nouveaux trains express à traction Diesel (à gauche) relièrent Berlin à Hambourg. Baptisés Fliegender Hamburger, ces trains à la silhouette très aérodynamique atteignaient la vitesse, considérable pour l'époque, de 175 km/h. Ils étaient si modernes qu'ils sont restés en service jusque dans les années 1960.

À quoi sert le chasse-pierre ?

Cette barrière protectrice fixée à l'avant de la locomotive est destinée à rejeter sur le côté tout obstacle encombrant la voie et risquant d'endommager rouages et essieux, voire de faire dérailler le train. Le chasse-pierre fut utilisé pour la première fois aux États-Unis en 1831, pour empêcher les vaches d'être happées par les roues.

1. La Rocket de Stephenson a atteint la vitesse de :
a) 100 km/h
b) 56 km/h
c) 47 km/h

2. La plus grande vitesse atteinte par un train a été de :
a) 700 km/h
b) 300 km/h
c) plus de 500 km/h

3. La plus grosse locomotive à vapeur était longue de :
a) 30 m
b) 40 m
c) 60 m

4. Entre Tokyo et Osaka, la fréquence des liaisons TGV est de :
a) 400 trains par jour
b) 200 à 300 trains par jour
c) 100 trains par jour

Les bicyclettes

Deux roues, un pédalier et une chaîne entraînant la roue arrière : avec ce dispositif simple et génial, les Français André Guilmet et Eugène Meyer avaient inventé la bicyclette. C'était en 1868 et, depuis, le principe mécanique de base de cet engin roulant, également appelé « vélo », est resté le même. La popularité de la bicyclette lui a valu de surnom de « petite reine ».

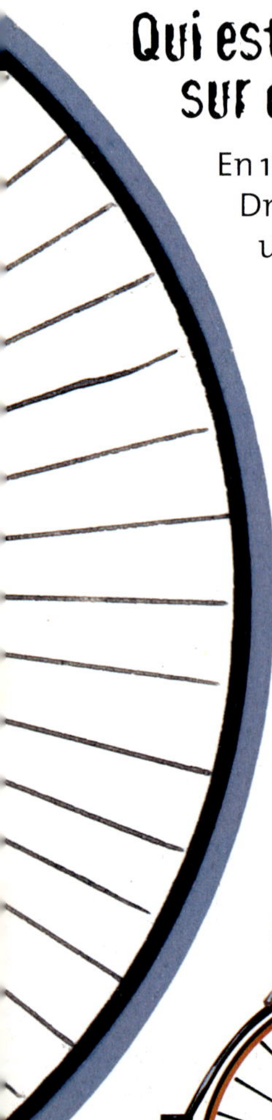

Qui est monté le premier sur deux roues ?

En 1817, l'ingénieur allemand Karl Drais mit au point une machine à deux roues, avec une selle et un guidon. Ce n'était pas encore une bicyclette parce qu'elle n'avait pas de pédales : elle était entraînée par l'action des pieds sur le sol, un peu comme une trottinette. On l'appelait une « draisienne ».

Comment rouler avec un grand bi ?

Ce n'est qu'en 1880 que le mot « bicyclette » est apparu. Avant, on disait « vélocipède », et ce mot est d'ailleurs resté en usage sous sa forme abrégée de « vélo ». Inventé en 1870, le « grand bi » était plutôt acrobatique, avec sa roue avant immense au-dessus de laquelle il fallait se jucher !

Quand est né le sport cycliste ?

La première course cycliste a été organisée à Saint-Cloud, en 1868. Ce sport s'est développé si rapidement en France que, dès 1881, fut créée l'Union vélocipédique de France dans le but de le réglementer. Quant au premier Tour de France, il fut organisé en 1903 par le journaliste sportif Henri Desgrange.

EST-IL FACILE DE ROULER AVEC UN MONOCYCLE ?

Le monocycle est une petite machine très simple qui exige des dons d'équilibriste. Elle est en effet constituée d'une seule roue, de pédales montées sur le moyeu et d'une tige au sommet de laquelle est fixée une selle. On avance sans perdre l'équilibre en appuyant sur les pédales et en jouant en permanence sur le centre de gravité du couple homme-cycle.

Qu'est-ce que les VTT ont de spécial ?

Les VTT (« vélos tout-terrain ») peuvent rouler sur les terrains les plus accidentés sans risquer de se casser ou de crever. Ils sont construits en matériaux plus solides que les autres et leurs pneus sont rainurés. Ils ont aussi plus de vitesses.

1. Le premier « deux roues » a été inventé au début du XIXe siècle par :
a) Henri Desgrange
b) Karl Drais
c) André Guilmet

2. Le premier Tour de France a été organisé en :
a) 1893
b) 1903
c) 1913

3. La Décuplette était un vélo à plusieurs places monté par :
a) 6 personnes
b) 8 personnes
c) 10 personnes

4. Les tricycles sont également appelés :
a) draisiennes
b) VTT
c) triporteurs

Avec quels vélos bat-on des records ?

Dans les courses contre la montre ou pour battre des records, on utilise des bicyclettes étudiées pour offrir le minimum de résistance à l'air. Ce sont des machines fabriquées en matériaux ultra-légers comme le carbone ou le Kevlar. Les roues peuvent être lenticulaires (en forme de lentille), comme ici à l'arrière.

Peut-on transporter des marchandises à vélo ?

Les tricycles sont des vélos à trois roues. Entre les deux roues arrière est disposée une petite plate-forme sur laquelle on peut transporter des marchandises ou des passagers. Le tricycle est aussi appelé « triporteur ».

Existe-t-il des bicyclettes à plusieurs places ?

Autrefois très répandus, les tandems sont des vélos à deux places et à deux pédaliers. Mais à la fin du XIXe siècle, on a imaginé des machines encore plus ambitieuses, le record étant détenu par la Décuplette pour dix personnes !

Les motos

La toute première motocyclette a vu le jour en 1868, la même année que la première bicyclette. Construite par Louis-Guillaume Perreaux, elle fonctionnait avec un petit moteur à vapeur. Il faudra toutefois attendre la mise au point du moteur à essence pour que la moto devienne un véhicule utilitaire et sportif très populaire.

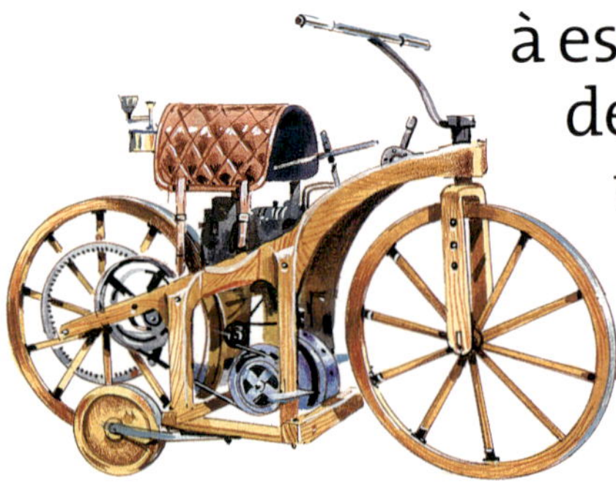

Quels engins sont conçus pour le motocross ?

Les courses de motocross se déroulent sur des terrains vallonnés, accidentés et souvent très glissants. Les motos utilisées pour ce sport à la fois athlétique et spectaculaire ont une structure très solide, une fourche télescopique étudiée pour absorber les chocs, des pneus avec de grosses sculptures et des garde-boue volumineux.

Qui a construit la première moto avec un moteur à essence ?

En 1885, l'ingénieur allemand Gottlieb Daimler fabriqua une motocyclette en bois, propulsée par un moteur à essence monocylindre. Ce fut la première moto « moderne ». Mais, dans l'immédiat, le moteur conçu par Daimler permit surtout à Carl Benz de développer ses propres automobiles. Les deux hommes finiront par s'associer en 1926, créant la Daimler-Benz AG.

Comment virer à pleine vitesse ?

Dans les Grand Prix, les coureurs négocient les virages à des vitesses stupéfiantes. La technique consiste à déplacer vers le bas le centre de gravité de l'ensemble constitué par l'homme et la machine, puis à le relever en sortie de virage.

Comment atteindre de grandes vitesses ?

Les puissantes motos d'aujourd'hui sont profilées pour obtenir le meilleur Cx (coefficient de pénétration dans l'air) possible. La position du « motard » est étudiée pour qu'il fasse pratiquement corps avec sa machine.

PEUT-ON ROULER EN TRIKE SUR LA VOIE PUBLIQUE ?

Tricycles motorisés, selon la définition officielle, les trikes sont autorisés sur la voie publique, en France, depuis 1997. Ils sont généralement dotés de moteurs à quatre cylindres et offrent un réel confort. Les trikes tout terrain sont aussi très appréciés.

Qu'est-ce qu'un chopper ?

Popularisés par *Easy Rider*, le film-culte de Dennis Hopper (1969), les choppers sont des motos tout à fait spéciales, reconnaissables à leur très longue fourche, à leur guidon relevé et à leur siège placé le plus bas possible. Caractéristiques d'une certaine époque, ils font désormais partie de la gamme des grands constructeurs, mais sous une forme plus sage...

Pourquoi les scooters sont-ils revenus à la mode ?

Petite moto de faible puissance, carénée et confortable, le scooter a eu un succès phénoménal après la Seconde Guerre mondiale, grâce aux solutions élégantes, pratiques et bon marché adoptées par les Italiens. Après avoir connu une éclipse, le scooter est devenu idéal pour circuler dans les grandes villes.

Pourquoi les side-cars étaient-ils si populaires ?

Constitués d'une moto à laquelle est attachée une petite caisse à une roue, les side-cars ont connu une immense popularité avant la Seconde Guerre mondiale, en raison de leur coût beaucoup moins élevé que celui d'une voiture. Aujourd'hui, les side-cars sont surtout utilisés en compétition, dans les courses de side-car-cross.

1. La première motocyclette avait un moteur :
a) a essence
b) à vapeur
c) électrique

2. Les scooters ont été popularisés après la Seconde Guerre mondiale :
a) par les Italiens
b) par les Allemands
c) par les Anglais

3. Le film-culte qui a fait connaître les choppers était :
a) *L'Équipée sauvage*
b) *Easy Rider*
c) *Les Motards*

4. Le trike est un engin qui a :
a) 2 roues
b) 3 roues
c) 4 roues

Les bateaux

Depuis la préhistoire, l'homme n'a jamais cessé de naviguer et d'améliorer les techniques de construction des bateaux. Des premières barques aux voiliers de compétition modernes, l'évolution est impressionnante. Pourtant, certains bateaux d'autrefois, comme les drakkars des Vikings, nous étonnent encore par leur conception hardie et leur réalisation impeccable.

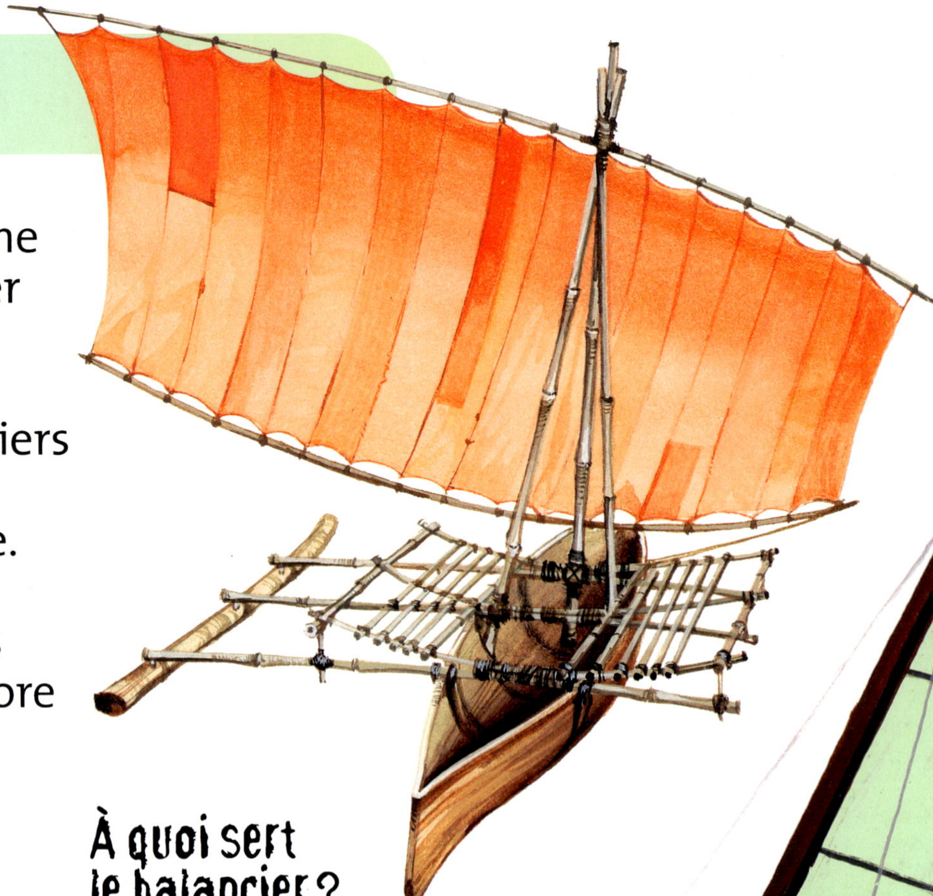

À quoi sert le balancier ?

Les peuples de l'océan Indien et du Pacifique utilisent depuis des temps très anciens un système simple et génial pour empêcher leurs pirogues (à voile ou non) de chavirer : le balancier. C'est un flotteur auxiliaire, rattaché à la coque par des poutrelles. Il semble que l'invention de la pirogue à balancier soit due aux Polynésiens, excellents et audacieux navigateurs.

Les premiers bateaux étaient-ils efficaces ?

Les vestiges découverts dans certains sites préhistoriques tendent à démontrer que les premiers bateaux étaient des canots grossièrement creusés dans des troncs d'arbre. Les radeaux, permettant des navigations plus lointaines, seraient apparus plus tardivement. Les Égyptiens utilisaient des barques assez sophistiquées, faites de gerbes de roseaux liées ensemble. Elles étaient utilisées pour la navigation sur le Nil (dessin ci-dessus).

Quelle est l'origine du catamaran ?

Les catamarans sont des voiliers dont la coque est constituée de deux flotteurs accouplés. Ils peuvent avoir de très grandes dimensions et emporter une immense voilure, propre à leur faire atteindre des vitesses très élevées. Les catamarans sont directement inspirés des pirogues à double coque des Polynésiens.

Hydroplane ou hydroglisseur ?

L'hydroglisseur est un canot rapide, à très faible tirant d'eau, propulsé par un moteur très puissant. Le terme « hydroplane », qui désignait autrefois un avion amphibie, s'est récemment imposé. En 1978, l'Australien Ken Warby a atteint la vitesse record de 511,11 km/h (dessin ci-dessus).

Les bateaux peuvent-ils grimper ?

Quand un canal a des dénivellations trop fortes pour les péniches, on y établit des écluses constituées d'un sas et de deux jeux de portes mobiles. En aval, la péniche pénètre dans le sas que l'on ferme et remplit d'eau jusqu'au niveau de l'amont. On ouvre alors l'autre jeu de portes. Ce système fonctionne aussi dans l'autre sens.

En aval, la péniche pénètre dans le sas.

Le sas est rempli d'eau.

La péniche sort en amont.

QU'EST-CE QU'UN CURRAGH ?

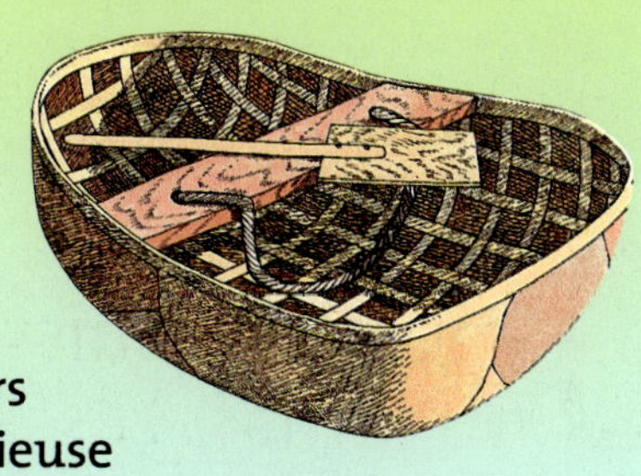

Le curragh est certainement le type de bateau le plus ancien encore utilisé en Europe. Depuis des millénaires, en effet, les pêcheurs irlandais vont en mer avec cette curieuse embarcation, simplement formée de peaux tendues sur un cadre en osier. Les curraghs les plus répandus sont minuscules et ne peuvent emmener qu'une personne. Mais il en existait de plus grands pour la pêche à la baleine.

Depuis quand utilise-t-on un gouvernail ?

Les voiliers actuels, quelle que soit leur catégorie, sont redevables au Moyen Âge de deux inventions capitales : la voile latine triangulaire, qui permet de louvoyer contre le vent, et le gouvernail arrière articulé. Cette dernière invention a été faite par les Normands, au xe siècle.

1. Les catamarans ont une coque constituée de :
a) 2 flotteurs
b) 3 flotteurs
c) 4 flotteurs

2. Les pirogues à balancier ont pour principal avantage d'être :
a) élégantes
b) stables
c) rapides

3. Les bateaux les plus rapides sont :
a) les hydroplanes
b) les curraghs
c) les péniches

4. Le gouvernail articulé a été inventé par :
a) les Chinois
b) les Grecs
c) les Normands

Les transports maritimes

Pour naviguer en haute mer et assurer le transport des marchandises et des passagers, les anciennes civilisations ont construit très tôt des navires de grandes dimensions, donnant ainsi naissance à la marine. Celle-ci a connu une révolution décisive au XIXe siècle, avec l'arrivée des machines à vapeur et des coques en métal. Mais depuis, la vapeur a fait place au Diesel et au nucléaire.

De quand datent les premiers navires de haute mer ?

Les Égyptiens ont probablement été les premiers, il y a environ 5 000 ans, à construire des navires capables de croiser en Méditerranée. Construits en bois, ils avaient une seule grande voile carrée attachée à un mât. Une grosse rame à l'arrière faisait office de gouvernail.

Pourquoi les clippers étaient si rapides ?

Très aérodynamiques en raison de leur coque effilée et dotés de trois mâts à la voilure sophistiquée, les clippers ont représenté au XIXe siècle l'apothéose de la marine à voile. Ils étaient si rapides que l'un d'eux réussit à relier Melbourne (en Australie) et Londres en 85 jours, un exploit pour cette époque.

Pourquoi les pétroliers sont si gros ?

C'est la fermeture du canal de Suez, après la guerre des Six Jours (1967), qui a entraîné la construction de pétroliers géants (ou supertankers) pour rentabiliser l'obligation de contourner l'Afrique. Certains ont un poids de plus de 500 000 tonnes et une longueur d'environ 450 m.

Certains navires étaient-ils à voile et à vapeur ?

Au début de la navigation à vapeur, beaucoup de navires étaient mixtes. Outre leur machine à vapeur, ils conservaient la voile. Par précaution d'abord, parce que les machines étaient encore peu fiables et risquaient de tomber en panne. Ensuite, pour économiser le charbon en cas de vents favorables.

LE DÉGAZAGE EST-IL AUTORISÉ ?

Le dégazage est une opération qui consiste à nettoyer les cuves d'un pétrolier et à en expulser tous les résidus. Interdite en mer, cette opération n'en est pas moins fréquemment pratiquée, au risque de provoquer de très graves pollutions sur les côtes. Face à ces dégazages criminels, les États semblent être relativement impuissants.

1. Les clippers étaient des navires fonctionnant :
a) au charbon
b) à la voile
c) au mazout

2. Le dégazage en mer provoque :
a) des pollutions
b) des explosions
c) des naufrages

3. Les premiers navires de haute mer ont été construits :
a) par les Indiens
b) par les Égyptiens
c) par les Romains

4. Le paquebot « Grand Princess » comporte :
a) 6 ponts
b) 8 ponts
c) 12 ponts

Quel est le paquebot le plus luxueux du monde ?

C'est le « Grand Princess ». Construit en 1997 en Italie, il a douze ponts et offre tous les agréments d'un grand hôtel, avec plusieurs restaurants, un casino, une salle de spectacle, une piscine au toit amovible, des bars, etc. Long de 285 mètres, il peut transporter 1 592 passagers, et 1 209 hommes et femmes d'équipage.

Le *Grand Princess*

Les sous-marins

Dès le XVIIe siècle, d'audacieux inventeurs tentèrent de construire des navires submersibles, c'est-à-dire aptes à naviguer sous l'eau. Mais c'est en 1887 que l'ingénieur français Gustave Zédé mettra au point le premier sous-marin moderne à moteur électrique, le *Gymnote*.

Le *Turtle*

Comment marchaient les premiers sous-marins ?

Les tout premiers sous-marins étaient de minuscules engins en bois, en forme de tonneau, qu'un seul homme manœuvrait avec des rames et des pédales. Le *Turtle* est resté célèbre. Construit en 1776 pendant la guerre d'Indépendance américaine, il avait été conçu pour poser des explosifs sous les navires anglais.

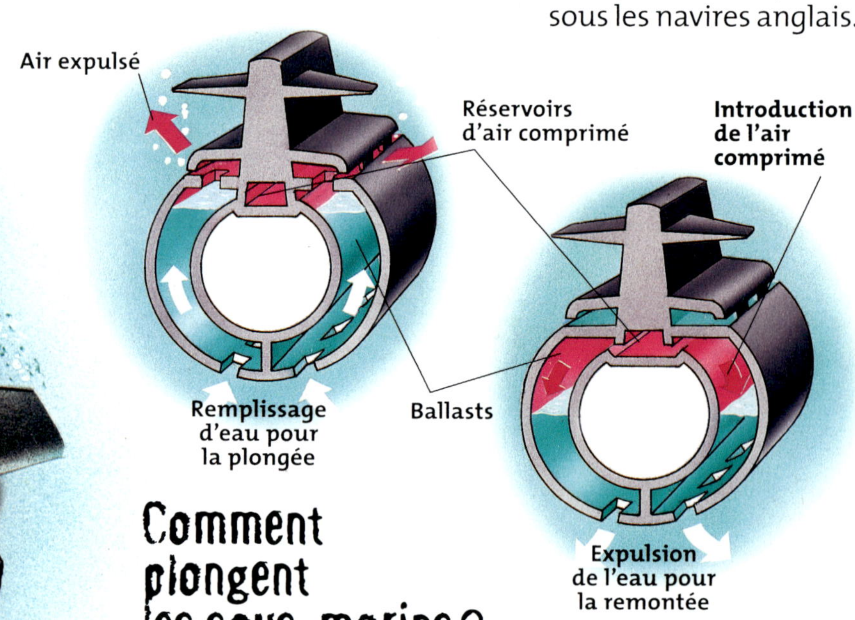

Comment plongent les sous-marins ?

Les sous-marins ont une double coque. L'espace entre les deux parois est compartimenté en conteneurs appelés « ballasts ». En surface, les ballasts sont remplis d'air. Pour plonger, on ouvre les « purges » pour en chasser l'air et les remplir d'eau. L'opération inverse est effectuée pour remonter : on chasse l'eau avec de l'air comprimé et le sous-marin, ainsi allégé, remonte naturellement à la surface.

Les sous-marins ont-ils des ailes ?

Les sous-marins sont pourvus à l'avant d'ailerons mobiles que l'on peut abaisser ou relever pour faciliter la plongée ou la remontée. À l'arrière, ils sont dotés d'ailerons plus petits pour assurer la stabilisation, et d'un gouvernail de direction.

Quel est le principal avantage des sous-marins nucléaires ?

Les réacteurs nucléaires fournissent l'énergie nécessaire au fonctionnement des turbines électriques. Ce système permet aux sous-marins de bénéficier d'une grande autonomie et de naviguer en plongée pendant plusieurs semaines. Le premier sous-marin nucléaire, le *Nautilus,* a été lancé en 1954 par les États-Unis.

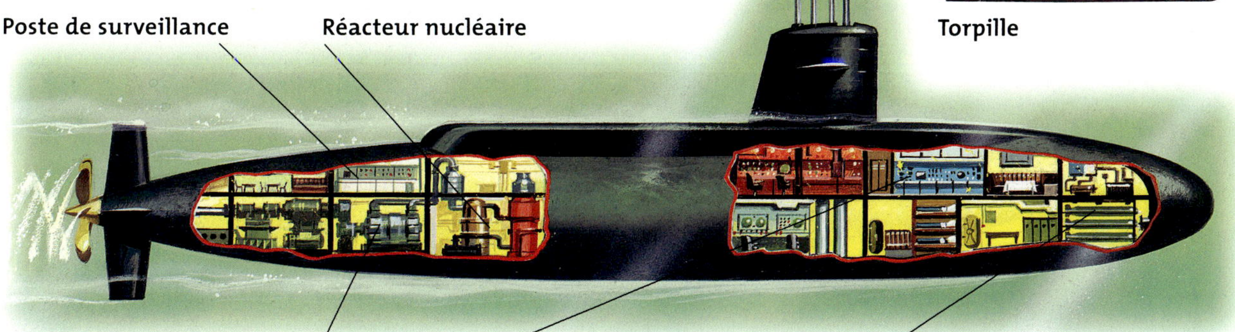

Quel armement emportent les sous-marins ?

Les sous-marins d'attaque sont armés de torpilles destinées à couler les bâtiments ennemis. Les sous-marins lanceurs d'engins peuvent tirer des missiles atomiques.

Torpille

Jusqu'où peut-on descendre ?

Plus un sous-marin descend en profondeur, plus la pression exercée sur la coque par l'eau est forte, au risque de la faire éclater. C'est pourquoi la coque du *Trieste* a été puissamment renforcée : en 1960, cet engin d'exploration sous-marine est descendu jusqu'à 10 916 mètres dans la fosse de Guam.

Le *Trieste*

COMMENT VOIR CE QUI SE PASSE À LA SURFACE ?

Lorsqu'ils sont en plongée juste au-dessous du niveau de la mer, les sous-mariniers peuvent examiner discrètement la surface grâce à un périscope. C'est un tube rétractile muni de lentilles grossissantes et de prismes (l'un pour capter l'image, en haut du périscope, l'autre pour la restituer, devant l'oculaire). Lorsque l'observation est finie, le périscope est rentré.

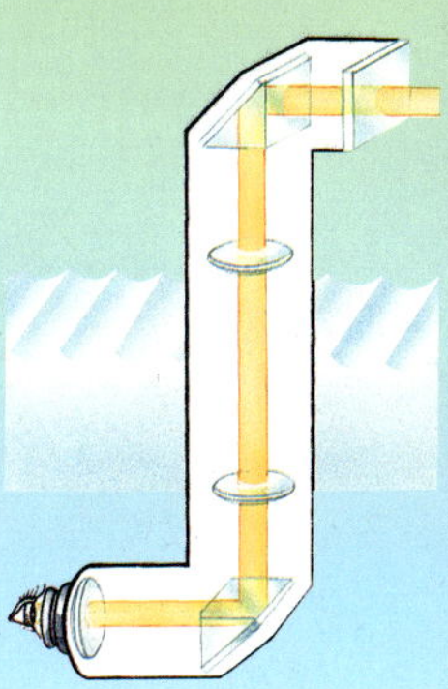

Qu'est-ce qu'un bathyscaphe ?

Les bathyscaphes comme le *Trieste* sont conçus pour explorer les fonds sous-marins. Ils sont très utiles à l'étude de la vie dans les profondeurs ou à la découverte de gisements pétroliers. Certains sont téléguidés. Le *Deepstar IV* opère à plus de 1 200 mètres.

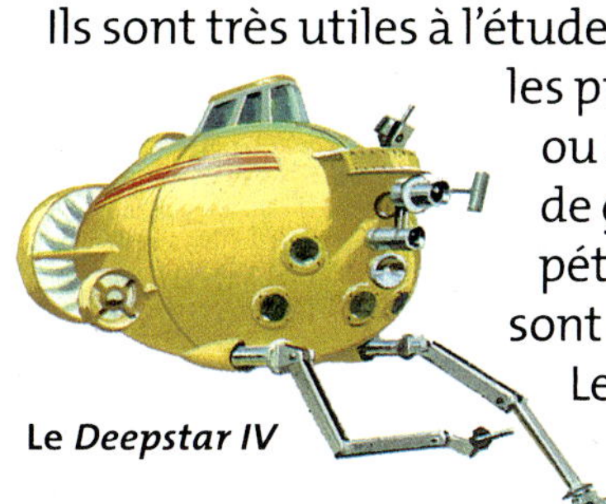

Le *Deepstar IV*

1. **Le premier sous-marin électrique a été construit :**
   a) en Angleterre
   b) en France
   c) aux États-Unis

2. **Pour la plongée, les ballasts des sous-marins sont remplis :**
   a) d'air comprimé
   b) de carburant
   c) d'eau

3. **Le bathyscaphe « Trieste » est descendu dans la fosse de Guam jusqu'à la profondeur de :**
   a) 10 916 mètres
   b) 8 743 mètres
   c) 11 368 mètres

4. **Le premier sous-marin nucléaire américain s'appelait :**
   a) Le *Deepstar IV*
   b) Le *Nautilus*
   c) Le *Gymnote*

Aéroglisseur et hydroptère

Naviguer avec la coque au-dessus de l'eau permet d'échapper à la résistance offerte par l'élément aquatique et, par conséquent, d'aller plus vite. Plusieurs types de navire ont relevé le défi, dont les plus connus sont l'aéroglisseur et l'hydroptère. Toutefois, en raison de leur inconfort et de leur instabilité, leur succès a été d'assez courte durée, et leur utilisation est aujourd'hui beaucoup plus limitée.

Ce navire va-t-il décoller ?

Non ! Ce n'est qu'un hydroptère en pleine course. À partir d'une certaine vitesse, ses ailes portantes crèvent la surface et permettent à la coque de se soulever et de se maintenir au-dessus de l'eau. Alors, le navire peut croiser facilement à 90 km/h.

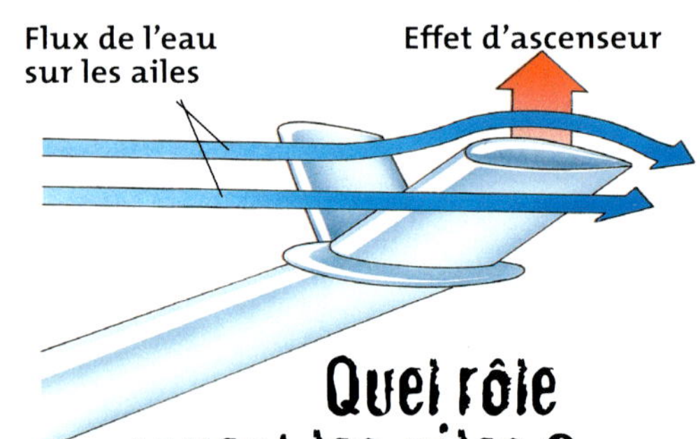

Quel rôle jouent les ailes ?

Les ailes des hydroptères sont profilées pour que l'eau glisse sur elles à la plus grande vitesse possible, ce qui provoque un effet d'ascenseur et soulève la coque au-dessus de l'eau.

Hydroptère à ailes immergées.

Hydroptères à ailes crevant la surface.

Les hydroptères ont-ils des ailes ?

Il existe en fait deux sortes d'hydroptères. Certains ont des ailes portantes qui restent immergées. Sur d'autres modèles, les ailes crèvent la surface, ce qui autorise des vitesses plus rapides, mais au détriment de la stabilité. Dans les deux cas, les ailes sont reliées à la coque par des bras. Le premier hydroptère opérationnel a été mis en service en 1956, en Italie. Le principe de ce type de navire a été également appliqué à la voile par Éric Tabarly.

Comment fonctionne un aéroglisseur ?

L'aéroglisseur est un navire qui « vole » au-dessus d'un coussin d'air. Ce coussin est alimenté pendant tout le « vol » par l'air aspiré par des ventilateurs de sustentation.

La locomotion est assurée par des hélices.

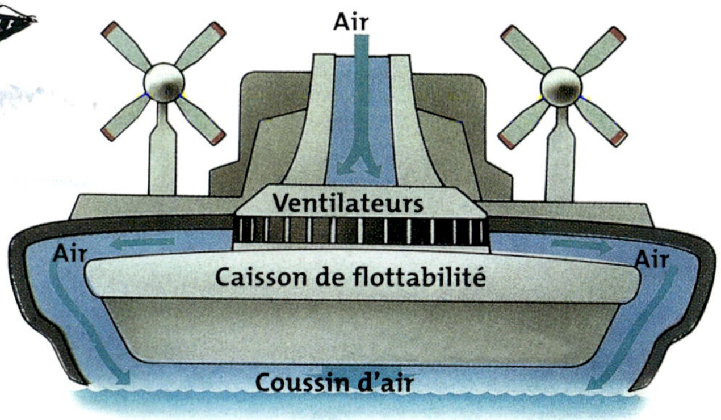

LES AÉROGLISSEURS PEUVENT-ILS ALLER À TERRE ?

Les aéroglisseurs sont des engins amphibies, c'est-à-dire capables de se déplacer aussi bien au-dessus de la terre que de l'eau. En effet, dans des régions relativement plates, mais où l'absence de route rendait difficile la circulation avec des véhicules à roues, ils ont rendu des services. Ce fut notamment le cas en Iran.

À quoi sert un aéroglisseur ?

Également connus sous leur nom anglais d'*hovercraft*, les aéroglisseurs peuvent transporter un grand nombre de passagers, ainsi que des automobiles. Ils ont été aussi employés comme transports de troupes.

Qui a inventé l'aéroglisseur ?

Le premier aéroglisseur a été mis au point en 1955 par l'ingénieur britannique Christopher Cockerell. Il a procédé auparavant à des simulations avec deux boîtes de conserve et un séchoir à cheveux !

Pourquoi a-t-il des jupes ?

Les grandes « jupes » semi-rigides qui entourent les aéroglisseurs sont gonflées d'air : c'est leur rôle de le faire circuler pour alimenter le coussin de sustentation. Elles jouent aussi un rôle capital de stabilisation. Aussi les appelle-t-on « jupes antiroulis ».

QUIZ

1. Les hydroptères sont soulevés au-dessus de l'eau par :
a) des hélices
b) une voile
c) des ailes

2. L'aéroglisseur a été mis au point en Angleterre par Christopher Cockerell :
a) en 1945
b) en 1955
c) en 1965

3. Les aéroglisseurs sont pourvus :
a) de robes
b) de jupes
c) de chaussons

4. Les aéroglisseurs sont aussi connus sous leur nom anglais de :
a) aircraft
b) hovercraft
c) chris-craft

Les avions

Le mot « avion » a été inventé par Clément Ader qui, en 1890, a été le premier à faire décoller un « plus lourd que l'air », propulsé par un moteur à vapeur. Toutefois, le véritable ancêtre des avions modernes est l'appareil des frères Wright. Doté d'un moteur à essence, il a effectué son premier vol en 1903.

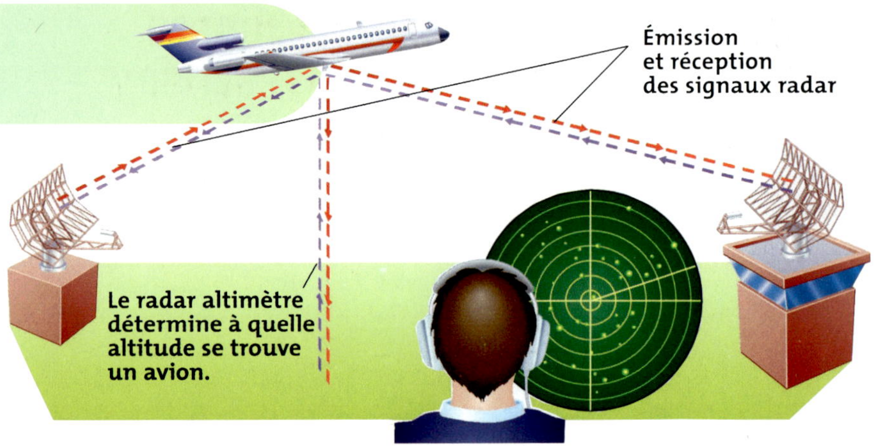

Comment contrôler le trafic aérien ?

Dans les aéroports d'aujourd'hui, le trafic est si intense que la position de chaque avion, au décollage et à l'atterrissage, doit être déterminée de façon extrêmement précise pour éviter les collisions en vol. Et cette opération doit pouvoir être faite même quand la visibilité est nulle (la nuit ou lorsque le plafond nuageux est très bas). Pour cela, les contrôleurs du ciel disposent de radars grâce auxquels la position de chaque avion apparaît sur un écran.

Le *Flyer 1* des Américains Wilbur et Orville Wright

Que lit-on sur le tableau de bord ?

Les avions modernes mettent en œuvre un nombre considérable de systèmes mécaniques et électroniques dont le bon fonctionnement doit pouvoir être contrôlé par le pilote à tout instant. C'est le rôle du tableau de bord que d'afficher les données de ces systèmes. Le tableau de bord comporte aussi un « horizon artificiel » qui indique l'inclinaison de l'appareil.

Comment se dirigent les avions ?

Pour orienter un avion vers le haut ou vers le bas, le pilote actionne des volets mobiles situés à l'arrière des ailes. Pour modifier son cap en vol, il agit sur une gouverne de direction placée à l'extrémité de la dérive verticale, celle-ci étant fixée sur la queue de l'appareil.

1. Le premier avion à moteur à essence a été construit par :

a) les frères Wright
b) les frères Montgolfier
c) les frères Lumière

2. Le Harrier peut décoller et atterrir à la verticale grâce à :

a) un rotor
b) des tuyères orientables
c) une catapulte

3. Les contrôleurs du ciel utilisent :

a) un radar
b) un sonar
c) un détecteur de métaux

4. Le Boeing 747 est entré en service :

a) en 1950
b) en 1960
c) en 1970

Comment fonctionne un moteur à réaction ?

Le principe du moteur à réaction est simple. Il consiste à aspirer l'air ambiant à l'avant, à en augmenter la vitesse en le compressant et en le réchauffant dans une chambre de combustion, puis à l'expulser à l'arrière par une turbine. Alors se produit la réaction qui « pousse » l'avion.

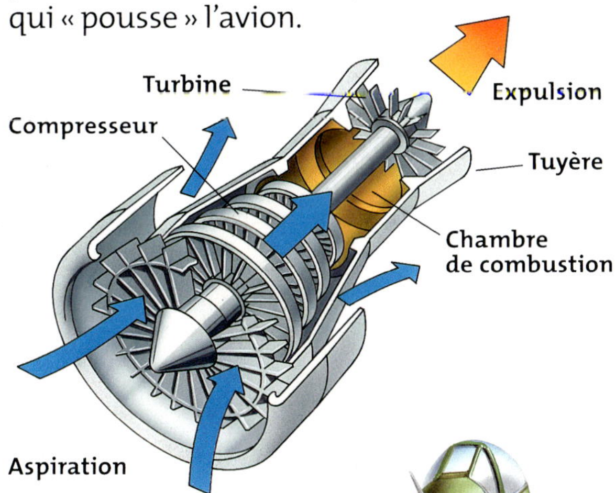

POURQUOI LE NEZ DU CONCORDE BOUGEAIT-IL ?

Le nez de cet avion de ligne supersonique franco-britannique était si fin et si aérodynamique que, lors du décollage et de l'atterrissage, le pilote n'avait pas une visibilité suffisante. C'est pourquoi il faisait alors basculer vers le bas la pointe du nez pour élargir son champ de vision.

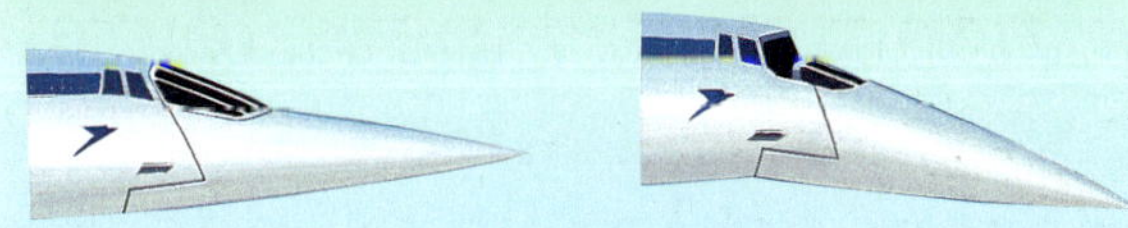

En vol — **Au décollage et à l'atterrissage**

Quels avions décollent et atterrissent à la verticale ?

Plusieurs tentatives ont été faites pour réaliser des ADAV (avions à décollage et à atterrissage vertical). La solution la plus efficace a été trouvée par les Britanniques avec l'avion d'attaque Harrier, dont le réacteur possède des tuyères latérales, orientables vers le bas, en plus de la tuyère arrière.

Le Harrier

Quel est le plus gros avion de ligne ?

Entré en service en 1970, le Boeing 747 est le plus gros des « gros porteurs ». Avec ses deux ponts et sa longueur d'un peu plus de 70 mètres, il peut accueillir jusqu'à 500 passagers. Mais il est déjà concurrencé par l'Airbus A380, qui doit entrer en service en 2005.

Planeurs et deltaplanes

Les planeurs sont des avions sans moteur qui utilisent les courants ascendants de l'atmosphère pour s'élever et se maintenir en altitude. Le pilotage des planeurs est un sport appelé « vol à voile ». Il a beaucoup d'adeptes en raison des sensations exaltantes qu'il procure.

Comment étaient les premiers planeurs ?

Les planeurs expérimentés au XIXe siècle cherchaient souvent à imiter le vol des oiseaux en faisant battre les ailes. Le Français Jean-Marie Le Bris fut le premier, en 1857, à utiliser les courants ascendants. Mais c'est l'Allemand Otto Lilienthal qui, peu avant 1900, trouva les meilleures solutions.

Qu'est-ce qu'un deltaplane

Popularisé au début des années 1970, le deltaplane est un planeur simplifié à l'extrême puisqu'il est constitué d'une structure métallique très légère, qui tend une aile en toile et à laquelle est accroché le pilote. Ce dernier se lance d'une pente et recherche les courants ascendants comme un planeur classique Le pilotage se fait par les mouvements du corps, le vol étant qualifié de « libre ».

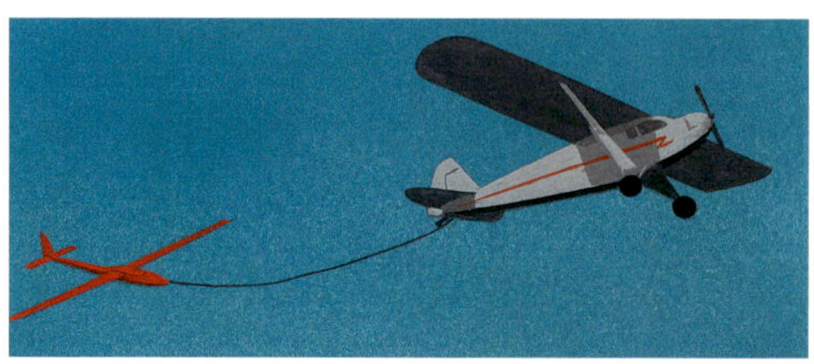

Comment fait-on décoller un planeur ?

Les planeurs n'ayant pas de moteur, ils ne peuvent décoller par leurs propres moyens. La méthode la plus classique consiste à le faire remorquer par un avion qui le tire jusqu'à l'altitude souhaitée. Après quoi il le largue pour le laisser évoluer à sa guise dans les airs. On utilise également des treuils.

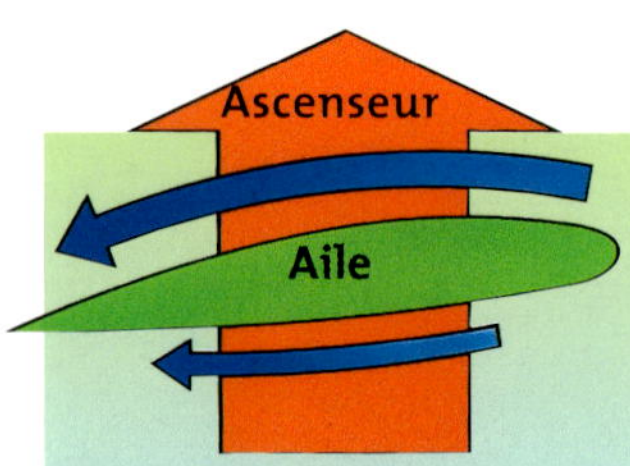

QUEL EST LE MEILLEUR PROFIL POUR L'AILE D'UN PLANEUR ?

Le profil de l'aile est étudié pour offrir le minimum de résistance à l'air. La partie supérieure est incurvée de façon à ce que l'air y circule à la plus grande vitesse possible, créant ainsi un effet d'ascenseur grâce auquel le planeur est poussé vers le haut.

Qu'est-ce qu'un microlight ?

Les microlights sont de minuscules avions propulsés par un petit moteur. Construits en matériaux ultra-légers, ils peuvent transporter une ou deux personnes. Certains ont des ailes rigides, d'autres des ailes semblables à celles des deltaplanes. Les ultralights sont des microlights encore plus petits et plus légers.

Avec quels moyens se dirigent les pilotes ?

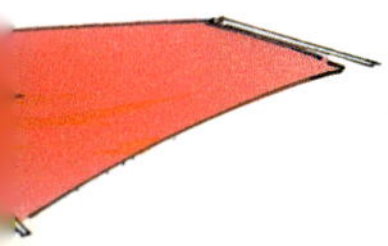

Les commandes des planeurs ne sont pas fondamentalement différentes de celles d'un avion. Pour s'orienter en vol, les pilotes peuvent agir sur des volets, des aérofreins et une gouverne de direction. Ils ont aussi des instruments, qui affichent notamment la vitesse.

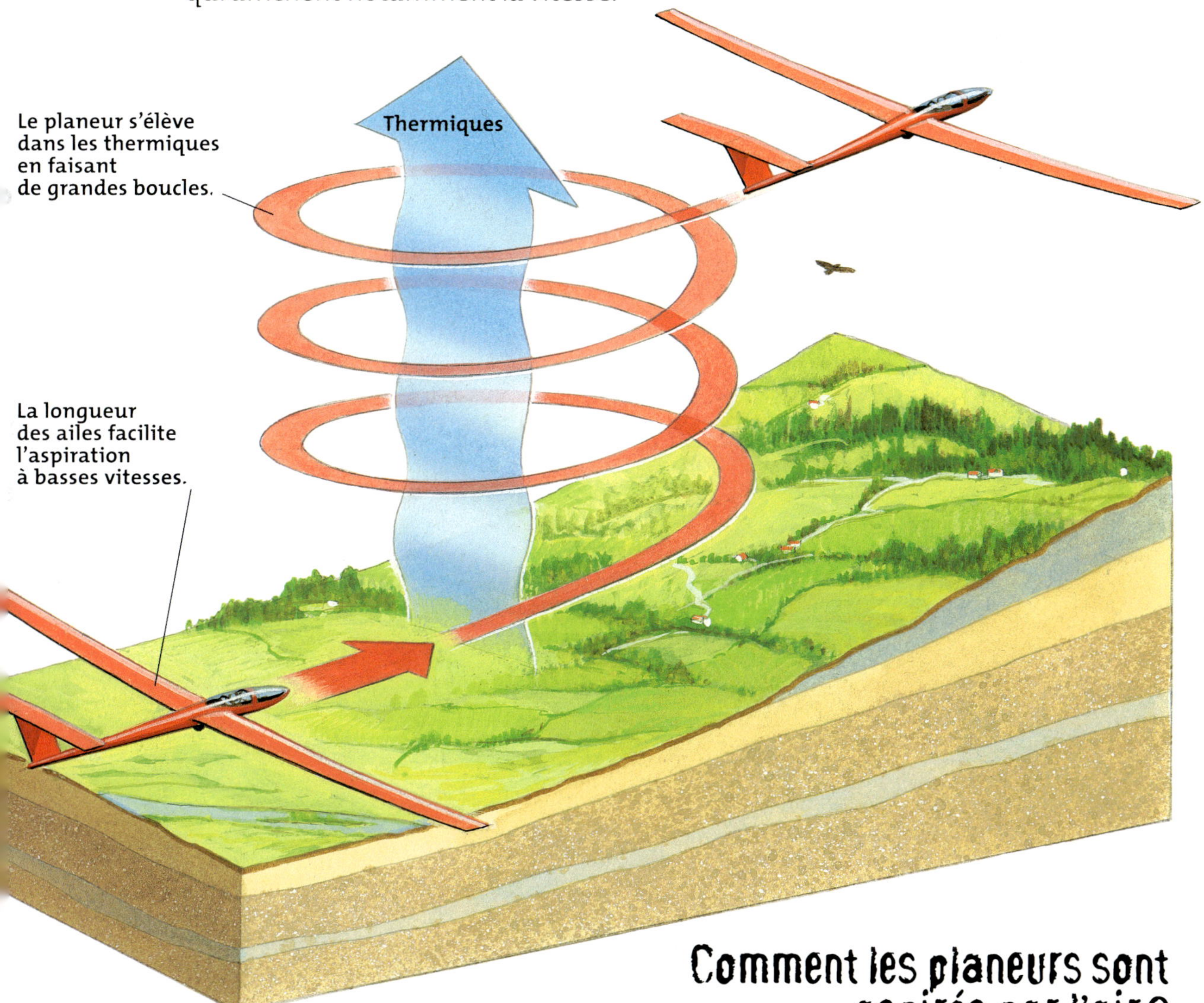

Comment les planeurs sont aspirés par l'air ?

Outre l'effet d'ascenseur que permet le profil de l'aile, le planeur utilise les courants d'air chaud naturellement ascendants. Ce sont les « thermiques » (ou « pompes ») dans desquels le planeur s'enroule pour être aspiré avec eux vers le haut.

1. Les courants ascendants d'air chaud sont également appelés :
a) rafales
b) thermiques
c) tourbillons

2. Les deltaplanes commencent leur vol :
a) en étant tirés par un avion
b) en étant parachutés d'un avion
c) en étant lancés à partir d'une pente

3. Le premier planeur utilisant les courants ascendants a volé :
a) en 1857
b) en 1867
c) en 1877

4. Les appareils appartenant à la famille des plus petits microlights s'appellent :
a) minilights
b) ultralights
c) superlights

Les hélicoptères

Les hélicoptères sont des « voilures tournantes » ayant la capacité de décoller et d'atterrir verticalement, mais aussi de se maintenir en vol stationnaire, c'est-à-dire immobile. C'est en France que fut expérimenté un premier prototype, en 1905. Mais l'hélicoptère ne s'imposera qu'à la fin de la Seconde Guerre mondiale.

Qu'est-ce qui fait voler un hélicoptère ?

La « voilure » d'un hélicoptère n'est pas constituée d'ailes, mais d'un rotor horizontal possédant au minimum deux pales. La rotation du rotor crée une force dynamique qui permet à l'hélicoptère de s'élever et qui assure sa sustentation en vol. Pour les évolutions horizontales, on oriente le rotor dans la direction voulue.

Pourquoi l'hélicoptère est idéal pour le sauvetage ?

Extrêmement maniable, l'hélicoptère peut se rendre assez facilement sur des lieux inaccessibles à tout autre véhicule. Il est ainsi utilisé systématiquement pour les opérations de sauvetage en montagne ou en mer. Dans ce dernier cas, il se met en position stationnaire pour « hélitreuiller » le naufragé.

À quoi sert le rotor de queue ?

Si les hélicoptères n'avaient qu'un seul rotor, ils auraient tendance à tourner sur eux-mêmes. Pour pallier cet inconvénient, ils sont dotés d'un petit rotor de queue horizontal, dit « rotor anticouple », qui maintient l'hélicoptère dans son axe. Ce dispositif est rendu inutile sur les grands hélicoptères pourvus de deux rotors horizontaux tournant en sens inverse.

Qu'est-ce qu'un autogire ?

Inventé par l'ingénieur espagnol Juan de La Cierva, l'autogire était en fait un petit avion surmonté d'un rotor libre, c'est-à-dire non actionné par un moteur. L'énergie dégagée par le moteur placé à l'avant suffisait à faire tourner le rotor et à faire décoller l'autogire verticalement. L'autogire eut un certain succès dans les années 1930.

Quels types d'hélicoptère sont employés par les armées ?

Les plus gros sont utilisés pour amener des troupes et du matériel sur le champ de bataille, les plus petits sont affectés à des missions d'observation, de liaison ou de sauvetage (notamment d'aviateurs tombés derrière les lignes ennemies). Enfin, les hélicoptères d'attaque sont des engins redoutables contre les chars ou les sous-marins.

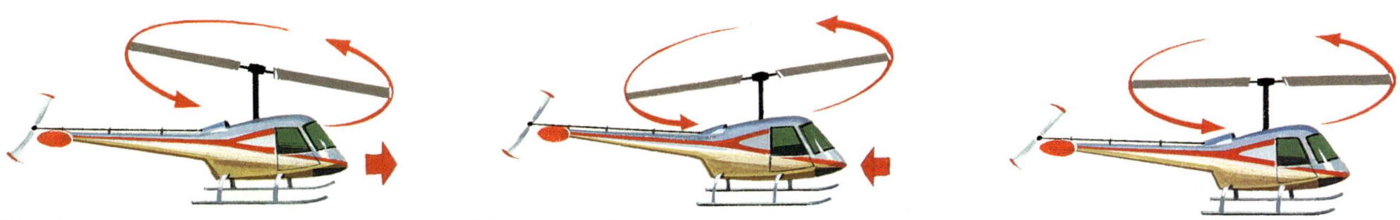

Marche avant : le rotor est incliné vers l'avant.

Marche arrière : le rotor est incliné vers l'arrière.

Au décollage : le pas des pales est collectif.

QUI A INVENTÉ L'HÉLICOPTÈRE ?

L'idée de faire décoller verticalement un engin grâce à la rotation de pales est ancienne. Il y a 2 000 ans, les Chinois avaient des jouets volant selon ce principe. Mais c'est Léonard de Vinci qui a vraiment inventé l'hélicoptère : il a laissé le plan d'une machine dont le curieux rotor devait être actionné par un ressort ou par le pilote (avec des pédales).

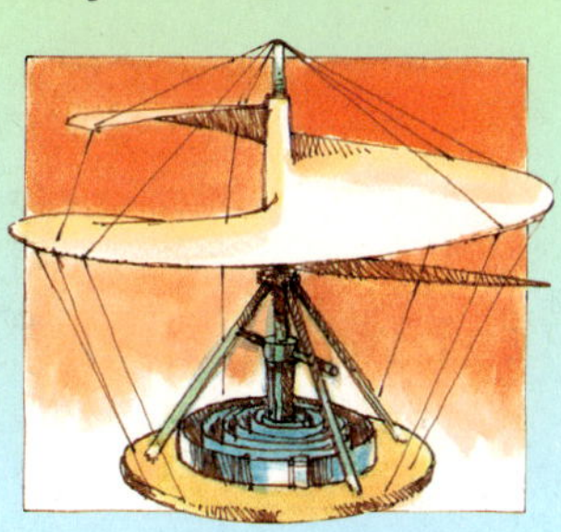

Qu'est-ce que le pas ?

Le pas est l'angle formé par les pales et l'axe du rotor. Le pilotage consiste à faire varier le pas selon la configuration de vol. En vol vertical, le pas est appelé collectif, car il est identique pour toutes les pales. Pour le vol horizontal (en avant ou en arrière), le pas des pales subit une variation cyclique qui permet d'orienter le rotor vers l'arrière ou l'avant.

1. Un hélicoptère a volé pour la première fois :
a) en 1905
b) en 1915
c) en 1925

2. L'élément de l'hélicoptère qui l'empêche de tourner sur lui-même est :
a) le pas des pales
b) le rotor de queue
c) le fuselage

3. Le rotor des autogires était actionné par :
a) un moteur électrique
b) un moteur à essence
c) aucun moteur

4. Le principe de l'hélicoptère a été décrit par :
a) Galilée
b) Léonard de Vinci
c) Newton

Les engins de l'espace

En 1957, l'Union soviétique a ouvert une ère nouvelle dans l'histoire de l'humanité en mettant sur orbite autour de la Terre « Spoutnik I », le premier satellite artificiel. Depuis, des hommes ont marché sur la Lune, des stations habitées tournent autour de la Terre, et des fusées envoient des sondes jusqu'aux confins du système solaire.

Comment échapper à l'attraction terrestre ?

L'attraction terrestre est la résultante du phénomène de la gravitation, qui veut que, dans la nature, les corps matériels s'attirent réciproquement. Pour échapper à l'attraction terrestre, il faut donc des engins assez puissants pour annuler l'effet de la gravitation. Seules les fusées, dans l'état actuel de nos connaissances technologiques, peuvent y parvenir. Ce sont des engins généralement à plusieurs étages, pouvant voler à environ 40 000 km/h.

Comment lance-t-on une navette ?

La navette spatiale américaine est une sorte de gros avion lancé par des fusées accolées à un gigantesque réservoir. Dès que la navette est sortie de l'atmosphère, elle se détache et poursuit seule sa mission, grâce à ses moteurs qui lui permettent de voler à 28 000 km/h. Au retour, elle atterrit comme un avion.

À quoi sert la navette ?

La navette spatiale peut assurer de multiples missions : transporter des scientifiques, mettre des satellites sur orbite et, surtout, assurer des liaisons avec les stations habitées construites autour de la Terre. Son avantage est qu'elle est réutilisable. Deux graves accidents ont endeuillé son exploitation, en 1986 et 2003.

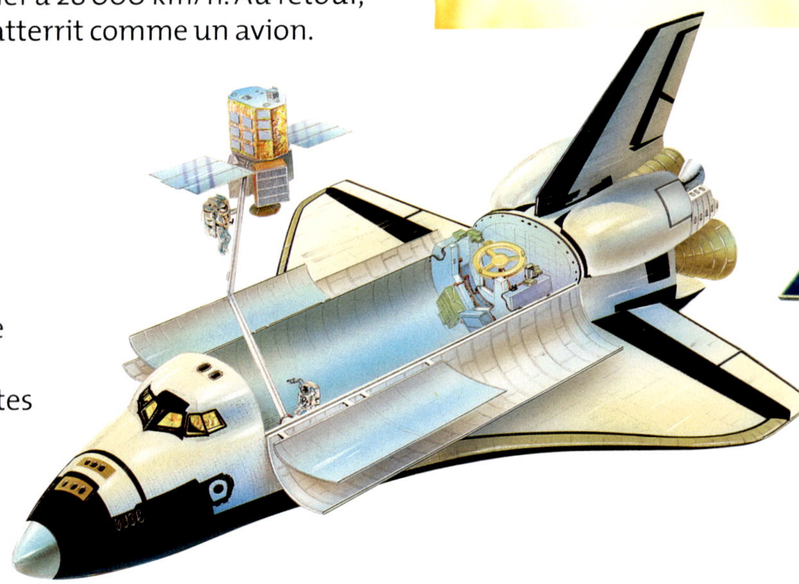

QUI A ÉTÉ LE PREMIER DANS L'ESPACE ?

Le 3 novembre 1957, le lancement de *Spoutnik II*, satellite soviétique de 508 kg, fit sensation ! À bord se trouvait le premier être vivant propulsé dans l'espace, la chienne Laïka, dont les réactions furent étudiées par radio. Aucun système de récupération n'étant prévu, Laïka fut euthanasiée au bout de sept jours avant l'épuisement de ses réserves d'oxygène.

D'où les stations spatiales tirent leur énergie ?

Les stations en orbite autour de la Terre, dans lesquelles les cosmonautes peuvent séjourner plusieurs mois, sont alimentées par l'énergie solaire. Elle est captée par des panneaux et reconvertie en électricité.

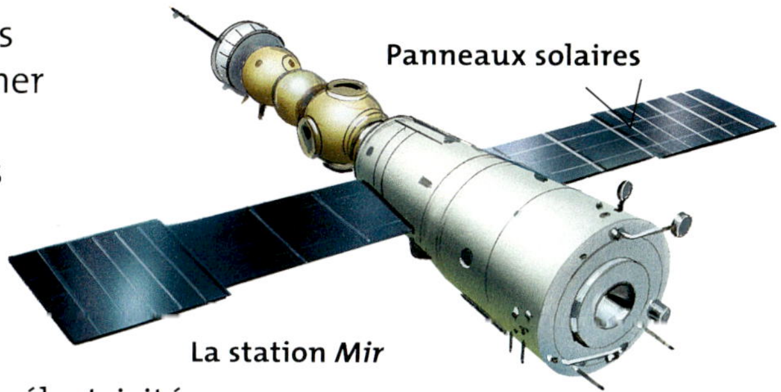

La station *Mir*

Les cosmonautes peuvent-ils sortir dans l'espace ?

Pour réaliser des expériences scientifiques ou pour effectuer des réparations à l'extérieur d'une station spatiale, les cosmonautes peuvent sortir dans l'espace et se mouvoir en apesanteur avec des équipements spéciaux. L'EMU les maintient rattachés à la station, alors que le MMU leur confère une certaine autonomie grâce à de petites fusées (ci-contre).

Que font les sondes ?

Les sondes sont des engins non habités conçus pour étudier les planètes du système solaire. Elles utilisent leur attraction pour se mettre sur leur orbite et faire des relevés photographiques. Certaines sondes se sont posées sur Vénus et Jupiter et ont recueilli des données au radar. D'autres, sur Mars, ont effectué des prélèvements pour essayer de savoir s'il y existait des formes de vie.

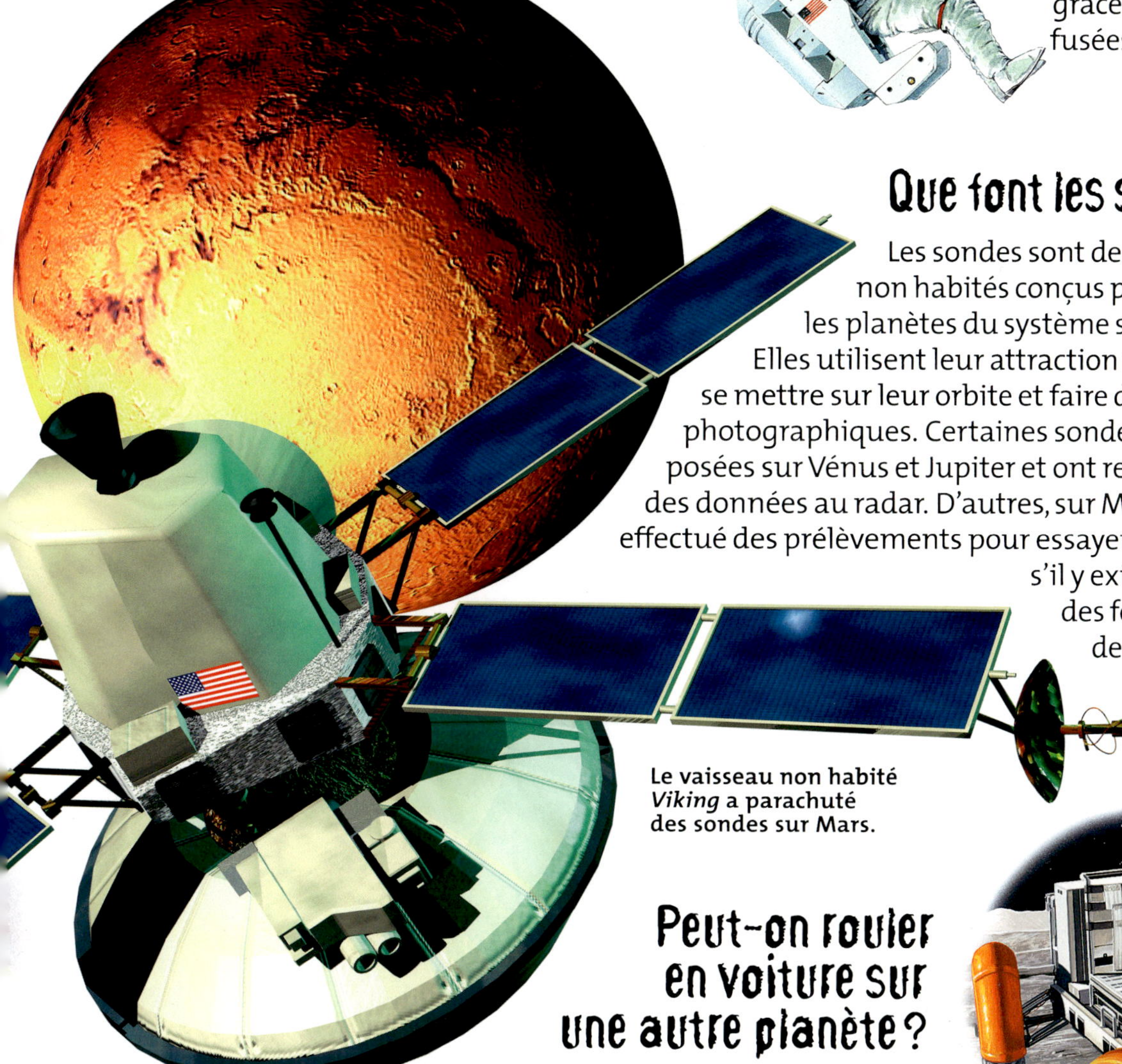
Le vaisseau non habité *Viking* a parachuté des sondes sur Mars.

Peut-on rouler en voiture sur une autre planète ?

Lors de leurs premiers voyages habités sur la Lune, les Américains ont utilisé une petite voiture pour se déplacer à la surface de notre satellite. Depuis, ils ont conçu des véhicules télécommandés beaucoup plus sophistiqués. En 1997, l'engin « Sojourner » a pu ainsi rouler sur Mars et envoyer des images vers la Terre.

QUIZ

1. Le premier satellite artificiel a été mis sur orbite en :

a) 1947
b) 1957
c) 1967

2. Les stations spatiales produisent leur électricité :

a) avec du charbon
b) avec du gazole
c) avec le soleil

3. Pour échapper à l'attraction terrestre, les fusées volent à :

a) 4 000 km/h
b) 40 000 km/h
c) 400 000 km/h

4. Le véhicule « Sojourner » a roulé sur :

a) Mars
b) Vénus
c) Jupiter

Des transports à part

Certains moyens de transport, souvent d'invention récente, échappent aux catégories habituelles, comme les trains à crémaillère ou les jetskis. Ce sont des engins utilitaires, ou principalement conçus pour le plaisir sportif. C'est notamment le cas des parachutes à aile, des planches à roulettes ou des rollers, tellement appréciés des jeunes !

Quel véhicule peut circuler rapidement sur la neige ?

C'est en 1937 que l'inventeur canadien Joseph-Armand Bombardier déposa le brevet de la première motoneige, une sorte de traîneau à moteur dont le déplacement est assuré par une chenille entraînant une petite roue dentée. D'abord utilisé par l'armée canadienne, cet engin qui se conduit comme une moto a connu, après la Seconde Guerre mondiale, un succès foudroyant auprès du public.

Quel est l'avantage du monorail ?

Dans les zones très urbanisées, où le manque d'espace rend difficile l'établissement de lignes de chemin de fer classiques, le monorail constitue une solution alternative. Il en existe deux sortes : le monorail suspendu, comme celui-ci, et le monorail encastré dans un gros rail de béton surélevé.

PEUT-ON ALLER PLUS VITE SANS VÉHICULE ?

Dans les villes, les jeunes sont de plus en plus nombreux à utiliser des rollers pour circuler à toute vitesse. La planche à roulettes est aussi très appréciée, car elle permet des évolutions très spectaculaires. Les patins à glace sont réservés aux patinoires.

Comment l'air freine les « pépins » ?

Familièrement appelés « pépins », les parachutes fonctionnent grâce à la résistance à l'air de leur voilure. Celle-ci est ronde, avec un petit orifice central pour assurer sa stabilité par un écoulement d'air. Mais les parachutes sportifs ont une voilure rectangulaire, l'« aile », qui permet au parachutiste de se diriger.

Comment marche un jetski ?

Les jetskis (appelés aussi motomarines) sont des engins à une ou deux personnes se déplaçant sur l'eau selon le même principe que les avions à réaction. L'hélice d'un moteur classique aspire l'eau, qui est compressée et rejetée à l'arrière par un cône pivotant, ce qui permet de diriger le jetski.

Les trains roulent-ils en montagne ?

Pour les pentes à forte déclivité, les trains empruntent des lignes comportant un troisième rail central doté de dents de crémaillère qui s'engrènent sur des pignons actionnés par la voiture motrice. Ainsi le train ne peut glisser et risquer d'être entraîné vers l'arrière. Les trains à crémaillère sont principalement utilisés pour des circuits touristiques.

1. Les jetskis sont des engins à moteur que l'on utilise :
a) sur l'eau
b) sur la neige
c) sur le sable

2. La motoneige a été inventée avant la Première Guerre mondiale par :
a) un Américain
b) un Canadien
c) un Français

3. La voilure rectangulaire des parachutes sportifs est appelée :
a) dérive
b) aérofrein
c) aile

4. Les trains à crémaillère ont été conçus pour circuler :
a) en plaine
b) en montagne
c) en ville

Étonnant !

Quand la chaise à porteurs a-t-elle fait son apparition en France ?

Au XVIe siècle. La mode en venait sans doute de l'Orient, où ce moyen de transport s'appelait palanquin. Dès le règne de Louis XIII, son siège fut protégé par un toit, puis se transforma au siècle suivant en vrai compartiment aux fenêtres garnies de volets ou de glaces mobiles. Plus commode que le carrosse pour se glisser dans les embarras de la circulation, la chaise à porteurs ne survécut pas à la Révolution – sans doute parce que son image restait associée aux aristocrates.

De quand date le premier voyage de l'Orient Express ?

De 1883. Le départ avait lieu à Paris, dans la gare de l'Est brillamment illuminée pour la circonstance. Outre la locomotive, le train comprenait deux wagons-lits, deux fourgons à bagages et deux wagons-restaurants. Selon un journaliste enthousiaste qui fit le voyage inaugural, le train roulait avec une telle douceur qu'il put se raser sans se couper !

Quel est le plus ancien réseau de métro ?

Le chemin de fer métropolitain, plus familièrement appelé métro, est un réseau souterrain de plusieurs lignes connectées les unes aux autres. La première ligne de ce type fut inaugurée à Londres en 1863, avec des rames tirées par des locomotives à vapeur. À Paris, où les encombrements devenaient aussi préoccupants, une solution analogue était à l'étude, mais le problème des fumées n'était pas résolu (c'était le point noir du métro londonien). Les projets, plus ou moins utopiques, succèdent aux projets et rien ne se fait. Pourtant, à l'approche de l'Exposition universelle de 1900, le choix se portera en 1897 sur le « chemin de fer urbain à traction électrique » de Fulgence Bienvenüe. La première ligne sera ouverte en juillet 1900.

Qu'appelait-on omnibus ?

On appelait ainsi les voitures publiques tirées par des chevaux qui desservaient les différents quartiers d'une ville. Comme les omnibus faisaient des arrêts fréquents pour prendre ou déposer des voyageurs, on a donné ce nom aux trains s'arrêtant dans toutes les gares.

Qui a inventé le pneumatique ?

C'est un vétérinaire de Belfast, nommé John Boyd Dunlop, qui voulait rendre le tricycle de son fils moins bruyant. En 1887, il ajusta donc sur les roues des jantes en bois, qu'il garnit de boyaux de caoutchouc gainés de coton. Mais il n'avait pu le faire que grâce à l'invention de la vulcanisation par Charles Goodyear (1839), qui a tout simplement permis de produire du caoutchouc à partir du latex.

Quel pari avait fait Louis Renault en décembre 1898 ?

Invités chez des amis, Louis Renault et son frère Marcel s'y rendent dans la Voiturette équipée d'un moteur monocylindre De Dion qu'ils fabriquent dans leur atelier de Boulogne-Billancourt. Dans la soirée, ils font le pari de gravir la rue Lepic (extrêmement pentue) avec leur légère petite automobile. Les autres invités sont sceptiques, mais à la surprise générale les deux frères gagnent leur pari. Leur soirée est fructueuse : ils repartent avec douze commandes et un acompte de soixante louis d'or !

Quiz Solutions

Page 245 Les premiers transports
1. b 2. a 3. a 4. c

Page 247 Les automobiles
1. b 2. c 3. a 4. c

Page 249 Le sport automobile
1. b 2. b 3. a 4. c

Page 251 Les camions
1. b 2. c 3. a 4. b

Page 253 Les véhicules spéciaux
1. b 2. b 3. b 4. b

Page 255 Les trains
1. c 2. c 3. b 4. b

Page 257 Les bicyclettes
1. b 2. b 3. c 4. c

Page 259 Les motos
1. b 2. a 3. b 4. b

Page 261 Les bateaux
1. a 2. b 3. a 4. c

Page 263 Les transports maritimes
1. b 2. a 3. b 4. c

Page 265 Les sous-marins
1. b 2. c 3. a 4. b

Page 267 Aéroglisseur et hydroptère
1. c 2. b 3. b 4. b

Page 269 Les avions
1. a 2. b 3. a 4. c

Page 271 Planeurs et deltaplanes
1. b 2. c 3. a 4. b

Page 273 Les hélicoptères
1. a 2. b 3. c 4. b

Page 275 Les engins de l'espace
1. b 2. c 3. b 4. a

Page 277 Des transports à part
1. a 2. b 3. c 4. b

Index

A

B

C

G

H

I

J

K

L

M

N

O

P

Q

R

S

T

U

V

W

Z